AF626076

Kareen Dannhauer & Anja Constance Gaca

Baby.leicht

Kareen Dannhauer
Anja Constance Gaca

Baby. leicht

Was Eltern und Babys wirklich brauchen

Mit Fotografien von
Ilka Maria Schneemann

BELTZ

Das Werk einschließlich aller seiner Teile ist urheberrechtlich geschützt. Jede Verwertung ist ohne Zustimmung des Verlags unzulässig. Das gilt insbesondere für Vervielfältigungen, Übersetzungen, Mikroverfilmungen und die Einspeicherung und Verarbeitung in elektronische Systeme. Die Verlagsgruppe Beltz behält sich die Nutzung ihrer Inhalte für Text und Data Mining im Sinne von § 44b UrhG ausdrücklich vor.
Die im Buch veröffentlichten Hinweise wurden mit größter Sorgfalt und nach bestem Gewissen von den Autorinnen erarbeitet und geprüft. Eine Garantie kann weder vom Verlag noch von den Verfasserinnen übernommen werden. Trotz sorgfältiger inhaltlicher Kontrolle können wir auch für den Inhalt externer Links keine Haftung übernehmen. Für den Inhalt der verlinkten Seiten sind ausschließlich deren Betreiber verantwortlich. Die Haftung der Autorinnen bzw. Verlages und seiner Beauftragten für Personen-, Sach- oder Vermögensschäden ist ausgeschlossen.

MIX
Papier | Fördert gute Waldnutzung
FSC www.fsc.org FSC® C089473

Dieses Buch wurde umweltfreundlich ausgestattet:
ohne Folienkaschierung, mineralölfreie und Cradle-to-Cradle-zertifizierte Druckfarben, Inhalt und Überzug 100% Recyclingpapier.

Dieses Buch ist erhältlich als:
ISBN 978-3-407-86640-0 Print
ISBN 978-3-407-86641-7 E-Book (EPUB)

6. Auflage 2025

© 2021 im Beltz Verlag
in der Verlagsgruppe Beltz • Weinheim Basel
Werderstraße 10, 69469 Weinheim
service@beltz.de
Alle Rechte vorbehalten
Bildnachweis: © Ilka Maria Schneemann | Milch & Liebe
Fotografien im Innenteil: Ilka Maria Schneemann | Milch & Liebe

Lektorat: Melanie Hartmann, Bettina Brinkmann
Umschlaggestaltung: anjagrimmgestaltung.de
Herstellung: Sarah Veith
Satz: Publikations Atelier, Dreieich
Layout: anjagrimmgestaltung.de
Druck und Bindung: Beltz Grafische Betriebe, Bad Langensalza
Beltz Grafische Betriebe ist ein klimaneutrales Unternehmen (ID 15985-2104-1001).
Printed in Germany

Weitere Informationen zu unseren Autor:innen und Titeln
finden Sie unter: www.beltz.de

Inhalt

Vorwort von Dr. med. Herbert Renz-Polster

Dass Sie dieses Buch in den Händen halten, dürfte mit einem Ereignis der größten Dimension zusammenhängen: Ein Kind ist geboren! Dieses Kind wird so manches andere Leben prägen, es wird seine Eltern zu einem Neustart zwingen – oder auch verführen – und ihnen die unverhofftesten und buntesten, aber auch sehr bedrängende Gefühle bescheren.

Alles einzigartig! Alles neu! Und doch schon viele Milliarden Male passiert. In diesem neuen Menschenkind, das uns wie ein unbeschriebenes Blatt erscheint, steckt doch schon so viel Wissen aus unserer Menschheitsgeschichte.

Denn natürlich ist das Baby, wegen dem Sie dieses Buch gekauft oder geschenkt bekommen haben, perfekt vorbereitet. Schauen Sie nur mal sein Näschen an – ein kleines »Stupsnäschen«, mit nach himmelwärts gestellten Nasenlöchern. Das brauchen Menschenbabys als werkseitige Voreinstellung, damit sie an der milchgefüllten Mutterbrust Luft bekommen. Da wäre ein Hakennäschen eindeutig die falsche Option. Kein Wunder also, dass sich die große Vielfalt der Nasenformen dann erst im späteren Kindesalter ausdifferenziert, nach der angestammten »Brustzeit« sozusagen.

Auch in seinem Verhalten ist das Baby vollkommen vorbereitet. Natürlich »weiß« es, wie es die Brust effektiv leer bekommt, so wie es »weiß«, was zu tun ist, um seinen Versorgern mitzuteilen, dass es hungrig ist. Oder müde wird. Oder ein bisschen Hilfe braucht, um die Welt kennenzulernen.

Gut, wenn es dann auf Menschen trifft, die diesem vorbereiteten Wesen offen begegnen, ihm zuhören, mit ihm in Verbindung treten. Die nicht meinen, alles besser zu wissen. Die neugierig sind und diesen kleinen Menschen zuerst einmal kennenlernen wollen. Das funktioniert am Anfang nur ganz aus der Nähe, von Körper zu Körper, von Auge zu Auge. Denn auch wenn unser Baby gut auf das Leben und auf seine Entwicklung eingestellt ist, bringt es doch zwei

Geheimnisse mit auf die Welt, die alle Eltern kennenlernen sollten – dieses Buch handelt davon.

Sein erstes Geheimnis zeigt sich rasch, wenn die Eltern ihr Neugeborenes in den Armen halten: so winzig, so bedürftig, so abhängig, in so vielen Dingen! Selbst die Babys unserer nächsten Verwandten, der Schimpansen oder der Gorillas etwa, sind am Lebensanfang schon viel weiter! Sie können wenigstens ihr Köpfchen halten, sie können sich festhalten, sie können ein bisschen mitmachen, beim Stillen etwa, oder beim Tragen. Das Menschenbaby dagegen – immerhin ein heiß gehandelter Anwärter auf die Krone der Schöpfung – ist das unreifste Exemplar im ganzen Königreich der Säugetiere! Das hilfsbedürftigste, abhängigste Kind, das es gibt.

Das ist das eine. Und ich sage es nicht, um zu klagen, sondern um für Verständnis zu werben. Dass dieses Kind seine Eltern an ihre Grenzen bringt, ist normal. Dass dabei nicht alles glattgeht, auch. Dass Eltern jeden Zipfel Unterstützung brauchen, den sie erwischen können, auch das versteht sich von selbst. Wie gut, dass so ein Baby auch für riesig viel Motivation und Durchhaltekraft sorgt! Auch das gilt es ja, nicht zu vergessen: So ein kleines Kind ist nicht nur ein Energiefresser – es ist auch ein Lieferant von Freude, Intensität und Abenteuern der farbigsten Sorte. Das Leben als Eltern ist ein Leben auf dem Hochseil.

Und was Eltern auf diesem Hochseil wirklich nicht gebrauchen können, ist das: falsche Erwartungen, haltloses Gerede, Mythen, Wegweiser in Sackgassen hinein. Auch dazu wurde dieses Buch geschrieben: Um zu begründen, was alles nur Ballast ist, alte Kamellen, die man besser entsorgt als an seinem Baby ausprobiert.

Damit sind wir bei dem zweiten Geheimnis der Menschenkinder. Ja, sie sind gut vorbereitet – allerdings auf eine Welt, die wir Menschen längst verlassen haben. Das liegt an unserer Geschichte als Menschheit. Sie kann eigentlich als ein großer Abschied beschrieben werden: als Abschied nämlich von unserer angestammten Lebensweise als Jäger und Sammler, die wir zu 99 Prozent der Menschheitsgeschichte einmal waren. Auf diese Verhältnisse sind unsere Kinder bis heute eingestellt – der Abschied verlief einfach zu schnell, um ihre Entwicklung, ihre Bedürfnisse und ihr Gefühlskleid an das Atomzeitalter anzupassen.

Und genau das ist vielleicht die wichtigste Botschaft, die Eltern – unbedingt – kennen sollten: Babys betrachten diese neue Welt, in die sie geboren wurden, mit denselben Augen wie ihre Brüder und Schwestern in der Steinzeit.

Dass wir mit Handys und Babyphones ihren Schlaf überwachen, dass hier keine Hyänen ums Lager schleichen – das wissen sie nicht. Für sie ist ein sicherer Schlaf noch immer einer, in der sie sich ihrer ursprünglichen Schutzmacht, ihrer Bezugspersonen, sicher sein können: Wenn ich nicht schlafen kann, hilfst du mir dann?

Ist dieses Erbe also eine Last? Wie man es nimmt. Ist es eine Last, ein Team zu sein? Es kann anstrengend sein, ja. Es kann aber auch Flügel verleihen. Es kommt darauf an, wie wir uns begegnen.

Dieses Buch zeigt: Der Blick auf das »uralte« Menschenkind schafft ungeahnte Freiheiten. Und entwirrt so manches komplizierte Knäuel. Nehmen wir etwa das Zufüttern mit Beikost. Was war das für eine Arie für frühere Elterngenerationen! Ellenlange Tabellen an bestimmten Zutaten, speziell zuzubereiten, jeweils zu bestimmten Zeiten ins Kind einzulöffeln. Der Blick auf das »uralte« Kind wirkt da wie ein Angstlöser: Die Kleinen wurden mit dem groß, was die Großen ins Lager brachten, und die Jahreszeiten gaben das Menü vor – ein im Frühjahr geborenes Baby hatte eine andere Beikost als ein im Herbst geborenes. Und einen Pürierstab gab es nicht. Von wegen immer nur Brei, von wegen Beikostfahrplan!

Und genau das ist die Essenz dieses Buches: So viele Möglichkeiten sind dazugekommen! So vieles wurde neu entdeckt! Das Tragen, die Beikost nach Babys Art, das Abhalten, das Elternbett und vor allem die Freiheit zwischen den Ohren: Jede Familie kann auf ihr »weises« Baby vertrauen und ihre eigenen, persönlichen Wege suchen.

Viel Freude mit diesem Reiseführer!

Dr. med. Herbert Renz-Polster

Vorfreude und Vorbereitungen

»Wir bekommen ein Baby.« – Dieser Satz reicht aus, um es im Bauch kribbeln zu lassen – vor Aufregung, Freude und Verrücktheit. Und obwohl ein ganz reales Baby gerade in deinem Bauch zappelt oder in eurem Arm liegt, mischt sich auch immer noch etwas Unglaubliches hinein, etwas nahezu Surreales. Herzlich willkommen in diesem wundervollen, anstrengenden und emotional unvergesslichen Kapitel deines Lebens!

Wir haben in diesem Buch die wichtigsten Basics aufgeschrieben, die ihr jetzt gut gebrauchen könnt – die Highlights aus unserer langjährigen Hebammenarbeit, aber auch die eigenen Lowlights aus Verzweiflung und Grenzen in unserer eigenen Elternschaft. Ihr findet in diesem Buch das, was wir euch aus all dieser Erfahrung mit auf den Weg geben können: Erstausstattungslisten, die auch das auflisten, was ihr garantiert nicht braucht; Licht ins Dunkel, wenn es darum geht, was es mit dem heiligen Babyschlaf und dem ganzen Gerede von »es ist nur eine Phase« auf sich hat, und Infos darüber, was man tun und lassen kann und wo die Grenzen des eigenen Plans liegen.

Und ihr steckt mittendrin, empfindet riesige Freude – vielleicht lang schon erhofft, vielleicht aber auch die größte Überraschung eures Lebens. Bestimmt aber auch heimliche Gedanken wie: Ist es denn wirklich so, dass sich ab jetzt alles radikal verändert, nun nichts mehr ist, wie es war? Also auch – die tollen Dinge, die ihr so geliebt habt in eurem Leben? Und sehr schnell wird klar: Okay, jetzt wird es ernst.

Die emotionale Erstausstattung

Schon in der Schwangerschaft werden wir zu Eltern, zunächst unseres noch ungeborenen Kindes. Unsere Biologie hat uns also ein wenig Zeit mitgegeben, uns in dieser Zeit auf das Leben mit einem Baby vorzubereiten. Neun Monate, die uns manchmal sehr lang erscheinen, manchmal wie im Flug vergehen.

Diese Vorbereitungen geschehen auf allen möglichen Ebenen und sicher auch nicht linear. Dazu gehören Gedanken, Gefühle und Handeln, alles das als Prozess, als Entwicklung, allmählich und in Schüben. Was bedeutet das alles? Für uns als Individuum, als Paar, als werdende und größer werdende Familie?

Die Hormone, die unser Körper ausschüttet, sorgen dafür, dass die Schwangerschaft auf der körperlichen Ebene wächst und gedeiht. Hormone wirken immer vielschichtig, sie beeinflussen uns in unserem Denken und Fühlen. Manchmal kommen wir in einen inneren Konflikt: Inwieweit erkennen wir an, dass ein biologischer Hormoncocktail uns beeinflusst, manchmal mehr, als wir das wollen? Inwieweit können wir im Rahmen unseres eigenen Frauenbildes ein Mutterbild entwerfen? In welchen Punkten sind wir damit einverstanden und wo rebellieren wir – gegen die überkommenen Muster, vielleicht aber auch gegen unsere eigenen ursprünglichen Ideale vom Frau- oder Muttersein?

Sind wir dem Wirken der Hormone in uns hilflos ausgeliefert? Wie in der Steinzeit? Oder können wir uns von unserer Biologie so weit emanzipieren, dass wir ab jetzt nicht automatisch zu gefühligen Glucken werden und in den zweifelhaften Strukturen der Rama-Kleinfamilie landen? Und ist es okay, wenn wir dem plötzlich doch etwas abgewinnen können? Und was hat sich die Natur bloß dabei gedacht?

Elternsein – ein Doppelleben

Dieses zeitweilige Zwiegespaltensein dem Elternsein gegenüber – Riesenfreude, aber auch all diese Ambivalenzen – speist sich natürlich aus dem eigenen Blick auf Elternschaft, solange man selbst nicht Teil dieses Klubs ist, und hält dir nun diesen Spiegel vor. Wie cool findest du es, das Mutter- oder Vatersein, mit all seinen Aspekten? Wird man zu Muddi und Vaddi, wenn man Eltern ist? So wie all die Abziehbilder da draußen, vor denen man sich fürchtet?

Freunde, die schon Kinder haben, kommen ab jetzt mit allen ihren Tipps und Umzugskartons voll mit hellgelbem Nicki-Stuff um die Ecke. Später werden auch sie es sein, die wissend (und unfairerweise auch etwas spöttisch) nicken und laut oder leise »ja, wartet's mal ab« sagen, wenn ihr eure noch etwas naiven Gedanken zum Elternwerden mit ihnen teilt. Die, die noch keine Kinder haben, beglückwünschen euch freudig und nur etwas verhalten. Sie ahnen, dass sie euch bald an die Baby-Bubble verloren haben, auch wenn ihr schon jetzt gelobt, dass sich natürlich *gar nichts* ändern wird, außer, dass ihr bald einen schicken Kinderwagen vor euch herschiebt.

Vielleicht beruhigt es dich zu hören: Es ist natürlich immer leicht, einen Stereotypen zu belächeln. Denn diese Protagonisten-Typen »Helikoptereltern« leben eher in den Feuilletons (und in unseren Köpfen) als im wirklichen Leben.

Dein altes Ich ist nicht tot. Es lebt weiter, aber gleichzeitig bist du nun Mutter oder Vater. Deine Identität bekommt eine neue Facette hinzu, die sich erst einmal fremd anfühlt, aber mit zunehmender Liebe zu dem kleinen Wesen, das dich zu Mama oder Papa macht, auch immer heimeliger wird.

Du kannst es dir leisten, zwei Parallelleben zu führen, die in der Mitte zu einem neuen Ich verschmelzen. Während du einerseits eine vollkommen ungekannte Form von Liebe entdeckst, für die du dir locker einen Arm abhacken würdest, wenn du dein schlafendes, leise schnaufendes Baby anguckst, kannst du dich gleichzeitig entnervt von zu Hause abseilen, um »ne Tüte Milch zu kaufen«, während du in Wirklichkeit heimlich eine Tüte Haribo auf der nächstbesten Parkbank verschlingst oder noch Verboteneres tust. Manchmal braucht es kleine Ausbrüche.

Bindungsaufbau in der Schwangerschaft

Auch während wir das Baby noch nicht sehen und anfassen können, ist es schon ganz präsent, in allen unseren Gedanken, Wünschen, Hoffnungen, in allem, was da ist, wenn wir »Zukunft« denken. Spätestens in der zweiten Hälfte der Schwangerschaft spüren wir das ganz deutlich – die Mütter etwas früher als die Väter, mit dem Vorsprung, eine eigene körperliche Wahrnehmung von »Schwangersein« zu erleben. Schon durch all das entsteht Bindung – was das genau ist und wie es sich entwickelt, erfährst du ausführlich im Kapitel »Ankommen«.

Möglicherweise verspürst du manchmal ein schlechtes Gewissen, weil du – anders als geplant – weniger innere Zwiesprache mit deinem Baby hältst, ihm keine klassische Musik zur Förderung irgendwelcher Gehirnwellen vorspielst und kaum zum Yoga gehst. Oder du schüttest im üblichen Meltdown des Alltags gefühlt literweise Cortisol aus, streitest dich wüst mit deinem Partner über Grundsätzliches oder vergisst gar dein Baby stundenlang völlig. Trotz alledem: Du bist genau die richtige Mama oder genau der richtige Papa für dein Baby. Es ist bei dir am perfektesten Ort der Welt.

Babys Grundbedürfnisse

Der sogenannte »Nestbautrieb« erwischt euch zu unterschiedlichen Zeiten und in ganz unterschiedlichen Eskalationsstufen. Vielleicht gehörst auch du zu denen, die sich – während der zweite Streifen auf dem Schwangerschaftstest noch nicht ganz getrocknet war – schon fragten, ob ihr jetzt eine neue Wohnung suchen müsst, denn schließlich braucht ihr ja jetzt ein Kinderzimmer!

Schneller, als dein Bauch sich rundet, pinnst du schon fleißig Babynestchen-Inspos mit salbeigrünen Wimpelketten und Charles-Eames-Stühlchen in Miniaturgröße in dein Telefon. Ehe der erweiterte Freundeskreis in die frohe Kunde eingeweiht ist, kennen *Google* und *Facebook* schon dein neues Interessengebiet und machen dir fleißig Vorschläge für Erkundungsreisen in dieses neue Universum. Eine ganz neue Welt tut sich auf.

Du ahnst es vielleicht: Natürlich müsst ihr nichts überstürzen, auch nicht in Sachen Eigenheim oder neues Auto. Wenn wir in diesem ersten Kapitel ein paar Listen anders sortieren werden als vielleicht erwartet, so tun wir das, weil wir aus langer Hebammenerfahrung und aus unserer eigenen Erfahrung als Eltern heraus sehr vertraut damit sind. Manche Dinge, die man zu Beginn als »superwichtig« einordnet, sind es dann doch gar nicht so sehr. Das wird vor allem dann verständlich, wenn wir uns mit den Bedürfnissen eines Babys und ganz banal mit unserer Evolutionsbiologie beschäftigen. Glücklicherweise leben wir heute nicht mehr im Neandertal. Dennoch ist die Evolution in manchen Punkten träge und unser uraltes Stammhirn bestimmt noch immer weite Teile unseres Verhaltens, Denkens und Fühlens.

Dieser »evolutionsinspirierte« Ansatz wird euch durch das ganze Buch begleiten. Er ist enorm hilfreich, um zu verstehen, was die tatsächlichen Bedürfnisse eines Babys sind. Eure zentrale Rolle als Eltern ist es, für diese Grundbedürfnisse zu sorgen. Dieser Kerngedanke wird euch das Leben im Alltag unendlich erleichtern.

Ein *Kinderzimmer* z. B. gehört nicht unbedingt zu den Grundbedürfnissen eines kleinen Kindes, zumindest nicht in der Weise, dass es ein *Zimmer für das Kind* ist. Denn selbst wenn dieser Raum ausgesprochen liebevoll ausgestattet ist (und zumindest Stauraum bietet für all den Kram, der mit Kind ins Haus kommt), wird es noch einige Jahre dauern, bevor das Kind dort nennenswert viel Zeit ohne seine Eltern verbringen wird. Kleine Kinder haben wenig Bedürfnis nach ungestörter Me-Time, sie wollen vor allem in der Nähe ihrer Eltern sein, und hier ist »wollen« im Sinne von »brauchen« zu verstehen. Es ist ein Bedürfnis.

Der Unterschied besteht darin, dass ein Mensch sich ein Grundbedürfnis nicht aussucht und dass es nicht verhandelbar ist. Mit »Wollen« bekommen wir es erst sehr viel später zu tun, jenseits der Babyzeit.

Vertraute Nähe

Wir werden uns in diesem Buch intensiv damit beschäftigen, wie ein Baby so tickt. Was es wirklich braucht – und was eben nicht.

Viele der Babybedürfnisse werden sofort ziemlich klar, wenn ihr euch die Schwangerschaft vergegenwärtigt, die Zeit seines Lebens also, die das Baby schon monatelang kennt und die ihm vertraut geworden ist, wenn es geboren wird.

Die Schwangerschaft ist eine Zeit von maximaler Nähe und kontinuierlicher Umsorgung für dein Kind. Dann wird euer Baby geboren, und in den ersten Momenten seines Lebens ändert sich alles. Unvermittelt ist es in vielen Punkten auf sich gestellt: Die Atmung, die Körpertemperatur und auch die Nahrungsaufnahme müssen nun selbst reguliert werden, wenn natürlich auch mit elterlicher Unterstützung. Täglich wird sich dein Baby kleine, feine neue Kompetenzen aneignen. So wird in kürzester Zeit aus dem recht hilflosen Neugeborenen ein sehr kompetentes Kleinkind, das vielleicht an seinem ersten Geburtstag schon auf eigenen Beinen steht und sich eine Bulette in den Mund stopft.

Es ist komplett irre, was in diesem ersten Lebensjahr alles geschieht. Eure Aufgabe als Eltern ist es, diesen Übergang in die immer größer werdende Selbstständigkeit gut zu begleiten, mit Freude, Spaß und Nähe.

Nähe zu seinen Bezugspersonen, zu euch, ist dabei eine elementare Konstante für dein Kind – wir kommen darauf in jedem einzelnen Kapitel zurück.

Babys beste Plätze

Das Bedürfnis von Babys nach möglichst kontinuierlicher Nähe kollidiert durchaus hin und wieder mit dem Bedürfnis der Eltern, kurz mal die Hände frei zu haben oder unter die Dusche zu hüpfen. Auch dieser kleine Interessenkonflikt wird euch einige Jahre lang begleiten. Wir rechnen übrigens fest damit, dass du die folgenden Abschnitte mit einer hochgezogenen Augenbraue liest. Wir kennen das.

Sehr schnell nach der Geburt werdet ihr zu eurer Überraschung feststellen: Das Baby lässt sich gar nicht ablegen. Oder zumindest nicht unbedingt genau dann, wenn ihr kurz eine wichtige Mail beantworten müsst. Oder die Spaghetti abgießen. Oder aufs Klo. Aber wieso ist das so schwierig?

Es gibt schier endlos viele käufliche Möglichkeiten, um Babys abzulegen, ihr habt vorgesorgt: Stubenwagen, Babybettchen, Nestchen, Wippen – und seit einigen Jahren sind auch die hübschen geflochtenen Moseskörbchen wieder schwer in Mode. Ob diese Babyplätze wirklich genutzt werden oder am Ende doch nur als Hintergrund für ein Babyfoto oder als Ablagefläche für Wäsche oder Bücher herhalten, lässt sich vorab nicht sagen. Oft ist es aber genauso. In den letzten Jahren wurden auch eine Vielzahl von Wippen, Wiegen und Babyspielcentern erfunden, die rhythmisch schaukeln, Musik abspielen, den mütterlichen Herzschlag imitieren oder auf andere Art und Weise dem Baby Geborgenheit vermitteln sollen – Elternsubstitute. Diese Produkte, die dafür entwickelt wurden, dass das Baby allein abgelegt werden kann, entsprechen natürlich nicht dem eigentlichen Bedürfnis des Kindes, in der Nähe seiner Bindungspersonen zu sein. Aber man könnte es doch zumindest mal versuchen – oder? Warum diese vermeintlichen »Babyalltagserleichterer« oft gar nicht funktionieren, wie ein dosierter Einsatz trotzdem probiert werden kann und warum wir als besten Babyplatz die gute alte Krabbeldecke empfehlen, lest ihr im Kapitel »Alltag mit dem Baby«.

Eine der hilfreichsten Devisen im Leben mit Kindern ist ohnehin: *Keep it simple!* Daher wäre die einfachste Ablagevariante ein gesichertes Plätzchen auf eurem Bett oder dem Sofa oder einer dickeren (Krabbel-)Decke auf dem Boden. Vielleicht lässt sich dein Kind auch auf ein Ablegen in der abnehmbaren Liegewanne des Kinderwagens ein, wenn du dich nicht allzu weit von ihr entfernst. Denn Nähe ist für ein Baby oft das wichtigste Kriterium für ein sicheres Schlafplätzchen. Deshalb schlafen viele Kinder auf dem elterlichen Arm oder im Tragetuch besonders gut. Im Kapitel »Schlafen wie ein Baby« gehen wir näher auf das Konzept von Sicherheit als Bedingung für Schlaf ein.

Solltest du irgendwann nach der Geburt das Gefühl haben, dass eines der Schlaf-Gadgets wie eine (elektrische) Federwiege für dein Baby doch passen könnte, kannst du sie immer noch anschaffen. Vielleicht kannst du dir auch zunächst einmal das entsprechende Produkt testweise ausleihen. Ansonsten findest du im Kleinanzeigenbereich und auf Babyflohmärkten jede Menge dieser Produkte – meist in einem guten oder sogar gänzlich unbenutzten Zustand.

Was ein Baby nicht braucht

Es gibt einen tiefen Graben zwischen dem, wie man sich vor der Geburt das Leben mit einem Baby vorstellt, und der Praxis danach. In diesem liegen unter anderem diverse Fehlkäufe versenkt.

Im Hormonrausch der Schwangerschaft sind wir alle sehr empfänglich für kleine Mini-Schuhe und Kuscheltiere. Die darf man sich selbst symbolhaft natürlich gern kaufen. Und kurioserweise gehören genau diese Dinge zu den beliebtesten Geschenken, die man zur Geburt bekommt. Zudem könnt ihr mit den geschenkten Spieluhren La-Le-Lu gleich vierstimmig aufführen.

Rechne damit, dass euch – vor allem beim ersten Kind – viele Freunde und Verwandte eine Freude machen möchten. Kommuniziert, dass ihr konkrete

Wünsche habt, legt Babylisten an (auch in vielen Babygeschäften möglich), das schützt euch vor der einen oder anderen Geschmacksverirrung. Personalisierte Geschenke lassen sich nicht umtauschen. Wir dürfen uns alle daran erinnern, dass es beim Schenken um die Freude des Beschenkten geht und nicht um die Freude des Schenkenden, daher dürft ihr euch ausdrücklich und konkret Dinge wünschen.

Auch wenn es die Menschen um euch herum gut mit euch meinen: Lasst euch nicht alles andrehen. Erlaube dir, deiner Freundin zu sagen, dass du ihre Sachen gerne durchsiehst, um zu schauen, was du brauchst, und auch, was dir gefällt. Denn du kannst sicher sein, dass du den tollen Wollwalkanzug in Grasgrün deinem Baby nur ungern oder gar nicht anziehen wirst, wenn du diese Farbe einfach überhaupt nicht magst. Nutze also gern den Nestbautrieb in der Schwangerschaft, um dir das Thema Babyflohmarkt und Kleiderkreiseln im Internet zu erschließen.

Darauf könnt ihr getrost verzichten

- Es beginnt schon mit der **Menge an Babykleidung.** Oft wird auf den einschlägigen Listen eine irre Anzahl angeblich benötigter Bodys, Strampler und Jäckchen angegeben. Kein Baby braucht sechs Strampler in der ersten Größe 50/56. Ein Strampler wird drei Tage am Stück getragen und diese Größe passt ca. vier bis sechs Wochen lang. Damit jeder Strampler zumindest ein paar Mal drankommt, reichen wirklich drei Stück. Für durch Windelunfälle schmutzig gewordene Wäsche gibt es Waschmaschinen.
- **Jeans, Schuhe und sonstige Dekoklamotten.** Feste, unflexible Stoffe schränken die Bewegungsfreiheit der Kinder enorm ein. Kitzelnde Zipfel oder Rüschen von Kragen berühren das Gesicht und können das Baby irritieren, weil sie permanent den Suchreflex triggern. Mini-Chucks sehen süß aus, vor dem Laufalter stören **Schuhe** allerdings wichtige Reflexe und die Fußmotorik. **Für den Anfang reichen Wollsöckchen über dem Strampler vollkommen.**
- **Einschlafhilfen** wie Hängematten, Federwiegen, Rüttelplatten versprechen meist mehr, als sie halten (siehe dazu das entsprechende Kapitel im Kapitel »Alltag mit dem Baby«).
- **Großformatige Pflege-Gadgets** wie Windeltwister, Badeeimer, Wannenständer.
- **Wickeltaschen** sind auch eher wenig schöne Ungetüme. Du brauchst nicht immer und überall die gesamte denkbare Vollausstattung. Praktisch sind

ein paar Zipperbeutel aus Stoff, Wetbags heißen solche aus wasserabweisendem Material. Da passen eine oder auch zwei Windeln hinein und ein Mini-Pack Feuchttücher oder eine Tupperbox mit Waschlappen. Nach ersten Erfahrungen mit Windelexplosionen gehst du vermutlich auch nicht ohne Ersatzbody aus dem Haus. Dazu evtl. eine kleine, faltbare Wickelunterlage, das war's. Alles das passt zur Not in eine Birkin-Bag, in der sich später auch noch Sandspielsachen, Kastanien, Stöcke und andere kostbare Fundstücke, Wechselstrumpfhosen und angebissene Dinkelcracker verstauen lassen.

- **Batterien an Milchfütterungsequipment** wie Flaschen, Sauger, Milchpulver, Vaporisator oder auch prophylaktische Schnuller (mehr dazu im Kapitel »Nahrung für Körper und Seele«).
- **Ein spezielles Babyhandtuch.** Die vermeintlich praktische Kapuze kommt beim Abtrocknen nach dem Baden oft gar nicht zum Einsatz, aber das quadratische Format ist sehr praktisch zum Einhüllen. Eines reicht, jede Wette, ihr bekommt mindestens ein weiteres geschenkt.
- **Ein Reisebett.** Unterwegs wird euer Baby am liebsten nah bei euch schlafen. Eine Matratze auf dem Boden oder bei kleinen Babys auch einfach eine gefaltete Wolldecke auf dem Fußboden ist meist um Längen praktischer.
- **Diverser Einmalkram wie Wickelunterlagen,** unterschiedliche Sorten Feuchttücher, Desinfektionstücher, Einmallätzchen etc.

Und ein Laufstall?

An einem Laufstall scheiden sich die Geister: Es gibt Menschen, die schwören drauf, andere finden nur ein verächtliches Wort dafür: »Babyknast«.
Vielleicht ist es hilfreich, diese Frage in erster Linie anhand der Wohngegebenheiten und des Lebensalters zu beantworten. In der allerersten Babyzeit ist das Baby sowieso vorwiegend bei euch auf dem Arm. Wenn es aber Geschwisterkinder oder Haustiere gibt, kann ein Laufstall ein kleiner Schutzraum sein, der vor ungestümen Liebesbekundungen oder tief fliegenden Legosteinen schützt. Dann ist ein Laufstall etwas wie eine Mischung aus Daybed und Krabbel-

decke, die man praktischerweise auch einen halben Meter über dem Boden installieren kann. In einer kleinen Altbauwohnung stellt sich die Frage zudem weniger als in der Doppelhaushälfte mit Kücheninsel, weil ein Laufstall auch ein ziemliches Ungetüm ist. Später, bei mobiler werdenden Kindern, kann ein Laufstall kurzzeitig ein sicherer Ort sein, wenn Papa schnell mit dem Wäschekorb die Treppe nach oben flitzt, in der Küche mit heißem Wasser hantiert wird oder wenn man doch mal die Haare waschen und den Raum verlassen muss. So oder so wird ein Baby tendenziell nicht stundenlang darin zufrieden mit seinen Bauklötzen spielen. Genauso wenig würden Eltern ein verzweifelt weinendes, an den Gitterstäben rüttelndes Kind eingesperrt lassen. Ein Laufställchen erlaubt also weniger tiefe Einblicke in das grundsätzliche Weltbild, als man vielleicht vorschnell annehmen würde.

Der Einmalwahnsinn in der Babywelt

Klar, der praktische Nutzen von Feuchttüchern in einigen Alltagssituationen liegt auf der Hand. Natürlich spart es Zeit, wenn man Läppchen, Tücher und Unterlagen nach Gebrauch nicht waschen und trocknen muss. Gleichzeitig wissen wir alle, dass Einmalprodukte ein massives Nachhaltigkeitsproblem sind. Es landen weltweit Millionen von Feuchttüchern im Restmüll, weil im Bereich der Babyeinmalprodukte die Recycling-Strategien noch nicht besonders ausgegoren sind.

Obwohl das den meisten Eltern bewusst ist, wird doch im stressigen Babyalltag zu den praktischen Einmalprodukten gegriffen, ganz besonders wenn man es schon eine Weile gewohnt ist. Diese Gewöhnung findet oft bereits in den ersten Tagen nach der Geburt in der Klinik statt. Selbst Eltern mit festen Stoffwickelabsichten z. B. werden, wenn sie hier sofort mit Pampers und Co konfrontiert werden, vermutlich dabei bleiben. Denn an Tagen, an denen man vermeintlich nicht mal zum Duschen kommt, möchte man nicht auch noch über das Auswaschen von Stoffwindeln nachdenken. Dass dieses ganze Stoffwindelding dank ausgeklügelter, pflegeleichter Wickelsysteme gar nicht so kompliziert ist wie gedacht, erklären wir dir im Kapitel »Pflege und Zuwendung«.

Zwischen Müllberg und Zero Waste gibt es immer einen Mittelweg, der eure Ökobilanz etwas verbessert, ohne dass ihr als Eltern auf dem Umweltschutzzahnfleisch geht.

Erlaubt euch Kompromisse. So kann man z. B. tagsüber mit Stoffwindeln und nachts mit Wegwerfwindeln wickeln. Oder im Urlaub und unterwegs Einmalprodukte nutzen, auch wenn zu Hause Stoffwindeln und Waschlappen im Einsatz sind. Selbst die Entscheidung, Feuchttücher nur für die großen Geschäfte zu nutzen, verkleinert schon die Müllbilanz.

Nützliche Überlegungen vor dem Kauf

Frische Eltern sind für Hersteller eine ausgesprochen interessante Käufergruppe. Wir alle wollen das Beste für unser Baby, sind wild entschlossen, dafür auch viel Geld auszugeben, und naiv genug, die Versprechungen der Werbung (»für den ruhigen Babyschlaf«, »entspannte Babys – entspannte Eltern« und auch sehr gern: »von Hebammen empfohlen«) reinen Herzens zu glauben. Gleichzeitig lässt jede Kaufentscheidung unendlich viele Dachböden weiter überquellen mit nur kurz benötigtem Baby-Kram und bedeutet ein dickes Minus auf dem Nachhaltigkeits- und Bankkonto.

Wenn ihr zum ersten Mal Eltern werdet, stellt euch vor dem Kauf von Babyprodukten einfach ein paar sinnvolle Fragen, egal was die Verkäuferin im Babymarkt oder die Werbung im Online-Shop dir gerade erzählen wollen:

- Warum brauche ich dieses Produkt für mein Baby? Welchen Nutzen verspreche ich mir davon?
- Gibt es etwas Ähnliches schon in unserem Haushalt, was ich stattdessen benutzen kann?

Wenn du davon überzeugt bist, etwas zu benötigen, frage dich weiterhin:

- Kann ich mir dieses Produkt von jemandem ausleihen, um es auszuprobieren oder auch, weil es nur eine recht begrenzte Zeit im Einsatz sein wird?
- Kann ich dieses Produkt gut gebraucht kaufen?
- Wo finde ich eine faire und nachhaltige Version dieses Produktes?

Antworten auf die letzte Frage und einige Argumente, die für das Leihen oder gebraucht Kaufen sprechen, findest du auf den nächsten Seiten.

Generell können wir nur empfehlen, in weniger, dafür aber wertvollere Teile zu investieren. Mit »wertvoll« ist bei Babysachen vor allem das Material gemeint. Gerade Kleidung, aber auch Spucktücher oder Spielzeuge kommen mit der Haut und oft auch dem Mund deines Babys in Kontakt.

Schadstoffe in Babyprodukten

Viele Produkte aus Plastik enthalten den chemischen Weichmacher Bisphenol A (BPA). Studien haben einen Zusammenhang zwischen der Aufnahme von BPA und Störungen des Hormonsystems und des Gehirns festgestellt.

Seit 2011 darf BPA deshalb nicht mehr bei der Produktion von Babyflaschen und Saugern verwendet werden. Dennoch ist der Weichmacher weiterhin in vielen anderen Produkten, auch in Spielzeug und in kosmetischen Produkten, zu finden. 2019 hat das Umweltbundesamtes 2 500 Kinder auf 15 Inhaltsstoffe von Plastik untersucht. In fast allen untersuchten Urinproben wurden Rückstände von solchen Stoffen gefunden, insbesondere von Weichmachern. Zum Teil lagen die Befunde über zulässigen Grenzwerten. Auch Holzspielzeug kann Gifte enthalten, z. B. in den (farbigen) Lacken. Achte also auch dort auf Schadstofffreiheit.

Bei Kleidung spielen der Anbau der Fasern, die Herstellung des Materials sowie dessen Verarbeitung eine große Rolle. Da immer mehr Eltern ein Bewusstsein dafür entwickeln, versuchen auch die Hersteller, ihre Produkte entsprechend zu kennzeichnen. Doch auch hier gibt es riesige Unterschiede: Vom geprüften Öko-Siegel mit strengen Auflagen dahinter bis zur verwässernden Nutzung von Beschreibungen wie »natürlich« oder »biologisch« ohne Zertifikat ist alles dabei. Das Öko-Label ist in den letzten Jahren auch zum werbewirksamen Trendthema geworden. Darum ist es sinnvoll, zu wissen, was wirklich dahintersteckt, wenn Firmen es sich auf die Fahnen bzw. ihre Produkte schreiben.

Im Anhang findest du einige Online-Shops, die bei der Auswahl ihrer Produkte auf ökologische und ethische Maßstäbe Wert legen.

Natürliche, hochwertige Materialien

Für ein Baby ist die wohl hochwertigste Fasermischung Wolle/Seide. Diese Mischung aus Naturmaterialien sorgt mit Abstand für den besten Wärmeausgleich. Sie ist weich, kuschelig, anschmiegsam – und hält die Babys wirklich richtig warm. Jede erfahrene Mutter wird dir das bestätigen: Wenn du sie einmal ausprobiert hast, wirst du nie wieder etwas anderes wollen. Weil Babys aus einer 37-Grad-Umgebungstemperatur kommen, fällt ihnen am Anfang das Halten der Körpertemperatur schwer. Sie kühlen wirklich schnell aus, auch im Hochsommer, denn selbst bei 27 Grad sind es immer noch 10 weniger als in deiner Gebärmutter (s. a. den Abschnitt »Warm und wohlig« im Kapitel »Pflege und Zuwendung«). Fast alle Wolle-Seide-Klamotten auf dem Markt sind aus Bio-Materialien – ein weiterer Pluspunkt. Einziger Haken: Sie sind leider teuer – ein Body kostet um die 20 Euro. Deshalb hast du von ihnen vielleicht erst mal nur ein oder zwei pro Größe. Du kannst sie im Handwaschbecken auswaschen, damit du schnell wieder einen verfügbar hast.

Bei den Wollprodukten gibt es Unterschiede in der Haltung der Tiere und den Herstellungsbedingungen. Wenn du vegane Materialien bevorzugst, sind Stoffe aus reiner Baumwolle, Leinen, Hanf oder Bambus eine gute Option. Es werden darüber hinaus auch immer weiter neue tierleidfreie Materialien wie Sea-Cell (aus Zellulose und Algen) oder Sojaseide entwickelt und verwendet. Diese haben zum Teil ähnlich gute temperaturregulierende Eigenschaften wie Wolle.

Kunststoffe wie Polyester oder Polyacryl sind auf Erdölbasis oder auch aus recycelten PET-Flaschen hergestellt. Im Kleidungsbereich werden künstliche Fasern auch oft mit natürlichen Fasern gemischt. Z. B. sind Socken oder Hosen aus Baumwolle meist mit einem kleinen Elasthananteil versetzt, der diese Kleidungsstücke dehnbar macht. Auch viele der gut wärmeisolierenden Fleecestoffe bestehen aus Polyester.

Babys, die in wenig atmungsaktive Kunstfasern gehüllt sind, können ihre Körpertemperatur nur schlecht regulieren und es droht die Gefahr eines Wärmestaus, zudem können kritische Inhaltsstoffe auch über die Haut in den Körper abgegeben werden. Die Materialfrage ist nicht nur bei Kleidung, sondern auch bei allen anderen Produkten aus Stoff wie dem Tragetuch, der Babydecke oder dem Schlafsack relevant. Ein atmungsaktiver und die Körpertemperatur regulierender Schlafsack kann die Gefahr einer Überwärmung als bekannten Risikofaktor für den plötzlichen Kindstod (SIDS; siehe dazu das Kapitel »Schlafen wie ein Baby«) reduzieren.

Mischkalkulation

Machen wir uns nichts vor: Wir wollen unser Baby am liebsten in hübschen Kram kleiden, instagramable und ökoschick. Das Ganze soll möglichst unter unseren hohen biologischen und ethischen Kriterien mit einem guten Gefühl verbunden sein – und dabei noch halbwegs erschwinglich.

Das erfordert natürlich Kompromisse. Wohl kaum jemand dürfte ein unbegrenztes Budget zur Verfügung haben. Neu in diesem ganzen Baby-Game staunt so manche darüber, dass eine Babystrickjacke durchaus dasselbe kosten kann wie eine, die man für sich selbst kauft. Hochwertige, faire Babykleidung ist wirklich nicht billig.

Bei den meisten Eltern läuft es deshalb auf eine Mischkalkulation zwischen H&M, feinstem Bio-Zwirn und Flohmarkt hinaus. Der wichtigste Spartipp ist hier sicher: gut überlegt und gezielt kaufen und im Zweifel erst einmal nicht kaufen. Da wir nicht auf dem Mond leben, ist es ziemlich kurzfristig möglich, z. B. zwei Bodys nachzukaufen, wenn du im Alltag doch feststellst, dass deine minimalistische Ausstattung nicht gereicht hat.

Nachhaltigkeit durch Leihen oder gebraucht Kaufen

Alternativ ist auch Leihen eine Option, dein Kind in der doch recht kurzen Babyzeit nachhaltig auszustatten. Einige Kleidergrößen trägt dein Baby vielleicht nur wenige Wochen. Da ist das Ausleihen – auch bei einem professionellen Anbieter – oft die kostengünstigere Variante. Leihservices haben in der Regel einen entsprechenden Versicherungsschutz, damit du dir keine Sorgen machen musst, wenn Kleidungsstücke verschmutzt oder beschädigt werden.

Für Stoffwindeln gibt es sogar Serviceangebote, die das Abholen und Liefern von schmutzigen und gewaschenen Windeln übernehmen. Auch Tragehilfen und Autositze lassen sich mieten. Solche Optionen sparen Geld und Ressourcen.

Wenn du dich in die Babyflohmarkt- und Online-Babybörsenwelt eingearbeitet hast, kannst du super Schnäppchen machen und dir Stücke leisten, die neu vielleicht unerschwinglich gewesen wären. Babykleidung ist meistens supergut erhalten, weil sie eben nur wenige Wochen, maximal Monate, getragen wurde. Und sie wurde bereits mehrmals gewaschen, enthält also keine eventuell giftigen Rückstände aus der Herstellung mehr.

Was dein Baby braucht

Unsere einfache Erstausstattungsliste zählt alles auf, was sich in unserem Alltag als Hebammen, aber auch als Mütter wirklich bewährt hat. Wenn du unsicher bist, frag gern bei deiner Hebamme nach. Hebammen sind zwar keine Shopping-Beraterinnen, aber sie haben reichlich sinnvolle und sinnlose Produkte in ihrem Arbeitsalltag gesehen.

Zum Anziehen

Alle Anziehsachen für dein Baby brauchst du anfangs in der sogenannten »Erstlingsgröße« 50/56. Später kannst du gern auf Zuwachs kaufen, zu Beginn aber noch nicht, auch wenn diese Größe tatsächlich etwa nur sechs Wochen lang passt. Kleidung muss nah am Körper anliegen, damit sie auch wärmt.

- **Vier bis sechs Bodys.** Bodys sind die Unterwäsche für dein Baby. Diese Einteiler gibt es zum Wickeln (sie werden mit Druckknöpfchen und/oder Bindebändchen verschlossen) oder zum Über-den-Kopf-Ziehen. Welche

Variante du praktischer findest, ist komplett Geschmackssache – manche Eltern verzweifeln an den vielen Bändchen, Haken und Ösen der Wickelbodys, andere trauen sich kaum, dem Baby etwas über den Kopf zu ziehen. Der Halsausschnitt in den ersten Babygrößen ist extra weit gestaltet. Wie man den Body dann schwuppdiwupp – auch von unten – anzieht, zeigt euch gerne eure Hebamme.

- Kaufe von den Bodys mindestens zwei aus Wolle/Seide und mindestens zwei bis drei mit langem Arm (auch im Sommer).

Sommer- und Winterbabys

Im Sommer (also Juni bis August) ist die Kleidung für dein Baby über dem Body sinnvollerweise aus Baumwolle oder Seide. Mindestens ein (langärmliger) Body aus Wolle/Seide in der Erstlingsgröße sollte aber immer dabei sein. Auch im Sommer brauchen Babys eine wärmende Hülle, gerade im Sommer werden sie eher zu kalt angezogen, weil wir unser Temperaturempfinden auf das Baby übertragen. Wenn es nicht gerade 30 Grad heiß ist, kühlt ein neugeborenes Baby – nur mit Windel und Baumwoll-Body angezogen – tatsächlich schnell aus.

Im Winter (von Oktober bis April) kommt mehr Wolle ins Spiel: Bodys dann vorwiegend aus Wolle/Seide, Pulli oder Schlüttli (das sind gemütliche Pulli-Jäckchen mit schräg verlaufender Knopfleiste), Hose, Strickjacke, Strumpfhose und Socken aus Wolle. Wenn ihr gern in einem kühlen Zimmer schlaft, ist auch ein Schlafanzug aus Wollfrottee toll und wärmend.

Im April, Mai und September: Für diese Übergangszeiten brauchst du vermutlich eine Mischkalkulation, je nachdem, wie das Wetter in diesem Jahr eben so ausfällt. Da lieber erst mal abwarten und nicht allzu viel auf Vorrat kaufen. Lieber einzelne Teile je nach Wetterlage ergänzen.

- **Zwei bis vier Strampler.** In der allerersten Babygröße sind Strampler mit Fuß oft praktischer, weil sie wärmender sind und Socken leicht abfallen. Später sind auch Hosen ohne Fuß gut geeignet, weil gerade im Tuch bei zu kurz geschnittenen Stramplerbeinen die Zehen ungünstig nach oben in Richtung Schienbein gezogen werden.

- **Zwei Hosen aus leichtem Strick.**
- **Ein Pucksäckchen** (als Hosen-Alternative) ist für die allererste Babyzeit schön kuschelig, nur das Tragen im Tuch funktioniert damit nicht gut. Wie »Pucken« funktioniert, liest du im Kasten im folgenden Abschnitt »Zum Schlafen«.
- **Zwei bis vier Oberteile/Pullover/Schlüttlis** mit langen Ärmeln. Aufknöpfbare Schultern erleichtern das Anziehen über den Kopf.
- **Ein Schlafanzug.** Den braucht dein Baby erst etwas später, ab ca. sechs Wochen, dann in der nächsten Größe 62/68. Vorher hat das Baby noch keinen Tag-Nacht-Rhythmus, und ein Schlafanzug ist anfangs noch zu dünn und kühl. Dein Baby hat also in der ersten Zeit Tag und Nacht die gleichen Sachen an. Später dann wird das »Anziehen des Schlafanzugs« ein Teil des Abend- und Einschlafrituals.

Zum Warmhalten

- Das absolute Super-Basic ist **eine hochwertige Strickdecke**, am besten aus Wolle, Alpaka (pillt nicht) oder Cashmere (die weichste Faser der Welt), zum Einwickeln, Zudecken, Pucken. In den ersten Wochen ist das ein wirkliches 24/7-Stück, das euch auch danach noch viele Jahre begleiten wird. Hier lohnt sich wirklich die Investition in ein echtes Lieblingsteil – oder das Selberstricken.
- **Zwei Paar Wollsöckchen, ein bis zwei Strumpfhosen.** Vorwiegend im Winter oder in den Übergangsmonaten ist eine wärmende Extraschicht per Leggins oder Strumpfhose unter dem Strampler prima. Und Wollsocken für warme Babyfüßchen braucht man tatsächlich immer. Einige Mütter schwören im Winter auch auf lange Legwarmer, die man schnell überall drüberziehen kann, vor allem für Barfußliebhaber und Babys, die viel abgehalten werden, sind sie praktisch (siehe dazu das Unterkapitel »Windelfrei und Abhalten« im Kapitel »Pflege und Zuwendung«).
- **Ein oder zwei Mützchen.** In den ersten zwei Wochen schützt ein dünnes Mützchen dein Baby auch drinnen vor Wärmeverlust. Kalte Händchen lassen sich am besten durch das Aufsetzen einer Mütze verhindern, nicht durch Handschuhe. Das Material wählt ihr am besten je nach Jahreszeit:

Im Sommer dünnere »Häubchen« aus Baumwolle/Seide, in der allerersten Winzig-Größe auch gern ein feines Wollhäubchen. Im Winter nur aus Wolle, für drinnen Wolle/Seide.

- **Draußen** bekommt das Baby einfach eine weitere, wärmende Schicht über die Kleidung drüber. **Im Sommer** ist das z. B. eine Strickjacke plus eine der besagten Strickdecken im Kinderwagen.
- **Im Winter** ist ein Fleece- oder Woll-Overall ein absolutes all-time-Lieblingsstück, plus Decke und/oder Fellsack, je nachdem, ob es gerade plus 5 Grad oder minus 20 Grad sind. Ein Schneeanzug ist für den ersten Babywinter nicht gut geeignet, weil er gerade für Tragebabys die Wärme des Elternkörpers nicht hindurchlässt. Außerdem kann er die verschiedenen Klimazonen des Alltags (Kälte draußen, Wärme in der Postschalterschlange) nicht gut ausgleichen.
- **Im Tragetuch an kühlen Tagen.** Mütze, Strickjacke plus Extra-Söckchen oder -schühchen, im Winter plus Wollfleece-Overall. Im Hochsommer an wirklich heißen Tagen ab 25 Grad kann auch ein langer Body mit Söckchen und Häubchen ausreichen.

Zum Schlafen

An dieser Stelle greifen wir einmal kurz vor: Vermutlich wird euer Baby – ob das jetzt der Plan ist oder nicht – in der Nacht zumindest teilweise bei euch im Bett schlafen (siehe dazu das Kapitel »Schlafen wie ein Baby«). Und vermutlich wirst du es dann, wenn es so weit ist, viel weniger »schlimm« finden, als du zuvor möglicherweise dachtest.

Eine der besten Erfindungen sind deshalb An- oder Beistellbettchen. Diese werden wie ein kleiner Balkon auf gleicher Matratzenhöhe direkt am Elternbett befestigt. Alternativ geht natürlich ein anderes, möglichst mobiles Körbchen, ein Stubenwagen oder eine Wiege. Rechne aber damit, dass dein Baby sehr viel weniger darin schlafen wird, als du denkst, und es eher als Ablageort für frisch gefaltete Wäsche dienen wird. Jedes Heraus- und Hineinheben oder Umbetten eines schlafenden Babys rächt sich meist postwendend. Ein heimliches Davonrollen der Mama aus dem Beistellbettchen ist dagegen einer der wenigen Schlafhacks, die funktionieren.

Wenn neben eurem Elternbett genug Platz ist, funktioniert auch das »nächstgrößere« Kinderbett, an dem die eine Gitterseite rausgenommen wurde, sozusagen als XXL-Beistellbett. Man schiebt es ebenfalls direkt ans Elternbett ran und befestigt es dort. Der Lattenrost lässt sich bei den schlichten Modellen mithilfe einiger Holzdübel und einer Bohrmaschine ganz einfach auf die Matratzenhöhe des Elternbetts umbauen. Fixiere es gut mit Möbelgurten, damit das Baby nicht dazwischenrutschen kann.

Zum Thema »Familienbett« – im Fachjargon: Co-Sleeping – findest du Ausführliches im Kapitel »Schlafen wie ein Baby«. Vielleicht hilft schon jetzt der Gedanke, dass nicht unbedingt ihr Eltern diejenigen sein werdet, die entscheiden, wo das Baby schläft ... und dass Co-Sleeping – richtig gemacht – auch wirklich sicher ist und dabei sehr praktisch und kuschelig sein kann.

Decke oder Schlafsack?

Seit etlichen Jahren wird für den sicheren Babyschlaf nur noch ein Schlafsack zum Schlafen empfohlen, um die Gefahr des Überdeckens oder des Daruntertrutschens zu minimieren. Gleichzeitig soll auch die Überwärmung des Babys im Schlaf vermieden werden. Manche Omas müssen an diesem Punkt schwer schlucken, weil das traditionelle voluminöse Daunenkissen heute keine gute Option mehr ist.

Achte bei einem Schlafsack darauf, dass – wenn nicht gerade Hochsommer ist – auch die Arme und Schultern gut gewärmt sind, wähle also für die Erstlingsgröße einen Schlafsack mit Ärmeln. Weil bei wattierten Modellen in kleinen Größen die Ärmel meist steif abstehen, sind Schlafsäcke aus Strick oder weichem Wollfleece besser geeignet. Es gibt auch Modelle, bei denen die Ärmel mit Reißverschlüssen abnehmbar sind. Manchmal ist auch ein dünnerer Schlafsack plus eine Strickdecke zum Einwickeln vom Bauch abwärts eine gute Kombination.

In der zweiten Größe hat dein Baby sein Temperaturregulationszentrum schon stabilisiert und du weißt, ob es eher zu den »Öfchen« oder »Frostbeulen« gehört, denn natürlich sind Babys auch in der Hinsicht – genau wie wir – individuell ganz verschieden. Verwende unbedingt atmungsaktive und temperaturausgleichende Materialien wie etwa Baumwolle oder Wolle. Daune z. B. ist nicht temperaturausgleichend, die Enten sind im eiskalten Winterwasser sehr glücklich darüber. Wickle dein Baby unter den Achseln in die Decke oder pucke es – deine Hebamme zeigt dir, wie das geht.

Im zweiten Lebenshalbjahr sind Schlafsäcke praktisch, die unten offen sind oder unten einen Reißverschluss haben. So kann das Baby sich an gemütlichen

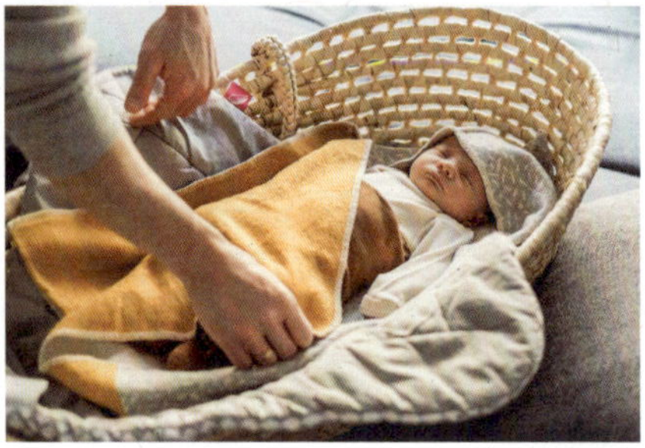

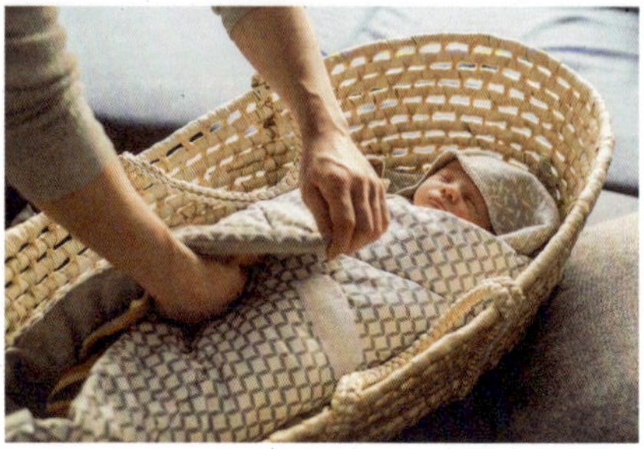

Sonntagmorgen darin fortbewegen oder eine Windel gewechselt bekommen, ohne dass es ganz ausgezogen werden muss, und es ist auch in einer kühleren Wohnung noch gut gewärmt.

Was ist pucken?

Pucken (gebräuchlich ist auch das englische »swaddeling«) ist ein Wort, das das traditionelle, in allen Kulturen der Welt praktizierte Einwickeln von Babys in unterschiedlichen Materialien beschreibt. Heutzutage puckt man meistens mit einem (elastischen) Tuch oder einer dünnen Strickdecke und wickelt das Baby fest darin ein. Vor allem die Schultern und Arme werden damit am Körper gehalten. Durch das Pucken wird im Wesentlichen der Moro-Reflex (s. Kapitel »Pflege und Zuwendung«) als Schreck- und Stressreaktion verhindert, sodass manche Babys gepuckt deutlich besser schlafen oder ihnen die Selbstregulation leichter fällt.

- Achte darauf, dass dein Baby im Tuch nicht überwärmt wird.
- Pucke es vorwiegend von den Schultern bis zu den Hüften, die Beine sollen sich bewegen können und lose in der Decke bleiben, damit eine ungünstige Hüftposition *(Hüftdysplasie)* vermieden wird.
- Lege ein gepucktes Baby niemals auf den Bauch zum Schlafen.

Das Wochenbett gut vorbereiten

Das Wochenbett, also die ersten Tage und Wochen mit dem Baby, beschreiben wir im Kapitel »Ankommen« ganz ausführlich. Absichtlich behandeln wir es aber schon hier im allerersten Kapitel, weil das Wochenbett in seiner Rolle als Start in die Babyzeit so oft unterschätzt wird. Und weil so viele körperliche und emotionale Baustellen das Wochenbett prägen werden, ist *das* wichtige Essential, welches wir Hebammen aus guten Gründen gebetsmühlenartig wiederholen: »Bereitet das Wochenbett gut vor!«

Nestbauzubehör

- Frauen sind am Ende der Schwangerschaft und in der Wochenbettzeit emotional sehr empfindsam. Evolutionsbiologisch gibt es dafür eine ganz einfache Erklärung – jeder Amsel und jeder Katze geht es genauso: Das

Nest soll fertiggebaut und gemütlich sein! Genauso, wie du es dir in deinen romantischsten Träumen ausgemalt hast. Da das Bett der einzig geeignete Aufenthaltsort für Frauen nach der Geburt ist, wird euer Schlafzimmer für die nächsten Wochen euer Nabel der Welt sein. **Sorgt deshalb unbedingt vorher dafür, dass ihr es schön habt.** Räumt also die doofen Kisten weg, die schon lange rumstehen, besorgt Haken oder einen richtigen Ständer für die Klamottenstapel, schöne Bettwäsche und endlich ein vernünftiges Rollo, oder was auch immer euch schon lange stört.

- Im Bett: Um dich gemütlich mit dem Baby zum Stillen zu lagern, braucht es viele Kissen. Schon am Ende der Schwangerschaft ist ein **Seitenschläfer-Lagerungskissen** gut zu gebrauchen, um den Bauch und das obere Bein abzustützen. Zum Stillen sind fester gefüllte, etwas kleinere halbmondförmige **Stillkissen (oft unter dem Begriff »amerikanische Stillkissen« zu finden)** besser geeignet als die herkömmlichen großen, mit Polystyrolkügelchen gefüllten »Stillwürste«. Mit den kleineren ist es viel einfacher und handlicher, das Baby gut und stabil zu lagern, damit es trinken kann, ohne dass du vier Arme brauchst.
- **Ein kleines Nacht-Schlummerlicht:** eine ungemein hilfreiche Anschaffung für durchwachte, lauschige Nächte. Anfangs ist das Stillen ein bisschen bastelig. Dein Baby reagiert eher reflexgesteuert, es weiß noch nicht so ganz genau, was es tun soll, wenn es hungrig ist. Es braucht oft noch deine Hilfe, um den Busen zu finden, macht zwischendurch Pausen, schläft dann aber auch nicht unbedingt gleich wieder ein. Um gucken zu können, was dein Baby macht, ob es wach ist oder nicht, hilft also eine kleine Funzel, die euch beiden signalisiert: Eigentlich ist es jetzt Nacht! Der Biorhythmus wird entscheidend vom Lichteinfall beeinflusst. Ein Schummerlicht hilft dem Baby, schneller zu verstehen, dass Tag und Nacht sich unterscheiden. Flutlicht von der Decke, das die Nacht zum Tag macht, stört diesen Prozess eher.
- Du kannst einen Steckdosendimmer nutzen, einen Schnipsel rotes Pergamentpapier vor einen kleinen, biegsamen LED-Klemmspot kleben oder eine der Salzlampen nehmen (designerisch fragwürdig, machen aber unschlagbar warmes, gemütliches Licht, gibt es auch als Steckdosennachtlicht). So kannst du es in deiner Wochenbetthöhle schön schummrig machen.

Einkaufsliste für das Wochenbett

Die Einkaufsliste für das Wochenbett sollte der vor hohen Festtagen ähnlich sein und ist mindestens genauso wichtig. Organisiere ein paar wesentliche Dinge für eure frische Wochenbettzeit schon vorher, damit niemand nach der Klinikentlassung am Samstagnachmittag noch los muss, um exotische Dinge für Wohlgefühl und Heilung zu besorgen.

- **Ein paar gute Säfte** – z. B. aus Vitaminbomben wie Sanddorn, Acerola, Ananas. Vitamin C hilft, nach dem Blutverlust einer Geburt das Eisen aus der Nahrung gut aufzunehmen, damit du schnell wieder auf die Beine kommst. Das Enzym aus der Ananas, Bromelain, unterstützt die Wundheilung. Vielleicht wollt ihr euch auch einen High-End-Smoothie-Mixer zulegen, der von Superfood bis Babybrei alles kann.
- **Bereite Essen vor und friere es ein oder lege schöne Rezepte zurecht, nach denen du dich bekochen lassen möchtest.** Wenn dein Partner nicht so kochbegabt ist – es gibt auch Convenience-Angebote, bei denen man die komplette Zutatentüte für tolle Rezepte einfach fertig bestellen und sich bundesweit liefern lassen kann. Im Anhang haben wir Adressen zusammengestellt, bei denen du dir gute Wochenbett-Kraftnahrung bestellen kannst.
- **Gutes Studentenfutter:** Gekauftes, »normales« Studentenfutter besteht meistens zur Hälfte aus recht billigen Zutaten wie Erdnüssen und Rosinen. Da gibt es Besseres: Kaufe dir je eine große Tüte Cashewkerne, Mandeln, Macadamia- und Paranüsse. Dazu getrocknete Cranberries, Aprikosen, Datteln – was auch immer du magst. Früchte klein schneiden und mit den Nüssen in einem großen Glas mischen. So hast du immer einen qualitativ und kalorisch hochwertigen Snack zur Hand, der auch noch das Süßbedürfnis bedient.
- Besorge auch einen **schönen, wohligen, unterstützenden Wochenbett-Tee** für Körper und Seele, z. B. »Weiches Wochenbett« *(into life®)*.

Ein Körbchen neben dem Bett

Im Wochenbett wirst du dann ziemlich bald merken, dass dein Nachttisch überquillt und du einhändig ständig auf der Suche nach einer unter Kissen versteckten Stilleinlage oder dem Deckel von irgendeinem Tübchen bist. Einhändig deshalb, weil du längere Zeitabschnitte mit Baby am Busen in deinem Bett festgetackert sein und dich nur armweit bewegen können wirst.

Deshalb ist ein Wochenbettkörbchen neben dem Bett schön, damit die Dinge, die du mehrfach täglich in Griffweite haben möchtest, dort gesammelt und schnell zur Hand sind.

Das kommt in den Wochenbettkorb

- **Für deine Brustwarzen:** Bei fast allen stillenden Frauen werden die Brustwarzen anfangs (mindestens) etwas empfindlich sein. Das geht vorbei! Es hilft eine lindernde Salbe mit Lanolin. Zum Beispiel der *Nipple Balm (into life®)* oder *Lansinoh®* oder *Purelan®* aus der Apotheke.
- **Stillcreme oder -öl:** Rund um den Milcheinschuss, etwa am dritten Lebenstag deines Babys, wird dein Busen vermutlich mehr oder weniger prall und über Nacht etwa um drei Körbchengrößen anwachsen. Das ist nicht nur skurril anzuschauen, sondern manchmal auch ziemlich unangenehm. Oft tut eine ganz sanft ausstreichende Massage gut. Das geht am besten mit einer Creme oder einem Öl – auch Reste deines Schwangerschaftsöls kannst du dafür gut verwenden.
- **Ein Spray für alles:** Für die empfindliche Dammregion – möglicherweise nach der Geburt etwas geschürft oder verletzt – ist ein kühlendes Spray lindernd, wundheilend, abschwellend. Im *Recover Spray (into life®)* finden sich Hydrolate von Rose, Hamamelis, Schafgarbe und Neroli zusammen mit Aloe, Beinwell- und Tigergrasextrakten. Du kannst es auch zur Nabelpflege verwenden oder für einen wunden Babypo – eben für alles, was heilen soll. Wenn du es bei dir in der Nähe hast, musst du nicht ständig für ein umständliches Sitzbad ins Bad rennen, sondern kannst immer mal zwischendurch einfach kurz »unter die Bettdecke sprühen«.
- Dein Körper verändert sich in der Wochenbettzeit drastisch. Dieser Übergang von schwanger zu nicht-schwanger ist auf vielen Ebenen oft erst mal merkwürdig. Alles, was das körperliche Wohlbefinden der Wöchnerin stärkt, ist eine gute Idee. Das kann eine **hochwertige Lippenpflege** sein (auch Nippel-Cremes eignen sich super dafür), weil diese durch das stundenlange Atmen während der Geburt vielleicht ganz ausgetrocknet sind. Oder die **Gesichtscreme,** die die Wöchnerin besonders gerne benutzt. Ein **Aromaöl,** das entspannend oder anregend wirkt, gibt es z. B. als praktische Roll-Ons. Mit großflächig verteilten stark parfü-

mierten Düften oder mit parfümierten Deos unter der Achsel (= nah am Busen) sollte man etwas zurückhaltend sein, weil Babys sehr empfindliche Nasen haben. Und diese wollen erst einmal vor allem nur »Mama pur« riechen.

- **Stilleinlagen,** weil die Milch nach wenigen Tagen zunächst ziemlich unkontrolliert laufen kann.
- **Taschentücher!** Das Wochenbett ist eine Zeit des Fließens: Auch Tränen gehören immer wieder dazu. Mal wird geweint vor lauter Glück, manchmal vor lauter Überforderung. Und zu den Taschentüchern gehört natürlich auch jemand, der zuhört, tröstet oder auch mitweint. Denn das Wochenbett ist für beide Partner mit vielen neuen Emotionen verbunden.
- Das **Babymützchen**, das immer mal auf- und wieder abgesetzt wird.
- **Alles an Tropfen, Cremes und Mittelchen, die dir deine Hebamme dalässt.**

♥ MOMHACK

Periodpanties sind noch eine relativ neue Sache auf dem hiesigen Blutungsmarkt und sie sind Gold wert fürs Wochenbett. Ab der zweiten Woche nach der Geburt – du wirst etwa vier Wochen lang bluten – sind sie tausendmal angenehmer als die unglaublichen Bindenpolster, die rascheln, knistern, kleben und pieken.

Das Wochenbett-Tablett

Aus unserer langjährigen Hebammenerfahrung wissen wir, dass auch ein gutes Tablett neben dem Wochenbett sehr sinnvoll ist. Ein Bett-Tablett hat nicht nur einen großen praktischen Nutzen, sondern ist auch ein Symbol für das Verwöhnt-Werden – und wann ist das besonders angebracht, wenn nicht im Wochenbett, nachdem du gerade ein Baby aus deinem Körper hervorgebracht hast? Das ideale Tablett fürs Wochenbett ist groß genug, lässt sich auch voll bepackt sicher tragen und hat eine etwas höhere Kante, damit nicht jedes umgefallene Wasserglas gleich das Bett durchnässt.

Das kommt auf das Tablett

- Das Wochenbett ist eine Zeit, in der viel Oxytocin fließt. Dieses Hormon löst beim Stillen nicht nur den Milchspendereflex aus, sondern macht eben auch durstig. Darum sollte auf dem Tablett immer etwas zu trinken stehen, das regelmäßig nachgefüllt wird. **Wasser** ist der Klassiker, **Schorlen** sind natürlich auch wunderbar. Dass in der Stillzeit kein Wasser mit Kohlensäure getrunken werden darf, gehört hingegen ins Reich der Mythen und Sagen. Da der Durst gerade während des Stillens oft sehr groß ist, sind größere Trinkflaschen (am besten mit Sportverschluss) eine gute Idee. Das Einschenken erfordert sonst manchmal etwas Akrobatik.
- **Tee** ist eine nette geschmackliche Abwechslung. Bestimmte Heilkräuter-Tees können auch eine gute Wirkung haben, besprich das gern mit deiner Hebamme. Für die Milchbildung ist vor allem das Stillmanagement entscheidend, die Wirkung von Milchbildungstee wird häufig überschätzt. Dazu aber mehr im Kapitel »Nahrung für Körper und Seele«.
- Ebenso wichtig sind **kleine Snacks** auf dem Wochenbett-Tablett. Natürlich wird die Wöchnerin regelmäßig mit Frühstück, Mittag- und Abendessen versorgt, zwei Hauptmahlzeiten davon im Bett. Aber darüber hinaus haben Frauen nach der Geburt oft auch zwischendrin richtig Hunger – sogar tief in der Nacht. Das Baby wird ja auch rund um die Uhr gestillt. Die beste Vorbeugung gegen den zu häufigen Griff zum Schokoriegel sind gesunde und vor allem unverlangt nett angerichtete Snacks. Klein geschnittenes Obst, ein Gemüseteller mit Hummus-Dip oder auch das in der Einkaufsliste erwähnte Studentenfutter oder Stillkugeln sind gute Alternativen. Die Snacks im Wochenbett lassen sich optimalerweise immer gut mit einer Hand essen, da auf dem anderen Arm meist das Baby seinen Platz haben wird.
- Das Wochenbett ist eine ganz besondere Zeit. Der Begriff »Babyflitterwochen« trifft es vielleicht nicht immer, weil die Zeit des Ankommens, der Veränderungen und auch des Heilens nicht immer nur einfach und honeymoonmäßig ist. Trotzdem ist es eine Zeit, in der die Geburt, das Baby, die heldenhafte Mutter und das Elternwerden gebührend gefeiert werden sollten. Eine **schöne (stabil stehende) Kerze oder ein paar Blumen** auf dem Wochenbett-Tablett machen dies noch einmal sichtbarer. Das liebevoll angerichtete Essen daneben ist ein Zeichen von Wertschätzung und Anerkennung. Etwas, was Mütter oft viel zu wenig in dieser besonderen Zeit erfahren.

- **Digital Detox:** Leichte Unterhaltung und schöne Bücher sind sinnvoll, auch wenn es Frauen gibt, die im Wochenbett schon anspruchsvollere Literatur oder gar Fachbücher lesen. Die meisten blättern aber lieber etwas in einem der Slow-Flow-Wellness- oder Reise- oder Einrichtungsmagazine, um kopfmäßig kurz mal aus dem Babykosmos rauszukommen. Leichte Muse, ablenkend und nicht überfordernd.
- Tageszeitungen mit ihren vielen oft negativen Nachrichten sind fürs Wochenbett meist nicht die optimale Wahl. Auch das Smartphone mit seinen Social-Media-Kanälen ist nun wenig wohltuend. Die rosarote Babybubble, in der man im Wochenbett lebt, darf gern noch etwas aufrechterhalten werden. Alles, was beim Lesen oder Durchblättern entspannt, ist also in der ersten Wochenbettzeit besser geeignet. Schön zum Ansehen nach der Geburt sind auch diese beiden **berührenden Bildbände:** *One Day Young* und *The Bodies of Mothers.*

Ankommen

Wenn du dieses Buch liest, wird dein Baby vielleicht schon auf der Welt sein oder die Geburt kurz bevorstehen. Deshalb gibt es hier auch keine schlauen Tipps für die Klinikauswahl oder zum Finden einer Hausgeburts- oder Beleghebamme, auch wenn das wesentlich zu einer selbstbestimmten Geburt beitragen kann. Vielmehr möchten wir dir eine Idee davon geben, wie gute Bedingungen für den Beginn einer lebenslangen Liebesbeziehung aussehen können und welche Details du mitbestimmen oder auch nachholen kannst. Auch wenn du schon geboren hast, kann dir das helfen, zu verstehen, an welchen Stellen es vielleicht besonders gut lief und an welchen du dir etwas anders gewünscht hättest. Auch dein Kind erlebt, genau wie du, seine Geburt intensiv und zeigt dies vielleicht in seinem Verhalten.

Ein Kind gebären

Das Erleben einer Geburt hat ganz weitreichende Auswirkungen in die Babyzeit hinein und darüber hinaus. Sie ist mit Sicherheit eines der bedeutendsten biografischen Ereignisse unseres Lebens, und damit sind alle Beteiligten – Mutter, Baby und Vater – gemeint.

Dabei sind weniger die äußeren Bedingungen allein entscheidend, ob es etwa der geplante Kaiserschnitt war oder eine Geburt bei Kerzenschein im heimischen Birthpool. Viel wichtiger für das subjektive Erleben von Geburt ist es, welchen Grad an Selbstbestimmung und empathischer Unterstützung du erfahren hast. Die – ganz allgemein gesprochen – »gute Geburt« gibt es nicht. Noch nicht mal mit dem Wort »natürliche Geburt« können wir – immerhin erfahrene Hebammen – wirklich etwas anfangen, auch wenn dies immer wieder an verschiedensten Stellen als Ziel auf einen großen Marmorsockel gestellt wird.

Ein wichtiger Faktor ist zum Beispiel, welches Maß an medizinischen Interventionen bei deiner Geburt notwendig war und wie du das erlebt hast. Dabei ist entscheidend, wie sinnvoll und notwendig gewisse medizinische Eingriffe waren – so du das beurteilen kannst – und wie sehr du in Entscheidungsprozesse einbezogen worden bist. Manchmal sind in der Geburtshilfe bestimmte Interventionen notwendig, die nichts mit der erhofften Geburtsvorstellung zu tun haben. Manchmal ist das Leben tatsächlich hardcore, und wir müssen Abschied nehmen von dem, wie es hätte sein können. Eine Geburtserfahrung kann im Nachhinein vor allem dann getrübt sein, wenn für dich nicht nachvollziehbar und verständlich war, warum wann was und wie gemacht wurde, oder wenn ihr euch gar übergriffig, respektlos oder verletzend behandelt gefühlt habt. Diese Erfahrung kann für alle Beteiligten, für die Frauen, die Väter und auch ihre Geburtsbegleiterinnen, belastend sein und bedarf auch in der Rückschau der feinfühligen Begleitung und Erklärung, vielleicht wieder und wieder, sofort oder nach einer gewissen Zeit. Oder erst noch viel später, etwa in einer folgenden Schwangerschaft.

Eine kontinuierliche Betreuung unter der Geburt ist ein elementarer Faktor, der – das zeigen Zahlen – ganz wesentlich zu einer als »gut« erlebten Geburt beiträgt. Auch die Leitlinien für eine Geburt, die von allen Fachgesellschaften als Best Practice veröffentlicht werden, fordern diesen Aspekt ausdrücklich in ihren aktuellen Papers. Leider ist in Zeiten eines belasteten Gesundheitssystems (mit hier und da auch überfüllten Kreißsälen) die dafür so wichtige 1:1-Betreuung oft nicht so gegeben, wie es wünschenswert wäre.

Geburten sind so individuell in ihrem Verlauf wie auch die Gefühle und Bedürfnisse von Frauen in dieser Phase. Geburten lassen sich nicht vergleichen – das gilt übrigens auch für Babys, dazu kommen wir natürlich noch – und unterliegen keinem Leistungsprinzip. *Du* hast dein Kind geboren – egal, wie und wo und egal, wie viel und welche Unterstützung du dabei in Anspruch genommen hast und welche medizinischen Interventionen notwendig waren. You did it! Und niemand sonst. Auf deine und eure gemeinsame, manchmal sicher schicksalhafte Weise.

Bonding

1991 wurde die gemeinsame Initiative »Babyfreundliches Krankenhaus« von der WHO und UNICEF gestartet. In Deutschland werden unter diesem Dach die sogenannten *BESt-Kriterien* (Bindung, Entwicklung, Stillen), verschiedene verbindliche Qualitätsmerkmale rund um die Geburt, festgelegt, die in einem fachübergreifenden Zertifizierungsprozess an diesen Kliniken umgesetzt werden. Dazu gehören verpflichtende Fort- und Weiterbildungen des gesamten Personals und ein gelebtes Commitment der geburtshilflichen Abteilung. Eine gute Aufklärung über diese Aspekte schon vor der Geburt gehören genauso dazu wie die Unterstützung des Ankommens der Babys ohne unnötige Interventionen, eine ungestörte Begleitung des Bondingprozesses, selbstverständliches Rooming-In, Familienzimmer und eine fachlich exzellente, frühe Unterstützung des Stillens nach aktuellen Standards.

Für das erste Knüpfen des emotionalen Bandes nach der Geburt zu deinem Kind gibt es einen eigenen Begriff. Mit *Bonding* ist der Prozess des Bindungsaufbaus gemeint. Vielleicht hast du am Infoabend in der Geburtsklinik schon diesen Satz gehört: »Wir unterstützen das Bonding nach der Geburt«. Mit Unterstützen ist hier meist gemeint, dass »weniger tatsächlich mehr ist«: Weniger Störungen und weniger Eingreifen von außen, dafür umso mehr Raum und Zeit, in der die Eltern und das Baby sich – idealerweise im direkten Hautkontakt – kennenlernen dürfen.

Der Begriff Bonding beschreibt dabei nicht ein einzelnes Ereignis direkt nach der Geburt, sondern einen Prozess. Ein recht weit verbreitetes Missverständnis dürfte sein, dass Bonding etwas sei, das man aktiv »macht«, nicht etwas, das einfach »entsteht«, indem wir uns – relativ banal – in einem geschützten Rahmen instinktgesteuert und intuitiv verhalten. Neben allen individuellen und durch die verschiedensten Faktoren geprägten Mustern gibt es offenbar Verhaltensweisen, die bei uns allen – ob wir darum wissen oder nicht – sehr ähnlich ablaufen. Wenn ein Baby weint, werden bei uns sofort Botenstoffe und Stresshormone ausgeschüttet, die uns kaum eine andere Wahl lassen, als uns um dieses Weinen zu kümmern. Nehmen wir ein Baby in den Arm, machen wir intuitiv Geräusche wie *sch-sch-sch* und wiegen oder schuckeln es in einem Rhythmus von 60 bis 80 Impulsen pro Minute, was dem menschlichen Herzschlag entspricht. Weint ein Baby (es muss nicht mal das eigene sein), beginnt die Milch bei stillenden Frauen zu fließen. Es scheint tatsächlich etwas wie biologische Konzepte zu geben, bei denen es die Natur nicht unbedingt dem Zufall überlassen möchte, dass die Versorgung kleiner, hilfloser Babys sichergestellt ist. Manchmal ist das, was wir hier ein wenig vereinfacht »Instinkt« oder »Intuition« nennen, auch etwas verschüttet. Unsere eigenen Kindheitserfahrungen, bestimmte Glaubenssätze, gesellschaftliche Erwartungen, kulturelle Überlagerungen – all das beeinflusst uns, manchmal viel mehr, als wir gemeinhin annehmen.

Wir sind uns dessen nicht immer bewusst, manchmal hat uns auch die Geburt so sehr angestrengt, dass da erst mal nichts an überbordender Liebe zu sein scheint. Oder wir fühlen uns emotional so erschöpft, dass wir nicht immer in der Lage sind, diese Feinfühligkeit, von der überall die Rede ist, abzurufen. Dann fühlen wir uns schlecht, als weniger gute Mutter oder Vater und schämen uns vielleicht für diese Gedanken oder so empfundene Defizite.

An unterschiedlichen Stellen auf dem Weg als Eltern lernen wir, dass das Konzept »handelnd, aktionistisch, planend« eine Idee ist – die Realität aber eine andere. Das gilt für den Kreißsaal, für alles Unwägbare, Unvorhergesehene, das uns dort begegnet, und es gilt auch für die Zeit danach. Gleichzeitig ist es so, dass viele innere Prozesse genau dann angestupst werden, wenn wir eben nichts »machen«, sondern innehalten. Spüren, was geschieht – schauen, staunen, geschehen lassen.

Die Art, in der wir Hebammen über diese großartigen und großen Dinge sprechen, klingt mit dem nüchternen Blick, den wir Millennials uns so zugelegt haben, schnell esoterisch oder schlicht etwas abgehoben – typische Hebammen-Moods mit Kuschelfaktor eben. Glücklicherweise sind all diese Erkenntnisse rund um die Eltern-Kind-Bindung – und welche Einflüsse die Schwangerschaft und die Bedingungen während der Geburt auf sie haben – mittlerweile wissenschaftlich untermauert. Babys, die nach der Geburt ungestörten Körperkontakt mit ihren Eltern erfahren, werden nicht nur schneller versöhnt mit ihrer etwas unsanften Landung auf dieser Welt. Auch ihre Körperfunktionen passen sich besser an die nachgeburtliche Umgebung an: Babys können leichter ihre Körpertemperatur halten, ihre Sauerstoffsättigung ist besser, sie schütten weniger belastende Stresshormone aus.

Die Känguru-Methode

Aus der Not heraus, keine Inkubatoren oder gar Beatmungsmöglichkeiten für frühgeborene Babys zur Verfügung zu haben, wurde die *Känguru-Methode* Ende der 1970er-Jahre in Kolumbien entwickelt. Sehr schnell sah man, wie ungleich besser sich Babys entwickelten, die direkt im Körperkontakt mit ihren Eltern (und auch Geschwisterkindern) sein durften. Sie hatten weniger Anpassungsschwierigkeiten, mussten seltener beatmet werden, nahmen schneller an Gewicht zu – und überlebten viel häufiger. Auch für die Eltern frühgeborener Babys ist dieser Körperkontakt, der mit einer so frühen Beendigung der Schwangerschaft unterbrochen wurde, enorm wichtig: Er bringt dich mit deinem Baby in Kontakt und wieder mit dem Gefühl, dass dein Körper der Ort auf der Welt ist, der deinem Baby eine Heimat ist, und der Ort, an dem es am allerbesten gedeihen kann (siehe dazu auch das Kapitel »Frühe und späte Frühchen« am Ende des Kapitels »Ankommen«).

Langsam, leise und liebevoll

Wenn dein Baby geboren ist, gibt es keinen Grund zur Eile für Maßnahmen jeglicher Art – zum Beispiel das Wiegen, Messen, Untersuchen –, wenn keine medizinischen mütterlichen oder kindlichen Schwierigkeiten vorliegen. Dein Baby darf auf deinem Körper ankommen – egal, ob du es spontan oder mittels Bauchgeburt (Kaiserschnitt) geboren hast. Auch im OP ist es mittlerweile üblich, dass das Baby direkt im Körperkontakt mit der Mutter sein kann, trotz der OP-typischen sterilen Tücher, Abdeckungen, Infusionen und EKG-Kabel. Du bist natürlich noch nicht besonders mobil. Während du mit deinem Baby kuschelst, wird immerhin gerade dein Bauch wieder sorgsam zugenäht. Aber es geht. Ein Bonding-Top ist beim Handling manchmal hilfreich.

Bei einer Spontangeburt kannst du dein Baby auch selbst in die Arme nehmen, nachdem du es wahrscheinlich erst einmal einen Moment lang staunend angeschaut hast. Es besteht keine Eile und kein Grund dafür, dass die Hebamme dir das Kind eigenhändig direkt auf die Brust legt. Es kann alles selbstbestimmt, langsam und in deinem Tempo geschehen.

Wenn dein Baby dann so frischgeboren auf dir liegt, kann es sanft abgetrocknet und warm zugedeckt werden, damit es nicht auskühlt. Schaut euch in Ruhe an, lernt einander kennen. Idealerweise ziehen sich deine Geburtshelfer nun auch ein wenig zurück, ohne das Befinden deines Babys und den Prozess der Plazentaphase einer Geburt aus den Augen zu lassen.

In dieser allerersten Zeit unmittelbar nach der Geburt befindet sich das Baby in einem aktiven Wachzustand, in der es ganz aufmerksam ist. Der direkte Hautkontakt aktiviert zudem das intuitive Stillverhalten deines Kindes (siehe dazu den Abschnitt »Das erste Stillen: Breast Crawl« auf den nächsten Seiten).

Neugeborene Babys und neugeborene Eltern

Und dann fällt so ein Baby vom Himmel, landet im Kreißsaal oder einer kuscheligen Ecke der heimischen Wohnung mitten in unserem Leben – und wir sind nun mitten hineingeworfen in dieses neue Leben, alle auf einmal. Genauso, wie das Baby sich in dieses neue und zunächst fremde Leben hineinfindet, ist das auch der erste Schritt für euch Eltern.

Habt die gleiche Geduld, die ihr mit eurem Kind habt, auch mit euch selbst. Mit dem ersten Kind erleben wir alles zum ersten Mal. Theoretisches Wissen mit allen Vorstellungen und Plänen und das Erleben sind unterschiedliche Dinge. Alles, was ihr hier an schlauen Sachen in diesem Buch lest, alle Gedanken, die ihr euch gemacht habt – all das sieht dann in der Praxis oft ganz anders aus.

Jedes Familienmitglied wird ab jetzt in seine neue Rolle hineinwachsen. Ein Kind macht aus einer Zweierbeziehung eine Triade, was alles Bestehende über den Haufen wirft und wieder neu zusammenbastelt.

Und es ist nicht nur das Baby, das von nun an eure Beziehung verändert. Das Familiensystem ist mächtig, auch andere Personen (und die Beziehungen und Geschichten, die ihr seit eurer Kindheit miteinander habt) mischen sich oftmals mehr ein, als euch lieb ist. Auch gegenüber den eigenen Eltern oder auch den Schwiegereltern werdet ihr eure Rolle neu definieren. Je nach Ausgangslage mal harter Stoff, mal Sahnehäubchen auf dem Familienglück.

Erinnerungen festhalten

Das Bedürfnis, diese einzigartigen Momente der Geburt als Erinnerung festzuhalten, gab es schon lange, bevor das Handy zu einem erweiterten Körperteil und die Fotodatenbank ein dokumentarisches Tagebuch unseres Alltags wurde.

Noch Jahre oder Jahrzehnte nach der Geburt werden diese oft schlecht belichteten, verwackelten Schnappschüsse mit verrutschter Wimperntusche einen ganz besonderen Zauber ausstrahlen, und würden wir bei einem Wohnungsbrand irgendetwas retten wollen, wären es vermutlich diese Bilder. Bis vor einigen Jahren allerdings wurden im Kreißsaal vorwiegend erst dann Fotos gemacht, wenn das zuckersüße Baby bereits geboren war und im Arm seiner Eltern lag. Fotos von der Geburt selbst gab es hingegen kaum. Im Zuge eines eher reportageartigen Fotografiestils auch in der Familienfotografie und einer durch Social Media begleiteten Strömung rund um #bodypositivity (und seit Fotos von Geburten nicht mehr als »verstörend/pornografisch« von den Plattformen gelöscht werden), gibt es derzeit mehr und mehr aktuelle Geburtsfotografie.

Begleitung in Bildern

Und auch wenn die Kameras neuer Smartphones erstaunlich gute Bilder machen, ist das natürlich dennoch nicht mit der professionellen Arbeit von Fotografinnen vergleichbar. Es gibt tatsächlich spezielle Geburtsfotografinnen, die den Geburtsverlauf einfühlsam und diskret dokumentieren, und deren Begleitung man im Voraus »buchen« kann. Da sie damit auch Teil des Geburtsteams werden, braucht es eine vertrauensvolle Basis für eine solche Begleitung. Eltern und Fotografin lernen sich also vorab kennen. Ihr verabredet eine Art Rufbereitschaft, sodass die Fotografin sich zum Geburtsbeginn zu euch auf den Weg macht. Natürlich ist professionelle Fotografie auch ein Luxus. So ein Projekt ist ganz bestimmt nicht für alle Eltern verfügbar oder finanzierbar. Manche Kliniken erlauben das auch nicht. Aber einen Gedanken ist es wert.

Wir reden hier von authentischen Momenten und nicht von den gestellten Fotos, die oft in Kliniken angeboten werden und zu denen man sich im Hormonrausch überreden lässt, mit peppigen kleinen Turnschühchen auf einem schwangeren Bauch oder in Form von drapierten Babys mit Stirnband, Gerbera und Kuscheltier.

Die Bilder in diesem Buch sind übrigens von der wunderbaren Ilka Schneemann, die für diesen Bereich die Traumkombination zweier Berufe vereint: Ilka ist Hebamme und Fotografin. Ihr Schwerpunkt ist die Wochenbettreportage – so wunderschön kann so etwas also aussehen …

Noch warme Worte

Neben Bildern könnt ihr das Erlebte auch in Worten festhalten, sobald ihr wieder Worte dafür gefunden habt. Unter der Geburt wird der Geburtsverlauf von der Hebamme dokumentiert, wobei hier die medizinischen Fakten im Vordergrund stehen. Deshalb lesen sich diese Geburtsberichte bisweilen eher als eine Ansammlung kryptischer Abkürzungen und hier und da auch ganz anders, als ihr die Geburt erlebt habt.

Nehmt euch in den ersten Wochenbetttagen unbedingt die Zeit, die noch frischen, warmen Erinnerungen aufzuschreiben; vielleicht habt ihr auch beide aus euren je eigenen Perspektiven Lust dazu. Wenn euer Baby oder eure Verfassung es nicht zulassen, etliche Seiten niederzuschreiben, könnt ihr auch die Diktierfunktion des Smartphones nutzen. Das Reden und das Schreiben über die Geburt hilft, das Erlebte zu begreifen und zu verstehen. Schön sind auch die »*One Line a Day*«-Tagebücher, in denen jedem Tag unterschiedslos nur eine Zeile gewidmet wird. Davon gibt es auch »5-Jahres-Varianten«, sodass du in einem, zwei, drei … Jahren liest, was genau vor einem Jahr geschah … sehr berührend im Leben mit Kindern.

Die Biologie in der Bindung

Hautkontakt ist eines der absolut höchstrangigen Bedürfnisse für uns Menschen. Ohne Hautkontakt sterben Kinder – das bewies schon unter anderem der wissenschaftlich sehr interessierte Friedrich der Große mit seinen historisch überlieferten herzlosen Experimenten mit Waisenkindern.

So etwas wie »Körperkontakt« ist enorm komplex. Ihn auseinanderzunehmen und einzelne Aspekte herauszugreifen, um messbare Kriterien herauszudestillieren, wird ihm natürlich nicht gerecht. Aber schauen wir uns zwei davon (die Oxytocinausschüttung und den Mikrobentransfer) einmal genauer an, um zu verstehen, warum die Biologie die Dinge so macht, wie sie sie macht.

Oxytocin

Das zentrale Bindungshormon für uns Menschen ist das Oxytocin. Es kommt immer dann ins Spiel, wenn es im zwischenmenschlichen Kontakt um Ver-Bindung geht. Dann, wenn wir uns einem anderen Menschen öffnen, man könnte auch sagen: ihm hingeben. Oxytocin ist das Hormon der letzten Geburtsphase, unmittelbar, bevor du dein Baby aus dir herausschlüpfen lässt, das Hormon der ersten Stunden nach der Geburt und das Hormon, das in der Stillbeziehung den Milchspendereflex auslöst. Auch in Liebesbeziehungen zwischen Erwachsenen spielt es eine Rolle. Es wird hier vor allem nach einvernehmlichem innigem Sex ausgeschüttet und schenkt uns dieses wohlige, verbundene und vertraute Gefühl miteinander.

Oxytocin wird deshalb auch gern »Kuschelhormon« oder »Hormon der Liebe« genannt. In all diesen Kontexten, also immer dann, wenn die Natur findet, dass dieses sinnvoll-arterhaltende Verhalten belohnt werden sollte, wird es ausgeschüttet. Liebe fühlt sich gut an, auch biochemisch. Oxytocin ruft Bindungsverhalten hervor. Im Experiment bewirkt es bei jungfräulichen Schafen Muttertierverhalten, Autisten können plötzlich menschliche Regungen in Gesichtern deuten und sozial interagieren.

Unter der Geburt sorgt es dafür, dass wir Kinder gebären können. Es hebt die Schmerzgrenze, macht uns mutig und versetzt uns in die Lage, alle die unter modernen Aspekten als »Zumutungen« empfundenen Umstände einer Geburt anzunehmen und in diesen Momenten nicht einmal infrage zu stellen. Es versetzt uns in »Gebärtrance«, einen wirklich komplett anderen Zustand in irgendeiner Zwischenwelt. In diesem Zustand von Ekstase, auf dem Höhepunkt der Oxytocinwelle, mündet eine Geburt in den *Fetus Ejection Reflex*. In diesem oxytocin-geschwängerten, rauschhaften Zustand nimmst du dein Baby in Empfang. Du berührst es das erste Mal, mit deinem Blick und deinen Händen.

Der ungestörte Hautkontakt nach der Geburt hält weiterhin die mütterliche Oxytocinkaskade in Gang, und auch das Baby verfügt über ein eigenes Oxytocinsystem mit vielen wichtigen Funktionen in dieser frühen und besonders prägenden Lebensphase.

Oxytocin kann frühe soziale Wahrnehmungs- und Kognitionsprozesse unterstützen und Entwicklungspfade für die Entstehung komplexer sozialer Verhaltensweisen beeinflussen. Gleichzeitig beeinflusst unser zuwendendes Verhalten die Entwicklung des kindlichen Oxytocinsystems und wirkt damit als wichtiger epigenetischer Trigger über das Oxytocinrezeptorgen. Ein höheres elterliches Engagement hat das Potenzial, das Oxytocinsystem unserer Kinder hochzuregulieren – mit vermutlich lebenslangen Auswirkungen.

Die erste Stunde – wichtig für Bindungsaufbau und den Stillbeginn

In der ersten Stunde nach der Geburt sind die Oxytocinspiegel besonders hoch, bei der Mutter und bei ihrem Baby. Alle Sinne sind wach, der Saugreflex ist jetzt besonders intensiv, ein idealer Zeitpunkt für das erste Anlegen. Das Saugen wird dein Baby beruhigen und ihm auch dabei helfen, seine Atemwege von Schleim zu befreien, da es diesen in kleinen Mengen einfach runterschluckt. Bei dir wird durch das frühe und ausgiebige Anlegen die Milchbildung optimal angeregt.

Tatsächlich hat der frühe Stillbeginn langfristige Auswirkungen auf das Stillen, auch auf die Stilldauer insgesamt. Je früher das Baby nach der Geburt angelegt wird, desto wahrscheinlicher ist eine längere Stilldauer. Haut-an-Hautkontakt fördert die Oxytocinausschüttung, die Stillkompetenz (bei Mama und Baby) und die Milchbildung. Natürlich bedeutet das im Umkehrschluss nicht, dass bei einem eingeschränkten oder unterbrochenen Kontakt zwischen dir und deinem Baby das Stillen nicht gelingen kann oder der Bindungsaufbau automatisch schwierig sein wird. Zum Glück sind da Menschenkinder und vor allem auch Menschenmütter wesentlich robuster als manch andere Säugetiere, die ihre Jungen später verstoßen, wenn diese nach der Geburt zum Beispiel einen anderen Geruch annehmen oder nicht unmittelbar gesäugt werden können.

Manchmal ist es dann mit etwas mehr Aufwand verbunden und braucht achtsames Re-Bonding, wenn diese ersten Stunden nach der Geburt nicht so ungestört verlaufen sind. Die medizinische Versorgung von Mutter oder Baby ist manchmal eilig und notwendig – Routinemaßnahmen wie das frühzeitige Messen, Wiegen oder gar ein Baden und Anziehen des Babys sind hingegen keine notwendigen Interventionen, die den Bindungsprozess und das erste Stillen stören sollten.

Das Baby-Mikrobiom – Wofür die Bakterien wichtig sind

Ein weiterer wesentlicher Vorgang, der ausnahmslos nur über den Körperkontakt funktioniert, ist der Mikrobentransfer von Mamas Haut zu Babys Haut.

Wir Menschen werden von unzähligen Bakterien besiedelt, ihre Zahl übersteigt die der eigentlichen Körperzellen um ein Vielfaches. Dieses Mikrobiom des Menschen, also die Gesamtheit aller Bakterien, die unseren Körper innen und außen besiedeln, wurde in den letzten Jahren intensiv erforscht. Unzählige Effekte auf unsere Gesundheit sind bekannt.

Während der Schwangerschaft und der Geburt erhält das mütterliche Mikrobiom eine besondere Bedeutung: Es stellt nämlich die Starterkulturen für die Besiedelung deines Babys zur Verfügung. Diese wichtigen Bakterien gelangen auf unterschiedliche Weise zu deinem Baby: zunächst über deine Vaginal- und Darmflora während der Geburt, danach über innigen Hautkontakt und – solange du stillst – über deine Muttermilch als probiotischer Drink.

Mikrobentransfer unter der Geburt

Während einer vaginalen Geburt kommt das Baby zum allerersten Mal mit Bakterien direkt in Berührung – mit denen aus der Vagina seiner Mutter und aus ihrem Darm. Was man früher als »kontaminiert« betrachtete und mit dem Einsatz diverser Desinfektionslösungen unter der Geburt zu verhindern suchte, weiß man heute besser: Deine Bakterien sind das Beste, was dein Baby auf diesem Weg bekommen kann.

Vaginal Seeding

Wird ein Baby per Kaiserschnitt geboren, kommt es während der Geburt nicht mit mütterlichen Vaginalkeimen in Kontakt. Es ist bekannt, dass Kaiserschnittbabys im Laufe ihres Lebens häufiger unter Allergien, allergischem Asthma, Übergewicht und verschiedenen Autoimmunerkrankungen leiden als Babys, die vaginal auf die Welt gekommen sind.

So wurde von Mikrobiomforschern in den USA vor einigen Jahren die Idee des *Vaginal Seeding* geboren. Die frisch per Bauchgeburt geschlüpften Babys werden dazu nach der Geburt bereits im OP im Mund, im Gesicht und an den Händchen mit dem Vaginalsekret ihrer Mütter benetzt, um diesen Keimtransfer zu imitieren. Auch einige Kliniken in Deutschland bieten das mittlerweile an. Sollte das aus unterschiedlichen Gründen keine Option sein, können Babys nach einer »sterilen Geburt« auch spezielle Baby-Probiotika mit Laktobazillen-Stämmen erhalten, zum Beispiel das *Mama & Baby Flor* von *into life®*.

Muttermilch – ein probiotischer Drink für dein Baby

Auch die Annahme, Muttermilch sei steril, ist mittlerweile widerlegt. Vor einigen Jahren hat man den sogenannten *entero-mammary-pathway* entdeckt. Darmbakterien gelangen während der Schwangerschaft offenbar mithilfe spezieller Körperzellen über die Blutbahn in das Drüsengewebe der Brust und besiedeln es.

Muttermilch ist ein in vielerlei Hinsicht hochkomplexes, für das Baby perfekt zusammengestelltes Nahrungsmittel mit allen erdenklichen Nährstoffen, aber auch unzähligen weiteren zellulären und epigenetischen Informationen. In einem Milliliter Milch sind neben mehr als 10 Millionen Bakterien, vor allem aus den Laktobazillen- und Bifidobakterien-Familien, auch humane Milch-Oligosaccharide (HMO) enthalten, die die Bakterien »füttern«. Diese machen Muttermilch zu einem prä- und probiotischen Drink und leisten einen wesentlichen Beitrag zur physiologischen Besiedelung des Babydarms.

Babys Bauch

Die Besiedelung mit einem besonders günstigen, physiologischen Keimspektrum, das wir von unserer Mutter weitergegeben bekommen, ist tatsächlich die Wiege unseres Mikrobioms, vermutlich lebenslang. Sie ist eine wichtige Voraussetzung für unsere Gesundheit und beeinflusst alle nur denkbaren Organsysteme, von der wichtigen Barrierefunktion der Darmschleimhaut bis hin zur *Gut-Brain-Axis*, der vielschichtigen Verbindung von Darm und Gehirn.

Schon allein der Magen-Darm-Trakt eines frisch geborenen Babys muss Enormes leisten: Nahrung aufnehmen, sie peristaltisch weiterleiten, verstoffwechseln, wieder ausscheiden. Es dauert etwa 3 Monate, bis sich diese Vorgänge gut eingespielt haben. In dieser Zeit mühen sich viele Babys mit ihrer Verdauung. Das ist in einem gewissen Rahmen normal und auch nicht therapiebedürftig. Sollten aber gewisse Umstände für eine Dysbiose sprechen, kann die gezielte Gabe gewisser probiotischer Stämme dem Baby beim Aufbau einer gesunden, stabilen Darmflora helfen.

Was ist Nestschutz?

Unter dem Begriff Nestschutz werden mehrere immunologische Schutzfunktionen für das Baby verstanden, die durch das Immunsystem der Mutter weitergegeben werden. Dem Baby wird so in der Zeit direkt nach der Geburt eine gewisse Immunkompetenz »ausgeliehen«, bevor es sich diese nach und nach selbst erwirbt.
Diese spezifischen Antikörper gelangen teilweise über die Plazenta zum Baby und werden über die Muttermilch weiter aufgefrischt, vor allem das Kolostrum (die Vormilch in den allerersten Lebenstagen) ist reich an Antikörpern und abwehrunterstützenden Enzymen.
Diese sogenannten Leihtiter sind abhängig von der Immunsituation der Mutter. Es können nur Antikörper weitergegeben werden, die auch die Mutter als Immunantwort gebildet hat, entweder durch eine durchgemachte Erkrankung oder nach einer Impfung. Diese Antikörper verblassen nach und nach und sind – unterschiedlich je nach Erreger – etwa innerhalb des ersten Vierteljahres nach der Geburt wirksam. Die eigene Immunkompetenz baut das Baby im Wesentlichen durch Kontakt mit Keimen und Viren auf, spezifisch später auch durch gezielte Schutzimpfungen.

Das erste Stillen – Breast Crawl

Weil die Natur schon ein wenig mit einberechnet hat, dass wir uns als neugeborene Eltern hin und wieder etwas dumm anstellen, hat die Biologie dem Baby hilfreiche Reflexe mit auf den Weg gegeben. Da frische Mütter unmittelbar nach der Geburt noch nicht besonders geübt darin sind, ihr Baby routiniert an die Brust anzulegen, steht dem Baby ein ausgeklügeltes Zusammenspiel hilfreicher Kniffe zur Verfügung, *Breast Crawl* genannt: Im Zusammenspiel von Reflexen, Pheromonen und anderen »Neandertal-gesteuerten« Phänomenen findet das Baby den Weg zur mütterlichen Brust. Dort sucht, schnappt, lutscht es ein wenig herum, findet dann schlussendlich den Nippel und beginnt mithilfe des Saugreflexes – Reflex Nummer zwei –, daran zu saugen (s. den Abschnitt »Intuitives Stillen« im Kapitel »Nahrung für Körper und Seele«).

… und wenn es ein schwerer Start war?

»Bindung« ist ein Prozess, ein fortwährend genährtes, wachsendes Konstrukt. Bindungsweichen werden nicht, hopp oder topp, bereits mit einer mehr oder eben weniger »schönen Geburt« gestellt. Kein Bindungsprozess ist nach einem Notkaiserschnitt, einer frühen Trennung wegen medizinischer Notwendigkeiten – etwa bei frühgeborenen Babys – oder nach einem wenig geglückten Stillstart bereits »vergurkt«. Unser Körper und unsere Seele sind von Geburt an enorm resilient. Genauso wie das Baby nicht sofort verhungert, wenn es aus unterschiedlichen Gründen nicht möglich ist, es direkt nach der Geburt an die Brust anzulegen, nimmt auch seine Seele keinen bleibenden Schaden, wenn das Ankommen auf dieser Welt nicht ganz so optimal lief.

Re-Bonding – ein heilsamer Neustart

Wenn dein Baby einen weniger idealen Start ins Leben erlebt hat und wenn die erste Unterstützung des Bonding-Prozesses durch Hautkontakt, Oxytocinausschüttung und Mikrobentransfer nicht in dem Maße stattfinden konnte, können Elemente davon später nachgeholt werden. Der Fachbegriff dafür ist *Re-Bonding.*

Vielleicht hast du ein Aufwachen aus der Vollnarkose nach einer völlig unerwarteten, notfallmäßig stattgefundenen Bauchgeburt (Not-Sectio) erlebt. Vielleicht war eine aufwendigere medizinische Versorgung des Babys nach der Geburt durch die Kinderärzte oder gar die Verlegung auf die Kinderintensivstation notwendig. Vielleicht ging es dir nicht gut, du hast viel Blut verloren oder Schmerzen erlebt, die gar keinen Platz gelassen haben für irgendetwas Gemütliches, Romantisches. Alles das sind Erfahrungen, die so ganz anders waren als alles, was du dir für eure Geburt erwünscht oder erhofft hattest. Statt Glück, Erleichterung und euphorischem Hormonrausch haben Angst und Sorge oder große körperliche Erschöpfung die ersten Stunden oder auch Tage nach der Geburt bestimmt.

Noch Tage, Wochen und Monate nach der Geburt können für alle Beteiligte heilende Momente geschaffen und Ruhe, Entspannung und Trost gefunden werden. Nimm dir Zeit für dieses zweite »erste Kennenlernen« mit deinem Kind. Gerade dann, wenn das Familienleben mit einem Kinderklinik-Alltag begonnen hat, solltet ihr das Wochenbett zu Hause mindestens um diesen Zeitraum verlängern.

Die Idee von Re-Bonding ist, alte, schmerzhafte Erlebnisse und Erfahrungen mit neuen, innigen und schönen zu überschreiben. Dabei fließen oftmals Tränen, bei der Mutter und beim Kind. Sie sind Teil der Aufarbeitung, Altes verliert seinen Schrecken, schmerzhafte Erlebnisse werden durchbrochen, mit der Zeit aufgelöst und der Geburtsgeschichte wird ein neues Kapitel hinzugefügt.

Praxisanwendung: das Bondingbad

Wenn dein Baby zu früh geboren wurde oder gleich nach der Geburt medizinische Hilfe benötigte, hat das auch Auswirkung auf das Bonding – und auf euch beide (oder drei). Vielleicht konntest du dein Kind nur kurz im nahen Hautkontakt spüren oder auf den Arm nehmen. Vielleicht musste es sogar zügig intensivmedizinisch versorgt werden, was eine mehr oder weniger lange Trennung zwischen euch beiden mit sich gebracht hat. Vielleicht war Schock oder Angst ein Gefühl, das dir noch immer in den Knochen steckt.

Nach einem schweren Lebensanfang kann das Bondingbad ein schönes Ritual sein für einen »Neustart« in ein endlich entspanntes Wochenbett.

Die Hebammenkollegin Brigitte Renate Meissner hat dieses heilsame Bad für Mütter und Kinder nach emotional und körperlich belastenden Schwangerschaften oder Geburten entwickelt. Oft wird dieses Baderitual in der Wochenbettbetreuung auch von Hebammen empfohlen und begleitet. Die Situation nach der Geburt wird dabei stellvertretend »nachgespielt« und das ausgiebige, so sehr vermisste Kuscheln nachgeholt.

Nimm dir für das Bondingbad ausreichend Zeit und schaffe einen geschützten, störungsfreien Raum für euch und für alle möglicherweise aufkommenden Emotionen.

In entspannter, warmer und ruhiger Atmosphäre kannst du entweder selbst mit deinem Baby in der Badewanne baden. Oder eine vertraute Person, z. B. dein Partner oder deine Hebamme, baden dein Kind in einer kleinen Wanne oder im Badeeimer direkt neben dem Bett, in dem du es dir gemütlich gemacht hast. Nach dem Bad darf dein noch nasses Baby im direkten Hautkontakt auf deinem warmen, bloßen Oberkörper noch mal *ankommen.* Ihr beide werdet mit einem warmen Handtuch zugedeckt. Nun darf gekuschelt, gestillt und vielleicht auch geweint werden über diese schwere erste Zeit. Das Spüren deines warmen, nassen Babys im engen Hautkontakt unterstützt den seelischen Heilungsprozess. Erzähle deinem Baby, was dich bewegt. Manchmal empfinden auch die Babys dieses Baderitual als Ventil für gespeicherte Emotionen.

Vielleicht möchtest du danach über deine Gefühle z. B. mit deinem Partner oder deiner Hebamme reden, vielleicht auch erst später. Spüre nach, was du gerade brauchst. Bei Bedarf kannst du dieses Ritual auch wiederholen. Das Bondingbad kann nicht nur in den ersten Wochen, sondern auch mit schon etwas größeren Babys durchgeführt werden. Denn manchmal spürt man erst wesentlich später, wie hoch die Belastungen in der Anfangszeit waren. Das Babyheilbad kann viele vielleicht bisher überlagerte Emotionen hervorbringen. Sorge auf jeden Fall gut für dich.

Ambulante Geburt

Nach der Geburt in einer Klinik gibt es unterschiedliche Möglichkeiten für die Dauer deines Aufenthalts dort. Die meisten Mütter bleiben nach einer vaginalen Geburt drei Tage im Krankenhaus, nach einer Kaisergeburt sind es meist fünf Tage. Der wesentliche Grund dafür ist, dass die U2 (siehe dazu den gleichlautenden Abschnitt im Kapitel »Gesund und munter«), die zweite kinderärztliche Untersuchung nach der Geburt, erst nach 72 Stunden durchgeführt werden kann. Gehst du vor diesem Zeitpunkt nach Hause, wird die U2 von deinem niedergelassenen Kinderarzt durchgeführt, das musst du allerdings vorher gut organisieren. Deine Wochenbetthebamme weiß je nach regionalen Besonderheiten über alle notwendigen Orga-Schienen (wer nimmt den Stoffwechseltest ab, wie organisiert ihr einen Hörtest, wo kann man ambulante Bilirubin-Kontrollen machen etc.) Bescheid.

Bei einer ambulanten Geburt bleibt ihr nicht stationär im Krankenhaus, sondern geht schon wenige Stunden nach der Geburt nach Hause. Die Voraussetzung dafür ist, dass die Geburt im weitesten Sinne spontan und gut verlaufen ist und es dir und deinem Baby gut geht.

Medizinische Indikationen, die eine ambulante Geburt ausschließen, sind im Prinzip selbsterklärend. Nach einem Kaiserschnitt wirst du sicher nicht ambulant heimgehen. Eine verstärkte Blutung, Fieber, eine PDA oder eine zögerliche Anpassung deines Babys an die Welt hier draußen, aber auch ein eventuell länger zurückliegender vorzeitiger Blasensprung, manchmal auch eine Geburtseinleitung, können weitere Gründe sein.

Wenn nichts Medizinisches dagegenspricht, ist bei eurer Entscheidung für eine ambulante Geburt vor allem wichtig, dass ihr ein gewisses Grundvertrauen in euch und eure noch frischen Elternskills mitbringt. Frauen, die schon einmal geboren haben, fällt diese Entscheidung erfahrungsgemäß leichter, aber das ist natürlich keine Bedingung. Ihr müsst euch zumindest halbwegs zutrauen, allein zu Hause einige Stunden mit ein paar Fragezeichen zu leben: Warum hat das Baby Schluckauf? Es schläft so lange. Oder viele Stunden gar nicht. Halte ich es so richtig? Es hat schon wieder gespuckt!

Diese Dinge sind alle nicht weiter wild, aber diese kleinen Unsicherheiten und offenen Fragen sollte man zu Hause irgendwie aushalten können. Eure Hebamme kommt in den nächsten Tagen einmal, manchmal zweimal am Tag bei euch vorbei, die restlichen 23 Stunden werdet ihr irgendwie alleine klarkommen.

Was bei einer ambulanten Geburt zu bedenken ist

Weil eine ambulante Geburt wegen verschiedener organisatorischer Hürden des ambulanten Gesundheitswesens und des generellen Hebammenmangels ein wenig kompliziert geworden ist, braucht eine ambulante Geburt eine gute Vorbereitung und verbindliche Absprachen.

- Eine **gute Vorbereitung des Wochenbetts** (Nestbau, Versorgung von Mutter und Baby) ist bei einer ambulanten Geburt noch wichtiger als sonst! (siehe dazu im Kapitel »Vorfreude und Vorbereitungen« den Abschnitt »Das Wochenbett gut vorbereiten«)
- Kläre mit deiner **Hebamme**, ob sie ambulante Geburten in deinem ET-Zeitfenster betreut und welche organisatorischen Dinge es zu beachten gibt. Auch freiberufliche Hebammen sind nicht 24/7 im Dienst und haben durchaus auch mal freie Wochenenden, an denen es aufgrund der schwierigen berufspolitischen Situation möglicherweise keine Vertretung gibt. Ohne Wochenbettbetreuung durch eine Hebamme solltest du nicht ambulant nach Hause gehen.
- Nach der Geburt werden einige **Untersuchungen bei allen Babys** in Deutschland standardmäßig gemacht, du findest die ausführliche Auflistung im Kapitel »Gesund und munter« im Abschnitt »Die U2«. Sie alle finden in den ersten Lebenstagen statt, bei einem Klinikaufenthalt also noch dort in den ersten drei Tagen. Wenn ihr nach Hause gehen möchtet, müsst ihr euch rechtzeitig darum kümmern, wer diese Untersuchungen entweder bei euch zu Hause oder in der kinderärztlichen Praxis durchführt.
- **Wenn du rhesusnegativ bist,** benötigst du vermutlich in den ersten 72 Stunden nach der Geburt eine Anti-D-Serumgabe, um eine Sensibilisierung zu verhindern. Auch das ist sehr wichtig – und gleichermaßen eine ärztliche Tätigkeit. Kümmere dich in diesem Fall schon vor der Geburt darum, wer dir diese Spritze geben kann.
- Falls du auf die naheliegende Idee kommst, **das ginge vielleicht auch in der Klinik – leider nein:** Weder für den Stoffwechseltest beim Baby noch für die Serumgabe bei dir kannst du dorthin zurückkehren, meist aus abrechnungs- oder haftungstechnischen Gründen.
- Es gibt ein paar **Sondersituationen,** die eine sorgfältige Abwägung erfordern, ob eine ambulante Geburt eine gute Idee ist. Wenn bei dir in der Schwangerschaft etwa eine β-Streptokokkenbesiedelung festgestellt wurde oder ihr eine besondere Blutgruppenkonstellation habt, muss das Baby nach der Geburt etwas genauer beobachtet werden. Unerfahrene Eltern können gewisse Veränderungen der Hautfarbe oder des Verhaltens eines Babys nicht immer medizinisch exakt einordnen, das ist auch nicht eure Aufgabe. Besprecht solche individuellen Situationen im Vorfeld gut mit eurer Hebamme und geht nicht einfach auf eigene Faust nach Hause.

Eine besondere Zeit: das Wochenbett

Bezeichnenderweise gibt es für diese so besondere Zeit nach der Geburt diese etwas altertümlich anmutende Bezeichnung, die zugleich anheimelnde und irgendwie nostalgische Gefühle weckt: das Wochenbett. So nennt man bis heute und auch ganz offiziell diese Zeit nach der Geburt. Je nach Definition sind damit die ersten acht Wochen nach der Geburt oder auch die gesamte Phase bis zum Abstillen oder bis zur ersten Menstruation gemeint – es sind also mindestens einige Wochen.

Er wirkt ein wenig aus der Zeit gefallen, dieser Begriff. Und das ist es auch, später, im Rückblick auf diese Zeit, fühlt sie sich so an: aus der Zeit gefallen. Das Wochenbett, eine irgendwie zeit- und raumlose Phase, in der Tag und Nacht verschwimmen und du weder weißt, welcher Wochentag gerade ist, noch, was es genau bedeutet, wenn es draußen schon wieder dunkel wird.

Noch Monate und Jahre später wird dir diese besondere Zeit mit ihrem Zauber und ihren intensiven Gefühlen – Glück und Überforderung sind vielleicht die beiden zentralen – in Erinnerung geblieben sein und du wirst mit einer kleinen Gänsehaut und einem inneren Lächeln, vielleicht auch mit etwas Wehmut, daran zurückdenken.

Nicht umsonst kommt das *Bett* im schönen Wort *Wochenbett* vor, der einzig empfehlenswerte Aufenthaltsort in dieser Zeit, und *Wochen* absichtlich im Plural.

Das Wochenbett ist unter medizinischen Aspekten die Phase, in der der mütterliche Körper (und ihre Seele) sich von der Geburt erholt, Heilung geschieht und sehr komplexe Umstellungsvorgänge ablaufen. Und in der dein Baby erst mal auf dieser Welt ankommt und sich mit allen Organsystemen an das Leben hier draußen anpassen muss. Es ist eine Zeit, in der ihr euer Baby kennenlernt und in der ihr euch ganz vom Rhythmus des Babys treiben lasst.

Damit ihr diese Phase gemeinsam genießen könnt und gewappnet seid, ist eine gute Vorbereitung auf jeden Fall Gold wert: Unterschätze das nicht! (Näheres dazu im Kapitel »Vorfreude und Vorbereitungen«.)

Macht euer Schlafzimmer zum bevorzugten Aufenthaltsort für eure kleine Familie. Richtet es von Anfang an so ein, dass dies der gemütlichste Raum der Wohnung ist. Macht ihn zum Nabel der Welt, in dem mindestens 20 von 24 Stunden alles stattfindet: Schlafen, Stillen, Kuscheln, Essen. Wir Hebammen werden nicht müde, diese Hochkultur des Wochenbetts zu lobpreisen – und sie aus medizinischen Gründen unverhandelbar zu machen. Unser vollster Ernst: *In der ersten Woche nach der Geburt bleiben alle im Bett!*

Erst nach 7 oder 10 Tagen gestatten wir den Umzug aufs Wochensofa, wo du dir dann einen Thron aus vielen Kissen und kuscheligen Decken erbauen lässt und wohin auch noch eine weitere Zeit lang Leckereien auf einem Tablett serviert werden.

Besuch im Wochenbett

Das Wort »Babyflitterwochen« passt vor allem aus einem Grund so besonders gut: Es setzt ein klares Signal.

»Wir sind dann mal weg – und ab jetzt im Bett, bitte nicht stören.«

Damit macht es auf einleuchtende Weise klar, wie mit dem Thema »Besuch« am schlausten umzugehen ist. Es gibt natürlich frisch gebackene Omas und Opas um euch herum, die unfassbar glücklich sind. Und es gibt die Wahlverwandten, die allerbesten Freunde, mit denen ihr auch alles andere und eure Herzen teilt.

Gleichzeitig unterschätzen die meisten Eltern die ganze Fragilität im Wochenbett, das totale »Aus-dieser-Welt-Sein«, die emotionale Achterbahn, die möglichen körperlichen Strapazen nach einer Geburt, den Schlafmangel, das ganze »Erst-mal-wieder-Ankommen-und-Sortieren« in den ersten ein, zwei Babywochen.

Rechne damit, dass dein Körper noch ein wenig außer Kontrolle ist. Dass deine Brüste groß, schwer und empfindlich sind, deine Unterhose mit einer Doppelpackung XXL-Binden ausgestopft ist, deine Haare seit fünf Tagen nicht gewaschen sind und dein Bettlaken eventuell mit Spuren diverser Mama-und-Baby-Körperflüssigkeiten vollgekleckert ist. Und bei all dem bist du total nah am Wasser gebaut. Contenance ist nicht gerade ein Mindset, das diese Momente besonders treffend beschreibt. Macht alles nichts und klingt vor allem schlimmer, als es ist, aber: Überlege dir gut, wen du in dieser Verfassung gern an deiner Bettkante sitzen haben möchtest. Diese Auswahl an Lieblingsmenschen ist meist überschaubar, und diese Menschen sind für einen kurzen Freudenbesuch auch willkommen.

Rückzug – warum er wichtig ist

- Weil du nach einer körperlich fordernden Schwangerschaft und nach einer zehrenden Geburt eigentlich **zwei Wochen Müttergenesungswerk** buchen müsstest, der nun zunächst folgende Schlafmangel und ein kleines geliebtes Saugmonster an deiner Brust aber so ungefähr das Gegenteil davon sind.
- Weil für das **Verarbeiten, Sackenlassen, Einsortieren des Geburtserlebnisses** der raue Alltag da draußen oft kein guter Ort ist. Nach einem so existenziellen Erlebnis wie einer Geburt ist man weder smalltalk-tauglich, noch will man mit dem Lärm und den Schlagzeilen da draußen irgendetwas zu tun haben. Unterschätze das nicht (alle tun das)!
- Weil es für das **Heilen und die Umstellung wichtiger körperlicher Funktionen** (Blutstillung, Wundheilung, Kreislaufumstellung, Milchbildung) unter medizinischen Aspekten ein sinnvolles Prozedere braucht: Bettruhe.
- **Weil auch dein Baby auf dieser wundersamen Welt Zeit zum Ankommen braucht** – und das bedeutet in erster Linie: eine reizarme Umgebung (s. a. das folgende Kapitel).
- Weil es ein wichtiges Signal ans Umfeld ist (gerade in Familien, in denen es schon Geschwisterkinder gibt): »**Mama kann jetzt nicht.**« Rechne damit:

Sobald du in den Repräsentationsräumen eurer Wohnung wieder auftauchst, wirst du sofort auch als Mrs. Zuständig identifiziert, vor allem von den großen Kindern (die ja vermutlich auch noch ganz klein sind), die dich dann konsequent in Beschlag nehmen. Auch der Besuch bleibt dann plötzlich doppelt so lang.

- Weil auch die vom restlichen Umfeld (etwa vom Arbeitgeber deines Partners) **legitimierte Schonfrist nach einer Geburt irgendwann vorbei ist.** Nutze sie! Schwuppdiwupp kehrt der Alltag irgendwann zurück. Ruhe dich also gut aus, damit du halbwegs erholt in das sportliche Programm der nächsten Monate starten kannst.

Das Leben hier draußen – die Perspektive des Babys

Evolutionsbiologisch betrachtet sind Menschenjunge Frühgeburten. Körperlich sind sie nach neun Monaten bei Weitem noch nicht ausgereift, nur ihr Gehirn ist dann bereits so groß, dass allein durch eine baldige Geburt sichergestellt werden kann, dass der Kopf überhaupt noch durch ein Frauenbecken hindurchpasst. Unsere Babys kommen also noch sehr unreif auf diese Welt – um dann außerhalb der Gebärmutter nachzureifen. Deshalb nennt man das erste Lebensvierteljahr eines Babys auch das »vierte Schwangerschaftsdrittel«.

Im Vergleich zu den anderen Säugetierjungen kann ein Menschenjunges so ziemlich gar nichts allein. Während ein kleines Nestflüchter-Kälbchen schon einige Minuten nach der Geburt aufsteht, um sich dann auf eigenen wackeligen Beinen zum Euter der Mutter zu bewegen, und kleine Nesthocker-Kaninchen durchaus mal ein paar Stunden in der Höhle allein gelassen werden können, gehören Menschenbabys der dritten Kategorie von Jungentypen an: den Traglingen.

Traglinge

Als Traglinge, zu denen neben dem Homo sapiens nur einige Primatenarten wie die Schimpansen, die Gorillas und die Orang-Utans gehören, werden in der biologischen Ordnung Säugetierjunge verstanden, deren sicherer Ort der Körper der Eltern ist und die sich über weite Strecken des Tages dort im direkten Körperkontakt aufhalten – während der Nahrungssuche, während sozialer Interaktionen und auch in der Nacht im Schlaf. Dieser Jungentypus ist darauf angewiesen, dass die Eltern sein Überleben sichern und seine Grundbedürfnisse erfüllen. Und sich damit alle erdenkliche Mühe geben – die Jungenaufzucht bei uns Menschen ist verhältnismäßig aufwendig, sodass wir uns nicht gleichzeitig um einen ganzen Wurf von sieben hungrigen Mäulchen kümmern können. Unsere Babys brauchen Essen, Wärme, und – da sie noch nicht selbst flüchten oder sich wehren können – unseren permanenten Schutz in Form von körperlicher Nähe.

Das dürfen wir modernen Eltern anstrengend finden und bisweilen grenzüberschreitend bis zur Fremdbestimmtheit – alles korrekt, das ist so. In dieser dennoch unverhandelbaren Situation ist es sehr hilfreich zu wissen, *dass* es so ist und *warum* es so ist. Und dass es ein evolutionsbiologisch auf Erfolg ausgerichtetes, sehr kompetentes und gesundes Prinzip ist, nach dem dein Baby handelt. Und dass sich das auch nicht »wegtrainieren« lässt, nur weil in der lichtdurchfluteten Altbauwohnung weit und breit kein Säbelzahntiger umherschleicht, wie in der Steinzeit, aus der das Verhalten deines Babys stammt.

Annehmen, was ist, zwischendurch jammern und sich auf dem Klo einschließen, um zehn Minuten allein zu sein – vollkommen legitim und Teil der elterlichen Strategie, um gut durch diese durchaus anstrengende Zeit hindurchzukommen. Nur ändern – auch wenn wir es uns irgendwie »machbarer« vorgestellt haben – werden wir es nicht.

Bindungsverhalten

Die zeitgenössischen, bedürfnisorientierten Umgangsformen mit Babys und kleinen Kindern haben ihre Wurzeln in dem Verständnis dafür, dass wir tief geprägt sind von unserer jahrtausendealten Biologie. Dass diese Grundbedürfnisse so fest in uns verankert sind, dass unsere Babys immer noch nach diesen langwierig im Zuge der Evolution erworbenen Kompetenzen »ticken«.

Babys, die mit besonders wachen Instinkten geboren wurden und die Erfüllung ihrer Bedürfnisse sehr vehement einforderten, waren diejenigen, die am ehesten überlebten. Andersherum war ein allein in der Steppe abgelegtes, zufrieden weiterschlafendes Menschenbaby ziemlich schnell – ein gefressenes Baby.

Nicht zuletzt ist dieses sehr kompetente Babyverhalten auch dazu da, unsere Elterninstinkte »anzuknipsen«. Es ist das, was man auch »Bindungsverhalten« nennt.

Gebärmutterheimweh

Man mag zunächst annehmen, frisch geborene Babys seien wie »unbeschriebene Blätter«, die erst am Tag ihrer Geburt ins Leben hinein starten. Dabei haben sie schon neun Monate ihres vorgeburtlichen Lebens hinter sich. In dieser Zeit haben sie erste Erfahrungen gemacht, gespürt, gehört, gesehen, wie diese Welt sich eben anfühlt. Und nun werden sie geboren, und kein Stein bleibt auf dem anderen. Alles ist plötzlich anders, doch nur das Bekannte ist vertraut und verspricht Sicherheit. Bevor etwas Neues an diese Stelle treten kann, vermissen Babys die gebärmutterähnlichen Verhältnisse.

Mit ihrem Verhalten sorgen sie nun selbst dafür, dass ihre Bedürfnisse, die vorher in der Gebärmutter so selbstverständlich erfüllt wurden, auch im Draußen erfüllt werden. Wir Eltern lernen diese Bedürfnisse durch ein bewährtes Trial-and-Error-Verfahren kennen und finden uns in einer steilen Lernkurve wieder. Wenn ein Baby quengelt oder weint, sind wir Eltern maximal alarmiert und sofort damit befasst, die Bedürfnisse zu identifizieren und unsere Antennen zu verfeinern, um diese dann zu erfüllen. Grundbedürfnisse zeichnen sich dadurch aus, dass sie nicht verhandelbar sind. Auch das ist ein biologisches Phänomen, das uns intuitiv kompetent macht und Babys Überleben sichert: Wir können das schlicht nicht ignorieren. Wir kümmern uns.

Wenn es gelingt, das zu verstehen, ist es auch leichter, auf die Bedürfnisse gelassen einzugehen: Dein Baby ist perfekt und es braucht dich, um sicher zu sein, und um darauf aufbauend etwas wie Urvertrauen zu entwickeln.

- **Umhüllt sein:** Wenn ein Baby sich meldet, heißt es immer auch: Es ruft uns, und als Erstes nehmen wir es intuitiv in den Arm. Wir signalisieren damit: Wir sind da. Wir beschützen dich, du bist sicher. Hier kann dir nichts passieren und wir sorgen für dich!
- **Hunger – die Nabelschnur:** Am liebsten hätte es dein Baby in Sachen »Futter« noch eine Weile weiter so wie im Bauch: gemütliche, kontinuierliche Nahrungsversorgung. Heißt: Kuschelig am Busen liegen, dösen, und hin und wieder dreimal kurz dran nuckeln. Wenn man weiß, dass auch der

Babymagen ein paar Tage braucht, um sich zu entfalten, ist auch das wiederum sehr logisch: In den ersten Lebenstagen passen tatsächlich nur einige Milliliter Milch hinein. Und damit es nicht unterzuckert, nimmt dein Baby immer wieder einen kleinen Schluck. Direkt im Hautkontakt zu liegen und zu schlummern ist also der perfekte Ort für dein frisch geborenes Baby.

- **Getragen sein:** Rhythmische Bewegungen sind so alt wie wir Menschen. Intuitiv wiegen wir das Baby im Arm, wenn es weint. Gleichförmige Bewegungen beruhigen Babys. Ob auf dem Arm, im Tragetuch oder im Kinderwagen, am liebsten über huckeliges Kopfsteinpflaster: Damit spürt es, dass es getragen ist und so auch beschützt wieder einschlafen kann. Nur stehen bleiben oder gar hinsetzen funktioniert nicht. Für uns frische Mütter wurde der Coffee-to-go erfunden – ganz klar unsere Vermutung!
- **Gebärmutterklangteppich:** Wir schuckeln unsere Babys intuitiv, dazu summen wir oder machen Laute, etwas wie shhhh-shhhh-shhhh. Damit ahmen wir unbewusst das Geräuschmuster in der Gebärmutter nach: ein rauschender Klangteppich. White Noise nennt man diese Frequenzmuster. Und es gibt Menschen, die spielen dem Baby das auch aus der eigens erstellten White-Noise-Playlist als Download vor.

Gleichförmige, reduzierte Reize

Neben dieser konstanten, rhythmischen Bewegung und der gleichförmigen Akustik mögen Babys es auch noch eine ganze Weile: langweilig. Frisch geborene Babys empfinden den Übergang in die Welt da draußen etwa so, als wenn wir nach vier Wochen in einem tibetanischen Schweigekloster plötzlich auf dem Times Square stünden. Der emotionale Meltdown des Babys ist damit vorprogrammiert, und genau das erleben Eltern oft, wenn sie nach dem Schwiegerelternbesuch noch mal schnell im Einkaufszentrum vorbeihüpfen und dem Baby damit zu viele Reize zumuten.

Alle Sinnesreize sind für ein Baby vollkommen neu, die kinästhetisch-taktilen, die akustischen, die visuellen, die olfaktorischen, die vestibulären. All diese Reize werden im Gehirn verarbeitet. Jeden Tag werden unzählige neue Gehirnzellen gebaut und dabei Milliarden von Synapsen miteinander verschaltet. Das ist enorm anstrengend für ein Baby – und es kann sich im »Abschalten« noch nicht gut allein regulieren. Deshalb sind Ausflüge und Rummel für ein Baby zu Beginn seines Lebens schlicht viel zu viel.

Babyreading und Bindungsaufbau

Auch für einen weiteren Aspekt ist Rückzug im Wochenbett besonders wichtig: für das Berührt- und Verzaubertwerden. Für das Einander-Kennenlernen. Das geht besonders gut in einem weichen und herzoffenen Zustand. Ein Baby, euer Baby, kommt neu auf die Welt und neu in euer Leben. Wie in jeder Liebesbeziehung müsst ihr euch erst einmal kennenlernen.

Nicht ohne Grund ist dein Baby das schönste Baby der Welt. Auch wenn ein Baby mit vielen Kompetenzen zur Welt kommt, ist es dennoch immer auf die Fürsorge seiner Eltern angewiesen. So kann es zwar selbstständig nach der Geburt die Brustwarze finden, dort andocken und mit dem Saugen beginnen (Breast Crawl). Dennoch braucht es zum Stillen auch die Bereitschaft und Unterstützung der Mutter. Für alle Bedürfnisse in allen Bereichen – ob Nahrung, Schlaf, Körperpflege, Temperaturregulation oder Nähe und Geborgenheit – braucht ein Baby Unterstützung. Damit es diese bekommt, muss eine Verbindung zu den Bezugspersonen aufgebaut werden. Im evolutionsbiologischen Sinne sichert diese Verbindung das Überleben des Kindes und ist die Voraussetzung dafür, dass es gut gedeiht und das ganze Potenzial seiner Persönlichkeit entfalten kann. Da dein Baby noch nicht auf sprachlicher Ebene mit dir kommunizieren kann, ist es ganz besonders wichtig, dass ihr euch auch ohne Worte versteht. Und genau wie frisch verliebte Paare vielleicht einander die Wünsche von den Augen ablesen können, wissen Eltern nach und nach, was ihr Baby gerade braucht. Je besser ihr euch kennt, Zeit miteinander verbringt und euch noch mehr ineinander verliebt, umso leichter wird euch das fallen.

Unsere Alltagswelt ist voll von Signalen. Dauernd blinkt, piepst, klingelt oder hupt irgendetwas. Unser Gehirn muss also sortieren: Vordergründig wird das bedient, was am lautesten nach unserer Aufmerksamkeit schreit. Damit die feinen, zarten, zunächst kryptischen Signale, die dein Baby dir sendet, dabei nicht untergehen, müssen die anderen erst mal draußen bleiben oder auf Flugmodus gestellt werden.

So lernen wir schnell jeden Tag dazu und irgendwann sind unsere Antennen auf die Wellenlänge von Babysprache kalibriert, sodass wir zunehmend besser verstehen, was das Baby uns sagen möchte. Dieses feinsinnige Eingestimmt-Sein in die Babybubble wird in der Bindungsfachsprache auch *Responsivität* genannt.

Sich stundenlang anschauen – Verliebte tun das intuitiv. Im Wochenbett können wir uns die Zeit dafür nehmen. Wohin schaut euer Baby, wenn es wach und aufmerksam ist, was entdeckt es an Gemütsäußerungen in eurem Gesicht, welche Schattenspiele studiert es an der Raufasertapete – und was möchte es euch sagen? Wenn es seine Arme und Beine bewegt, maunzt, gähnt und pupst? Zunehmend lernen wir, diese Sprache zu verstehen und irgendwann schon vorher zu wissen, wann das Baby in die Hose macht, Hunger bekommt, müde wird oder die Stimmung kippt – ihr werdet zu Experten für euer Baby. »Feinzeichen« werden diese subtilen Signale des Bindungsverhaltens von kleinen Babys genannt (s. a. »Emotionen und Bedürfnisse des Babys« im Kapitel »Alltag mit dem Baby«).

ENTbindung versus Bindung

Bindung, *Bonding* oder *bindungsorientiert* sind Begriffe, die zum Glück in den letzten Jahren mehr und mehr Einzug in die Mainstream-Elternwelt gehalten haben. Und dennoch kann dieses ganze »Bindungsding« vielleicht auch verwirren oder gar Druck machen. Um zu verstehen, was warum wichtig ist, muss man nicht sieben Semester Entwicklungspsychologie mit Schwerpunkt Bindungstheorie studiert haben. Aber es ist hilfreich, das Verhalten deines Babys überhaupt zu verstehen, um gerade in anstrengenden Situationen feinfühlig darauf eingehen zu können.

Das Wort *Entbindung*, welches immer noch an einigen Kreißsaaltüren zu lesen ist, sagt kurioserweise genau das nicht, was Gebären und Mutterwerden bedeutet und was dabei geschieht.

Das früher in der Geburtshilfe regelhaft benutze Wort für »gebären« (»entbunden werden«) weist der Gebärenden eine passive Rolle zu. Mit der Geburt geschieht aber vielmehr eine Vertiefung der Bindung zwischen Eltern und Kind, die sich bereits in der Schwangerschaft entwickelt hat. Die Verbindung von Eltern und ihrem Baby wird intensiver – es geschieht also genau das Gegenteil von *ENTbindung*.

Damit der Bindungsaufbau gelingt, bringt das Baby eine Vielzahl von Merkmalen und Verhaltensweisen mit, die die Eltern dazu anregen, sich um seine Bedürfnisse zu kümmern. Das rundliche Gesicht eines Babys mit den großen Augen und der kleinen Nase verzückt sogar schon (Geschwister-)Kinder so sehr, dass sie sich fürsorglich verhalten (sogar im kleinkindlichen Puppenspiel kann man gut beobachten, wie »angeboren« diese Kompetenz ist). Die weiche, zarte Haut und auch der besondere Körperbau mit dem vergleichsweise großen Kopf gehören zu den Charakteristika, die das sogenannte Brutpflegeverhalten auslösen. Dazu kommen die niedlichen und eher tollpatschig erscheinenden Bewegungen eines kleinen Kindes, welche bei Erwachsenen den Reflex auslösen, diesen kleinen Menschen zu versorgen und zu schützen. Sehr clever, *mother nature.*

Bindungsaufbau braucht gemeinsame Zeit

Auch wenn es mittlerweile eine ganze Sektion Cry-Translator-Apps gibt, die Eltern versprechen, ihnen die Signale ihres Babys »übersetzen« zu können, funktionieren Eltern-Kind-Beziehungen natürlich genau so nicht. Eine Voraussetzung, um feinfühlig auf das eigene Baby reagieren zu können, ist gemeinsame, ungestörte und exklusive Zeit. Wenn Eltern nach der Geburt sagen, dass sie ihr Baby stundenlang einfach nur anschauen könnten, beschreiben sie genau das, was damit gemeint ist.

Es ist eine Zeit der Prioritäten: Weder auszufüllende Elterngeldanträge noch das von der frischgebackenen Oma erwartete Telefonat sollten euch zu viel Zeit stehlen – wieder ein Grund mehr, das Wochenbett ganz praktisch (Elterngeldantrag) und emotional (familiäre Interessenkonflikte) gut vorzubereiten.

Jede Stunde mit deinem Kind – wertvoll für die Bindung

Ein Baby entwickelt in den ersten Monaten eine spezifische emotionale Bindung an eine Hauptbindungsperson. Diese muss übrigens nicht die Mutter und sie muss noch nicht einmal blutsverwandt sein. Intelligenterweise bindet sich ein Säugling nämlich vorrangig an den Menschen, der es besonders gut und einfühlsam versorgt. Bindung sorgt für Sicherheit. Sie ist der sichere emotionale Hafen für dein Kind. Aus diesem Hafen heraus kann es die Welt entdecken, aber auch immer wieder dahin zurückkehren, um sich sicher und geborgen zu fühlen.

Die Hauptbindungsperson wird in der Regel die Person sein, die die meiste Zeit mit dem Kind verbringt und seine Bedürfnisse stillt. Jede Stunde und jeder aufmerksame Moment mit deinem Kind vertiefen eure Bindung.

Neben der Hauptbindungsperson kann es sich noch auf weitere Bindungspersonen einlassen. Ob das der Papa, die Oma oder vielleicht auch die Tagesmutter ist, hängt nur von dem Umstand ab, wie oft und zuverlässig diese für das Baby da sind. Das bedeutet, dass bei Eltern, die bewusst versuchen, alle mit dem Kind verbundenen Aufgaben sehr fair zu verteilen, das Baby sich ungerechterweise zunächst vermutlich eine Bindungsperson »Nr. 1« und eine »Nr. 2« aussucht. Bei großem Kummer oder Stress wird also immer die Hauptbindungsperson angesteuert, auch wenn beide Bindungspersonen verfügbar sind. Die »Nr. 2« kann dann zu großer Form auflaufen, wenn die Hauptbindungsperson nicht in der Nähe ist. Wenn Väter also sagen, »Wenn du nicht da bist, klappt das alles viel besser«, kannst du es also gern glauben und entspannt mit der liebsten Freundin noch einen Kaffee bestellen – und auf weitere Kontrollanrufe verzichten. Gleichzeitig bietet diese Tatsache auch Sprengstoff auf der *Mental-Load*-Baustelle einer Paarbeziehung. Achtet darauf, dass diese kleine Schere nicht immer größer wird – und es sich »Nr. 1« und »Nr. 2« in ihren Positionen nicht zu sehr bequem machen.

Bindungsstärkung in den ersten Lebenswochen

In dieser Phase findet das erste Verlieben zwischen Eltern und Kind statt, das sich später täglich intensiviert. So können Babys schon nach wenigen Tagen das Gesicht der Mutter von anderen unterscheiden. Ungefähr in der Entfernung von 20 bis 25 cm sieht ein Baby einigermaßen scharf – das ist genau der Abstand zwischen Gesicht und Arm bzw. Gesicht und Brust. Wenn du bemerkst, dass dein Baby dich noch etwas länger und intensiver als alle anderen anschaut, ist das also nicht nur das Gefühl einer sehr verliebten Neu-Mama. Auch die schon aus Bauchzeiten vertrauten Stimmen erkennt es wieder und reagiert darauf besonders intensiv.

Durch intensiven Hautkontakt, vor allem in der Nähe pheromon- und lockstoffproduzierender Körperzonen (aka Achselhöhle, aber auch: Brustwarzen), nimmt dein Baby immer wieder deinen typischen Mama-Geruch war und zieht diesen allen anderen vor.

Nach einigen Wochen intensiviert sich das Interesse des Babys an Gesichtern und es kann zunehmend den Blickkontakt aufnehmen und halten. Schon wenige Tage alte Babys können bestimmte Gesichtsausdrücke nachahmen wie das Herausstrecken der Zunge oder das Spitzen der Lippen. Die so intensive und oft so bezaubernde Mimik unterstützt dein Baby beim Bindungsaufbau.

Ungefähr ab der 6. bis 8. Wochen lächeln die meisten Babys ihre Eltern erstmalig ganz bewusst an. Dein Baby hat mit dem sozialen Lächeln eine weitere wichtige Fähigkeit erworben, mit der es mit anderen Menschen interagiert, den Bindungsaufbau intensiviert und euch jederzeit auf bezaubernde Weise um den Finger wickelt.

Verwöhnen?

Und dann gibt es da noch ein Konzept, das einzelne von euch bei der Lektüre der vorangegangenen Kapitel möglicherweise schon mit den Hufen scharren ließ: Ein kleines, wenige Tage altes Baby wird vorbehaltlos behütet – ist ja klar. Aber ab wann sind Vorbehalte oder Bedingungen angebracht? Irgendwann ist doch auch mal gut, denn: Dieses ganz prompte Reagieren, das sollte man langfristig vielleicht nicht einreißen lassen. »Was ist denn mit dem Verwöhnen?«

Herzlich willkommen in den Glaubenssätzen unserer Eltern- und Großelterngeneration. Denn, ob wir wollten oder nicht: Wir haben viel von ihnen gelernt. Unter anderem deshalb, weil wir selbst mal ein Baby waren und so aufgewachsen sind, wie es unsere Eltern und Großeltern (und Erzieher und Lehrerinnen) für richtig gehalten haben. Gleichzeitig war das unsere prägende Referenzerfahrung für den Umgang mit einem kleinen Menschen. Was für ein Samenkorn wurde in dich hineingelegt?

Diese eigenen ersten Erfahrungen könnten natürlich nicht unterschiedlicher sein. Es sind immer gelungene und weniger gelungene dabei, selbst dann, wenn du ausgesprochen liebevoll behütet aufgewachsen bist. An einige dieser Momente wirst du dich lebenslang erinnern, manchmal sind es nur kleine Ahnungen von Momenten oder davon, wie du dich dabei gefühlt hast. Einige erscheinen sogar banal im Rückblick, nicht immer können wir deuten, warum genau das einen so bleibenden Eindruck hinterlassen hat: ein kindliches Beschämtsein, ein Nicht-gesehen-Werden, eine Trauer, eine Wut.

So oder so: Alle diese Erlebnisse haben Spuren hinterlassen. Etliche davon hinterfragen und reflektieren wir natürlich. Irgendwann in der Pubertät haben wir vermutlich damit begonnen. Alles das wird dich auf deiner Reise durch die Elternschaft immer begleiten. Auch dann, wenn du dir immer geschworen hast, »nicht so werden zu wollen wie deine Eltern«, wirst du dich möglicherweise irgendwann später zu deinem Kleinkind Sätze sagen hören, die mit »Ich zähle jetzt bis drei …« anfangen.

Und vielleicht machst du ganz unabsichtlich – ohne es zu merken und ohne es gar »böse zu meinen« – mit diesem erst mal wenig durchdachten Satz »Na ja, aber verwöhnen sollten wir das Baby ja nicht« einen Anfang.

Kleiner historischer Rückblick: Härte als wichtige Tugend der Mutterliebe

Das alles hat natürlich Gründe. Das Leben mit Kindern, die Art des Umgangs miteinander, die Idee von Familie, ist immer auch geprägt von der jeweiligen Zeit, in der wir leben.

Im 19. Jahrhundert gab es in den ersten Babyratgebern neben strengen Hygienevorschriften ganz im Geiste des Preußentums auch detaillierte Regeln zur Erziehung. Für ein gesundes Leben seien sehr geordnete Regeln in der allgemeinen Lebensführung notwendig. Körperliche Grundbedürfnisse wie Hunger, Wärme und der Gang aufs Klo sollten am besten von Beginn an diszipliniert werden.

Das Schreien eines Babys galt da als tyrannische Willensbekundung, nicht als Hilferuf eines bedürftigen Wesens. Babys schrien im besten Fall »einfach so, zum Zeitvertreib« oder waren manipulativ und »ungezogen«.

Die Nazis griffen diese Gedanken selbstverständlich dankbar auf und sorgten dafür, dass Frauen in dem entsprechenden Mütterideal aufgingen und dem Führer freudig Kinder gebaren. Empathie und Zärtlichkeit ihren Babys gegenüber sollten ihnen schleunigst abgewöhnt werden.

Die deutsche Mutter und ihr erstes Kind, das Standardwerk von Johanna Haarer, erschien erstmals 1934 und wurde bis Kriegsende 700 000-mal verkauft. Es wurde später in der Rezeption zum Sinnbild einer »Schwarzen Pädagogik«. Erschütternd dürfte sein, dass dieses Buch – nur im Titel etwas entnazifiziert, es hieß fortan *Die Mutter und ihr erstes Kind* – bis 1987 inhaltlich fast identisch weiterhin aufgelegt und als Lehrbuch für Mütterschulungskurse und in Berufs- und Fachschulen für Kinderpflegerinnen eingesetzt wurde. Es prägte so mindestens zwei Generationen von Müttern, Kinderkrankenschwestern, Kinderpflegerinnen.

Als wohl bekanntester Satz des Buches wird immer wieder zitiert: »… dann, liebe Mutter, werde hart«. Er bildet sehr pointiert den Inhalt des Buches ab.

Eindringlich wurde Müttern eingetrichtert, wie wichtig es sei, Härte als wichtige Tugend der Mutterliebe zu empfinden, das Baby nicht aufzunehmen oder gar zu trösten, wenn es weint, den Blickkontakt während des Stillens zu meiden und es nur nach der Uhr zu stillen, nicht etwa dann, wenn es hungrig ist.

Alle anderen Bücher aus der frühen Zeit des 20. Jahrhunderts waren übrigens ähnlich furchtbar. Das war der Geist dieser Zeit, so haben unsere Großeltern ihre Kinder erzogen, weil sie es – genau wie alle Eltern vor und nach ihnen – richtig machen wollten. Gleichzeitig hinterlässt eine solche Erziehung Traumata, die unbewusst über Generationen weitergegeben werden. Wir haben sie viel mehr verinnerlicht, als wir glauben.

Urvertrauen

Merkwürdigerweise wird das Wort »verwöhnen« nahezu ausschließlich im Kontext Kinder negativ konnotiert. Während wir von »verwöhnten Gören« sprechen, wird daneben ganz selbstverständlich in Dossiers in Frauenzeitschriften darüber aufgeklärt, wie man »ihn« am besten verwöhnt. Und um den Hashtag *selflove*, der mit duftenden Vollbädern und hochwertiger Lieblingsschokolade gefeiert wird, existieren ganze Instagram-Hypes. Was soll dann ausgerechnet daran falsch sein, ein geliebtes kleines Baby oder kleines Kind im allerbesten Sinne zu verwöhnen, ihm also genau das zu geben, wovon es gar nicht genug kriegen kann, nämlich Liebe und Zuwendung?

Gemeinhin meint man mit dem Bild eines »verwöhnten Kindes« eine kleine Rotznase, die nicht weiß, was *bitte* und *danke* heißt, und ansonsten recht egomanisch und sozial inkompetent durch ihr Umfeld pflügt.

Liebe und Zuwendung führen aber genau nicht zum Heranwachsen kleiner Tyrannen, Narzissten, oder wie auch immer das zeitgeistige, respektlose und vor allem unzutreffende Wort dafür gerade ist. Die feinsinnige Wahrnehmung der kindlichen Bedürfnisse trägt vielmehr wesentlich zur Bildung des so wichtigen Urvertrauens bei. Des Gefühls, dass diese Welt ein sicherer Ort ist. Was im Übrigen die Voraussetzung für Empathie und alle denkbaren anderen sozialen Kompetenzen ist, die Soziopathen und Narzissten eben vollkommen fehlen. Und »diese Welt« wird von einem kleinen Kind durch sein allerengstes Umfeld definiert, also durch die Bindungspersonen, Mama, Papa, Bonusmama, Wahlopa, welchen Geschlechts und in welchem Blutsverwandtschaftsgrad auch immer. Ihr seid der sichere Hafen für euer Baby, und es ist so wichtig, dass es das wieder und wieder erfährt, lernt und bestätigt bekommt. Nur dann wird das Konzept von Wurzeln und Flügeln langfristig tragen können.

Der Kreis der Sicherheit

Das Wissen darum, immer wieder zu den allerwichtigsten Menschen zurückkehren zu können, ist für die gesamte kindliche Entwicklung essenziell, auch wenn sich die unmittelbaren Bedürfnisse natürlich altersentsprechend verändern werden und sich die Definition von »Bedürfnis« und »Begehren« verändern wird. Ein Überraschungsei im Supermarkt ist für einen Dreijährigen sicher attraktiv, aber eben kein Grundbedürfnis, anders als beispielsweise die Kuschelbrust für ein sieben Monate altes Kind.

Für diese Bindungssicherheit braucht es vor allem feinfühlige Eltern, die die Bedürfnisse und Gefühle des Kindes sehen und erfüllen bzw. begleiten können. Je kleiner das Kind ist, umso wichtiger ist eine schnelle Reaktion auf seine Signale. Ein Kind, das erlebt, dass sensibel und empathisch mit seinen Gefühlen umgegangen wird, wird genauso mit sich selbst und anderen umgehen können. Wenn ein Kind erfährt, dass es bei Bedarf getröstet, beruhigt und physisch und emotional getragen wird, kann es später besser mit herausfordernden Situationen umgehen. Life-lessons – gelernt als Baby.

Dabei ist Nähe nie ein Hindernis für Autonomie, wie man vielleicht annehmen würde und wie es aus Sätzen spricht, die dir vielleicht bekannt vorkommen: »Ja, aber wenn euer Baby so lange (mit verschiedenen Definitionen von »lange«) in eurem Bett schläft, dann kriegt ihr das da bis zur Einschulung nie wieder raus!« (Auf das sehr sensible Schlafthema gehen wir im Kapitel »Schlafen wie ein Baby« ausführlich ein.)

Das Gegenteil ist der Fall. Ein kleines Kind, das sich permanent auf die Rückversicherung verlassen kann, dass Mama, Papa oder weitere Bindungspersonen da sind, wird in diesem nach und nach geknüpften Beziehungsnetz Schutz erfahren, Urvertrauen und Beziehungskompetenz entwickeln.

Eine der wichtigsten Lernerfahrungen, die wir unseren Kindern mitgeben können, ist diese: »Deine Bedürfnisse werden gehört! Sie werden nicht bewertet, ob sie gerade angemessen oder gar richtig sind. Du wirst geliebt, auch dann, wenn du bedürftig bist. Du bist nicht anstrengend, zickig oder weniger ›lieb‹, wenn du weinst. Du spürst deine Bedürfnisse und lernst, sie einzuordnen und zu formulieren.«

Die eigenen kindlichen Erfahrungen

Unsere frühen Bindungserfahrungen wirken weit über die Kindheit hinaus. Natürlich spielen diese auch eine große Rolle, wenn du selbst Mutter oder Vater wirst. Oft wird dann die eigene Kindheit noch mal aus dieser anderen Perspektive erlebt, was – je nach eigener Erfahrung – eine große emotionale Herausforderung sein kann. Vielleicht stellst du plötzlich Verhaltensweisen deiner eigenen Eltern infrage oder du spürst, an welcher Stelle dir etwas gefehlt hat. Manchmal sind die Gedanken und Gefühle dabei nur schwer aushaltbar. Um deinen eigenen, friedlichen Weg als Mutter oder Vater zu finden, kann hier und da durchaus professionell unterstützte Begleitung eine Idee sein.

Es ist gut, sich mit eigenen schwierigen Erinnerungen auseinanderzusetzen, weil gerade in Stresssituation trotz bester Absichten oft automatisch Glaubenssätze aus der eigenen Kindheit hochkommen. Stress, Schlafmangel und Überforderung blockieren die Feinfühligkeit. Trotz bester Absichten kommt es dann doch zu Verhaltensweisen, die für die Bindung eher nicht förderlich sind.

Früher wurde oft die Ansicht vertreten, dass ein Baby auch mal schreien muss, um zu lernen, mit seinen Gefühlen klarzukommen. Doch wenn das z. B. zum Einschlafen allein gelassene weinende Baby sein Schreien schließlich einstellt, geschieht das nicht aufgrund einer positiven Lernerfahrung. Das Gegenteil ist der Fall: Ein Baby stellt sein Weinen eher aus Resignation ein und um Energie zu sparen in einer für ihn als bedrohlich erscheinenden Situation. Es lernt, dass niemand kommt.

Hingegen lernt ein Kind, auf dessen Weinen zeitnah reagiert wird, dass es vertraute Menschen sind, die ihm helfen, seine Gefühle zu regulieren. Aus dieser Sicherheit heraus wird es dann auch lernen, sich selbst beruhigen zu können und herausfordernde Situationen zu bewältigen. Im Abschnitt »Schlaftraining« im Kapitel »Schlafen wie ein Baby« beschreiben wir diese Grundannahmen noch ausführlicher.

Schreien stärkt die Lungen – als ob ...

Das Wissen um die Bedeutung der Eltern-Kind-Bindung hat auch vieles im Umgang mit dem Baby verändert. Das kann auch immer wieder zu den typischen Konflikten zwischen Großeltern und Eltern heute führen. Denn natürlich haben auch die Eltern früher vieles gemacht in guter Absicht für ihr Kind. Die bis in die 1960er-Jahre von Medizinern verbreitete These, dass Schreienlassen die Lungen stärke, wird bis heute immer wieder mal erwähnt. Natürlich ist längst widerlegt, dass die Lunge nach der Geburt ein Training bräuchte oder dass Schreienlassen dafür sinnvoll wäre. Auch in den 2020ern gibt es von vielen Seiten immer noch genug »Empfehlungen«, das Baby eben in dieser oder jener Situation doch einfach mal weinen zu lassen, zumindest »ein bisschen«. Um gegen all die »guten Tipps« besser gewappnet zu sein, ist es gut, sich zumindest ein bisschen Hintergrundwissen zur Bindungstheorie anzueignen, damit du in der *Bindungspraxis* nicht so schnell zu verunsichern bist.

Wenn du unsicher bist, was dein Kind gerade braucht, stell dir vielleicht selbst die Frage, was du jetzt als Kind in dieser Situation brauchen würdest. Wahrscheinlich spürst du dann schnell, dass dein Baby nicht weint, um dich zu »ärgern«, sondern es wirklich deine Unterstützung benötigt.

Digital Detox

Den meisten von uns dürfte es ähnlich gehen: Wir erschrecken jedes Mal ein bisschen, wenn wir das wöchentliche Update unserer »Bildschirmzeit« unmissverständlich auf unserem Mobiltelefon eingeblendet bekommen.

Schon wieder viele Stunden Lebenszeit im Internet verbracht! Wir wollen es einerseits gar nicht missen: Es ist Input, Austausch, Zerstreuung, Kommunikation, Tagebuch, Einkaufen und Orientierung. Zudem dient unser Telefon als Kamera, Notizzettel und Armbanduhr.

Aber es ist eben gleichzeitig auch ein süchtig machender Zeitfresser. Wie oft greifen wir einfach so, reflexartig zu unserem Telefon und fummeln am Sperrbildschirm herum, ohne eigentlich zu wissen, was wir da gerade machen und warum. Vor allem diejenigen von uns, die in sozialen Netzwerken unterwegs sind. Nichts triggert so sehr unsere Dopaminrezeptoren wie ein Schwung *Likes* oder Kommentare. Das ist weder narzisstisch noch schlimm, so funktioniert einfach unser Gehirn.

Weil das genau die dieselben Rezeptoren sind, die für Süchte aller Art zuständig sind, ist es ganz gut, wenn du dich bereits etwas vor der kostbaren Babyzeit auf kalten Entzug setzt: Digital Detox. Damit wir während der ersten wichtigsten Dates unseres Lebens – die mit unserem Baby – nicht permanent auf das Handy gucken und in diesen Momenten Unglaubliches verpassen.

Es geht hier nicht darum, dass »dein Handy böse ist« oder alles, was du damit machst. Nur ist es eben in dieser fragilen Bondingzeit wichtig, dass wir unsere Antennen auf feine Signale der nonverbalen Babysprache feinkalibrieren. Und jedes »ping – hier – guck – schnell« lenkt davon ab. Ob wir wollen oder nicht.

Später im Kinderleben wirst du sicher bei stundenlangen Einschlafbegleitungen mit einem der beiden Ohrstöpsel einen Podcast hören. Und auch mal während des innigen Stillens auf eine Nachricht deiner besten Freundin mit einem Lebenszeichen antworten, weil sie schon seit Tagen nichts mehr von dir gehört hat.

Was darüber hinaus der elterliche Medienkonsum mit der Baby-Interaktion zu tun hat, erklären wir noch ein wenig ausführlicher im Kapitel »Alltag mit dem Baby« (im Abschnitt »Die motorische und sprachliche Entwicklung begleiten«).

Sich als Mutter gehalten fühlen

Eine Weisheit, die gut beschreibt, was Familien und Frauen brauchen, um die neuen Herausforderungen als Mutter gut bewältigen zu können, benutzen wir Hebammen ganz häufig: »A mother needs to be mothered.« Das bedeutet nicht mehr und nicht weniger, als dass du jede Menge Unterstützung brauchst, um dem, was da von dir in deiner neuen Rolle und Verantwortung als Mutter abverlangt wird, gut gerecht werden zu können. Damit diese ganze Mutterliebe aus dir herausfließen kann, muss es auch irgendetwas geben, das deine Reserven wieder auffüllt. Damit du umsorgen kannst, musst du umsorgt sein.

Niemals sonst im Leben sind wir Frauen an diesem Punkt empfindsamer. Das kann sich an verschiedenen Stellen äußern. Manche Frauen brauchen ganz viel Sicherheit in ihrer Partnerschaft oder haben Ängste, die sie bisher nicht kannten. Anderen bereiten Aspekte der »materiellen Versorgung« mehr Sorgen als sonst. Wir fühlen uns bedürftiger, jetzt, wo die Biologie uns diese neue Rolle als Mutter zuweist.

Die notwendige Form von Entlastung bedeutet viel mehr, als hin und wieder mal kurz in einer halbstündigen »Me-Time« in einem bunten Heft blättern zu können oder am Sonntag einen Tee ans Bett gebracht zu bekommen. Es ist eher eine Haltung und tatsächlich ein Auftrag an die Gesellschaft, gegenüber dem Muttersein Wertschätzung zu zeigen.

Als Mütter sind wir permanent »on«. Permanent sind wir Adressaten für Baby-Bedürfnisse. Im Wochenbett als Allererstes für die unverhandelbaren, sofort zu stillenden existenziellen Grundbedürfnisse unserer Babys.

Klassischerweise sind auch in modernen, sehr partnerschaftlichen Familien durch den biologischen Vorsprung und das Stillen zunächst die Mütter mehr mit den unmittelbaren Bedürfnissen des Babys konfrontiert. Es gibt einerseits das Ideal einer gleichberechtigten, fortschrittlichen Partnerschaft, andererseits die Realität, die nicht immer allen feministischen Idealen oder Errungenschaften folgt. Manchmal sträubt sich auch die Biologie oder Frauen erleben sich – warum auch immer – doch als »gluckiger«, als sie sich jemals erträumt haben, in dieser Babyzeit wird so manches Selbstbild vom Muttersein neu austariert.

Nach welchen Ideen und Familienmodellen auch immer ihr euer Leben einrichtet: Im Wochenbett werden die Weichen für das erste gemeinsame Babyjahr gestellt und der Grad an Gemeinsamkeit in der Elternschaft austariert.

Je mehr ihr euch beide originär zuständig fühlt, die Elternzeit (für welchen Elternteil auch immer) nicht als »Urlaub« betrachtet und kommuniziert, je mehr klar ist, dass für viele Details beiderseitige Absprachen ausgesprochen hilfreich sind, umso eher wird es gelingen, dass ihr ein Familienleben führen könnt, dass »bedürfnisorientiert« für alle Beteiligten ist (s. das folgende Kapitel »Mental Load«).

Ganz schön anstrengend

Um gut durch die unfassbar schöne, aber eben auch anstrengende Babyzeit zu kommen und nicht unvorbereitet in die hier und da fast unvermeidliche Überforderung zu stürzen, geht es also darum, eine Unterstützungsstruktur zu schaffen, realistische Vorstellungen zu haben und sich mit dem Konzept der unterschiedlichen Phasen anzufreunden: Letzteres ist zu dem entscheidenden Mantra aller Eltern geworden: »Es ist eine Phase, es ist eine Phase, es ist eine Phase.« Auf eurer Elternreise wird mit der Zeit manches einfacher, manches aber auch nicht.

Letztlich kommt man allerdings nicht daran vorbei, all diese Szenarien »auf sich zukommen zu lassen«, wie man immer so schön sagt. Es gibt sehr unterschiedliche Babys, manche sind sehr friedlich, sie schlafen, wann auch immer sie ins Bettchen gelegt werden. Andere Highneed-Babys erlauben der Mama als Höchstes der Gefühle hin und wieder, ohne Kind im Tragetuch aufs Klo zu gehen.

Du weißt vorher nicht, zu »welcher Sorte Baby« dein Kind gehören wird. Mache dich frei von der Vorstellung, du könntest das beliebig beeinflussen oder irgendwelche Rhythmen so etablieren, dass sie in dein Scheduling passen.

Die Idee, elterliche »Entspanntheit« ließe sich durch ein wie auch immer geartetes »Mindset« beliebig herstellen oder gar auf dein Baby übertragen – nach dem Motto »entspannte Eltern kriegen auch ein entspanntes Kind« –, alles das wird euch vermutlich sehr, sehr schnell um die Ohren fliegen. Und das ist eine befreiende Nachricht: Du wirst alles tun, damit es deinem Baby gut geht, alle Eltern tun das – und gleichzeitig bringt dein Baby ganz viel Eigenes mit. Und du bist nicht zuständig dafür, dass es brav und still ist.

Schlafen, wenn das Baby schläft

Dieser Rat ist so banal, dass er in Zeiten von Social Media natürlich eine Steilvorlage ist für Blogartikelgedanken wie: »Okay ... und dann staubsauge ich auch, wenn das Baby staubsaugt?«

Diese Frage zeigt ein wesentliches Dilemma, in dem sich viele Mütter wiederfinden: Man kommt wirklich zu nichts, was man im herkömmlichen Sinne als »konstruktives Tun« empfinden würde, wenn das Baby oder Kleinkind wach ist – wer hätte das gedacht. Außer natürlich: sieben Sachen anzufangen und nach sehr kurzer Zeit zu bemerken, dass nichts fertig wird. Einmal eine Mail zu Ende schreiben, diesen einen Antrag »mal eben« ausfüllen, den Geschirrspüler fertig ausräumen, ein Telefonat führen – was gäbe man darum!

Also versuchen wir all diese Dringlichkeiten in die Zeit des Babyschlafs zu stopfen, der ja nun mal so unkalkulierbar ist. Jede Wette, dass dein Baby *ausgerechnet dann* wie ein Stein schläft, länger als sonst (»Schon eineinhalb Stunden am Stück! Hoffentlich atmet es noch!«), wenn du dich entschieden hast, dass es *jetzt* natürlich nicht lohnt, den Rechner hochzufahren oder eine Haarkur mit 10-minütiger Einwirkzeit in die Haare zu massieren.

Langfristig ist es also von großer Bedeutung, diese beiden Kategorien von »wichtig« und »dringend« voneinander zu unterscheiden. Staubsaugen ist – je nach Wollmauspopulation – höchstens dringend und kann auch von deinem Partner erledigt werden. Schlafen hingegen ist wichtig. Und essen. (Und manchmal auch die Haarkur.)

Du *sollst* also nicht schlafen, wenn das Baby schläft, aber andererseits *kannst* du nur schlafen, wenn das Baby schläft – oder wenn eine andere Bindungsperson derweil gut für das Baby sorgt.

Rhythmus und Struktur

Du fragst dich natürlich zu Recht, wie das denn so weitergeht, das Leben mit Babys. Ob man das alte Leben für alle Zeit komplett beerdigen muss (oder wann man den Kampf darum aufgibt). Wann denn so etwas wie kalkulierbarer Schlaf zurückkehrt. Me-Time. Date Nights. Irgendetwas, das dem Leben oder auch nur dem Alltag so etwas wie Struktur zurückgibt. Oder einfach ziellose Zerstreuung ist.

Und all das ist vor allem verbunden mit der Frage: Gibt es etwas, das wir als Eltern dafür tun können, irgendetwas, das wir hätten schlauer einfädeln können? Damit das Leben irgendwie funktioniert?

Die vermutlich größte Herausforderung, die dieses neue Leben für uns Eltern mit sich bringt, besteht vermutlich darin, anzuerkennen, dass wir ab jetzt fremdbestimmt sind. Die Bedürfnisse eines kleinen Babys sind unmittelbar, schier unverhandelbar, und unsere elterliche Intuition sorgt dafür, dass wir uns auch genauso verhalten, um diese zu erfüllen. Evolutionsbiologisch betrachtet: ausgesprochen sinnvoll. Aber: Soll das so sein? Wo bleibt da unsere Selbstbestimmung?

Um es kurz zu machen, und das ist keine der leichten Abkürzungen, kein Quickfix: Der vermutlich einzige Weg, um gut in der Elternschaft anzukommen, ist – es anzunehmen. Anzunehmen, dass das Baby ab jetzt den Takt vorgibt. Flexibilität ist Babys Sache nicht, und es ist an uns, im Umgang mit dem Baby flexibel zu sein. Flexibel in der Erfüllung unserer Bedürfnisse. Zumindest ein wenig mehr als das Baby. Wir sind ja schließlich erwachsen.

Über weite Strecken klappt das auch – mal mehr, mal weniger klaglos unsererseits, mal mit mehr, mal mit weniger Augenringen. Wir halten uns am elternverbindenden Mantra fest: »Es ist eine Phase, es ist eine Phase, es ist eine Phase« – das ist zumindest eine gute Strategie.

Wir Eltern sind dafür zuständig, den Rahmen zu schaffen, die Struktur. Wir können entscheiden, ab 19 Uhr das Handy für die nächsten drei Stunden wegzulegen, das Licht zu dimmen, dem Baby einen Schlafanzug anzuziehen und alle in den letzten Wochen auswendig gelernten Strophen alter Kinderlieder abzusingen. Aber wann genau euer Baby dann einschläft, ob eher um 19.30 Uhr oder um 22 Uhr, ob nach kurzer Stillmahlzeit, dem Abendfläschchen oder der Dauernuckelbrust –, werden wir kaum oder gar nicht beeinflussen können. Je eher wir das anerkennen und damit keine Kämpfe mehr ausfechten müssen, umso einfacher machen wir es uns.

Denn in jedem Fall stimmt eines: »Time is on my side«, wie schon der große Philosoph Mick Jagger wusste. Es wird besser, und es wird einfacher – versprochen. Das ist erst mal das Grundgerüst. Darüber hinaus bleibt alles andere ein stetes Verhandeln mit allen beteiligten Parteien.

Mental Load

Mental Load ist eine neue Vokabel, die dir vermutlich erst rund um die Geburt deines ersten Kindes über den Weg läuft. Vielleicht auch erst dann, wenn ihr schon in diese Falle hineingetappt seid, wenn du mitbekommst, dass für deine manchmal am Mutterglück nagende Unzufriedenheit bereits ein Wort gefunden wurde.

Mental Load meint die Summe an alltäglichen »Kleinigkeiten«, die wenig gesehen werden und kaum Wertschätzung erfahren, die aber irgendwie erledigt werden müssen. Es sind die 137 Tasks, die wir gleichzeitig offen haben und die einen stetigen Parallelhandlungsstrang bilden. Bei der größten Suchmaschine der Welt erzielt *Mental Load* mittlerweile dreistellige Millionenergebnisse.

Dem Kind die Fußnägel schneiden, wissen, wie gelbe Babykacke-Flecken aus Wolle-Seide-Bodys rausgehen, das Ins-Bett-geh-Ritual einläuten, überlegen, was morgen gekocht wird: In ungefähr 80 Prozent der Familien machen das die Mütter, ohne dass es irgendjemandem auffällt (außer den Müttern, vielleicht aber noch nicht mal das).

Mental Load dürfte damit gleichzeitig diejenige Wortneuschöpfung sein, die beim Thema Kinderkriegen die höchste soziale Sprengkraft mitbringt. Sie rüttelt an Grundfesten, daran, wie wir bewusst und unbewusst sozialisiert worden sind. Wir sind die erste Generation, der immer »you can have it all« (meint zum Beispiel, klaro, Karriere *und* Kinder) versprochen wurde und die zumindest theoretisch mit einem Ideal von Gleichberechtigung zwischen Männern und

Frauen aufgewachsen ist. Gleichzeitig wundern wir uns permanent, warum wir das alles irgendwie doch nicht so einfach unter diesen einen Hut bekommen.

Die Perspektive ist dabei eher die weibliche: Die Frau ist primär zuständig in diesen »Familie-und-Gedöns-Dingen« und delegiert (auch das: *Mental Load*) gewisse Teilaufgaben an den Mann. Das entspringt nicht den steilen Thesen irgendwelcher durchgeknallten Feministinnen, sondern basiert auf Zahlen: Frauen leisten in heterosexuellen Partnerschaften nach der Geburt eines gemeinsamen Kindes 52 Prozent mehr an Haushaltsarbeit, neudeutsch »Care-Arbeit« genannt. Später mündet das in einen proportional zur Kinderzeit sich öffnenden Gender-Pay-Gap, in die Teilzeitfalle, die Altersarmut – all diese unattraktiven Dinge, die gefühlt so unendlich weit weg sind von der eigenen Realität. Erstaunlicherweise scheinen wir emanzipierten Millennials, Männer wie Frauen, nämlich das Ideal einer 50:50-Aufteilung nicht in die Realität umzusetzen, während wir so gern daran glauben, wir täten es.

Paare mit gemeinsamen Kindern, die sich trennen, tun dies heutzutage in einem hohen Maße, weil sie die gemeinsame Idee von Lebensgestaltung nicht auf die Reihe bekommen, weniger, weil sie sich fremdverlieben. Weil die als ungerecht verteilt empfundene Dauerbelastung die gemeinsame Idee von »Miteinander-Familie-Leben« aushöhlen kann.

Ein weiteres zentrales Kennzeichen von *Mental Load* ist die höchst unterschiedliche Wahrnehmung derer, die darin gefangen sind. Exemplarisch heißt die wohl bekannteste Episode in dem 2018 erschienenen Comic der französischen Bloggerin Emma *The Mental Load:* »You should have asked!« – »Aber Schatz, warum hast du denn nichts gesagt!«

Entlarvende Sätze für Mental Load

- »Dein Mann hilft aber super im Haushalt!« (»Nein, er wohnt hier.«)
- »Hat dein Mann heute Kinderdienst?« (»Na ja, er ist der Vater …«)
- »Nimmt dein Mann auch die vollen beiden Monate Elternzeit?« (»Es gibt keine ›zwei Vätermonate‹.«)
- »Finde ich toll, wie dein Mann dir den Rücken freihält!« (»Ähm …«)

Und Maternal Gatekeeping?

Manchmal wird im Kontext von *Mental Load* der Begriff des *Maternal Gatekeeping* angeführt, nämlich dann, wenn vermeintliche Gründe für die ungleiche Lastenverteilung gesucht werden: Es wird argumentiert, dass die Mütter all die Baby- und Kinderaufgaben an sich rissen und ihren Männern, den Vätern, keinen Fußbreit in ihrem Hoheitsterritorium ließen. Sie behandelten ihre Männer so, als seien diese ein wenig doof. Als würden die Kinder verhungern und erfrieren, wenn sie bei einem zweistündigen Ausflug nicht mit langen Listen, wollseidenen Schals und einer Tupperdose mit geschnitztem Bio-Obst ausgerüstet seien. Nichts kann man den Müttern recht machen! Und überhaupt – das lange Stillen! Wie soll denn ein Vater da irgendwie die Chance haben, eine eigene Beziehung zu seinem Baby aufzubauen?!

Den Frauen wird mit diesem Argument nun also vorgehalten, dafür zuständig zu sein, ihrem Mann die Vaterrolle angenehm zu gestalten. Sie mögen ihn dazu bitte regelmäßig und ausgiebig loben, dass eine Windel gewechselt wurde, damit er bei der Stange bleibt. Selbst das Bundesfamilienministerium schlägt das in einer seiner Beratungsbroschüren ernsthaft vor.

Junge Mütter, die sich nun im Leben mit Kindern in der Dauerrolle als motzende Xanthippe wiederfinden, erleben das Abrutschen in die Mental-Load-Falle hingegen eher als Resignation: Bevor ich zum dritten Mal erkläre, in welchem Bioladen die glutenfreien Kekse für die Schwägerin, die am Wochenende zu Besuch kommt, zu finden sind, bei welcher Gradzahl die Wollwalkanzüge gewaschen werden müssen oder wie noch mal der Kinderosteopath heißt, bei dem man lange in der Telefonwarteschleife hängt, um den ersehnten Termin zu bekommen –, macht man es doch schnell lieber selbst. Und hin und wieder knallt es dann, und niemand versteht, »was denn plötzlich mit Mutti los ist«.

Familie werden

Man kann wohl alles in der Theorie zum Thema Elternwerden gelesen haben und wird trotzdem feststellen, dass man es nur in der Praxis lernen wird. Denn nahezu alle Eltern müssen einstige Vorstellungen über Bord werfen und ganz neue Wege finden.

Ein Baby zu bekommen bedeutet, einen ganz neuen, anfangs noch recht unbekannten Menschen in unser Leben zu lassen. Baby ist nicht gleich Baby. Jedes

Kind bringt von Anfang an ein bestimmtes Temperament mit, das sein Verhalten prägt und damit natürlich auch den Alltag für die ganze Familie. Mit jedem Menschen in der Familie wird das Baby seine eigene Bindungsgeschichte schreiben.

Fair Familie leben

Bedingt durch die körperliche Nähe in der Schwangerschaft und auch das Stillen ist die Mutter in der Regel die Hauptbindungsperson. Dies schließt natürlich nicht die Bindung zu allen anderen Bezugspersonen aus. Und für eine gerechte Rollenverteilung ist es wichtig, dass diese Bindung auch zu beiden Elternteilen gefestigt wird. Bis auf das direkte Stillen ist keine Aufgabe im Babyalltag an eine bestimmte Person gebunden. Und jede Aufgabe ist gleichzeitig immer auch die Option, die Bindung zum Kind zu stärken. Denn dies geschieht vor allem darüber, dass das Baby erfährt, wer sich verlässlich und einfühlsam um seine Bedürfnisse kümmert.

Bei einer gerechten Verteilung der Care-Arbeit im Familienalltag geht es nicht darum, dass Eltern die gewechselten Windeln abzählen, sondern um einen sinnvollen Umgang mit den Ressourcen beider Eltern. Auch eine nach außen hin vielleicht ungerecht aussehende Aufteilung kann sich gerecht und fair anfühlen, wenn sie für beide Elternteile genau so passt. Und auch wenn es Raum gibt, Abläufe zu verändern, wenn es nicht mehr passend ist.

Die wichtigste Voraussetzung dafür ist wohl, dass beide Eltern die Care-Arbeit gleichermaßen anerkennen und wertschätzen. Da aber nur die Erwerbsarbeit monetär belohnt wird, sitzt bei vielen Menschen immer noch die Vorstellung im Kopf, dass das sich ums Kind kümmernde Elternteil *nicht arbeiten* geht. Wer bereits Babys und Kinder umfassend versorgt, wird hier nur müde lächeln können. Es ist oftmals die wesentlich anstrengendere Aufgabe, die deutlich mehr Multitasking-Skills verlangt. Außerdem gibt es keine Urlaubs- und Pausenregelung, für die eine Elterngewerkschaft auf die Barrikaden geht. Die Arbeitszeiten selbst liegen bei arbeitnehmerfeindlichen 24 Stunden am Tag, an sieben Tagen in der Woche. Es ist darum wohl selbstverständlich, dass die »Überstunden« geteilt werden.

Für eine faire Rollenverteilung planen wir also über eine 40-Stunden-Arbeitswoche hinaus. Kinder brauchen uns Tag und Nacht – und besonders am Anfang – rund um die Uhr. Wenn wir hier von fairer Verteilung sprechen, muss auch über Geld geredet werden. Denn der Bezug von Elterngeld bedeutet einen realen Einkommensverlust für das beziehende Elternteil. Das kann durchaus Auswirkungen auf die Altersvorsorge haben und ist somit nur einer der Gründe, weshalb Frauen in der Regel im Rentenalter schlechter dastehen. Wenn ihr also über Geld im Kontext von Elternwerden redet, dann auch darüber.

Geschwister

Nicht nur für Eltern ändern sich die innerfamiliären Beziehungen und die eigene Rolle, wenn ein Baby geboren wird. Auch Geschwisterkinder sind ganz unmittelbar davon betroffen.

Eingehüllt in eine flauschig-weiche Babywolke ist es für Eltern schwer vorstellbar, dass das größere Geschwisterkind nicht ebenso verliebt in den kleinen neuen Mitbewohner ist. Oder sie können die grobmotorischen Liebesbekundungen des Kleinkindes gegenüber dem Baby nur schwer aushalten. Überhaupt stellt man mit ein wenig Entsetzen nach der Geburt eines weiteren Kindes fest, wie groß das ältere Kind doch im Verhältnis nun schon ist.

Kann man mehr als ein Kind so sehr lieben?

Wenn du zum erneuten Mal Mutter geworden bist, hast du dir wahrscheinlich schon in der Schwangerschaft oder sogar davor die Frage gestellt, ob du jemals einen weiteren Menschen so sehr lieben kannst wie dein Erstgeborenes. Vielleicht kommt dir die erneute Schwangerschaft schon fast wie eine Art Verrat vor. Natürlich weißt und ahnst du, dass Zeit und vor allem Exklusivzeit mit den Eltern mit jedem weiteren Kind ein rareres Gut werden. Wahrscheinlich wird dich eine Art schlechtes Gewissen dein Elternleben lang begleiten. Denn in der Wahrnehmung von Geschwistern ist immer irgendwas gerade ungerecht.

Geschwister sind eine Bereicherung und sie fordern heraus. Größte Liebe und ewiges Gestreite gehen oftmals Hand in Hand. Es gibt zwar spannende Erkenntnisse in Bezug auf die Geschwisterkonstellationen, was Altersabstände, Geschlechter und deren Auswirkungen auf ihr Zusammenleben angeht. Nur können wir uns das in der der Regel nicht aussuchen. Somit können wir Forschungsergebnisse dazu interessiert zur Kenntnis nehmen, aber dann vor allem den Blick liebevoll auf die eigene Familienkonstellation und die von uns gewünschte Familienplanung werfen.

In einem Familiensystem spielen Patchwork-Geschwister natürlich ebenso eine große Rolle. Und auch ungeborene, still geborene oder früh verstorbene Geschwister haben ihren Platz darin. Familie ist nicht immer einfach, aber auch nicht zwingend kompliziert. Es geht vor allem darum, sich auf unterschiedliche Menschen mit unterschiedlichen Bedürfnissen einzulassen. Und immer wieder darum, Erwartungen an sich selbst und an die anderen zu überprüfen. Die ewig lächelnde Rama-Familie in vom »Weißen Riesen« weiß gewaschenen Blusen existiert nur in der Werbung. Das Familienleben ist bunt. Und die damit verbundenen Gefühle sind es ebenfalls.

Wer am lautesten schreit …

Bei Geschwisterstreitereien und auch bei geschwisterlicher Eifersucht geht es meist um unerfüllte Bedürfnisse. Das Bemühen um deren Erfüllung ist eine kompetente Lebensstrategie gerade von kleineren Kindern. Natürlich bedeutet das Abstillen des Kleinkindes und der Stillbeginn des Babys in einem zeitlich engen Zusammenhang nicht, dass das ältere Kind nicht mehr versorgt wird. Aber die Not des Kleinkindes fühlt sich bisweilen *genau so* an. Oftmals geht es einfach um Aufmerksamkeit, die sich in den ersten Wochen und Monaten sehr auf das neugeborene Kind verlagert. Das sind nicht immer nur die Eltern, sondern manchmal auch Familie und Freunde, die vor lauter Verzückung die ehemalige »Nummer eins« fast ein bisschen vergessen. Dabei sind dem Baby Geschenke völlig egal, trotzdem bekommt es plötzlich ganz viel davon. Und ständig ist es auf dem Arm, an der Brust oder sonst irgendwie ganz nah dran.

Und wenn diese Phase vorbei ist, bewegt es sich von der Stelle und zielsicher auf die Bauten des älteren Kindes zu, um diese zu »zerstören«. Gerade das erste Babyjahr ist besonders für noch kleinere Geschwisterkinder eine recht anstrengende Zeit, in der der »Nutzen« des neuen Mitbewohners noch gar nicht so recht erkenntlich ist.

Am besten helfen dagegen babyfreie Zeiten und babyfreie Zonen. Das muss nicht der Ganztagesausflug sein, sondern einfach mal eine halbe Stunde ungestört ein Spiel zusammen spielen. Genauso wenig braucht jedes Kind ein eigenes Kinderzimmer. Ein babysicherer Bereich, in dem Gebautes aufgebaut bleiben kann, reicht.

Am wichtigsten ist es wohl, dass wir uns als Eltern immer wieder in die Perspektive des älteren Kindes versetzen. Denn gerade unter Stress neigt man schnell zu überzogenen Vorstellungen und ungerechtfertigten Vorwürfen. Gerade bei körperlichen Übergriffen auf das Baby wie Hauen oder Kneifen reagieren Eltern meist sehr stark. Aber gerade bei Kleinkindern ist dieses Verhalten aufgrund noch fehlender Impulskontrolle und beschränkter Artikulationsfähigkeiten oft einfach nur ein Signal, das uns sagen soll: »Es geht mir gerade nicht gut.« Das gilt auch für das Kaputtmachen von Dingen oder das Beschimpfen der Eltern als »Kackmama« oder »Kackpapa«. Auch negative Aufmerksamkeit – also ein Schimpfen in dem Fall – ist erst einmal Aufmerksamkeit für das Kind.

Es wird in dem turbulenten Alltag mit mehr als einem Kind sicherlich nicht immer machbar sein, adäquat und gelassen auf jegliches Verhalten zu reagieren. Aber generell ist es wichtig, sich bewusst zu machen, was hinter dem Verhalten des Kindes steckt, und zu erkennen, was es gerade wirklich braucht.

Die ersten Kinder bereiten den Weg. Während die ersten Kinder quasi noch locker drei Jahre fernseh- und zuckerfrei aufwachsen können, kennen kleinere Geschwister oft schon Jahre früher Gummibärchen und Netflix. Als erste Beikost wird sich beim großen Bruder eine Pommes geschnappt und nicht die liebevoll gekochte und zerdrückte Biokartoffel gegessen.

Einiges von dem, was bei Kind eins zu Ausrufen des Entsetzens führt, wird bei Kind zwei, drei, vier ... milde belächelt. Und das nicht, weil uns als Eltern plötzlich alles total egal ist, sondern weil wir das gesunde Mittelmaß gefunden haben. Wir wissen inzwischen, dass nicht das eine Gummibärchen allein den Kariesbefall macht und dass Autofahrten mit iPad für das Kleinkind vielleicht sicherer und stressfreier für alle sind.

Und wir wissen, welche Dinge und Werte für uns im Familienalltag wirklich wichtig sind. Man weiß nicht automatisch alles besser beim zweiten Kind, aber man weiß ein bisschen mehr und hat vor allem erfahren, welchen eigenen vorab geplanten Ansprüchen man gerecht werden kann und möchte. Und welchen eher nicht. Das erste Kind macht uns zu Eltern und bereitet gleichzeitig den Weg für noch folgende Kinder.

Frühe und späte Frühchen

Weltweit kommt eines von zehn Kindern zu früh zur Welt. Auch in Deutschland ist dieser Anteil mit mehr als 8 Prozent recht hoch. Frühchen sind Babys, die vor der 37+0-ten Schwangerschaftswoche geboren werden. Das geringere Körpergewicht und die Größe sind dabei nicht das größte Problem, sondern die noch nicht ausgereiften Funktionen z. B. der Atmungsorgane, aber auch der

Niere, der Leber und des Immunsystems. Je nach zu früh geborenem Zeitraum benötigen die Kleinsten mehr oder weniger invasive und lange Unterstützung, etwa beim Atmen, der Wärmeregulation, bei der Nahrungsaufnahme und der Verdauung. Dies ist verbunden mit einer entsprechend fordernden Zeit auf der Neugeborenen-Intensivstation. Und vor allem verbunden mit vielen Sorgen, allen voran der größten Angst aller Eltern, sein Kind verlieren zu müssen.

Die sogenannten »späten Frühchen« (Late Preterm) werden zwischen der 34+0-ten und der 36+6-ten Schwangerschaftswoche geboren. So ein spätes Frühchen kann durchaus drei Kilo wiegen und sich optisch kaum von reif geborenen Babys unterscheiden. Dennoch bringt es als zu früh geborenes Kind oftmals auch die ein oder andere Herausforderung mit. Vielleicht hat es Probleme, die Körpertemperatur stabil zu halten, oder braucht eventuell am Anfang noch etwas Atemunterstützung. Schwierigkeiten in Bezug auf die Stabilität des Blutzuckerspiegels sind ebenso typische Begleiterscheinungen wie eine verstärkte Neugeborenengelbsucht.

Letztere hat oft zur Folge, dass das Baby beim Stillen schneller müder wird und häufig dabei einschläft. Durch die neuronale Unreife sind die Saug- und Schluckreflexe oftmals noch etwas zu schwach. Dein Baby braucht dann etwas mehr Zeit, um zu üben, wie sich Saugen und Schlucken gut koordinieren lassen.

All dies hat wiederum Auswirkungen auf die Milchbildung, die dann einfach nicht genug stimuliert wird. Um das zu vermeiden und damit das Baby gut zunimmt, müssen gleichzeitig die Milchbildung angeregt und das Kind zum Trinken animiert werden. Das Zufüttern abgepumpter Muttermilch sollte möglichst an der Brust direkt geschehen, mittels einer dünnen Sonde mit Spritze oder einem Brusternährungsset. All diese Maßnahmen sind wichtig und richtig, aber eben auch zeitaufwendig. Die Wochenbettruhe für die Mutter selbst kommt in diesen Situationen oftmals viel zu kurz.

Ob viel zu früh oder »nur« etwas zu früh: Diese Zeit ist für die ganze Familie eine große Herausforderung – gerade, wenn nun der Aufenthalt in der Kinderklinik oder das Pendeln dorthin den Alltag bestimmen. Eltern, die schon Kinder haben, werden ein starkes Gefühl der Zerrissenheit spüren. Hinzu kommt, dass emotional auch ein Teil der Schwangerschaft fehlt. Es ist nicht nur für das Kind zu früh, sondern auch für die Eltern, die zu diesem Zeitpunkt einfach ihr Baby noch nicht erwartet haben. Selbst Frauen, die aufgrund von Frühgeburtsbestrebungen schon einen langen Zeitraum vorab im Krankenhaus lagen, erleben es so. Während sich damit verbundene logistische Herausforderungen

(»Das Kinderzimmer ist noch nicht fertig«) immer irgendwie regeln lassen, ist das emotionale »zu früh« nicht so einfach zur verarbeiten.

Zwischen Kinderklinik und Zukunftssorgen

Wenn euer Baby zu früh, krank, mit einer Behinderung oder mit einer unerwarteten Besonderheit zur Welt gekommen ist, bestimmen oft erst mal die Kinderklinik oder die Taktung der Milchpumpe deinen Babyalltag. Nichts ist so, wie du es dir gewünscht hast.

Aber nicht nur das, gerade bei chronischen Erkrankungen oder angeborenen oder erworbenen Behinderungen prägen auch Zukunftsängste das Denken der Eltern. Auch wenn sich das Elternwerden und das Leben selbst nur schwer planen lassen, so haben wir doch alle eine Idee von der Zukunft mit unseren Kindern. Und diese Vorstellung gerät nun ins Wanken bzw. es muss vielleicht Abschied davon genommen werden. Und gleichzeitig liegt da plötzliche eine Zukunft vor uns, die wir uns noch gar nicht so recht vorstellen können. Gerade in belastenden Situationen erwarten wir meist zunächst das Schlimmste, statt das Beste zu hoffen.

Wenn Eltern schon im Verlauf der Schwangerschaft über zu erwartende Erkrankungen oder mögliche Beeinträchtigungen ihres Kindes informiert wurden, bleibt vielleicht etwas mehr Zeit, sich »vorzubereiten«. Manche Eltern erleben aber auch dadurch mehr Druck von außen in die eine oder andere Richtung. Dabei können immer nur die Eltern *selbst* ihren Weg finden, mit diesen besonderen Herausforderungen umzugehen. Unterstützung von außen sollte dabei helfen, diesen Weg gehen zu können – ihn aber nicht vorzeichnen.

Selbsthilfegruppen helfen sehr, sowohl virtuell im Netz als auch in physischen Gruppen. Es fällt oft schwer, sich nur mit Eltern zu umgeben, die ein Bilderbuchbaby bekommen haben. All die existenziellen Themen finden dort oft kein Gegenüber. Im Anhang haben wir ein paar Anlaufstellen für euch gesammelt.

Hilfe bei Grenzen und Krisen

Vielleicht ist eure Beziehung nach oder bereits vor der Geburt an unerwartete Grenzen gestoßen. Vielleicht gibt es große Sorgen, die zwar nicht das Baby, aber Geschwisterkinder oder nahestehende Menschen betreffen – und somit natürlich euer ganzes Familiensystem. Krisen sind auch in der Babyzeit vielfältig.

In all diesen belastenden Situationen erscheinen dir Informationen über das ideale Windelmodell oder ein Feuchttücher-DIY geradezu absurd unwichtig und belanglos. Die Beschreibungen des »schönen ersten Babyjahrs« passen dann so überhaupt nicht in euer aktuelles Setting. Viele Themen werden dir als absolute »First World Problems« erscheinen. Nimm dieses an der Stelle richtige Gefühl wahr und setze deine Prioritäten entsprechend. Jede Familie hat ihre ganz eigenen Herausforderungen. Und ihre Ressourcen, damit umzugehen. Die an dieser Stelle beschriebenen Krisensituationen werden auch nicht unbedingt deine widerspiegeln. Und wir werden an dieser Stelle auch nicht deine aktuelle Belastung, deine Ängste und deine Sorgen schmälern können – so wie das sicherlich kein Buch kann.

Als Hebamme ist es oft nur ein *Da-Sein*, mit dem wir die Familien in diesen schwierigen Zeiten etwas unterstützen können. Wir wünschen uns sehr, dass es auch Menschen gibt, die jetzt für dich und euch da sind. Nicht mit guten Tipps oder der Anmaßung, euch zu sagen, wie ihr euch wann zu fühlen habt. Sondern mit Raum für eure Gefühle und vielleicht auch ganz praktischer Unterstützung. Essen kochen und vor die Tür stellen ist meist wesentlich hilfreicher als zu sagen: »Meldet euch, wenn ich was für euch tun kann«. Genau für dieses Melden fehlt oftmals die Kraft oder sogar die Zeit. Das Abnehmen von Alltagsverpflichtungen ist in fast allen Krisen hilfreich und in vielen Kulturen auch fest verankert. In unseren heutigen Kleinfamilienkonstrukten ist dieses Miteinander allerdings häufig verloren gegangen.

Jede Familie und jede Situation brauchen ihre eigene Form von Unterstützung. Wir wissen nicht, was gerade für dich und deine Situation hilfreich ist. Die aufgezählten Unterstützungen sind eine Auflistung von Angeboten, die sich in der Hebammenarbeit für viele Familien bewährt haben.

Fachliche Unterstützung in der ersten Babyzeit

Familienhebammen: Dies ist eine erweiterte Qualifizierung zur originären Hebammentätigkeit. Familienhebammen begleiten Familien in belastenden Situationen vor der Geburt bis zum Ende des ersten Lebensjahres des Babys (weitere Informationen unter www.familienhebamme.de).

Außerdem gibt es **Familien- Gesundheits- und Kinderkrankenpflegerinnen,** die belastete Familien bis zum dritten oder sogar sechsten Geburtstag des Kindes betreuen können. Die Anspruchsdauer ist je nach Kommune unterschiedlich geregelt.
Beide Angebote sind beim **Nationalen Zentrum Frühe Hilfen** verankert und werden für die Eltern kostenfrei angeboten. Die Finanzierung läuft direkt über die jeweilige Kommune (meist über das Jugendamt) bzw. über die Bundesstiftung »Frühe Hilfen« (weitere Informationen unter www.elternsein.info).
Mütterpflegerinnen: Mütterpflegerinnen unterstützen Familien vor und nach der Geburt in ihrem neuen Familienalltag, sei es bei der Organisation des Haushalts, der Versorgung des Babys und auch von Geschwisterkindern oder auch in Form von Beratung zu aktuell anstehenden Themen. Dieses Angebot wird zum Teil über die Krankenkassen finanziert, wenn es im Rahmen der »Haushaltshilfe bei Schwangerschaft und Entbindung« (Sozialgesetzbuch § 38 Absatz 4) beantragt wird. Hebamme oder Arzt können auch bei medizinischer Indikation (z.B. nach Geburtsverletzungen, bei Stillstörungen oder psychischen Erkrankungen) die Notwendigkeit für eine verlängerte Einsatzdauer bescheinigen.

Notizen

Pflege und Zuwendung

Schon während der Schwangerschaft nimmt dein Baby sich selbst wahr und lernt, die Bewegungen seines Körpers mithilfe des Sinnessystems zu koordinieren und mit dir zu kommunizieren. Es erfährt die umhüllende Wärme des Fruchtwassers, es bekommt Schlaflieder gesungen, du legst deine Hände auf deinen Bauch und dein Baby schmiegt sich hinein: All das ist die Basis für jede Interaktion zwischen dir und deinem Baby. Auch wenn vieles davon unbewusst geschieht: Ihr kennt einander schon monatelang. Schon in dieser Zeit erfährt das Baby vor allem Stimulation und intensive Rundum-Berührung über sein taktiles System.

Nähe und Berührung als Sprache

Die erste Sprache in unserem Leben ist die unseres Körpers und die der Berührung. Die Haut ist unser größtes Sinnesorgan und gleichzeitig Kontaktfläche, Grenzfläche, Wahrnehmungsorgan. In der frühen Babyzeit berühren wir unser Baby täglich auf ganz unterschiedliche Weise. Unsere Nähe, der Halt beim Stillen, Tragen, Schlafen geben ihm Sicherheit. Auch die Pflege – Windeln wechseln, Waschen, An- und Ausziehen – nimmt einen großen Raum ein und lässt uns direkten Körperkontakt miteinander erleben.

Dabei ist Berühren eben viel mehr als Anfassen. Durch eine achtsame Babypflege sind wir im Kontakt mit unserem Baby, spüren seine Reaktionen und lernen, zu verstehen, was es mag und was es weniger mag. Wir spüren seine Reaktion auf Wärme und Kälte, auf Reize wie das Fortnehmen der Umhüllung, wenn wir es ausziehen. Seine Orientierung im Raum ist gefragt, wenn wir es dabei hin- und herbewegen, hochheben oder umdrehen.

Auch wenn wir dabei mit säuselnder Stimme mit unserem Baby sprechen (warum genau diese Dutzi-Dutzi-Kommunikation perfekt ist, findest du im Kapitel »Alltag mit dem Baby« unter »Ammensprache«), äußert das Baby sein Befinden und seine Bedürfnisse nicht sprachlich, sondern über sein Verhalten. Wir können sehen, wenn einem Baby Umgrenzung und Halt fehlen, weil es dann beginnt, mit seinen Ärmchen zu rudern, der *Moro-Reflex* (siehe den Kasten auf den folgenden Seiten) wird ausgelöst. Oder dass es hungrig ist, wenn es nach einem Handtuchzipfel schnappt oder wie wild an seinem Fäustchen saugt.

Handling

Wenn wir Eltern unseres ersten Kindes werden, ist es nicht selten gleichzeitig das erste Baby, das wir überhaupt in unserem Leben zum ersten Mal halten, aufnehmen, wickeln, waschen, stillen. Wir haben vielleicht eine natürliche Scheu und wissen gar nicht so genau, wie man ein Baby anfasst. Das liegt natürlich in erster Linie daran, dass wir es noch nie gemacht haben und ein Baby so zart und zerbrechlich erscheint. Es liegt nicht daran, dass wir es tatsächlich nicht könnten oder Babys so sehr zerbrechlich *sind.* Ein paar dieser »Griffe« bekommen wir schon gleich nach der Geburt von der Hebamme oder in der Klinik später von der Kinderkrankenschwester gezeigt und erfahren dann ein paar wichtige

Basics: wie das Baby sein Köpfchen beim Aufnehmen gut halten kann und wie nicht, wie man den Popo beim Wickeln anhebt und wie man das Baby in der Badewanne hält, ohne dass es ertrinkt. Alles, was neu ist, erfordert ein wenig Übung, aber schon sehr bald können wir gleichzeitig das Baby halten und dem Paketboten an der Tür ein Päckchen unterschreiben. Und bald werden wir in sieben exotischen Stillpositionen unser Baby anlegen, auch ohne dass wir zuvor mit drei Stillkissen eine ideale »Baby-Rampe« gebaut haben.

Kinästhetik Infant Handling

Das *Kinästhetik Infant Handling* wurde Mitte der 80er-Jahre von Frank Hatch und Lenny Maietta entwickelt. Unter Kinästhetik versteht man die Wissenschaft von der Bewegungswahrnehmung.

Das kinästhetisch-sensorische System bildet dabei die Grundlage: Nach diesen Vorstellungen berühren wir ein Baby klar, großflächig und sicher anstatt vorsichtig und zaghaft nur mit den Fingerspitzen, weil es diese Art von Reizen viel besser zuordnen und verarbeiten kann.

Berührungen am Kopf, am Po und an den Füßen sind dem Baby am meisten vertraut, da es an diesen Stellen intrauterin am meisten in Kontakt mit der Gebärmutter war. Bei Berührungen in der Körpermitte wird hingegen oft der *Moro-Reflex* (siehe den Kasten auf den folgenden Seiten) ausgelöst, ein Zeichen dafür, dass das Stresssystem des Babys aktiviert wird.

Eine weitere Idee des *Kinästhetik Infant Handling* besteht darin, Babys und kleine Kinder in ihren individuellen Bewegungsmustern ganzheitlich zu unterstützen. Dabei spielen auch die Körperproportionen und das geringe Gewicht von Babys eine Rolle. Meist werden Babys von den Erwachsenen ohne ihre eigene Beteiligung an der Bewegung mobilisiert – das Baby weiß aber nicht, wie ihm geschieht, wenn es plötzlich »durch die Luft fliegt«. Diese Momente erzeugen also Spannungsmuster im ganzen Körper. Dein Baby wird dadurch in den Alarmmodus versetzt, es hat Angst, zu fallen. Du erkennst das daran, dass der *Moro-Reflex* ausgelöst wird. Später, nach dem Entdecken des Urvertrauens, macht diese Gratwanderung zwischen Angst und Spaß im abenteuerlichen Spiel für das Baby durchaus einen gewissen Reiz aus: Es kreischt vor Vergnügen und kann dem auch pure Freude abgewinnen, wenn wir »Flugzeug spielen«, oder noch später: Karussell und Achterbahn fahren. Für ein neugeborenes Baby ist diese Erfahrung aber im Rahmen der komplexen Sinneswahrnehmung, vor allem über das vestibuläre und taktile System, überhaupt noch nicht zu verarbeiten.

Das bedeutet vereinfacht übersetzt, dass man in allem, was man mit dem Baby tut, ihm Bewegungsmuster anbietet, die es selbst schon aus seinem eigenen Entwicklungsstand heraus gut »mitmachen« und gut verarbeiten kann und die nachvollziehbar und langsam geschehen. Man nimmt ein Baby also beispielsweise über die Seite auf, weil es in Seitenlage sein Köpfchen schon gut allein halten kann (und man es also nicht stützen muss) und weil die Orientierung im Raum für das Baby so einfacher nachvollziehbar ist.

Wenn dein Baby in deinen Armen eingeschlafen ist, legst du es sinnvollerweise so in sein Bettchen ab, dass zuerst die Füßchen und Beine die Matratze berühren. Es folgen in einer vorsichtigen leicht spiraligen, fließenden Bewegung Becken, Brustkorb, Arme und zuletzt der Kopf. Mit etwas Glück stehen die Chancen dann besser, dass es so auch weiterschläft.

Für Babys, die eine anstrengende Geburt oder eine belastende Schwangerschaft hinter sich haben, die zu früh geboren wurden oder die zu Beginn ihres Lebens viele medizinische Interventionen gebraucht haben (etwa auf der Intensivstation), sind diese Konzepte besonders bedeutsam.

Der Moro-Reflex

Der Moro-Reflex, benannt nach dem Arzt Ernst Moro, der ihn 1918 beschrieb, wird immer dann ausgelöst, wenn ein Baby sich erschreckt. Es breitet dann ruckartig die Arme weit aus und spreizt die Finger. Manchmal wird der Moro-Reflex auch im Schlaf ausgelöst, vermutlich träumt dein Baby dann. Babys, die sensibler auf die Auslösung des Moro sind, schlafen deshalb oft unruhig oder sie wachen von dieser Schreckreaktion auf. Pucken kann da eine gute Idee sein. Man nimmt an, dass dieser Reflex in unseren Frühzeiten dazu da war, dass wir uns bei Schreck am Fell unserer Mütter festhalten konnten. Wie alle Reflexe ist auch der Moro-Reflex nicht willkürlich beeinflussbar und wenig variabel. Später, wenn die Körperbewegungen und -funktionen zielgerichteter werden, übernimmt das Großhirn die Aufgaben der Bewegungssteuerung und der Reflex wird abgelöst.

Geht der Reflex nach dem 4. Lebensmonat nicht allmählich verloren, spricht man von einem »persistierenden Moro-Reflex«. Dieser kann sogar bei Erwachsenen immer noch latent schlummern und nicht vollständig gehemmt sein.

Sensorische Integration

Unter *sensorischer Integration* versteht man die Aufnahme und die Verarbeitung von Sinnesreizen. Sie ist ein zentraler Bestandteil der kindlichen Entwicklung, die schon vorgeburtlich ausgebildet und aktiv ist. Sie bildet eine wichtige Grundvoraussetzung für Handlungsfähigkeit, emotionales Gleichgewicht und Selbstbewusstsein.

Alle Reize (etwa Berührungen, Geräusche, visuelle Eindrücke) müssen von deinem Baby zuerst wahrgenommen, im Gehirn verarbeitet und mit bereits vorhandenen Erfahrungen verknüpft und eingeordnet werden. Dabei hat das Gehirn schlaue Filtermechanismen. Nur ein Bruchteil aller Reize wird überhaupt wahrgenommen. Welche Reize durch diesen Filter vordringen und welche nicht, hängt von der Intensität eines Reizes ab und dessen »Wichtigkeit«, aber auch von Emotionen und individuellen Empfindsamkeiten.

Diese Verarbeitung der Reize ist, gerade zu Beginn des Lebens, eine permanente neurologische Höchstleistung. Sie ist ein wesentlicher Grund dafür, warum Babys viel schlafen (um das Gehirn im Schlaf vor weiterem Input zu schützen und die Reize zu verarbeiten) und manchmal für uns unerklärlich viel weinen (weil dann alles zu viel wird) (vgl. dazu den Abschnitt »Der abendliche Meltdown« im Kapitel »Alltag mit dem Baby«).

Alle Wahrnehmungsreize führen zu Reaktionen im motorischen, emotionalen und sozialen Bereich. Eine gute sensorische Integration ist die Basis für das Erlernen von darauf aufbauenden Leistungen wie Grob- und Feinmotorik, später die Sprachentwicklung, das Verhalten, die Konzentrationsfähigkeit, die Selbsteinschätzung und vieles mehr. Tut sich ein Baby (noch) schwer mit der sensorischen Integration, reagiert es möglicherweise mit mehr Weinen, mehr Ruhebedürfnis und braucht ein wenig länger für regulative Prozesse wie etwa das Einschlafen. Warum einige Kinder für diese komplexen Prozesse länger brauchen oder empfindsamer sind als andere, ist weitgehend unklar. Manche Kinder, etwa frühgeborene Babys oder Babys mit Handicaps, profitieren von unterschiedlichen therapeutischen Angeboten mit sensomotorischen, später auch psychomotorischen Inhalten. Auch klassische physiotherapeutische Angebote werden oft mit Inhalten der sensorischen Integration verbunden.

Babymassage

Falls du bei »Babymassage« daran denkst, dies bedeute, dass jetzt noch ein Kurs gebucht, ein spezielles Massageöl gekauft oder noch mehr Zeit im eh schon so vollen Babyalltag eingeplant werden muss – Entwarnung an dieser Stelle. Klar gibt es auch Kurse und Bücher, und wenn du Lust hast, kannst du in dieses volle Programm richtig eintauchen.

Babymassage ist nicht kompliziert. Sie soll im besten Fall dazu ermuntern, intuitiv und spielerisch herauszufinden, wie du dein Baby berühren, streicheln und massieren kannst und was es besonders genießen kann, wenn du dich dem größten Sinnesorgan, nämlich der Haut, liebevoll zuwendest. Es geht also nicht um eine ausgetüftelte, auf bestimmte Weise zu absolvierende Abfolge bestimmter Handgriffe, die man sich – still- und babymüde – sowieso kaum merken kann. Vielmehr geht es darum, herauszufinden, was deinem Baby gefällt und guttut.

Entspannte Rahmenbedingungen für alle

Du kannst dich deinem Baby immer dann besonders einfühlsam widmen, wenn es dir selber gut geht. Hast du gegessen, getrunken und Zeit gehabt, auf die Toilette zu gehen? Für dein Baby ist es wichtig, dass es warm genug bei der Massage ist. Dreh die Heizung hoch oder benutze einen Heizlüfter, um die Umgebung schneller warm zu bekommen. Auch die Unterlage sollte sich weich und warm anfühlen. Mache es dir bequem, eine kurze Massageeinheit funktioniert auch gut am Wickeltisch, ansonsten kann man auf der Krabbeldecke auf dem Fußboden massieren, vor allem etwas größere Babys, die nicht mehr in jeder Situation eine Wärmelampe benötigen.

Wenn du den ganzen Körper deines Babys massieren möchtest, kannst du es ganz ausziehen und den gerade nicht massierten Teil mit einer kleinen Decke oder einer Mullwindel abdecken. Diese Hülle Stoff gibt deinem Baby durch das Spüren der »Grenze aus Stoff« Sicherheit. Achte darauf, was deinem Baby gefällt.

Viele Kinder mögen es gerade in den ersten Wochen und Monaten nicht, komplett ausgezogen dazuliegen. Das Ausziehen kann beim Baby das Ausscheidebedürfnis aktivieren. Vielleicht gibst du ihm durch Abhalten (siehe das folgende Kapitel »Windelfrei und Abhalten«) vor oder nach der Massage die Gelegenheit, sich zu entleeren.

Unruhe oder Weinen bedeuten oft nicht, dass das Baby es grundsätzlich nicht mag, massiert zu werden, sondern, dass es im Moment gerade nicht passt. Vielleicht ist es hungrig oder müde oder es ist gerade einfach zu viel. Die Babymassage lässt sich gut in die tägliche Körperpflege integrieren und muss kein Extra auf der Baby-To-do-Liste sein.

Berührung ist Kommunikation

Das Beachten des Befindens deines Babys gilt auch für die Massagegriffe selbst. Es gibt eher streichelnde oder auch festere Berührungen. Finde heraus, was für dein Baby passt. Babymassage ist vor allem Kommunikation zwischen Eltern und Kind, und das ohne oder mit nur wenigen Worten.

Du bietest dem Baby eine Berührung an und beobachtest gleichzeitig, wie es darauf reagiert. Langsame und nachvollziehbare Bewegungen sind gerade für kleine Babys angenehmer.

Entsprechend der Reaktion deines Kindes passt du die Intensität und die Bewegungen deiner Hände an. Nimm wahr, ob dein Baby aufmerksam oder ganz entspannt den Berührungen folgen kann und ob und wann es für heute genug ist. Gehe ohne innere Erwartung an das Massieren heran. Genau wie Erwachsene Berührung in ganz unterschiedlicher Weise mögen und wahrnehmen, gibt es auch bei den Babys eine große Bandbreite.

Ein guter Start in die Massage

Mit Öl lässt es sich besser massieren, weil die Hände sanfter und leichter über die Haut gleiten. Es gibt auf Babys abgestimmte Massageöle – ein einfaches Mandelöl in guter Bio-Qualität tut es aber auch. Gerade in der kühleren Jahreszeit kannst du das Öl vorab etwas anwärmen. Gieß ein paar Milliliter in ein Schälchen und lass es ein paar Minuten auf der Heizung stehen.

Kipp das Öl zum Massieren nicht einfach über dein Baby, sondern gib es in deine ebenfalls gut warmen (am besten vorab kräftig warm geriebenen) Hände.

Dann lege deine Hände erst einmal sanft auf das zu berührende Körperteil und nimm sozusagen Kontakt mit deinem Baby auf. Atme selbst ein paar Mal entspannt durch, um etwas zur Ruhe zu kommen. Hektik und Babymassage passen nicht gut zusammen.

Massagegriffe und was zu beachten ist

Du kannst Beine, Füße, Arme, Hände, Brustkorb, Bauch und Rücken und sogar das Gesicht (mit deinen Fingerspitzen) massieren. Für den Babymassageeinstieg eignen sich gut die Beine oder das Bäuchlein. Es muss auch nicht immer oder überhaupt der ganze Körper massiert werden – sondern nach deiner Lust und Laune und der deines Kindes.

Für die Beine eignen sich gut streichende oder sanft walkende Bewegungen. Die kleinen Zehen können nacheinander sanft ausgestrichen werden. Da sich am Fuß viele Reflexpunkte für den ganzen Körper befinden, achte gut auf die Rückmeldungen deines Babys. Auch das Umschließen und Halten des Fußes mit der ganzen Hand mögen viele Babys.

Das Ausstreichen der Beine Richtung Füße bewirkt eher eine Entspannung – andersherum in Richtung Bauch eher eine Aktivierung. Vor dem Schlafen wird daher Ersteres sinnvoll sein. Bei einem Baby, das vielleicht etwas müde ist, aber z. B. häufiger stillen sollte, wäre die anregendere Massagerichtung sinnvoll.

Auch größere Bewegungen, bei der z. B. die Beine des Babys angehockt und gestreckt werden (»Fahrradfahren«), können in die Massage eingebaut werden und z. B. bei einem grummelnden Bäuchlein angenehm sein. Das Massieren des Bauches selbst sollte immer im Uhrzeigersinn erfolgen, um hier dem Verlauf des Darmes zu folgen.

Das Gesicht ist eine besonders empfindsame Region, gerade der Bereich um den Mund herum. Gehe hier besonders sanft hervor, bildlich gesprochen, als ob du »Rosenblätter streicheln« würdest. Berührungen im Wangenbereich lösen gerne den Suchreflex aus, mit dem Babys ihr Stillbedürfnis anzeigen.

Wenn du den Rücken massieren möchtest, kannst du das auch in Seitenlage tun, wenn deinem Kind z. B. das Liegen auf dem Bauch aktuell nicht so angenehm ist. Du kannst es mit einer Handtuchrolle oder der freien nicht massierenden Hand stützen und ihm in der Seitenlage Halt geben.

Zum Abschluss der Massage eignen sich großflächige, ausstreichende Berührungen. Du kannst deine warmen Hände auch noch einen Moment aufliegen lassen und deinem Baby erzählen, dass die Massage jetzt zu Ende ist. Schon bald wird es Beginn und Abschluss der Massage bewusst wahrnehmen und erinnern können.

Die vielen, neuen taktilen Erfahrungen beim Massieren können dein Baby hungrig machen, sodass du es vor dem Anziehen vielleicht erst einmal stillen oder füttern musst. Und noch ein Tipp: Lege dir immer genügend Handtücher oder Mulltücher bereit, weil sich beim Massieren auch Babys Harnblase und der Darm entleeren können. Natürlich kannst du für die Massage von Armen oder Beinen und Füßen auch einfach die Windel anlassen.

Es gibt viele schöne Bücher, Anleitungen und Videos zum Thema Babymassage. Nimm sie als Inspiration, aber schau beim Massieren vor allem auf dein Baby als auf die Step-by-Step-Anleitung in einem Buch. Genieße die Nähe und die Kommunikation mit deinem Kind, die bei der Berührung durch die Massage stattfindet.

Die Haut eines Neugeborenen

Nach der Geburt bekommt das Baby das allererste Mal Kontakt zu den Mikroorganismen, die uns Menschen umgeben und die uns dann zukünftig innen und außen besiedeln. Als Reaktion darauf gibt es unterschiedliche Phänomene, die bei vielen Babys unabhängig voneinander zu beobachten und die allesamt vollkommen harmlos sind:

In den ersten Tagen entwickeln 60 Prozent aller Babys das typische *Neugeborenenexanthem (Erythema toxicum neonatorum)*, rote Flecken oder Pustelchen, die oft im Gesicht, aber auch überall sonst am Körper zu finden sind. Meistens sind sie recht flüchtig, das heißt, sie blühen mal hier auf, mal dort, und einige Stunden später sind sie nahezu verschwunden oder an anderen Stellen aufgetaucht. Vermutlich steckt eine kleine immunologische Reaktion auf normale (aber eben neue) Hautbakterien dahinter. Es besteht kein Handlungsbedarf.

Außerdem beginnt die Haut sich am Ende der ersten Lebenswoche ordentlich zu pellen. Wie nach einem Sommerurlaub schilfern sich kleinere oder größere Hautschüppchen ab, bei übertragenen Babys geschieht dies schon recht früh, am ersten oder zweiten Lebenstag und oft in großen Schuppen. Dieses Pellen beginnt in den Hautfalten der Hand- und Fußgelenke, am Hals und am Bauch. Etwa am Ende der zweiten Lebenswoche hat sich dein kleines Reptil

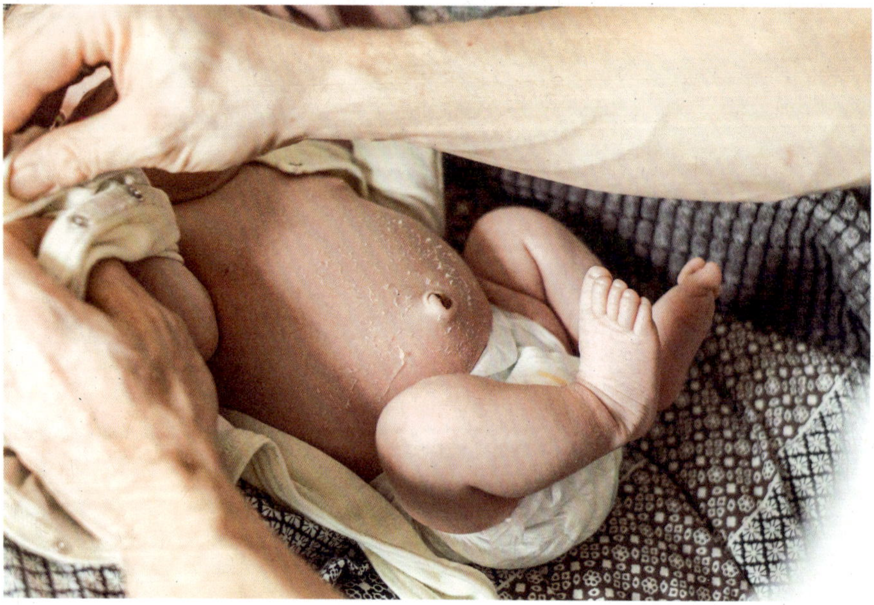

gehäutet und darunter kommt neue, frische, rosige Babyhaut zum Vorschein. Wenn Händchen und Füßchen sehr rissig sind, kannst du diese Stellen mit etwas Öl oder einer fetten Creme etwas geschmeidiger halten. Etwas später, meist zwischen der dritten und fünften Lebenswoche, entwickeln über zwei Drittel aller Babys die sogenannte *Neugeborenenakne*. Hier ist ein Hefepilz, der *Malassezia fufur* im Spiel, der nahezu bei allen Menschen zur normalen Hautbesiedelung gehört. Zusammen mit den mütterlichen Hormonen bildet das die Grundlage für Pickelchen im Gesicht und auf der behaarten Kopfhaut, auch der Oberkörper kann noch gesprenkelt sein.

Milien sind kleine, sichtbare Talgpfröpfchen, die neugeborene Babys häufig im Gesicht, vor allem auf der Nase aufweisen, sie erinnern ein wenig an Mitesser. Wer gern an Haut, Pickeln und Co herumpult: Bitte hier die Finger weglassen. Milien gehen ganz von allein wieder weg und brauchen, wie die oben beschriebenen Hauterscheinungen auch, keinerlei besondere Behandlung.

Der gleiche Hautpilz, der für die Neugeborenenakne verantwortlich ist, ist mitbeteiligt am *seborrhoischen Säuglingsekzem* und manchmal direkt damit vergesellschaftet. Auch hier ist es eine größere Anzahl an Babys, die weiche, schuppige Hautstellen an charakteristischen Orten entwickelt: auf und hinter den Ohren, in der Augenbrauenregion und auf dem Kopf. Man nennt dieses Ekzem auch *Gneis*. Klingt nach einer großen Sache, ist es aber nicht. Und hat auch mit »Hygiene« nichts zu tun, daran denken wir bei Bakterien, Pilzen und Co gern – aber sie sind einfach Bestandteil der normalen Hautflora, und bei Babys ist diese eben noch nicht stabil. Man macht einfach – gar nichts.

Milchschorf, Gneis & Co

Es gibt bei diesen Begriffen eine gewisse Verwirrung, manchmal werden *Gneis* und *Milchschorf* synonym verwendet, was nicht ganz korrekt ist. Hin und wieder sind sie auch bei der Blickdiagnose zu Beginn nicht ganz einfach voneinander zu unterscheiden.

Während *Gneis* eher die schuppig-seborrhoischer Haut mit weichen Schuppen ohne Juckreiz nach wenigen Wochen auf Babys Köpfchen beschreibt und meist nach einiger Zeit wieder verschwindet (oder nur wenige weiche, gelblich-hellbraune Schüppchen im Bereich der großen Fontanelle übriglässt), gilt der *echte Milchschorf* hingegen als frühe Manifestation einer *Neurodermitis* (dazu in einem der folgenden Unterkapitel mehr). Meist tritt der Milchschorf später, oft erstmals im dritten oder vierten Lebensmonat, auf und bildet eher festere, juckende Schuppen, oft auf der Stirn, im Brauenbereich oder hinter den Ohren. Sie sind kupferfarben bis braun und sehen aus wie übergekochte Milch auf einer Herdplatte. Manche Babys bekommen auch ausgeprägt wunde Hautfalten in den Leisten, am Hals, unter den Armen und hinter den Ohren. Das kann ebenfalls ein Frühzeichen für eine atopische Neigung sein, vor allem dann, wenn sich die Symptome mit den üblichen Maßnahmen, die du im Unterkapitel »Wunder Po« findest, nicht zügig bessern. Diese Stellen sind oft gut im Babyspeck versteckt, schau also immer mal wieder danach und beziehe sie in die Alle-paar-Tage-Katzenwäsche mit ein!

Kopfgneis in ausgeprägter Form ist vielleicht nicht unbedingt so hübsch und manchmal müffelt es auch ein bisschen. Es stört aber vermutlich dich mehr als dein Baby. Unbehandelt hält sich der Milchschorf oft weit bis ins Kleinkindalter hinein. Es gibt durchaus nicht wenige Zwei- bis Dreijährige, bei denen bei genauem Hinsehen, etwa bei den ersten Läusekontrollen noch ein paar Gneisschüppchen zu finden sind.

Kopfschüppchen ablösen

Wenn du aus irgendwelchen Gründen etwas unternehmen möchtest und deine Finger nicht stillhalten kannst, kannst du vorsichtig die festen Borken ein wenig ablösen.

- Salbe am Morgen des nächsten Badetages das Babyköpfchen großzügig mit Kokos- oder Olivenöl ein. Lasse die Schuppen so ein paar Stunden einweichen. Lege beim Stillen ein Spucktuch unter das Köpfchen, damit es keine Ölflecken gibt.
- Wenn dein Baby viele Haare hat, kannst du beim Baden einen winzigen Klecks mildes Babyshampoo benutzen.
- Nach dem Baden kannst du dann das Köpfchen vorsichtig mit dem Handtuch rubbeln oder mit einer Babybürste sanft abbürsten. So lassen sich so oft schon viele lose Schüppchen wegbürsten, beim nächsten und übernächsten Bad bröselt dann nach und nach alles heraus.
- Hartnäckige »Pulerinnen« fusseln beim Stillen nach dem Baden noch ein bisschen mehr mit den Fingern ab. Bitte aber nicht richtig »kratzen«, das kann die Haut verletzen und tut dem Baby weh.

Produkte mit Salicylsäure zur Auflösung der verhornten Haut können die Haut reizen, sie sollten im ersten Lebensjahr nicht verwendet werden. Manche Mütter schwören auf ganz normales Schuppenshampoo (die ein mildes Antifungizid enthalten und darüber den *Mallassezia fufur* etwas in Schach halten), auch das aber erst nach dem ersten Geburtstag!

Körperhygiene und Pflege

Ein Thema für sich: Auch an diesem Punkt gibt es sehr unterschiedliche Umgangsweisen mit euren Babys, so wie bei allen zentralen Themen wie Schlafen, Stillen, Essen, »Fremdbetreuung« und anderem mehr.

So gibt es Familien, in denen ohne die allmorgendliche (oder allabendliche) Dusche aller Familienmitglieder nichts geht, andere müssen mehrfach im Kalender nach hinten blättern, um den letzten Baby-Badetag zu rekonstruieren. Und beide würden sicher den eigenen Umgang jeweils als »normal« empfinden, und – Spoiler – das ist er auch. Beide haben gute Argumente oder empfinden schlicht ganz unterschiedliche Frequenzen als »normal«. Es gibt also mal wieder ein breites Spektrum an Normalität, also an dem, was möglich ist, ohne eine direkte Kindswohlgefährdung zu riskieren. Und auch die Dermatologie hilft, die Nicht-Wascher aus der Schmuddelecke zu katapultieren, denn natürlich ist ein Zuviel an sogenannter »Hygiene« eben auch ein Thema.

Wasser, Waschlappen – und was noch?

Ein fast ausgestorben geglaubtes Pflegeutensil erlebt im Leben mit Babys und Kindern eine ungeahnte Renaissance: der gute alte Waschlappen. Aus Frottee, Musselin oder Strick aus dünnem Baumwollgarn, neu gekauft oder aus zerschnittenen Handtüchern oder Bettlaken recycelt: Eine eher kleinere, handliche Form aus eher dünnerem Material ist praktisch, um auch in den kleinen Baby-Hautfalten gut wischen zu können.

Als grobe minimalistische Grundregel kann gelten: Popo und Schnute, Körperregionen also, die regelmäßig mit kontrollverlustigen Körperflüssigkeiten in Kontakt kommen, werden sowieso regelmäßig gewischt und gewaschen, eben dann, wenn es offensichtlich notwendig ist. Hier ist sicher der übliche gesunde Menschenverstand ein hinreichender Ratgeber. Was schmuddelig ist oder komisch riecht, sollte mal wieder mit Wasser in Kontakt kommen. Was süß nach Baby duftet, ist ganz wunderbar.

In den ersten Lebenswochen liegen Babys noch in ihren mehr oder minder frisch bezogenen Bettchen, während mit zunehmender Mobilität diverse Staubfussel und mit zunehmenden Essgewohnheiten jenseits von Milch eine ungewohnte Klebrigkeit dazukommt.

Selbst Eltern, die aus guten Gründen hartnäckig herkömmliche Feuchttücher vermeiden, werden mit der ersten Esserfahrung saftiger Birnen in der städtischen Sandkiste davon überzeugt sein, dass Zwischendurch-kurz-mal-Drüberwischen nicht nur mit Muttis Spucke zu bewerkstelligen ist. Alternativ zu Feuchttüchern funktioniert für einige Familien gut der feuchte Baumwolllappen in einer verschlossenen Dose oder in einem Wetbag.

Die gängigen Empfehlungen sind tatsächlich, zumindest im ersten Babyhalbjahr zurückhaltend mit waschaktiven Stoffen, also Seifen oder Waschlotionen, umzugehen. Eine komplett explodierte Windel, eine komplett vollgespuckte Haarpracht oder auch Reste von aufgebrachten zähen Pflegecremes auf dem Popo lassen aber natürlich manchmal ein wenig Waschlotion notwendig werden. Achte darauf, dass dies ein rückfettendes, speziell für Babyhaut konzipiertes Produkt ist. Weniger ist hier mehr. Naturkosmetik verzichtet auf viele Zusatzstoffe, kann aber trotzdem manchmal »zu viel« beinhalten. Da jedes Baby anders und jede Babyhaut mehr oder weniger empfindlich ist, gibt es nicht die eine Empfehlung, die für alle passt.

Cremes und Öle – Weniger ist mehr

Was aber auf jeden Fall auf alle Kinder zutrifft: Babys brauchen wesentlich weniger, als uns die vollen bunten Regale in den Drogeriemärkten glauben lassen wollen. Während das eine Kind komplett ohne Wundschutzcreme durch die Wickelzeit kommt, ist der wunde Po bei einem anderen eine Dauerbaustelle, bei der diverse Tipps und Mittel probiert werden – mit mehr oder weniger Erfolg. Was also für das Baby der anderen Mutter aus dem Rückbildungskurs passt, muss nicht unbedingt für dein Baby die erste Wahl sein.

Bei der Babypflege ist es wichtig zu unterscheiden, dass es um Pflege und nicht um die Therapie von Hauterkrankungen geht. Diese gehören immer abgeklärt und ggf. in weiterführende ärztliche Behandlung. Ein bisschen trockene, gerötete, gereizte oder empfindliche Haut lässt sich mit Pflegeprodukten »optimieren«.

Intakte Haut braucht wenig bis gar nichts. In Bezug auf die Inhaltsstoffe kann das Studieren der Zeitschrift Ökotest hilfreich sein. Achte aber dabei auf eine aktuelle Ausgabe. Hersteller reagieren oft zeitnah auf die Testergebnisse. Und so kann der im Vorjahr kritisierte problematische Inhaltsstoff eines Produktes beim nächsten Test schon gar nicht mehr vorhanden sein und du meidest ganz unbegründet ein mittlerweile sehr gut getestetes Produkt.

Praxisanwendung: Babypflege – das Wichtigste in aller Kürze

- **Popo waschen:** Das am häufigsten schon beim Wickeln gereinigte Körperteil braucht kaum etwas anderes als einen feuchten Waschlappen, auch keine prophylaktische Creme. Maßnahmen zum wunden Po gleich in einem der weiteren Kapitel.

- Beim Waschen der Genitalien taucht oft die Frage auf, wie denn mit den eher verborgenen Winkeln zu verfahren sei. Die **Vorhaut von kleinen Jungs** bedeckt absichtlich die Eichel noch komplett. Sie kann und soll also noch nicht zurückgezogen werden. Man nennt diese (ganz normale) Engstelle *Phimose.* Erst im Alter von etwa zwei Jahren lösen sich die anatomischen Strukturen so weit voneinander, dass das Zurückschieben möglich wird, meistens sorgen die kleinen Jungs dann selbst beim Entdecken des eigenen Körpers dafür. Vorher also: den kleinen Penis einfach in Ruhe lassen. Nur unterm Hoden verstecken sich gern ein paar Krümel oder auch abgeschilferte Hautreste.

- Eine ähnliche Zurückhaltung gilt bei kleinen Mädchen. Gerade in den ersten Lebenstagen und -wochen sind zwischen den **kleinen Vulvalippen** oft noch Reste der Vernix – des fettreichen Schutzmantels aus der Schwangerschaft, im Volksmund auch *Käseschmiere genannt* – vorhanden. Diese Reste können nach und nach im Rahmen des sanften Abwischens allmählich entfernt werden, auch das erfordert aber kein akribisches Reinigungszeremoniell. Am einfachsten geht das mit Öl, da so Fettlösliches (hier die Vernix) am einfachsten abgewischt werden kann. Nimm dazu einfach einen kleinen Waschlappenzipfel mit einigen Tropfen Öl darauf.

- Die **goldene Babypflegeregel** an dieser Stelle (gilt auch für andere Körperverstecke wie Ohren und Nasen): Wo du mit den Fingern nicht hinkommst – lass sie weg.

- Auch in **anderen Hautfalten** finden sich noch Reste der Vernix. Nach einigen Tagen ist ihre Schutzwirkung dahin, sie besiedelt sich mit Keimen und du kannst die Reste in den Achselfalten und Leisten vorsichtig abwischen. Am besten mit einem feuchten und mit einem Ölspritzer versehenen Babywaschlappen. Cremereste am Po sollten ebenfalls immer beim (über-)nächsten Wickeln entfernt werden.

- Auch für die Zukunft: **In Hautfalten verstecken sich gern diverse Überraschungen.** Abgeschilferte Hautzellen und Fussel geben mit der Hautfeuchtigkeit manchmal ordentlich Material. In den Halsfalten versickert auch gern der eine oder andere ausgespuckte Rest der letzten Milchmahlzeit. Damit dein Baby nicht wund wird und nach Käse zu riechen beginnt, reinige die Hautfalten (Hals, Achseln, Steißbein) etwa alle zwei Tage per Katzenwäsche mit einem feuchten Waschlappenzipfel (auch hier gern wieder: mit etwas Mandelöl).

- **Etwa einmal in der Woche kannst du dein Baby baden,** deine Hebamme zeigt dir beim ersten Mal, wie das geht. Ob du es lieber im Eimer oder in der Babybadewanne badest oder ob du euer Baby in die große Badewanne mitnimmst – reine Geschmackssache. 37 bis 38 Grad sind eher lau, am Anfang hilft ein Badethermometer oder der »Unterarm-Wärme-Test« beim richtigen Einschätzen der Temperatur. Meistens wartet man mit dem Baden bis zum Abfallen des Nabelschnurrestes, aber es ist auch kein Problem, das Baby vor diesem »endgültigen Abnabeln« zu baden.

- Ein **hauchfeiner Ölfilm mit ein paar Tropfen Mandelöl nach dem Bad** sorgt für Rückfettung und geschmeidige Haut, aber auch das ist eher Wellness und Streicheln (kann man natürlich nie genug) als unbedingte Notwendigkeit.

Klassiker der Babypflege

Wundschutzcreme

Diese auch unter Begriffen wie Windelcreme oder Windelbalsam bekannte Popo-Pflege ist wahrscheinlich der meistgenutzte Klassiker unter den Babypflegeprodukten. Die Babyhaut ist im Windelbereich ordentlich gefordert (siehe dazu auch das folgende Kapitel »Wunder Po«): ständiger Kontakt mit Urin und Stuhl sowie weniger Luft zum Atmen, weil die Windel den Bereich viele Stunden am Tag umschließt. Auch Umstellungen der Ernährung oder Durchfallerkrankungen können den Stuhl so verändern, dass die Haut selbst bei kurzer Kontaktzeit extrem empfindlich reagiert. Das in vielen Wundschutzcremes enthaltene Zinkoxid – es sorgt für diese weißliche Schicht auf der Haut – bindet die Feuchtigkeit auf der Haut, wirkt also leicht austrocknend. Dadurch wird das weitere Aufweichen der Haut und das mögliche Eindringen von Erregern, die Entzündungen verursachen können, verhindert. Es wirkt zusammenziehend und fördert die Wundheilung.

Was nicht in eine Creme für den Babypo gehört, sind Farbstoffe, Konservierungsstoffe, Duftstoffe und Mineralölprodukte (Paraffine, Vaseline ...).

Manche Heilsalben für den Windelbereich enthalten auch gleich einen Wirkstoff (z.B. Nystatin), der gegen Soor (siehe dazu das gleichnamige Unterkapitel im Kapitel »Gesund und munter«) hilft. Diese Salben sollten allerdings nur dann zum Einsatz kommen, wenn ein Soor Ursache für den nicht heilenden wunden Po ist. Neben weiteren Hygienemaßnahmen muss dann auch darauf geachtet werden, dass die Anwendungsdauer ausreichend lang ist.

Babyöl

Der Allrounder in der Babypflege. Hierbei muss gar nicht unbedingt ein spezielles Babyöl-Produkt zum Einsatz kommen. Reines Mandelöl (gibt es in Naturkosmetikdrogerien, Apotheken oder Bioläden), Jojobaöl, Sesamöl sowie andere milde Pflanzenöle in guter Bio-Qualität kommen infrage, wenn es darum geht, z.B. hartnäckigere Verschmutzungen im Windelbereich zu säubern, trockene Haut zu pflegen, das Babybad rückfettender zu machen oder auch Kopfgneis sanft zu lösen. Für die Babymassage ist es natürlich auch bestens geeignet. Und zum Abschminken von Augen-Make-up oder für die Pflege trockener Haarspitzen kann man die milden Öle auch im Mama-Alltag gut anwenden.

Wenn du das Öl für dein Baby in der Babypflegeabteilung einer Drogerie kaufst, achte auf eine möglichst kleine Inhaltsstoffangabe. Was *nicht* drin sein sollte: Duftstoffe, Parfüme, Konservierungsstoffe, Farbstoffe, Mikroplastikpartikel.

Auch wenn pflanzliche Öle teurer und kürzer haltbar sind, raten wir von Mineralölprodukten ab. Sie können bedenkliche Inhaltsstoffe enthalten und werden weniger gut von der Haut aufgenommen. Bei der Ökotest fallen diese Produkte deshalb regelmäßig durch.

Lotionen und Cremes zur Körper- und Gesichtspflege

Auch hier gibt es 1001 Produkte mit zahlreichen Inhaltsstoffen. Körperpflegemilch hat gegenüber Öl den Vorteil, schneller einzuziehen. Sie fühlt sich für das Baby aber eher kühl und damit eventuell unangenehmer an. Ist die Haut intakt, nicht trocken oder anders auffällig, muss das Baby weder am Körper noch im Gesicht ständig eingecremt werden.

Wenn aber etwas mehr Pflege notwendig ist, verwende unbedingt ein für Babys konzipiertes Produkt, was ohne die zuvor schon mehrfach erwähnten nicht gewünschten Inhaltsstoffe auskommt. *Weniger spektakulär* in Geruch, Farbe und Konsistenz ist meist *besser geeignet* für die sich noch entwickelnde Babyhaut.

Wind-und Wettercreme

Bei großer Kälte ist es wichtig, ein Pflegeprodukt für die zarte Gesichtshaut des Babys zu verwenden. Während man den restlichen Körper in Wolle und Liebe warm einpacken kann, sind das Gesicht, und hier vor allem die Nase und die kleinen Bäckchen, niedrigen Temperaturen und stürmischem Wetter ausgesetzt. Wind- und Wettercremes sind oft wasserfrei und bestehen aus hochwertigen, schützenden Ölen.

Waschlotion und Shampoo

Die »Duschgele für Babys« laufen unter Namen wie Waschlotion, Waschgel, Kopf-bis-Fuß-Reinigung, Waschlotion & Shampoo. Alle enthalten waschaktive, also »Dreck lösende« Substanzen – doch das braucht man wenig bis selten im Babyalltag, vor allem in den ersten Monaten. Im Gegenteil: Sie stören den Lipidschutz der Haut, das Mikrobiom und den Säureschutzmantel. Neben dem Verzicht auf Duftstoffe, Farbstoffe, Mineralölbestandteile und Mikroplastik sollte ein Babywaschgel einen hautfreundlichen pH-Wert haben und nur milde Tenside enthalten. Riecht ein Babyduschgel sehr intensiv und schäumt dramatisch, hat es mit Sicherheit eine nicht ganz so geeignete Zusammensetzung für Babys.

Haare waschen mit Shampoo ist im ersten Lebensjahr nicht wirklich nötig. Einfaches Wasser reicht. Wenn doch Dreck aus dem Garten oder zu viel Öl von der Kopfgneis-Behandlung eine Haarwäsche mit Shampoo erforderlich machen, kannst du gut diese 2-in-1-Produkte verwenden, da diese generell eine milde Rezeptur haben, die die Augen nicht reizt, wenn aus Versehen etwas davon ans Auge kommt.

Babybad

Auch hier ist der Markt groß bis riesig. Was für die Waschlotionen gilt, gilt auch für Babybäder. Glitzernder, stark parfümierter Schaum ist in der Regel Mist in Sachen Inhaltsstoffen.

Babybäder sollen laut manchen Werbesprüchen schlaffördernd wirken. Und tatsächlich kann das Baderitual am Abend hilfreich sein auf dem Weg in den Nachtschlaf. Aber für manche Babys ist das auch zu viel Action. Es gilt also auch hier herauszufinden, was dem Baby guttut.

Generell sollte ein Babybad eine rückfettende Wirkung haben und nicht womöglich zusätzlich austrocknen. Auch hier sind es meist Öle, die das unterstützen. So kann ein Schuss eines guten pflanzlichen Öles mit etwas Muttermilch als Emulgator in die Wanne gegeben werden. Allerdings macht das das Badevergnügen zu einer glitschigen Angelegenheit und es ist schwieriger, das Baby gut festzuhalten. Da ist ein hautverträgliches Babybad-Produkt eine gute Alternative, wenn ein pflegender Zusatz im Badewasser gewünscht ist.

Feuchttücher DIY

Gekaufte Feuchttücher müssen immer konserviert werden und sind deshalb nicht die allerbeste Idee für die tägliche Pflege. Mehr dazu findest du im Kapitel »Wunder Po«. Gut zur Babyhaut und gut für die Umwelt sind selbst gemachte Feuchttücher.

- Erwärme 200 ml Wasser auf dem Herd und löse einen guten Teelöffel Kokosöl darin auf. Zur Pflege der Haut kann auch noch ein kleiner Teelöffel Calendulaöl hinzugegeben werden. Ein Spritzer einer hautfreundlichen Babywaschlotion dient der besseren Emulgation des Öls, ist aber nicht unbedingt nötig.
- Diese Mischung kippst du über ungefähr 10 kleine Molton-Mull- oder einfache Baumwollläppchen. Für die Wegwerf-Version der DIY-Feuchttücher kann auch etwas dickere Küchenpapierrolle verwendet werden.
- Die leicht ausgedrückten Tücher können in einem Wetbag, in einer wiederbefüllbaren Tücherdose (z. B. von *Skip Hop)* oder ge-

rollt aufrechtstehend in einem verschlossenen Glas aufbewahrt werden. Entsprechend ineinander gefaltet kannst du die Tücher auch wie bei der Kaufvariante nacheinander aus der Box ziehen.

Hygienisch rein?

In den letzten Jahren hat sich das Verständnis von optimaler Hygiene in der Umgebung des Babys verändert. Gab es früher recht phobische Ratschläge, die gesamte Wohnung regelmäßig mit *Sagrotan®* zu behandeln, vor jeder Baby-Berührung die Hände zu desinfizieren, Babywäsche in die Kochwäsche zu werfen, mit Vaporisatoren die gesamte Stellfläche in der Küche zu belegen, weiß man es heute besser.

Gesunde Hautkeime der Eltern und unsere ganz eigene Hausflora sind wichtig für das Baby. Diese Bakterien sind keine Krankheitserreger, sie sind »gute« Keime, von denen dein Baby gar nicht genug bekommen kann. Körperflüssigkeiten, etwa der Wochenfluss, sind keimbesiedelt, aber nicht »hoch infektiös«, wie es den Frauen früher gern eingetrichtert wurde.

Nur für die Zeit in der Klinik nach der Geburt gilt: Mache dort ausgiebig Gebrauch von dem überall bereitgestellten Händedesinfektionsmittel. Im Krankenhaus leben Bakterienstämme, die sich im Kampf gegen Antibiotika und Desinfektionsmittel hartgesottene Resistenzen erkämpft haben. Das sind manchmal echte Problemkeime, denen du dich und dein Baby nicht großzügig aussetzen solltest.

Zu Hause brauchst du das nicht mehr. Hier reicht etwas häufigeres und gründliches Händewaschen. Gewöhne dir an, immer, wenn du draußen fremden Keimkontakt hattest, deine Hände gut zu waschen.

Händedesinfektionsmittel

Seit »Reisegrößen« im Drogeriemarkt ganze Märkte revolutioniert haben, sind sie auch aus dem Babysortiment nicht mehr wegzudenken: Die Hersteller wollen es uns besonders bequem machen, und seither baumelt an jedem zweiten Kinderwagen eine Mini-Flasche Händedesinfektionsmittel. Spätestens die Corona-Pandemie hat sie zum Kassenschlager etabliert. Die Sinnhaftigkeit des Ganzen darf getrost infrage gestellt werden. Oft wird das Händedesinfizieren als »besser-als-nix« und schnelle Alternative zum Händewaschen genannt. Was dieses

Argument angeht, wäre ein schnelles Feuchttuch dafür ganz sicher die bessere Variante: Es entfernt nämlich (über das Tuch, mit dem man die Hände abreibt) tatsächlich irgendwelche denkbaren Wickelreste oder sonstigen Schmutz zumindest notdürftig. Das Händegel verteilt sie höchstens gleichmäßig auf die gesamten Handflächen. Ist das besonders »hygienisch«? Natürlich nicht.

Du brauchst also kein Händedesinfektionsmittel, weder zu Hause noch unterwegs. Die einzige Ausnahme sind Zeiten, in denen bei euch ein *Magen-Darm-Virus* unterwegs ist. Allerdings sind Noro- und Rotaviren sogenannte *unbehüllte Viren,* gegen die herkömmliche Desinfektionsmittel (auf denen steht: »gegen 99 Prozent aller Bakterien«) nicht ankommen. Dann wäre etwas wie *Sterilium virogard®* oder Ähnliches nötig. Es gilt also: Wenn schon – denn schon, der Rest ist Alibi-Kram und wirklich entbehrlich.

Wickeln und Windelfrei – die Basics für den Anfang

Das Thema Ausscheidungen begleitet Eltern vor allem im ersten Babyjahr sehr intensiv. Und auch ist das mehr als »nur« Körperpflege. Tatsächlich gibt es in Windelfrei-Kreisen den Begriff »Elimination Communication«, kurz EC. Das klingt natürlich irgendwie cooler als Ausscheidungskommunikation, aber Fakt ist, dass Babys wesentlich aktiver dieses Thema mitgestalten, als die meisten annehmen. Wir werden dir hier beschreiben, welche Wege *mit und ohne Windeln* es gibt, dein Baby zu begleiten. Nimm dir das daraus, was für dich passt, und geh mit deiner Familie deinen Weg. Und Wege dürfen auch mal in die eine oder andere Richtung gehen. Es geht also auch ein bisschen Windelfrei oder Teilzeit-Stoffwindel-Wickelei. Und auch Vollzeit-Wegwerfwindel-Wickeln, wenn euer Alltag gerade keine Ressourcen für andere Optionen lässt.

Wie viele nasse Windeln sind normal?

In den ersten acht Stunden nach der Geburt kommt es zum ersten extra-uterinen Pipimachen und meist auch schon zum ersten Stuhlgang.

Babyurin ist hellgelb und geruchsneutral. Sieht er dunkler (konzentriert) aus oder riecht auffällig, sollte immer abgeklärt werden, ob eine Infektion oder eine unzureichende Flüssigkeitsaufnahme vorliegt. Neugeborene scheiden ab dem dritten Lebenstag zwischen 100 bis 300 Milliliter Urin in 24 Stunden aus. Aber das gut verteilt auf 10 bis 20 Entleerungen.

Sechs bis acht nasse Stoffwindeln bzw. fünf bis sechs schwere Einwegwindeln täglich zeigen an, dass dein Baby gut gedeiht. In modernen Wegwerfwindeln sind Stoffe enthalten, die die Feuchtigkeit absorbieren. Darum lässt sich manchmal gar nicht fühlen, ob die Windel nass ist. Newborn-Windeln haben deshalb einen Indikatorstreifen, der bei Nässe die Farbe verändert.

Kindspech und Hüttenkäse mit Senf

Auch regelmäßiger Stuhlgang ist ein Anzeichen für gutes Gedeihen. Regelmäßig heißt bei gestillten Kindern in den ersten vier Wochen dreimal oder häufiger Stuhlgang am Tag. Danach sind beim Stillkind auch mal Stuhlpausen von bis zu 14 Tagen oder sogar noch länger normal.

Stillstuhl hat einen joghurtähnlichen Geruch. Es riecht nicht gerade nach Blumenwiesen, aber die meisten Eltern finden den Geruch sehr gut erträglich. Gute Bedingungen für die Wickelanfänger sozusagen.

Eine Besonderheit ist der Stuhl der ersten Tage, das sogenannte Mekonium. Es besteht unter anderem aus Schleimhautgewebe, Fruchtwasser, eingedickter Galle und verschluckten Hautpartikeln sowie Härchen. Das verleiht ihm die typisch schwarz-grünliche Farbe und eine zähe und klebrige Konsistenz – daher auch der Name »Kindspech«. Meist lässt sich das Kindspech mit Wasser allein nur schwer entfernen. Ein paar Tropfen Öl (z. B. Mandelöl) können bei der Reinigung sehr hilfreich sein. Denn das Mekonium verteilt sich gern in allen Ecken und Winkeln im Windelbereich des Babys.

Nach und nach wird der Stuhlgang heller und fluffiger – parallel zur sich täglich steigernden Muttermilchmenge: von braun über grün, ocker bis zum recht flüssigen, sonnengelben Muttermilchstuhl. Oder wie Hebammen gern sagen: »Es sieht aus wie Hüttenkäse, vermengt mit Senf«. Der Stuhl kann auch immer mal farblich variieren – je nachdem, was die Stillende gegessen hat, oder auch abhängig vom Stillverhalten.

Grünlich-schaumiger Stuhl kann z. B. auf ein Ungleichgewicht bei der Muttermilchaufnahme hinweisen. Eine sehr starke Muttermilchproduktion kann sich auf das Trinkverhalten des Kindes auswirken. Durch das Überangebot an Muttermilch trinkt es vielleicht eher kurz und erhält dadurch hauptsächlich die laktosereiche, Durst löschende Milch zu Beginn des Stillens, aber weniger die fettreiche Milch gegen Ende. Dadurch kommt es also zu einer Laktose-Überladung, die zu dem oben beschriebenen typischen Aussehen des Stuhlgangs führt. Auch Medikamente und Impfungen können sich im Stuhlgang zeigen – gerade bei der Rotaviren-Impfung ist das häufig zu beobachten.

Blutspuren im Stuhl treten bei Stillkindern auch manchmal bei Unverträglichkeiten etwa gegen Kuhmilchprodukte auf, die von der stillenden Mutter gegessen wurden. Ein Reduzieren oder Weglassen löst hier meist schon das Problem. Aber auch wenn bereits eine bestimmte Ursache vermutet wird, sollte man Blut im Stuhl immer mit dem Kinderarzt abklären, um keine andere gravierendere Ursache zu übersehen.

Wenn ein Baby mit Pre-Nahrung ernährt wird, sollte es mindestens einmal täglich Stuhlgang haben. Das große Geschäft von nicht gestillten Kindern sieht anders aus: Der Stuhl ist ausgeformter, ein bisschen gummiartig und bräunlicher und hat einen aufdringlicheren Geruch.

Ob gestillt oder nicht: Mit der Einführung von Beikost verändert sich der Stuhl generell in der Konsistenz und im Geruch. Er wird fester und riecht deutlich unangenehmer.

Rote Flecken in der Windel

Es gibt einen immer wieder auftretenden großen Schockmoment für Eltern: etwas Rotes in der Windel. In den allermeisten Fällen können wir hier als Hebammen Entwarnung geben. Es ist fast nie eine Blutung, die das Baby vital bedroht.

In den ersten Tagen ist das vermeintliche Blut oftmals eine harmlose optische Besonderheit des Urins. Dieses Phänomen der rötlichen oder orangefarbenen Ausscheidungen in der Windel nennt man auch »Ziegelmehlsediment«, weil die Farbe an den rötlichen Staub von Dachziegeln erinnert.

Das Ziegelmehlsediment besteht aus Harnsäure-Kristallen aus der Niere, die mit dem Urin ausgeschieden werden. Der Harnfarbstoff Uroerythrin entsteht beim Abbau von Hämoglobin, dem Farbstoff der roten Blutkörperchen. Dadurch die typische rötliche Färbung der Harnkristalle. Das Auftreten von Ziegelmehlsediment im Urin steht mit dem physiologischen Abbau der roten Blutkörperchen nach der Geburt in Verbindung. Deshalb lässt es sich bei einer verstärkten Neugeborenengelbsucht häufiger bzw. in größeren Mengen beobachten.

Bei weiblichen Neugeborenen können rötlich-braune Flecken in der Windel eine weitere Ursache haben: Bedingt durch den Abfall der mütterlichen Hormone nach der Geburt kann es zu größere Schleimabsonderungen, aber auch zu einer genitalen Blutung kommen. Diese in den ersten drei bis sechs Lebenstagen auftretende, menstruationsähnliche Abbruchblutung ist ebenfalls nicht behandlungsbedürftig.

Wunder Po

Solange ein Baby Windeln trägt, kann es immer mal einen wunden Po bekommen. Das feucht-warme Klima in einer Windel ist per se eine Herausforderung für die Haut. Sie weicht auf, Urin wird zu Ammoniak umgewandelt, und die babypopozarte Haut ist eben noch besonders dünn und irritabel. Auch Bakterien und Pilze finden hier im Dunkeln einen warmen Brutschrank und können sich wunderbar vermehren. Manche Babys werden ständig, andere selten oder nie wund.

In Abgrenzung zum »normalen« Wundsein gibt es auch Pilzinfektionen der Haut, welche in den ersten Tagen aber selten sind. Mehr dazu findest du im Kapitel »Gesund und munter« unter »Soor«. Wenn dein Baby das erste Mal wund ist, erschrickst du vielleicht, wie schnell sich ein richtig knallroter Pavianpopo entwickeln kann.

Maßnahmen bei wundem Po

- Falls du (konventionelle) Feuchttücher benutzt, verzichte erst einmal auf sie. Lasse dein Baby öfter **ohne Windel an der Luft strampeln** und wickle es häufig.
- Tupfe etwas **Muttermilch auf die Haut:** Am einfachsten geht das, wenn du an »der anderen Brust« (die, an der du gerade nicht stillst) ein Abschminkpad platzierst und danach mit dem feuchten Pad den Po betupfst. Muttermilch enthält verschieden Heilstoffe und ist deshalb ein Allheilmittel für kleinere Blessuren.
- Widerstehe der Versuchung, innerhalb von zwei Tagen fünf verschiedene Cremes auszuprobieren. Deren unterschiedliche Bestandteile, Emulgatoren, Duftstoffe etc. tun der Haut selten gut. Gut geeignet ist im Wundheitsfall eine **Windelcreme mit**

Zinkanteil (das sind die Cremes, die pastig-weiß auf der Haut bleiben). Diese kannst du sparsam zwei- bis dreimal am Tag auftragen. Wenn das Wundsein vorbei ist, höre mit dem Cremen wieder auf.

- Auch ein **mildes Wundspray** kann gut helfen: z. B. *Recover Spray (into life®) oder Rosenhydrolat (Ingeborg Stadelmann).*
- **Einige Babys vertragen Stoffwindeln besser, andere Wegwerfwindeln.** Wenn das Wundsein immer wieder auftaucht, probiere das jeweils andere aus. Manchmal hilft ein Wechsel der Windelmarke, teste auch mal Biowindeln, die keine Hightech-Absorber-Gelkerne enthalten.

Windelfrei und Abhalten

Babys und Windeln gehören in der Vorstellung der meisten Menschen einfach zusammen. Doch in vielen Kulturen und Ländern auf dieser Welt sind Windeln, so wie wir sie kennen, nicht üblich bzw. gar nicht verfügbar. Entsprechend gibt es andere Wege, mit den Ausscheidungsbedürfnissen der Kinder in den ersten Monaten und Jahren umzugehen. Babys verlieren nicht einfach dauerhaft Stuhl und Urin, sondern steuern das ebenfalls über ihre Schließmuskulatur. Oft beobachten Eltern in den ersten Wochen, dass ihr Baby sich immer genau dann entleert, wenn es ausgezogen auf dem Wickeltisch liegt. Kurz vorab hat es vielleicht durch Zappeln oder zarte Grunzlaute angezeigt, dass da gleich was kommt.

Eltern auf dem Windelfrei-Weg reagieren auf diese Feinzeichen, indem sie ihr Baby entsprechend abhalten. Abhalten bedeutet, dass das Baby so gehalten wird, dass es sich in ein dafür vorgesehenes Gefäß, ins Waschbecken oder die Toilette oder auf eine aufsaugende Unterlage entleert. Bei Babys, die abgehalten werden, lassen sich die häufigen Entleerungen in den ersten Monaten oft zeitgleich mit oder kurz nach den Stillmahlzeiten beobachten. Auch diese Beobachtungen kann man in den Windelfrei-Alltag einbauen und das Kind in diesen Situationen abhalten.

Eltern können das Entleeren zusätzlich mit einem akustischen Signal wie »Psss, psss, psss« verbal begleiten. Mit der Zeit wird das Baby dieses Geräusch mit

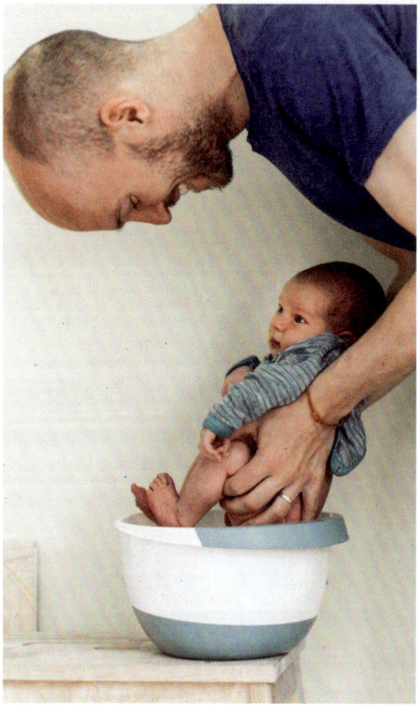

dem Pipimachen verbinden. Schon größere Babys machen es vielleicht dann sogar selbst, wenn sie müssen.

Es geht hierbei nicht um eine Konditionierung, die das Baby immer auf Kommando lospullern lässt. Es ist Kommunikation zwischen Eltern und Baby. Das Kind zeigt ein Bedürfnis an. Die Eltern machen durch das Abhalten ein Angebot und das Baby wiederum entscheidet, was nun passiert. In der Theorie hört sich Windelfrei vermutlich erst mal sehr abstrakt an. Da wir mit den eigenen Kindern bzw. den Babys und ihren Eltern in der Hebammenarbeit damit gute Erfahrungen machen konnten, können wir aber wirklich mit gutem Gewissen sagen: »Probiert es einfach aus.« Alles kann, nichts muss – das trifft es beim Thema Ausscheidungskommunikation am besten. Manche Eltern halten ihr Baby den Großteil des Tages und auch in der Nacht ab. Andere immer »nur« am Morgen, generell nach Schlafphasen oder wenn das Kind aus der Trage genommen wird. Gerade wenn nicht genügend Zeit ist, auf die Feinzeichen des Babys zu achten, weil vielleicht parallel noch Geschwisterkinder zu versorgen sind oder man gerade in der U-Bahn unterwegs ist, kann man das Abhalten in diesen sogenannten Standardsituationen anbieten. Meist klappt das recht zuverlässig.

Windelfrei verläuft zudem oftmals in Phasen. Selbst wenn das Abhalten wochen- oder monatelang gut läuft, kann sich das immer wieder ändern. Vielleicht ist dein Baby dann gerade mit anderen Entwicklungssprüngen beschäftigt, vielleicht ist es Zeit, aus der Abhalteposition im Arm zum Sitzen auf dem Töpfchen zu wechseln. Ältere Babys verändern zudem die Signale, mit denen sie ihr Ausscheidungsbedürfnis anzeigen. Nicht immer ist es so eindeutig, dass sie z. B. direkt zum Töpfchen oder Richtung Badezimmer krabbeln.

Zu Windelfrei gehören auch immer wieder nasse Kleidung – bei Eltern und Kind – oder nasse Fußböden. Eine Windelfrei-freundliche Umgebung macht es einfacher. Aufwischen ist leichter als einen Teppich zu reinigen. Auch sogenannte Backups können hilfreich sein. Das sind z. B. Einlagen in einem Babyunterhöschen oder sogenannte Trainerhöschen mit einem Saugkern, der bei einem »Unfall« Flüssigkeit auffängt. Diese können später – etwa im zweiten Babysommer – eine gute Tagsüber-Idee sein, auch dann, wenn ihr bis dahin »herkömmlich« gewickelt habt. Gestalte dir deinen Windelfrei-Alltag entspannt und entsprechend euren persönlichen Rahmenbedingungen, die es leichter oder schwerer machen können.

Windelfrei – Vorteile und Nachteile

Babys, die abgehalten werden – auch in Teilzeit –, sind in der Regel deutlich früher trocken bzw. der »Sauberwerden«-Prozess verläuft oftmals fast so ein bisschen nebenbei. Es ist einfach vertraut, ohne Windel Urin oder Stuhl auszuscheiden, und auch das Töpfchen oder die Toilette sind keine großen neuen Unbekannten. Windelfrei-Eltern sagen oft, dass sie die Zeit, die sie am Anfang mehr investieren, dafür später zurückkriegen.

Also eine Abwägungsfrage: Babys feine Zeichen, die sein Ausscheidungsbedürfnis anzeigen, zu erkennen und es gerade in den ersten Wochen und Monaten etliche Male abzuhalten, ist sicherlich etwas aufwendiger als sechs- bis achtmal am Tag eine Windel zu wechseln. Gerade das nächtliche Abhalten sorgt für mehr Unterbrechung des elterlichen Schlafes. Allerdings ist es häufig so, dass Babys gerade in den frühen Morgenstunden, wenn das Urinausscheidungssystem hormonell wieder hochgefahren wird, besonders unruhig sind. Nachts müssen Menschen allgemein gar nicht so oft pullern, dafür sorgt nämlich das ADH – das antidiuretische Hormon.

Auch wenn Babys an der Brust sehr unruhig sind, kann man ihnen testweise ein Abhalteangebot machen. Hat das Kind dann gepinkelt, klappt das Stillen oft wieder besser.

Weniger Windeln machen natürlich weniger Müll oder – bei Stoffwindeln – weniger Windelwäsche. Und der Babypo freut sich darüber, dass er mehr Luft bekommt. So treten Windelausschläge und Windelsoor deutlich seltener auf. Aber auch bei »Vollzeit gewickelten« Babys dürfen und sollen immer wieder windelfreie Phasen eingebaut werden. Das Baby einfach mal nackig strampeln lassen, ist unabhängig vom Windelkonzept eine gute Idee.

Windelfrei ist kein Wettbewerb

Wie schon erwähnt, ist Wickeln in manchen Situationen leichter und passender. Im Winter das Windelfrei-Baby zum Abhalten aus dem Wollwalk-Anzug zu pellen, während einem der Bus vor der Nase wegfährt – das verursacht schon beim Lesen Schweißausbrüche. Aber ganz unabhängig von solchen Situationen gibt es Tage, an denen weniger Ausscheidungskommunikation machbar und »einfach wickeln« praktischer ist. Das Wort Windelfrei ist genauso irreführend wie »breifrei«. Denn natürlich lassen sich Abhalten und Wickeln ebenso gut kombinieren wie Fingerfood und Brei. Oder wie Stoffwindeln und Wegwerfwindeln.

Windelfrei ist kein Wettbewerb, bei dem es darum geht, welches Kind zuerst trocken ist. Nimm also an allen Stellen für dich und dein Kind den Druck heraus. Das gilt generell für das Thema »Trocken- oder Sauberwerden«.

Von der Windel aufs Töpfchen

Auch wenn ein Baby von Anfang an gewickelt wird, stellen sich Eltern die Frage, wann es Zeit ist, Alternativen dazu anzubieten. Ist das schon ein Thema im ersten Lebensjahr? Hier gibt es keine allgemeingültige Antwort. Das Zeitfenster dafür hat sich mit jeder Elterngeneration etwas mehr verändert. Als unsere Eltern oder Großeltern noch aufwendig Stoffwindeln auskochen und falten mussten, weil weder einfache Stoffwindelsysteme noch Waschmaschinen verfügbar waren, erhöhte das sicherlich das Bedürfnis, die Wickelphase möglichst kurz zu halten. Als die praktischen Wegwerfwindeln Anfang der 1970er-Jahre auf den Markt kamen, hat das den Stress reduziert, wodurch das Trockenwerden wiederum zeitlich nach hinten geschoben wurde. Dass die Saugkerne und Superabsorber in den Wegwerfwindeln das Nässegefühl für das Baby am Gesäß deutlich reduzieren, hat mit dazu beigetragen, dass Kleinkinder heute deutlich länger Windeln tragen.

Die jetzige Elterngeneration sieht neben den vielen praktischen Aspekten natürlich auch das Müllproblem, das Pampers und Co verursachen. Diese Tatsache lässt manche Eltern wieder früher über den Prozess des Trockenwerdens nachdenken.

Und die Kinder? Oft wird davon gesprochen, dass es frühestens ab 18 Monaten sinnvoll ist, Töpfchen und Co einzuführen, aus dem Windelfrei-Kontext haben wir jedoch andere Erfahrungen. Denn Windelfrei kann auch mit Babys gestartet werden, die bereits eine Zeitlang mit Windeln gewickelt wurden. Obwohl die anfängliche »Erfolgsquote« vielleicht geringer ist, lassen sich viele größere Babys gern auf Windelfrei ein. Man kann also zu jedem Zeitpunkt dem Kind auch andere Angebote als eine Windel machen.

Jedes Kind braucht unterschiedlich lang, bis es komplett auf eine Windel verzichten kann. Mädchen sind im Schnitt etwas früher trocken, aber das ist nur Statistik.

Im ersten Lebensjahr ist es vor allem wichtig, positiv an das Thema heranzugehen. Kommentiere die Ausscheidungen deines Babys respektvoll. »Igitt, ein kleines Stinkerchen« ist dies nicht unbedingt. Nimm das Wickeln genauso als eine liebevolle Pflegesituation mit deinem Baby wahr wie die Körperpflege generell. Auf die Toilette begleiten wird dich dein Kind wahrscheinlich öfter, als dir lieb ist. Das ist eine gute Vorbereitung auf den späteren Prozess des Trockenwerdens. Kinder lernen durch unser Vorbild. Auch wenn es das Töpfchen noch nicht für seinen eigentlichen Zweck nutzen wird, kannst du es ruhig schon im Bad platzieren. Für schon sitzende oder gar schon laufende Babys ist das selbst mit Windelpo ein beliebter Sitzplatz im Badezimmer. Generell gilt aber: Beachte das Entwicklungstempo deines Kindes und erwarte nichts von ihm, was in seiner Welt gerade noch nicht dran ist.

Stoffwindeln

Es gibt eigene Blogs und Bücher nur über Stoffwindeln. Es gibt Kurse und Beraterinnen, um dich über die 1001 Möglichkeiten beim Wickeln mit Stoff zu informieren. Während zu Beginn unserer Hebammenlaufbahn eine Handvoll Stoffwindelsysteme existierte, gibt es nun alle möglichen Varianten, Materialien, Farben und Formen in der Stoffwindelwelt. Und genauso wie bei den Themen Tragen und Kinderwagen gibt es nicht *die* Windel, sondern diverse Vor- und Nachteile bei jedem System. Hergestellt werden Stoffwindeln aus Baumwolle, Wolle, Hanf oder Bambus, aber auch aus synthetischen Stoffen wie Mikrofaser oder PUL, ein mit Polyurethan beschichtetes Material, das besonders gut vor Nässe schützt. Direkt an der Babyhaut sollten sich natürliche und atmungsaktive Stoffe befinden.

Durch das dickere Stoffwindelpaket – das »Breit-Wickeln« – wird die Reifung der Hüfte unterstützt (siehe dazu den Abschnitt »Hüftdysplasie« im Kapitel »Gesund und munter «).

Wir geben dir hier einen kleinen Stoffwindel-Überblick – ohne Anspruch auf Vollständigkeit. Denn noch während dieses Buch im Druck ist, kommt wahrscheinlich schon die nächste Innovation in Sachen Stoffwindeln auf den Markt. Wenn du dir noch unsicher bist angesichts des drohenden Waschaufwandes, ist vielleicht erst mal ein sogenannter Windeldienst eine Option für dich, um auszuprobieren, ob Stoffwindeln in euren Alltag integrierbar sind. Der liefert dir frisch gewaschene Windeln frei Haus und nimmt die gesammelten benutzten Mehrwegwindeln wieder mit. Am Tag und zu Hause Stoffwindeln, aber nachts und unterwegs Einwegwindeln ist auch eine Möglichkeit, hier und da den Windelmüll etwas zu reduzieren.

Strickbindewindeln

Die Strickbindewindel besteht aus einem großen Stück elastisch verstrickter Baumwolle mit seitlich angebrachten Bändchen. Die Windel wird altersentsprechend gefaltet, angelegt und mit einem »Schleifchen« verschlossen. Als Nässeauslaufschutz kommt noch eine Überhose z. B. aus Wolle, Wollwalk oder anderen Materialien darüber. Ergänzend können noch ein dicker Saugkern und

ein Windelvlies eingelegt werden. Die Strickbindewindeln sind gut waschbar und trocknen schnell. Man muss nur unbedingt daran denken, die langen Bänder vor dem Waschen als Schlinge zusammenzubinden, wenn man nicht im Anschluss ein total verknotetes Windelknäuel aus der Waschmaschine ziehen möchte. Preislich gehören die Strickbindewindeln eher zu den günstigen Modellen.

Mullwindeln

Die klassische Mullwindel ist in vielen bunten Farben und Drucken inzwischen zum Fashionaccessoire geworden ist und nennt sich auch gern Musselintuch oder -schal. Zusammen mit einer auslaufsicheren Überhose hat man so das klassische Wickelsystem, wie es gerne genutzt wurde, bevor die Einmalwindel auf dem Markt kam. Das Falten der Windel zum »Dreieck mit Steg« hat ein bisschen was von Origami, aber Eltern haben das schnell raus. Allerdings gibt es inzwischen wesentlich praktischere und saugfähigere Alternativen, sodass diese Version eher selten genutzt wird. Für die kleinen Neugeborenen, die sich sehr häufig entleeren, ist das System gut geeignet, weil andere Windelvarianten einfach noch »zu groß« sind. Bei größeren Ausscheidungsmengen kommt die Mullwindel dagegen schnell an ihre Grenzen.

Preislich sind Mullwindeln unschlagbar, zumindest wenn man es bei der einfachen Variante belässt und nicht das teure Modell mit angesagtem Print nimmt.

Komplettwindeln

Spätestens hier legen wir euch eine Stoffwindelberatung ans Herz, weil jedes Modell seine eigenen Highlights hat. Generell sind aber die AIOs die Systeme, die in der Handhabung ähnlich einfach und praktisch sind wie die Wegwerfwindeln (WWW). Hier sind der Saugkern und die vor Nässe schützende Überhose miteinander vernäht und werden auch zusammen gewaschen und getrocknet. Bei den AI2-Systemen lassen sich Windelteile abtrennen. Das ist praktisch, weil oftmals die Überhose trocken geblieben und nur der Saugkern nass ist, der dann erneuert wird. Verschlossen werden die Komplettwindeln mit Klettverschlüssen wie bei den WWW oder mit Druckknöpfen, mit denen die Größe der Windel kleiner gestellt werden kann.

Trainerhöschen

Trainers sind meist etwas verstärkte Unterhöschen. Sie haben keinen richtigen Saugkern, können also nur eine kleine Menge Urin auffangen, wenn es das Kind z. B. nicht schnell genug zum WC oder Töpfchen schafft. Für die Phase des Trockenwerdens sind sie also gut geeignet. Auch bei Windelfrei-Kindern werden sie gern als Backup eingesetzt.

Zubehör im Stoffwindelalltag

Windelvlies sind dünne Zellstoffeinlagen, die du in einer Box oder in Form einer Rolle zum Abreißen bekommen kannst. Sie werden als innerste Schicht in die Windel gelegt und fangen den Stuhlgang auf. Das Vlies wird über der Toilette abgeschüttelt und dann im Restmüll entsorgt. Bitte das Windelvlies ebenso wie Feuchttücher nicht in die Toilette werfen, da es wesentlich reißfester als Klopapier ist. Das kann dazu führen, dass die Pumpsysteme in der Kläranlage beschädigt werden. Ist das Vlies nur mit Urin in Kontakt gekommen, kann es einfach in der Maschine gewaschen und wiederverwendet werden.

Saugkerne sind Einlagen, die zusätzlich in die Windel eingelegt werden, um die Nässe aufzufangen. Es gibt sie aus verschiedenen Materialien (Baumwolle, Hanf, Bambus, Mikrofaser …) und in unterschiedlichen Stärken.

Wetbags sind wasserdichte Aufbewahrungstaschen, die aus dem Outdoor-Bereich längst Einzug in die Babywelt gehalten haben. Du kannst in ihnen benutzte Stoffwindeln, Tücher und nasse Babykleidung aufbewahren.

Kleiderknigge für Windelfrei und Stoffwindeln

Eine Stoffwindel braucht etwas mehr Platz am Babypo. Eine Slim-Jeans passt da also nicht drüber. Doch die ist ohnehin bei Babys keine gute Idee, weil sie die Bewegungsfreiheit massiv einschränkt.

Da sich auch Body-Hersteller eher an Wegwerfwindeln orientieren, kann es hier mit dem Wickelpaket knapp werden. Es gibt aber sogenannte Bodyverlängerungen – ein Stück Stoff mit Druckknöpfen, das einfach für etwas mehr Platz im Schritt sorgt.

Für Windelfrei-Babys müssen Bodys vor allem schnell ausziehbar sein. Oder man zieht dem Baby eine sogenannte Splitpants an. Diese Hosen kann man ohne Runterziehprozeduren einfach im Schrittbereich öffnen, um das Kind abzuhalten.

Was gerade nachts das Abhalten leichter macht, ist ein Schlafsack, der unten nicht geschlossen ist, sondern ein offenes Bündchen hat. So kann man den ganzen Schlafsack einfach über die Hüfte des Babys hochschieben.

Eher unpraktisch und für den Stoffwindelpo zu schmal sind Strumpfhosen. Werden diese bis Anschlag nach oben gezogen, kommen dazu noch die Babyfüße und -zehen in eine eher unphysiologische Haltung und werden in ihrer Beweglichkeit eingeschränkt. Eine gute Alternative sind Wollstulpen über dem Knöchel, die das bei Babys beliebte Barfußsein auch an kühleren Tagen ermöglichen.

Egal wie und ob ihr wickelt, das Zwiebelprinzip ist gerade im Babyalltag sinnvoll. Statt besonders dicker Materialien zieht lieber mehrere Schichten übereinander und bei Bedarf an und aus. Natürliche Materialien wie Wolle und Seide haben einen temperaturausgleichenden Effekt. Aber auch im Bereich der »veganen Stoffe« gibt es Materialien, die atmungsaktiv sind und den Feuchtigkeitstransport natürlich regulieren. Die Zellulosefaser Lyocell *(TENCELTM)* ist eine gute, ökologisch sinnvolle Alternative zu anderen Chemiefasern, aber auch zu Baumwolle.

Für unterwegs solltet ihr immer einen Wetbag mit genug Wechselwäsche in der Wickeltasche haben – denn egal ob die Windel ausläuft, das Abhalten mal danebengeht oder das Baby ausgiebig spuckt – nichts ist nerviger, als den Ausflug abbrechen zu müssen, weil das Baby nass ist.

Der ideale Wickelplatz

Der einzige Tipp, den wir euch für die Anschaffung einer Wickelkommode geben wollen: Achtet darauf, dass diese hoch genug ist, damit ihr längere Zeit bequem daran stehen könnt. Rücken und Beckenboden werden es danken.

Alternativ reicht auch einfach eine Wickelauflage, die auf dem Esstisch oder im Bett genauso wie auf dem Boden im Badezimmer Platz finden kann. Richtet euch den Wickelort so ein, dass er für euch sinnvoll und praktisch erscheint. Warmes Wasser, Windeln und ggf. genutzte Pflegeprodukte sollten ebenso wie ein Schwung Mullwindeln in greifbarer Nähe sein.

Warm und wohlig

Ein neugeborenes Baby kann seine Temperatur am besten im direkten Hautkontakt mit den Eltern regulieren. Ihr seid sozusagen die »besten Wärmflaschen«. Körperkontakt ist also nicht nur notwendig für das Gefühl der Geborgenheit, sondern auch für die regulären Vitalfunktionen. Das weiß man aus den Erfahrungen mit dem Kangarooing, das zu früh geborenen Babys den Start ins Leben erleichtern soll (siehe den Abschnitt »Bonding« im Kapitel »Ankommen«).

Dieser Einstieg ist wichtig, um zu verstehen, weshalb manche Babys sehr unzufrieden sind, wenn sie für die Körperpflege auf der Wickelkommode abgelegt werden. Eine zu kalte Umgebung ist tatsächlich einer der größten Stressfaktoren für empfindsame Babys. Neugeborene haben ein ganz anderes Wärmeempfinden als wir. Deshalb ist eine Wärmelampe über dem Wickeltisch durchaus auch im Sommer sinnvoll.

Wer keine Dübel für die »hässliche Wärmelampe« in die mauvefarben gerollte Kinderzimmerwand hauen möchte, kann auf eine Wärmequelle mit Standfuß zurückgreifen. Da der Einsatz zeitlich begrenzt ist, kann man sich die Wärmelampe vielleicht gut bei Freunden oder in der Familie ausleihen.

Warme Hände sind ebenso angenehm wie warme Pflegeutensilien. Sicherlich muss man nicht zwingend Geld für eine Feuchttücherwärmbox ausgeben, aber das Abtrockentuch nach dem Babybad oder das Öl für die Massage kann man gerne etwas auf dem Heizkörper vorwärmen. Pflegeprodukte lassen sich in den eigenen Händen gut anwärmen. Empfindliche Kinder mögen es oft nicht, wenn sie komplett ausgezogen sind. Gehe also gern Schritt für Schritt vor bzw. bedecke unbekleidete Körperstellen mit einem Handtuch oder einer Mullwindel.

Zu viel Raum und Weite überfordern anfangs einige Kinder. Begrenzungen durch Handtuchrollen oder Bettschlangen können helfen, das vertraute Engegefühl aus Bauchzeiten zu imitieren. Unruhige Kinder entspannen sich oft, wenn sie eine Begrenzung an den Füßen spüren (vgl. den Kasten zum »Moro-Reflex« im vorhergehenden Abschnitt »Handling«).

Zu zartes Berühren irritiert manche Babys. Klarere, festere Berührungen können passender sein. Passt eure Handgriffe den Reaktionen eures Babys an. Wenn es entspannt und zufrieden wirkt – einfach so weitermachen. All diese Empfehlungen gelten vor allem, wenn die Wickelsituation sehr stressig für Kind und Eltern sein sollte.

Sicher und praktisch

Stürze vom Wickeltisch gehören zu den häufigsten Unfällen im Babyalter (s. den Abschnitt zum Thema »Unfälle« im Kapitel »Gesund und munter«). Am besten merkt man sich innerlich den Leitspruch »immer eine Hand am Kind«, dann geht man nicht »nur mal eben schnell« vom Wickeltisch weg, um etwas zu holen. Idealerweise habt ihr dort alles griffbereit. Warmes Wasser kann man sich gut in einer Thermoskanne morgens bereitstellen. Und wenn doch was fehlt oder der Paketbote klingelt: Baby in eine Decke hüllen und auf dem Arm mitnehmen. Das ist immer sicherer.

Alternativ könnt ihr einen Wickelplatz am Boden einrichten. So machen es gerade Mehrfacheltern, weil sie des Öfteren beim Wickeln aufspringen und das größere Geschwisterkind »retten« müssen. Das Wickeln auf dem Boden ist auch mit größeren und schon recht mobilen Babys oft einfacher. Wenn diese nicht mehr liegen wollen, ist Wickeln im Stehen eine Option. Dafür sind Windeln in Höschenform besonders praktisch.

Kommunikation und Kontakt beim Wickeln

Bezieh dein Baby in das Wickeln und die Körperpflege immer mit ein. Sprich mit ihm und kündige an, was als Nächstes geschieht. Dann kann es Abläufe besser nachvollziehen. Wenn es schon größer ist, kann es seinen Möglichkeiten entsprechend mitmachen. Das unterstützt die Entwicklung und die Selbstwirksamkeit.

Beim Wickeln geht es also nicht darum, alles besonders schnell zu machen. Beliebte Spiele bei Babyshower-Partys lassen oft einen anderen Eindruck entstehen. Natürlich muss es an manchen Tagen – Achtsamkeit hin oder her – einfach schnell gehen. Das gilt besonders, wenn mehr als ein Kind zu versorgen ist oder kurz vor dem Kinderarzttermin das Baby komplett neu angezogen werden muss.

Aber selbst in diesen Situationen kannst du dein Kind mit Worten begleiten. In Situationen mit mehr Zeit kannst du dich dann wieder auf das Tempo deines Kindes einlassen. Wickeln ist Kommunikation und Kontakt mit deinem Kind. Gerade am Anfang ist es die Zeit, in der du dein Neugeborenes noch besser kennenlernen wirst. Und es dich.

Baden

Ähnlich wie beim Thema Essen lassen sich beim Baden das reine zweckvolle Tun und das Spiel nicht klar voneinander abgrenzen. Als Eltern haben wir es also immer dann leichter, wenn es uns gelingt, die Attraktivität der spielerischen Momente zu nutzen – und ein wirkliches Spaß- und Lust-Event daraus zu machen. Wir werden da sicher an die Grenzen unserer eigenen, verinnerlichten Glaubenssätze kommen (»mit dem Essen spielt man nicht«). Es ist aber wichtig, zu verstehen (und ernst zu nehmen), dass Spiel für Kinder immer ernsthaftes Erforschen ist, nie plan- oder gar zwecklos. Zudem bringt uns das Waschen und Baden in Kontakt mit unserem Baby auf einer ganz haptischen, körperlichen Ebene. Nackt kann es frei strampeln und sich bewegen, und wir können die zarte Haut streicheln, an den Babyfüßchen knabbern und gemeinsam viel Spaß an der Berührung und im innigen Kontakt finden. Das kann alles im Vordergrund stehen – sauber wird dein Baby nebenbei.

Eimer, Wanne oder Waschbecken?

Babys baden unterschiedlich gern. Ein Bad bedeutet diverse intensive Reize für dein Baby, die verschiedenen Primärreflexe, etwa der *Moro-Reflex,* erfahren Reize. In den ersten Wochen und manchmal Monaten können eine neue Umgebung und neue Stimulationen die individuelle Integrationskapazität bei empfindsamen Babys leicht überfordern. Es ist hilfreich, das zu verstehen – denn manche Babys können das Baden erst einmal nicht richtig genießen. Das heißt aber nicht, dass sie »wasserscheu« wären, sondern dass sie zuerst lernen müssen, diesen Mix aus innerer Anspannung und Erregung so zu regulieren, dass sie sich entspannen können (siehe auch das frühere Kapitel »Sensorische Integration«). Wenn du dein Baby in ein Mulltuch einhüllst und es in diesem Tuch badest, wird der Moro-Reflex besänftigt, und auch ein empfindsames Baby kann das Baden dann leichter genießen.

Praxisanwendung: das Babybad

Ungefähr einmal pro Woche ist Badetag: Deine Hebamme zeigt dir beim ersten Mal, wie du dein Baby sicher halten und das Drumherum gut vorbereiten kannst, sodass das »erste Bad« für alle zum Vergnügen wird.

- **Vorbereitung:** Nutze einen warmen Ort zum Baden. Gut eignet sich das Badezimmer, weil du dort warmes Wasser in Reichweite hast und sich der Raum meistens gut vorwärmen lässt. Alternativ geht auch die Wickelecke, weil dort vielleicht ein Wärmestrahler angebracht ist. Du kannst die Badewanne auf eine Waschmaschine stellen, auf ein kleines Tischchen oder einfach auf den Fußboden, sodass du dich davor knien kannst. Die Babywanne in die große Badewanne hineinzustellen ist keine gute Idee, da das für dich extrem rückenbelastend und unbequem ist.

- Damit dein Baby es **danach schön kuschelig** hat, wärme das Handtuch und die Kleidung für danach gut vor, entweder auf der Heizung oder unter der Wärmelampe.

- Lasse die Badewanne gut halb voll mit **38-Grad-warmem Wasser** einlaufen, dein Baby sollte wirklich ganz und gar von warmem Wasser umschlossen sein, eine kleine Pfütze reicht dafür nicht. Achtung, 38 Grad sind ziemlich lau! Ein Badethermometer in den ersten Wochen hilft dir, später allein deinem »Unterarm-Wärme-Test« zu vertrauen.

- Wickle dein Baby bei den ersten Bädern in ein **Pucktuch**, wenn du magst. (Was ein »Pucktuch« ist, liest du im Abschnitt »Was dein Baby braucht« im Kapitel »Vorfreude und Vorbereitungen«.)

- **Für Rechtshänder:** Am einfachsten ist es, wenn dein Baby mit dem Nacken auf deinem linken Handgelenk ruht. So kann deine linke Hand fest die Schulter und Oberarmkugel deines Babys umfassen. Dein Baby liegt quer zu deinem Unterarm und diese linke Hand bleibt während des Badens genau so. Mit der rechten Hand greifst du unter den Popo. Lasse dein Baby, so wie im Kapitel »Kinästhetik Infant Handling« beschrieben, zuerst mit den

Füßen ins Wasser gleiten. Wenn dein Baby waagerecht im Wasser schwebt, kannst du die rechte Hand loslassen und hast sie frei. Du kannst sie auf die Brust deines Babys legen und ihm so noch etwas mehr Halt vermitteln oder hast sie frei zum Waschen. Die Ohren dürfen unter Wasser sein, oft ist diese Art der Akustik deinem Baby noch aus der Gebärmutter vertraut.

- **Im Eimer: Manche Babys mögen lieber vertikal gebadet werden**, die Idee der Badeeimer ist der angehockten Körperhaltung mit engerer Begrenzung der Körperwahrnehmung im Mutterleib nachempfunden. Allerdings kann man das Baby darin nicht wirklich gut waschen, da man beide Hände für den Halt am Köpfchen braucht.

- Drei Minuten baden sind genug. Hebe dein Baby wieder mit beiden Händen aus dem Wasser: **Ab jetzt wird es erst mal etwas ungemütlich für dein Baby, weil: kalt!** Es wird sich also ein wenig beschweren. Mummel es deshalb schnell in das bereitgelegte Handtuch ein!

- Dann kannst du dein Baby sanft abtrocknen, es ist natürlich eher ein »Tupfen« als ein »Rubbeln«. **Schaue auch in die Hautfalten unter den Achseln und hinter den Ohren**, wische dort evtl. noch mal mit einem ölig-feuchten Zipfel nach und trockne auch da gut ab. In den ersten Wochen, wenn dein Baby sich noch pellt, lösen sich beim Abtrocknen etliche Hautfussel ab.

- **Ein hauchfeiner Ölfilm** mit ein paar Tropfen Mandelöl nach dem Bad sorgt für Rückfettung und geschmeidige Haut, aber das ist eher Wellness und Streicheln (kann man natürlich nie genug) als unbedingte Notwendigkeit. Eine wirkliche »Babymassage-Einheit« unmittelbar nach dem Bad ist kleinen Säuglingen oft zu viel auf einmal. Sie sind eher froh, wenn sie sich danach an Mamas Busen ausruhen und einschlummern dürfen. Für größere Babys kann das aber ein schönes Ritual bis weit in die Kleinkindzeit hinein sein.

Einmal waschen – und föhnen?

Unter Eltern der heißeste Tipp, der natürlich in allen Elternforen hundertfach diskutiert wird: Ein unruhiges Baby beruhigt sich am besten mit dem Föhn! Tatsächlich machen viele Eltern diese Beobachtung. Wir allerdings empfehlen die Praxis, das ganze Baby (oder nach dem Wickeln nur den Popo) trockenzuföhnen, ausdrücklich *nicht,* und zwar aus diesen Gründen:

- Die **Föhnluft ist extrem heiß;** direkt auf die Haut gerichtet kann es zu schlimmen Verbrennungsverletzungen kommen.
- Jungs können – kaum entspannen sie sich – in hohem Bogen **in den Föhn hineinpinkeln.** Wie jedes Kind weiß: Elektrischer Strom und Wasser – eine gefährliche Kombination!
- Durch das Herumhantieren mit einem laufenden Föhn rund um das Wickelgeschehen (Baby, Wasser) hast du immer nur eine Hand frei, was zu unterschiedlichen **Unfall- oder Beinahe-Unfall-Szenen** führen kann.
- Ein Föhn verwirbelt trockene Luft und pustet die **Schleimhäute von Nase und Augen trocken.**

Die gleichen Life-Hack-Geschichten gibt es übrigens über Waschmaschinen, Dunstabzugshauben oder gar über Babys, die allabendlich nur bei einer Extrarunde im Auto einschlafen. Es geht also weniger um die warme Luft aus dem Föhn als um das Geräusch. Monotone, brummende Geräusche stellen einen Klangteppich her, der eine beruhigende Wirkung haben kann – dieses Phänomen wird auch als *White Noise* oder eben *Weißes Rauschen* beschrieben. Ein Erklärmodell ist, dass dieses Frequenzmuster das Baby an die keinesfalls leise Gebärmutterakustik erinnert und es deshalb beruhigt. Natürlich gibt es mittlerweile zig Kuscheltiere mit ähnlichen Effekten und Apps für dein Smartphone. Die kannst du natürlich alle ausprobieren, aber möglicherweise lässt sich dein Baby nicht mit diesem Ersatz vertrösten. Denn das Original »Elternkörper« ist unnachahmlich. Deine körpereigene Geräuschkulisse ist verbunden mit Fühlen, Sehen, Riechen und sogar Schmecken. Auch wenn man einzelne Elemente zur Babyberuhigung herauspicken und nachmachen kann, fordern manche Kinder das Gesamtpaket ein. Und das ist okay so – denn nur elterliche Nähe gibt dem Baby wirklich Sicherheit. Es ist also ein sehr schlaues Überlebensprogramm deines Babys, wenn es sich von diesen »Eltern simulierenden« Optionen mal mehr, mal weniger oder auch gar nicht beeindrucken lässt.

Der Bauchnabel

Der Bauchnabel deines Babys ist unmittelbar nach der Geburt natürlich nicht »fertig«, denn der kleine abgeklemmte Stummel der Nabelschnur ist noch mit der Haut, aus der später ein Bauchnabel wird, verbunden. Dieser Nabelschnurrest wird zunächst etwa drei bis 4 Zentimeter vom Hautnabel entfernt mit einer einem Gefrierclip ähnlichen Klemme versehen und dann den biologischen Vorgängen überlassen. Die zuerst helle, blass-bläuliche Nabelschnur verfärbt sich zunächst gelblich, dann braun, mumifiziert ein wenig vor sich hin und fällt dann einfach mitsamt der Klemme ab.

An der dabei entstandenen kleinen Nabelwunde bildet sich ein kleines Schorfkrüstchen, welches sich immer mal ablöst. Überbordendes Reinigen des Nabelrestes ist selten notwendig, und wenn, dann am besten mit Muttermilch, auf keinen Fall mit Alkohol. Alkohol brennt und das tut deinem Baby weh; zudem desinfiziert er die wichtigen und gesunden Hautkeime weg, die für den Prozess des Abfallens notwendig sind. Nur bei einem geröteten Nabel oder sehr viel Sekret ist eine besondere Behandlung notwendig. In diesen Fällen kannst du …

- Den Nabel mit *Muttermilch* oder mit *steriler Kochsalzlösung* aus einer Knickampulle (Apotheke) reinigen. Gut geht das mit einem Q-Tip. Deine Hebamme zeigt dir, wie das geht.
- Oder mit einem sanften alkoholfreien Wundspray auf Hydrolatbasis (*Recover Spray* von *into life**, *Rose-Teebaum-Hydrolat* von *Ingeborg Stadelmann*) oder Calendulaöl – je nachdem, was du magst und im Haus hast.

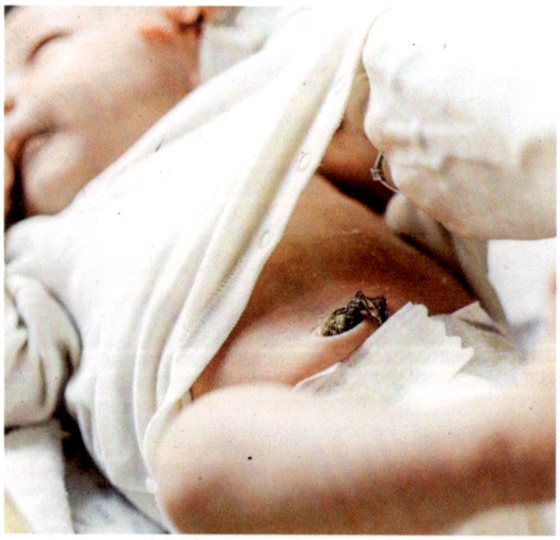

Manchmal bildet sich nach dem Abfallen des Nabelschnurrestes ein kleines *Nabel-Granulom*: Das ist eine kleine, harmlose, überschießende Hautwucherung. Es sieht etwa so aus wie ein winziges, gräulich-weißes Blumenkohlröschen, das aus dem Bauchnabel herausguckt. Granulome verschwinden sensationell schnell, wenn man sie mit banalem Kochsalz bestreut: Stelle dir ein

Näpfchen Salz an den Wickelplatz und streue zwei- bis dreimal täglich eine winzige Prise auf das angefeuchtete Granulom. Nach wenigen Tagen ist vermutlich nichts mehr davon sichtbar. Früher wurden diese Granulome gern mit Silbernitrat geätzt. Das kann die Haut sehr reizen oder verätzen und ist deshalb kaum eine gute Idee. Salz ist um Längen milder und mindestens genauso wirksam.

Nabelbruch

Die Muskulatur rund um den Nabel, sozusagen die Pforte, durch die in der Schwangerschaft die Blutgefäße der Nabelschnur in den Körper des Babys hineinführten, ist in den ersten Lebensmonaten noch sehr weich. Außerdem sind die stabilisierenden Bauchmuskeln in der Babyzeit noch nicht gut ausgebildet. Durch diese weichere »Sollbruchstelle« kann sich ein kleines Stück des Bauchfells oder auch eine kleine Darmschlinge nach außen hervorwölben: Ein Nabelbruch entsteht. Meist sieht man diesen dann als etwa haselnussgroßen »Knubbel« rund um den Bauchnabel, beim Weinen oder In-die-Hose-Machen kann dieser Knubbel durchaus etwas größer wirken.

Immerhin etwa 20 Prozent aller Babys bekommen einen solchen Nabelbruch, und auch, wenn es ein wenig unheimlich aussieht, ist das überhaupt nicht tragisch. Ein Nabelbruch bildet sich ganz von allein wieder zurück. Nur in sehr seltenen Fällen, wenn er sich nicht von allein verschließt, muss man dies bei einer kleinen OP tun.

Früher hat man den Nabelbruch mit Pflastern oder kleinen Druckpolstern (etwa mithilfe einer eingewickelten Münze) stabilisiert. Vergleichende Untersuchungen haben aber gezeigt, dass diese »Behandlung« nichts anderes bewirkt als das abwartende »Nichts-Machen«. So wie oft in der Medizin …

Nur dann, wenn die Bruchpforte sehr groß ist, können tatsächlich Darmschlingen so weit hervorrutschen, dass sie einklemmen können. Euer Kinderarzt wird immer wieder darauf schauen und euch genau zeigen, worauf ihr achten müsst.

Wind, Wetter und Sonne

Zu den alltäglichen Beanspruchungen der Haut gesellen sich je nach Jahreszeit weitere Herausforderungen: Im Winter ist vor allem die Haut im Gesicht und an den Händchen besonders beansprucht, im Sommer braucht Babys zarte Haut Schutz vor der UV-Strahlung.

Kältebäckchen: die Haut im Winter

Im Winter ist nicht nur die Außentemperatur kälter, sondern auch die Luft insgesamt trockener, draußen und drinnen. Dazu kommt, dass die Haut durch die Kleidung zusätzlich gereizt wird. Im Winter haben Babys und Kleinkinder sinnvollerweise Mützen auf. Diese rubbeln durch die Bewegung ein bisschen auf der Haut, dazu kommt bei den kleinen Babys oft eine milchnasse Schnute. Die Kombination dieser Faktoren reicht bei vielen Kindern aus, um typischerweise an den Bäckchen und oft auch an den Händchen trockene, raue Stellen zu entwickeln. Dagegen hilft die sogenannte Wind- und Wettercreme. Diese zeichnet sich dadurch aus, dass ihre Rezeptur ausschließlich pflegende Fette und Öle enthält, also kein Wasser. Ein Wasseranteil ließe zusätzlich Verdunstungskälte auf der Haut entstehen, die bei Minusgraden zu Kälteverletzungen führen kann. Schaue also unbedingt bei der Zusammensetzung der Inhaltsstoffe, dass dort kein »Aqua« vorhanden ist.

UV-Strahlung

UV-Licht, also ultraviolettes Licht, ist als Teil der Sonnenstrahlung für das Leben auf der Erde lebensnotwendig und hat zahlreiche positive Wirkungen auf unseren Körper. Gleichzeitig ist es verantwortlich für »oxidativen Stress« in unseren Zellen, tut uns also im Übermaß nicht gut.

Unser Körper hat im Laufe der Evolution gewisse Schutzmechanismen entwickelt, um sich vor Schäden durch UV-Licht zu schützen. Sonnenstrahlung lässt die Haut zum einen dicker und damit unempfindlicher werden (die sogenannte *Lichtschwiele*), zum anderen werden UV-schützende Pigmente, das Melanin, in die Haut eingelagert.

Bei Babys funktionieren beide Schutzmechanismen noch nicht, diese Fähigkeiten entwickeln sich erst langsam im zweiten Lebensjahr. Babys und Kleinkinder bekommen also viel schneller einen Sonnenbrand und müssen besonders gut vor Sonnenstrahlung geschützt werden, um kurzfristig Sonnenbrände und langfristig Hautschäden zu vermeiden.

Ein konsequenter Schutz vor einem Sonnenbrand funktioniert mit Sonnenvermeidung, bedeckender Kleidung und gezieltem Sonnenschutz. Und wie meistens im Leben: mit einer Mischung all dieser Faktoren.

Vitamin-D-Produktion durch die Sonne

Für die Synthese von *Vitamin D* (mehr zur empfohlenen Supplementierung für Babys im Kapitel »Gesund und munter«) über die Haut benötigen wir UV-B-Licht in einem ausreichend steilen Einstrahlwinkel auf die Erde. Wir bilden also das Vitamin mithilfe der Sonne in der Haut, die Ernährung spielt bei der Vitamin-D-Versorgung für uns Menschen so gut wie gar keine Rolle. In unseren mitteleuropäischen Breiten finden wir diese Voraussetzungen natürlicherweise etwa von Ende April bis Anfang Oktober. In den Wintermonaten findet hierzulande keine Vitamin-D-Synthese in unserem Körper mehr statt, Gleiches gilt im Sommer bei der Benutzung von Sonnencreme: Ab einem LSF 15 gibt es keine Vitamin-D-Bildung mehr, auch Fensterglas absorbiert UV-B-Licht komplett.

Für eine ausreichende Versorgung mit Vitamin D ist eine kurze und intensive Sonnenbestrahlung am effektivsten: Etwa fünf bis zehn Minuten Ganzkörperbestrahlung (also nackt!) in der Mittagssonne reichen für die Produktion der benötigten Tagesdosis an Vitamin D für hellhäutige Menschen aus. Dunkelhäutige Menschen benötigen mehr Sonne für eine ausreichende Vitamin-D-Synthese. Dieser Zeitraum liegt auch für kleine Kinder unterhalb der Hautrötungsgrenze, ist also nicht sonnenbrandgefährdend.

Die Bestrahlung nur von »Gesicht und Händen« vermindert diesen Prozess, da diese Zonen bei Erwachsenen nur etwa 10 Prozent, bei Kindern etwa 20 Prozent der gesamten Hautoberfläche ausmachen. Gleiches gilt für Sonnenbestrahlung vor 11 oder nach 16 Uhr: Zu diesen Tageszeiten ist eine Vitaminsynthese kaum möglich. Je nach Wetterlage haben wir natürlich selbst im Sommer nicht jeden Tag einen klaren, unbedeckten Sonnenhimmel, und so kommt es eben auf mehrere Faktoren an, ob Menschen im Sommer »ausreichend« mit Vitamin D versorgt werden oder nicht.

Mit all diesen Infos trauen wir dir vor allem eine gute Portion gesunden Menschenverstand zu: Wir empfehlen weder einen längeren Aufenthalt in der prallen Mittagssonne, gleichfalls ist es natürlich nicht nötig, den Gang zum Bäcker morgens um acht nur mit Sunblocker plus UV-Shirt anzutreten.

Sonnenschutz

Die ärztlichen Fachgesellschaften empfehlen, im ersten Babyjahr gänzlich auf Sonnencreme zu verzichten, da die Babyhaut noch so dünn ist, dass viele Substanzen in hohem Maß über die Haut in den Körper aufgenommen werden. Man setzt also im ersten Sommer des Lebens auf konsequente Sonnenvermeidung durch den Aufenthalt im Schatten und durch lange Kleidung. Im zweiten Babysommer werden die Kinder zunehmend mobiler und bleiben nicht mehr unbedingt unterm Schirm oder Baum liegen. Dann kommen also Sonnencremes ins Spiel. Diese haben zwei unterschiedliche Arten von UV-Filter: chemische und physikalische UV-Filter.

Jedes Jahr kommen neuartige Baby-Sonnencremes auf den Markt, hier empfiehlt es sich, aktuell die Inhaltsstoffe zu checken, etwa mithilfe einer App (etwa *Codecheck* oder *Toxfox*), oder die Cremes anhand aktueller ÖKO-Test-Ergebnisse auf ihre Unbedenklichkeit zu überprüfen.

Chemische Filter

Bei chemischen Filtern wird das UV-Licht von der Haut absorbiert und durch die Filter in andere Energieformen umgewandelt, etwa in Wärme. Chemische Filter haben den entscheidenden Nachteil, dass sie die dünne Babyhaut durchdringen können, sogar müssen, um dort ihren Wirkmechanismus zu entfalten. Sonnenschutzfilter sind relativ komplexe chemische Verbindungen, sie können allergen wirken oder gar als *endokrine Disruptoren*. Damit werden Stoffe beschrieben, die sich in das hormonelle Geschehen des Menschen einmischen und vielfältige Schäden auslösen können (s. auch *Bisphenol A, kurz: BPA*). Diese Stoffe haben in Sonnencremes für Babys und Kinder nichts zu suchen, deshalb empfehlen viele Fachpersonen, für Kinder ausschließlich mineralische Lichtschutzfilter zu verwenden.

Mineralische Filter

Mineralische Filter hingegen wirken physikalisch: Die kleinen anorganischen Partikel (meist Titan- und/oder Zinkoxid) wirken wie kleine reflektierende Spiegel, die das Sonnenlicht nicht in die Haut eindringen lassen. Da sie nicht in die Haut aufgenommen werden, werden sie meistens problemlos vertragen. Aus diesen Gründen wird dieser Typ Sonnencreme für Babys und Kleinkinder empfohlen.

Mineralische Sonnenschutzfilter haben einen typischen Effekt, der viele Eltern erst mal nervt: Sie weißeln – die Babys sehen damit etwas kalkleichig aus.

Das lässt sich nicht komplett vermeiden. Einige Hersteller benutzen deshalb seit einigen Jahren Nanopartikel (diese sind auf der Zutatenliste mit »nano« zusätzlich gekennzeichnet) und setzen auf eine kosmetisch fluffigere Rezeptur ohne Weißeln. Die Nanopartikel sind jedoch sehr umstritten, da sie die zarte Hautbarriere durchdringen können. Es existieren noch nicht viele Studien darüber, was sie im Körper anrichten. Sie gelangen in jedem Fall beim Baden im Meer oder im See ins Wasser oder zu Hause in die Kanalisation und reichern sich so in der Umwelt an. Vor allem Sprays bergen zusätzlich die Gefahr, dass diese Partikel eingeatmet werden und in der Lunge landen. Nanopartikel sind also eher kritisch zu betrachten. Und einen wichtigen Vorteil hat das Weißeln: Du kannst wirklich gut sehen, wo das Baby schon eingecremt wurde. Cremes sind pastoser (und wasserfester) als Lotionen.

Nach einem schönen Sommertag muss Sonnencreme dann auf jeden Fall gründlich von der Haut abgewaschen werden. Weil die Texturen eben mit Absicht wasserfest sind, ist das manchmal gar nicht so einfach: Am besten geht das mit Musselin-Tüchern oder mit Mikrofaser-Abschminkpads. Du kannst auf dieses feuchte Läppchen ein paar Spritzer Öl geben und damit die Sonnencremereste in der Badewanne etwas aufemulgieren, eventuell zusätzlich mit etwas Waschlotion. Ein intensiver Gebrauch dieser Cremes kann – zusammen mit der Sonne –empfindliche Haut etwas austrocknen und eine ziemliche Strapaze für die Haut sein. Sie freut sich danach also über etwas Pflege.

Gute Noten haben die Sonnencremes von das *boep*, *Eco cosmetics* und *Speick Naturkosmetik* bekommen.

Apropos schwer abzuwaschen: Lasst nie euer experimentierfreudiges Baby mit einer Flasche Sonnencreme allein, schon gar nicht in eurer schicken Airbnb-Bude am Meer. Die mineralischen Pigmente sind die mit am schwierigsten zu entfernenden Flecken im Babyalter und bedeuten auf jedem Sofabezug den Super-GAU – ihr kriegt das wirklich nie wieder raus.

Neurodermitis – das atopische Ekzem

Neurodermitis geistert so ein wenig als Schreckgespenst durch elterliche Gedanken. Viele der merkwürdigen, aber völlig normalen pustelig-schuppigen Hauterscheinungen eines Babys werden mit Sorgenblick daraufhin überprüft: Könnte das etwa Neurodermitis sein? In deutlicher Ausprägung gehört diese nämlich wirklich zu den Hauterscheinungen, die man sich so gar nicht wünscht.

Deshalb die gute Nachricht gleich vorweg: Selbst, wenn ein Baby in den ersten Monaten seines Lebens Anzeichen einer Neurodermitis zeigt – fast immer verschwinden diese spätestens mit der Pubertät wieder, oft verbessern sie sich schon im Grundschulalter deutlich. Es ist also eine typische, meist vorübergehende Hauterscheinung im Baby- und Kleinkindalter. Zu diesen Hauterscheinungen, die als Minimalformen der Neurodermitis gesehen werden, gehören die rauen Kältebäckchen im Winter, das sogenannte Lippenleck-Ekzem, eine Wundheit um den Mund herum, die auch ohne Lippenlecken entsteht, die *Perlèche*, kleine Risse an Mundwinkeln, Ohrläppchen oder zwischen den Fingern oder Zehen, schuppige Handflächen oder Fingerkuppen – gibt es aber auch oft nach viralen Infekten oder Scharlach – mit winzigen Bläschen an den Fingerseiten. Mach dir nicht allzu viele Gedanken darum: Ungefähr 20 Prozent aller Kinder haben diese Erscheinungen, ohne jemals eine »richtige« Neurodermitis zu entwickeln.

Diese deutet bereits früh auf eine grundsätzliche Neigung des Kindes hin, andere atopische Erkrankungen zu entwickeln, etwa Heuschnupfen oder allergisches Asthma. Ungefähr ein Drittel der Kinder, die im Kindesalter Neurodermitis entwickelt haben, bekommen in der Folge eine dieser weiteren Erkrankungen. Es gibt dabei eine deutliche genetische Komponente. Wenn eines der Elternteile an einer Atopie leidet, erhöht sich das Risiko für ein Baby auf etwa 40 Prozent, bei beiden Eltern auf etwa 70 Prozent.

Insgesamt nimmt die Neurodermitis (wie auch die anderen atopischen Erkrankungen) in ihrer Häufigkeit seit den letzten Jahren stetig zu, ca. 3 Prozent aller Kinder sind davon betroffen. Wenn man die milderen, zuvor beschriebenen Ausprägungen hinzuzählt, sind es bis zu 20 Prozent. Die Hygienehypothese spielt bei der Erklärung dieses Anstiegs bei allen Atopien vermutlich eine wesentliche Rolle: Dass also unser Immunsystem unter den westlich-industrialisierten Lebensbedingungen (mangelnder Kontakt zu »gutem alten Dreck«, unsere Ernährung, wenig Spielen an der frischen Luft …) zunehmend mimosenhaft reagiert, scheint sich auch hier zu bewahrheiten.

Neurodermitis kommt in vielerlei Gestalt daher, charakteristischerweise wandelt sich ihre Erscheinungsform mit dem Lebensalter. In 85 Prozent der Fälle zeigt sie sich bereits im ersten Lebensjahr.

Typische Zeichen für eine Neurodermitis im Babyalter

- Neurodermitis beginnt oft um den dritten Monat auf dem Kopf und im Gesicht: Es bilden sich Herde mit Schuppen und Krusten an den Augenbrauen, dem behaarten Kopf, gerne auch hinter den Ohren oder rund ums Ohrläppchen. Auch die Wangen sind häufig betroffen, die dann rau und wund werden.
- Oft setzt sich bei Babys zusätzlich eine bakterielle Superinfektion mit dem *Staphylococcus aureus* darauf. Dadurch entstehen dann nässende Bereiche mit gelben Krusten.
- Auch pustelig-raue Stellen an den Streckseiten von Armen und Beinen (bei älteren Kindern sind es dann typischerweise eher die Beugeseiten) kommen vor.

Dieser ganze neurodermitische Formenkreis ist im Detail noch immer rätselhaft. Klar scheint: Bei einer Disposition lässt sich ein Ausbruch *nicht* durch die gezielte prophylaktische Vermeidung bestimmter Faktoren (etwa sehr später Einführung der Beikost, prophylaktischer Verzicht auf tierische Fasern wie Wolle oder Daune) umgehen. Es gibt selten »eindeutig benennbare Auslöser«. Die Disposition ist eben angeboren und »sucht« sich früher oder später seine individuellen Trigger. Zwar gibt es eine allergene Komponente, allerdings ist nur bei knapp der Hälfte aller Kinder eine definierte Allergie nachweisbar. So können typische Allergene, etwa Pollen, Tierhaare oder Nahrungsmittelallergene zwar einen Schub auslösen (im Frühjahr, wenn alles zu blühen beginnt, verschlimmert sich die Neurodermitis häufig), es liegt aber keine konkrete Allergie vor.

Die Bezeichnung »Neuro« suggeriert zudem eine »neurologische« – oder vorrangig – psychosomatische Ursache, die oft einen zusätzlichen Druck vor allem auf die Eltern auslöst: Die Haut des Kindes als Grenzfläche – was ist da los in Sachen Bindung oder Grenzverletzung? Bin ich zu nah oder zu weit weg von den seelischen Bedürfnissen meines Kindes oder sehe ich sie möglicherweise gar nicht? Als Eltern sind wir sehr schnell dabei, uns selbst in unserer Qualität zu beurteilen und uns als »nicht gut genug« zu geißeln.

Außerdem beschreiben Eltern oft eine gewisse Empfindsamkeit ihrer Kinder, die eben etwas »zart besaitet« scheinen. Augenscheinlich reagiert eben dieses Baby mit seiner Haut sensibel auf Reize. Diese können ganz unterschiedlicher Natur sein: raue Kleidung (Wolle wird oft nicht gut vertragen), Schwitzen, Infekte, Impfungen. Auch zahnende Babys sind oft empfindlicher.

Sehr wahrscheinlich gibt es bei dem Erkrankungsbild der Neurodermitis eine Verbindung zum Verdauungstrakt, die von der Forschung noch nicht vollständig verstanden wurde. Die sogenannte *Gut-Skin-Axis* beschreibt die Verbindung der Haut zum sogenannten enterischen Nervensystem im Darm, das wiederum wichtige Interaktionen mit dem Immunsystem aufweist. Die frühe Besiedelung mit einer physiologischen Darmflora spielt hier eine wichtige Rolle. Gerade bei Babys, die per Kaiserschnitt geboren wurden, oder wenn frühe Antibiotikagaben (auch in der Schwangerschaft!) notwendig waren, ist die Gabe von Probiotika vermutlich eine gute Idee! Mehr zu diesem Thema findest du im Kapitel »Ankommen« unter »Das Baby-Mikrobiom«.

Neurodermitishaut – was tun?

Bei juckendem, schuppigem Milchschorf auf dem unbehaarten Köpfchen (auf der Stirn oder hinter den Ohren) solltest du die Haut mild pflegen. Nässende Krusten kannst du vorsichtig mit einem frischen Waschlappen oder einen Abschminkpad abwaschen, nimm dazu warmes Wasser oder auch Stiefmütterchentee. Für die Pflege ganz wichtig: Probiere nicht wild alle drei Tage etwas Neues aus, sondern bleibe einige Zeit bei einer Creme.

- Bei rauen, verhornten Stellen kannst du die Haut mit einer **milden Salbe** pflegen: Omega-6-Fettsäuren (Linol- und Gammalinolensäure), etwa aus Nachtkerzensamen, und Traubenkernöl sind bewährte Zutaten, z. B. in *Eucerin®* AtopiControl 12 Prozent Omega.
- Stiefmütterchen und Tigergras sind zwei **pflanzliche Wirkstoffe,** z. B. in *Ekzevowen®*-Creme.
- Die Weiße Malve *(Weleda)* oder die Potentilla-Serie *(Hauschka)* ist eine **gute Basispflege** bei empfindlicher und zu Neurodermitis neigender Haut auf Naturkosmetik-Basis.
- **Baumwolle und vor allem Seide** ist ganz wunderbar glatt und kühlend auf der Haut, es gibt spezielle Seiden-Schlafanzüge mit

Klappen für die Händchen, damit Kinder sich nicht unbewusst im Schlaf kratzen.

- **Ernährung:** typische Allergene, besonders Nüsse, Fisch, Ei, Weizen, aber auch Säuren oder enzymhaltige Obstsorten (Ananas, Papaya) können triggern, vielleicht kannst du Zusammenhänge ausmachen. Eine späte Beikosteinführung beeinflusst das Risiko aber ausdrücklich nicht.
- **Verzichte konsequent auf Weichspüler** und nutze lieber ein Bio- oder Sensitiv-Waschmittel. Wenn dein Kind ganz empfindsam auf waschaktive Substanzen reagiert, können etwa Waschnüsse eine gute Idee sein.

Die ersten Zähnchen

Schon in der Schwangerschaft werden in den Kieferknochen die Milchzähne angelegt. Ungefähr mit sechs – aber vielleicht auch schon mit drei oder erst mit zwölf – Monaten brechen die angelegten Zahnknospen durch die darüber liegende Schleimhaut.

Meist werden die unteren Schneidezähne zuerst sichtbar, dann ebenfalls paarweise die oberen Schneidezähne. Nach und nach folgen die restlichen Vorderzähne und zum Schluss Eck- und Backenzähne.

Durchschnittlich ist mit circa zweieinhalb Jahren das Milchzahngebiss mit 20 Zähnen vollständig. Ungefähr zur Einschulung beginnen die Milchzähne auszufallen. Sie werden nach und nach von 32 bleibenden Zähnen ersetzt.

Praxisanwendung: Zahnen – was hilft?

Während in den ersten Monaten alles auf das Bäuchlein geschoben wird, scheinen anschließend ausnahmslos die Zähnchen »an allem schuld zu sein«. Typische Anzeichen für den Zahnungsprozess sind ein verstärktes Kaubedürfnis, mehr Speichelbildung, geschwollenes Zahnfleisch oder gerötete Wangen.

- Um das unangenehme Gefühl beim Zahnen zu lindern, kannst du deinem Baby zum Herumkauen einen **im Kühlschrank gekühlten Beißring** (z. B. aus Kautschuk) anbieten. Auch ein nass-kalter ausgewrungener Waschlappen wird gern vom Babykiefer bearbeitet, wenn dieser drückt und juckt.

- Die beim Kauen auf einer **Veilchenwurzel** frei werdenden ätherischen Öle sollen beruhigend auf die Zahnregion wirken. Wissenschaftlich bewiesen ist es nicht. Die durchgelutschte Veilchenwurzel kann ein guter Nährboden für Keime sein und sollte deshalb regelmäßig ausgekocht werden – was evt. die Wirkung der ätherischen Öle reduziert.

- Manche Babys mögen es, wenn ihr Kiefer von den Eltern z. B. mit einem **Mundpflege-Fingerling** etwas massiert wird.

- Durch das vermehrte Gesabbere ist gerne mal der ganze Oberkörper gleich mit nass. **Halstücher mit etwas Saugkraft** schützen vor einem ständigen Umziehen.

- Die durch den Speichel oftmals gereizte Mundregion kannst du mit etwas **Wind- und Wetterbalsam oder Lanolin** (hochgereinigtes Wollfett) pflegen.

- Die Wirksamkeit von allerlei Mittelchen aus Schul- und Komplementärmedizin ist nicht immer eindeutig bewiesen. **Zahnungsöle, Mundgele, homöopathische Kügelchen, Zäpfchen** – worauf die einen Eltern schwören, wirkt bei anderen Babys gar nicht.

- Lass dich bezüglich **Dosierung, Anwendung** und möglicher Gegenanzeigen fachlich beraten. Das gilt besonders, wenn du Zahnungsmittel einsetzen möchtest, die ein sogenanntes Lokalanästhetikum, also einen regional betäubenden Wirkstoff, enthalten.

- **Tragen und Trösten** ist meist die effektivste Hilfe für dein Baby in der Zahnungszeit.

Beißen in der Stillzeit

Zahnen kann sich auch beim Stillen unangenehm zeigen, wenn dein Kind plötzlich versucht, auf der Brust »zu kauen«. Noch ohne Zähne fühlt es sich wie ein Zwicken an, mit Zähnen fast wie ein Tacker – autsch. Dennoch ist das Durchbrechen der MILCHzähne – die heißen nicht umsonst so – kein Abstillgrund. Beim Stillen selbst sind die Zähne des Babys so platziert, dass ein Beißen anatomisch gar nicht möglich ist, da die Zunge die unteren Zähne bedeckt. Achte darauf, dass das Baby beim Andocken viel Brustgewebe in den Mund nimmt.

Gebissen wird also nur beim Ansaugen oder Loslassen. Halte hier vielleicht schon einmal aufmerksam deinen kleinen Finger in die Nähe von Babys Mundwinkel. Sollte es nun »zubeißen«, löse das Saugvakuum auf, indem du in den Mundwinkel eingehst und dein Baby von der Brust löst. Du kannst das verbal mit einem »Nein« begleiten, ohne dein Baby dabei zu erschrecken.

Sollte das Beißen zu wunden Brustwarzen führen, kontaktiere deine Hebamme oder eine Stillberaterin. Beißen kann auch andere Gründe als Zahnungsbeschwerden haben.

Babys Zahngesundheit

Für Babys Zahngesundheit werden schon vor der Geburt die Weichen gestellt. Die Zusammensetzung deiner Mundflora entscheidet über die deines Kindes. Die Bakterien, die dich besiedeln, wird dein Baby durch den engen Kontakt aufnehmen. Auch wenn du, wie empfohlen, später darauf verzichtest, den Schnuller oder den Löffel deines Babys abzulecken, wird diese Übertragung stattfinden.

Entscheidend ist, wie viele der Karies erzeugenden Bakterien in deinem Mund sind. Das gilt natürlich auch für Väter, Geschwister oder andere Menschen, die dem Baby so nah kommen. Die Karies auslösenden Bakterien *(Streptokokkus mutans)* gelangen durch Speichelkontakt, z. B. beim Küssen, in den Babymund. Ist die Mundflora einmal mit den Karieserregern besiedelt, ist es gar nicht so einfach, sie zu loszuwerden.

Der Zeitpunkt, wann Kinder zum ersten Mal mit den Karies verursachenden Keimen infiziert werden, ist entscheidend für die lebenslange Zahngesundheit. Wenn Kinder mit drei Jahren keine nennenswerten Karieserreger in ihrem Mund haben, bekommen sie im späteren Leben deutlicher seltener Karies.

Die Kassenzahnärztliche Bundesvereinigung empfiehlt den ersten Zahnarztbesuch, wenn erstmalig die Milchzähne durchbrechen. Die jährlich empfohlenen Kontrollen beinhalten auch eine Beratung zur Zahnpflege und zu einer die Zahngesundheit unterstützenden Ernährung.

Zucker – möglichst selten, möglichst wenig, möglichst kurz

Nicht nur Süßigkeiten, sondern auch Fruchtzucker z. B. in Obst und säurehaltigen Lebensmitteln wirken sich entsprechend auf den Zahnschmelz aus. Apfelschorle (Zucker *und* Säure) ist in diesem Sinne also wirklich Gift für die Zahngesundheit. Entscheidend sind Häufigkeit und Einwirkungsdauer. Wird im Rahmen der Mahlzeit ein süßer Nachtisch gegessen, so ist das weniger schädlich, als wenn den Tag über immer wieder zuckerhaltige Bonbons gelutscht werden.

Auch Dauernuckeln an einem Fläschchen mit gesüßten Getränken erhöht das Kariesrisiko für Babys und Kleinkinder enorm. Die Milchzähne werden permanent von dem zuckerhaltigen Getränk umspült.

Selbst wenn nur Wasser in der Flasche ist, ist Dauernuckeln keine gute Idee. Wird die Mundflora ständig mit Wasser durchspült, verdünnt das den Speichel. Dieser hat eine wichtige Funktion in der Kariesvorbeugung, weil er Säuren im Mund neutralisiert. Generell sind Trink- und Essenspausen also wichtig für die Regeneration der Zähne (s. a. den Abschnitt »Ungeeignete Baby-Lebensmittel« im Kapitel »Nahrung für Körper und Seele«).

Karies und Stillen im ersten Lebensjahr

Stillen wird im Kontext frühkindlicher Kariesentstehung immer wieder als mögliche Ursache diskutiert. Karies ist ein neuzeitliches Problem und als Zivilisationskrankheit wesentlich »jünger« als die Menschheit und das Stillen selbst. Auch bei gesäugten Tieren mit Milchzahngebiss in freier Wildbahn ist Karies nicht bekannt.

Die in Muttermilch enthaltene Laktose ist ein Zweifachzucker, der normalerweise nicht im Mund, sondern erst im Magendarmtrakt in Glukose und Galaktose (Einfachzucker) aufgespalten wird. Außerdem senkt die Muttermilch-Laktose nicht wie andere zuckerhaltige Nahrungsmittel den ph-Wert im Mund so weit ab, dass die Kariesentstehung gefördert wird. Darüber hinaus enthält Muttermilch eine Reihe von Faktoren wie Laktoferrin, Lysozym und verschiedene Immunglobuline, die entweder kariogene Bakterien bekämpfen oder diesen Bakterien die Vermehrungsgrundlage entziehen. Außerdem fördern reichlich wertvolle Mineralien in der Muttermilch die Remineralisierung des Zahnschmelzes. Das alles ist durch Studien belegt.

Natürlich kommen die ersten Zähne mit der Muttermilch in Kontakt, aber wesentlich weniger als gedacht. Anders als bei der Fläschchenmahlzeit werden die Zähne nicht ständig von Muttermilch umspült, denn diese gelangt erst weit hinter den Zahnleisten in die Mundhöhle und von dort direkt in den Rachen. Halbherziges, Karies begünstigendes Dauernuckeln oder Herumkauen wie auf dem Flaschensauger ist beim Stillen nicht möglich. Das Kind muss die Brustwarze korrekt erfassen, um das Vakuum zu halten, und aktiv saugen.

Stillen hat auf die Zahngesundheit also positive Effekte. Die besonderen Inhaltsstoffe der Muttermilch und der Hautkontakt beim Stillen fördern die Entwicklung einer gesunden Mundflora.

Praxisanwendung: Tipps für stressfreies Zähneputzen

- Zähneputzen sollte **mit dem ersten sichtbaren Zahn beginnen.** Das »Putzen« ist dann zunächst mehr ein sanftes Reinigen.
- Schon vor den ersten sichtbaren Zähnchen kannst du deinem Baby mit einem kleinen **Zahnputzfingerling** die Kauleiste massieren und es an die Berührung dieser Region gewöhnen.
- **Im ersten Lebensjahr sollte einmal am Tag, ab dem zweiten Lebensjahr zweimal täglich geputzt werden.** Die verwendete Zahncrememenge sollte erbsengroß sein. Das Ausspucken beherrschen Kleinkinder allerdings erst mit zwei bis drei Jahren. Wenn dein Baby Fluorid als Tablette täglich bekommt, sollten fluoridfreie Zahncremes verwendet werden.
- Beim Thema **Fluorid** sind sich Kinder- und Zahnärzte nicht ganz einig. Lass dich am besten von beiden dazu beraten.
- Der **Zuckeraustauschstoff Xylit** (oder Xylitol) scheint in Zahncreme positive Auswirkungen zu haben. So zeigte eine Studie, dass Fluoridzahnpasta mit 10 Prozent Xylitol (gegenüber Fluoridzahncreme ohne Xylitol) bei einer An-

wendungsdauer von drei Jahren zu einer zusätzlichen Kariesreduktion von 13 Prozent bei bleibenden Zähnen führt.

- **Lass dein Baby mit einer eigenen Zahnbürste in der Hand »mitmachen«.** Achte darauf, dass es sich nicht versehentlich die Zahnbürste tief in den Mund schiebt und damit den Würgereiz auslöst oder sich gar verletzt – und niemals mit Zahnbürste im Mund herumläuft.

- **Finde eine angenehme Position für dein Kind.** Viele Babys weinen nicht wegen des Zähneputzens selbst, sondern weil ihnen die Haltung nicht behagt. Vielleicht sitzt dein Baby entspannter im Hochstuhl als auf dem Schoß. Oder das Zähnchenputzen geht einfacher, wenn ihr zusammen in der Badewanne sitzt. Probiere es aus.

- **Achte auf den richtigen Zeitpunkt.** Ist dein Kind müde oder überreizt, gehen andere Bedürfnisse vor. Das Zähneputzen sollte zu einem entspannteren Zeitpunkt nachgeholt werden. Lass Zähneputzen nicht zum Kampf werden.

- **Macht es euch schön:** Sing deinem Baby Zahnputzlieder vor, lacht dabei und auch Ablenkung ist total in Ordnung.

- **Sei ein Vorbild:** Das gilt für die eigene Zahnpflege, aber auch für das Thema gesunde Ernährung. Nimm dein Baby auch gern zum nächsten Zahnarztbesuch mit.

Notizen

Nahrung für Körper und Seele

Mit dem Moment der Abnabelung bekommt dein Baby zum ersten Mal Nahrung auf einem neuen Weg. Zunächst ist das Milch – entweder aus der mütterlichen Brust oder aus der Flasche oder auch beides in unterschiedlichen Kombinationen. Babys im ersten Lebensjahr werden Säuglinge genannt, weil sie sich über das Saugen ernähren, auch wenn im zweiten Lebenshalbjahr die Beikost als Ergänzung zur Milch hinzukommt.

Stillen

Die überwiegende Mehrheit der Frauen – in Deutschland sind es etwa 90 Prozent – möchten ihr Baby stillen. Fast immer klappt das auch, aber dass der Beginn einer Stillbeziehung erst mal viel Geduld und Spucke – manchmal mehr als gedacht – erfordert, ist ganz natürlich. Du bist mit einer überwältigenden Menge an neuen Gefühlen und Empfindungen konfrontiert und sollst doch gleichzeitig schon wissen, wie das nun alles »richtig« geht – na klar überfordert uns das streckenweise.

Manche – wenige – Frauen können trotz vieler Bemühungen ihr Baby nicht ausschließlich stillen und wieder andere möchten das gar nicht.

Und kaum hat man sich an alles gewöhnt, genießt es und weiß, wie der Hase läuft, tritt dann im zweiten Lebenshalbjahr die Beikost auf den Plan.

Für alle diese Wahlmöglichkeiten – und Situationen, die manchmal ganz anders kommen als gedacht – findest du in den nächsten Kapiteln alles, was du wissen musst.

Stillen vorbereiten

Früher geisterten diverse Vorschläge und Ideen durch die Welt, wie Brüste oder Brustwarzen vor der Geburt vorzubereiten seien. Um es abzukürzen: Nichts davon ist sinnvoll. Du musst also deine Brüste nicht mit Bürsten oder schrubbeligen Handtüchern bearbeiten, um sie in irgendeiner Weise abzuhärten. Zu Beginn der Stillzeit werden deine Brustwarzen vermutlich empfindlich sein. Das liegt aber in erster Linie an den Schwangerschaftshormonen, die einige Zeit brauchen, um wieder ganz aus dem Körper zu verschwinden. Es ist jedenfalls nicht so, dass eine gewisse Form von Abhärtung durch das Saugen des Kindes eintritt, du also so etwas wie »Hornhaut an den Nippeln« entwickelst. Dennoch sind empfindsame Mamillen oft ein Thema zu Beginn der Stillzeit – im Kapitel »Wunde Brustwarzen« auf den folgenden Seiten findest du alle Informationen und Maßnahmen dazu.

Die einzig sinnvolle Stillvorbereitung ist, etwas mehr über das Stillen zu erfahren und zu lernen. Du kannst etwas lesen oder vielleicht einige Videos ansehen, damit du im Detail siehst, worauf es beim Anlegen, Saugen und Trinken ankommt. Das lässt sich im bewegten Bild viel besser verstehen, als dies über ein Buch möglich ist. Im Anhang findest du einige Links.

Erstes Stillen

Das deutsche Wort »Stillen« beschreibt auf eine besonders schöne Weise, dass Stillen eben so viel mehr ist als nur Füttern. Bedürfnisse stillen, still machen, still sein – all das ist weitaus mehr als nur Kalorienzufuhr. Auch die Beschreibung »das Baby stillt« (statt: »das Baby trinkt«) ist zwar immer noch ein bisschen ungewohnt, aber doch zunehmend gebräuchlich. Wenn du dein Baby das allererste Mal in euer beider Leben stillst, ist die Nahrungsaufnahme gleichfalls nicht das zentrale Element. Nachdem die Nabelschnur durchtrennt wurde, geht ihr beiden mit dem Stillen wieder eine körperliche Verbindung ein. Diese neue körperliche Liebesbeziehung, die das Stillen auch ist, löst eure innige Vereinigung über die Nabelschnur ab.

Kolostrum: Gelee Royale für Menschenbabys

In den ersten Tagen bekommt das Baby beim Stillen das kostbare Kolostrum, die gelbliche Vormilch, die in ihrer Zusammensetzung besonders ist. Kolostrum ist eine ganz einzigartige, bioaktive und lebendige Nahrung. Es ist relativ zuckerarm und reich an Proteinen. 50 Prozent des Gesamteiweißes machen Immunglobuline aus. Verglichen mit der späteren reifen Muttermilch sind sie im Kolostrum in der 20-fachen Menge enthalten. Sie geben dem Baby wichtige Immunantworten für seine ersten Stunden und Tage des neuen und intensiven Keimkontakts in dieser Welt mit, die es selbst noch nicht bilden kann.

Schon wenige Tropfen Kolostrum legen sich wie ein schützender Film über die Schleimhäute des Magen-Darm-Traktes und der Luft- und Harnwege. Die darin enthaltenen mütterlichen Antikörper schützen so das Baby vor dem Eindringen von Bakterien und Viren.

Die Menge pro Mahlzeit ist mit 5 oder 10 ml so klein, dass sie optimal an den winzigen, noch nicht entfalteten Magen angepasst ist. Zudem wirkt Kolostrum abführend, sodass das Mekonium, das Kindspech, schnell ausgeschieden werden kann und die Darmperistaltik zur für dein Baby ganz neuen Nahrungsaufnahme angeregt wird.

Für frühgeborene Babys ist das Kolostrum besonders kostbar. Sie bekommen wegen ihrer kürzeren Schwangerschaft weniger mütterliche Antikörper durch die Plazenta. Zusätzlich zu ihrer Zartheit sind sie dadurch anfälliger für Bakterien und Viren in der neuen Umgebung hier draußen.

Wenn dein Baby nach der Geburt nicht bei dir sein kann oder das Stillen (noch) nicht möglich ist, kannst du das ausgestrichene Kolostrum mithilfe einer kleinen Spritze aufnehmen und deinem Baby geben. Es sind zunächst nur wenige, aber wirklich kostbare Tropfen. Optimal ist es, wenn du acht- bis zwölfmal in 24 Stunden etwas Kolostrum aufsammelst – das sind alle zwei bis drei Stunden. Lass dir dabei unbedingt von einer Hebamme oder Stillberaterin zeigen, wie du sanft deine Brust durch eine Massage stimulierst und das Kolostrum per Hand entleerst.

Kolostrum in der Schwangerschaft gewinnen

Auch für Babys von Müttern, die einen Schwangerschaftsdiabetes entwickelt haben, ist Kolostrum enorm wichtig: Da die Bauchspeicheldrüse des ungeborenen Babys in der Schwangerschaft mitgeholfen hat, hohe Blutzuckerspiegel runterzuregulieren, kippen diese Babys nach der Geburt häufig in die Unterzuckerung. Man kontrolliert daher den Blutzucker des Babys nach der Geburt regelmäßig alle paar Stunden, wenn du einen Gestationsdiabetes hattest. Kolostrum hilft enorm bei der Stabilisierung. Mittlerweile empfiehlt man diabetischen Müttern, schon während der letzten zwei bis zwei Wochen der Schwangerschaft Kolostrum zu gewinnen.

Dazu kannst du Kolostrum, das von allein oft noch nicht herausfließt, etwa ab der 36. SSW sanft nach einer Massage ausstreichen. Es braucht ein wenig Übung, und am Anfang sind es vielleicht nur winzige Tröpfchen. Es wird aber nach und nach mehr. Du kannst die kleinen Mengen mit einer speziellen Spritze aufsammeln, verschließen und ins Gefrierfach legen. Zur Geburt nimmst du diese gesammelten Spritzen dann in einer Kühltasche mit in den Kreißsaal. Größere Kliniken bieten sogenannte Gestationsdiabetes-Sprechstunden an, wo dir das korrekte Gewinnen und Aufbewahren von Kolostrum erklärt wird.

Regeln für das Stillen?

Stillen ist wahrscheinlich das umfangreichste Thema im gesamten Wochenbett, ganze Bücher drehen sich ausschließlich darum (siehe Literaturliste im Anhang). In diesen ersten Lebenstagen gibt es viel weniger Regeln, als du vielleicht hier oder da hörst: »Nicht zu kurz oder zu lange anlegen, so und so viel Minuten, auf keinen Fall kürzer oder länger, erst rechts oder links …«

Es ist immer wieder erstaunlich, wie viele Rhythmusfantasien wir verinnerlicht haben – sei es durch Grundannahmen und die daraus resultierende Praxis aus vergangenen Jahrzehnten oder weil unser Alltag ansonsten so durchgetaktet und planbar ist und wir immer auf der Suche nach einer Struktur sind, die uns Sicherheit verspricht.

Vergiss das alles erst mal! Dein Baby wird sich melden, wenn es hungrig ist. Es macht – bis auf wenige Ausnahmen – wenig Sinn, ein Baby aus dem Tiefschlaf zu reißen, damit es trinkt, es wird dann kaum dafür zu begeistern sein.

Umgekehrt ist es genauso wenig sinnvoll, ausgiebiges Saugen zu reglementieren. Bei richtigem Anlegen strapaziert langes Stillen nicht oder nur vernachlässigbar die Brustwarzen.

Von dieser entspannten Grundhaltung, sich nicht allzu viel einzumischen oder einen Takt vorzugeben oder ihm zu folgen, gibt es nur ganz wenige Ausnahmen, wie etwa eine sich schnell entwickelnde Gelbsucht (Hyperbilirubinämie) oder eine rasante Gewichtsabnahme. Beides kommt nicht so häufig vor, dass man alle Mütter und Babys damit irritieren muss. Und umgekehrt hilft gerade das ungestörte Stillen nach Bedarf, eine Hyperbilirubinämie sowie einen kritischen Gewichtsverlust zu verhindern.

Jede Still-App oder jede Strichliste ist letztlich nur ein hilfloser Versuch, das Unkontrollierbare zu kontrollieren. Wenn du das Gefühl hast, dir würde dieser Strohhalm an Kontrolle helfen – mach das ruhig. Selbst nach Wochen und Monaten wirst du vermutlich keine Rhythmen ausmachen, es irgendwann auch so nehmen und spätestens dann aufgeben, danach zu suchen.

Die wichtigsten Stilltipps für die ersten Tage

- **Ruhe und Zeit zum Kennenlernen.** Immer wieder: Sorge dafür, dass du dich ausreichend schonst – und von deinem Umfeld geschont und kulinarisch umsorgt wirst. Nimm dir Zeit, dein Kind kennenzulernen. Auch das Stillen selbst ist ein Lernprozess. Sei geduldig mit euch.
- **Oxytocin in Strömen.** Oxytocin ist das wichtige Bindungshormon und gleichzeitig das Hormon, das den Milchspendereflex auslöst und deine Milch zum Fließen bringt. Für die Produktion von Oxytocin ist Ruhe, Entspannung und Wärme hilfreich. Bei Stress, zu viel Besuch oder Streit behindern die dadurch ausgeschütteten Stresshormone den Oxytocin-Fluss.
- **Angebot und Nachfrage.** Lege dein Baby ausgiebig an. Viel Baby-Trinken macht nämlich viel Milch. Deine Milchmenge wird so marktwirtschaftlichen Gesetzen folgend perfekt für dein Baby eingespielt.
- **Oft genug.** Dein Baby sollte mindestens achtmal in 24 Stunden trinken. Aber auch zehn- bis zwölfmal und mehr in 24 Stunden ist ganz normal.

- **Das Leben hier draußen ist anstrengend.** Sollte dein Baby in den ersten Lebenstagen häufig beim Trinken einschlafen, kannst du es ein bisschen animieren: Nackter Körperkontakt ist sowieso immer gut, ebenso Kitzeln an Ohrläppchen oder Füßchen oder Wachwickeln in einer Stillpause.

Frühe Hungerzeichen

Du wirst sehr bald schon ein Gespür für die frühen Hungerzeichen deines Babys entwickeln: Es schmatzt, macht verschiedene Bewegungen mit Mund und Zunge, lutscht am Händchen oder Deckenzipfel, macht suchende Bewegungen mit seinem Köpfchen, hin und her oder vor und zurück (»Specht«). Saug- und Suchreflex werden aktiviert. Reflexe sind immer ein untrügliches Zeichen dafür, dass ein Befolgen ohne Hinterfragen eine gute Idee ist. Dein Baby weiß, wann und wie oft es trinken möchte.

Weinen ist kein frühes Hungerzeichen. Wenn dein Baby weint, ist es bereits im Alarmzustand, Adrenalin wird ausgeschüttet, es ist im Stress. Unter Stress fällt euch beiden ein intuitives Bindungsverhalten und damit auch das Anlegen nicht mehr so leicht. Wenn es also die Zeit zulässt, bereite dich zum Stillen vor, sobald dein Baby sich leise im Halbschlaf meldet und anfängt, herumzumaunzen. Sehr bald wird es hungrig und spätestens dann sehr ungeduldig sein. Föhne also nicht erst deine Haare zu Ende oder erledige noch schnell einen Anruf. Bis du auf deinem Stillthron die diversen Kissen drapiert und deine Brust ausgepackt hast, dauert es eh noch einen Moment.

Gutes Anlegen

Lass dir das »richtige Anlegen« zeigen und auch, woran genau du erkennst, dass dein Baby gut, brustwarzenschonend und effektiv saugt. Zusätzlich zum »Zeigen und Guckenlassen« durch die Profis (deine Hebamme oder die Stillberaterin in der Klinik) gibt es hilfreiche Videos auf Youtube (siehe Anhang). Sehen, wie »richtig« und »nicht so richtig« im Vergleich aussieht, ist manchmal hilfreich, wenn man beim ersten Kind nicht besonders viel darüber weiß. Schaut euch die Videos gerne zusammen an. Erwiesenermaßen steigt sowohl die Stillzufriedenheit als auch die Stilldauer, wenn auch die Väter viel über das Stillen wissen und es wohlwollend unterstützen. Und möglicherweise brauchst du anfangs hier und da noch eine helfende Hand.

Intuitives Stillen nach Regine Gresens

- Nimm eine **bequeme Körperhaltung** ein, etwas zurückgelehnt, halb liegend. Etwa so wie beim Fernsehen auf dem Sofa oder in einem Liegestuhl.
- **Mache es dir mit verschiedenen Kissen gemütlich,** sodass Kopf, Nacken, Schultern und Arme bequem unterstützt sind.
- **Lege dein Baby bäuchlings auf deinen Bauch,** sodass es mit dem Kopf zwischen deinen Brüsten oder auf einer Brust liegt.
- In dieser Position sinkt dein Baby durch die Schwerkraft zur Brust. **Eure Körper haben viel Kontakt** und keinen störenden Abstand oder Kuhlen zwischen Körper und Kissen zwischen sich.
- Durch die Berührung an seiner gesamten Körpervorderseite werden bei einem aufmerksam-hungrigen Baby seine **angeborenen Reflexe ausgelöst,** die ihm bei der Nahrungssuche helfen: der Such- und der Saugreflex.
- Du kannst dein **Baby unterstützen** und es ein wenig näher zu seinem Ziel, deiner Brustwarze, schieben. Die Brustwarze sollte dabei eher auf der Höhe seiner Nase als auf Höhe seines Mundes sein.
- Hat dein Baby die Mamille gefunden, hebt es sein Köpfchen, öffnet den Mund, verankert seinen Unterkiefer unterhalb der Brustwarze an deiner Brust und **zieht sich die Brustwarze und viel Brust tief in den Mund.**
- Im besten Fall fängt es nun an zu saugen und hörbar zu schlucken – es hat geklappt!

Anlegen, wenn es schwierig ist

Falls dein Baby die Brust nicht gut fassen kann oder es immer abrutscht, kannst du ihm etwas helfen und ihm die Brustwarze »anreichen«. Es ist eine ziemliche Herausforderung für einen kleinen Babymund, genug Brustgewebe rund um die Mamille herum aufzunehmen, ein Vakuum zu bilden und zu halten. Gerade zum Zeitpunkt des Milcheinschusses ist zudem die Brust insgesamt sehr prall, sodass dein Baby immer wieder abrutscht und den Nippel nicht richtig zu fassen bekommt.

- Halte also deine Brust am oder hinter dem Vorhof zwischen Daumen und Fingern etwas flach zusammendrückt, parallel zu seinen Lippen, **und reiche dem Baby deine Brustwarze wie ein Sandwich**

an. So kann es viel Brust erfassen und die Brustwarze gleich tief in seinen Mund gelangen. Lass die Brust erst langsam wieder los, wenn du das Gefühl hast, dass dein Baby gut saugt.

- **Asymmetrisches Anlegen:** Das asymmetrische Anlegen ist ein kleiner Kniff, der es dem Baby besonders gut ermöglicht, mit seinem Unterkiefer und seiner Zunge unter die Brustwarze zu kommen und gleichzeitig effektiv und brustwarzenschonend zu trinken. Diese Technik wird auch *Flipple* oder *extended latch* genannt, nur damit du weißt, unter welchen Suchworten du im Netz Videos dazu finden kannst.
- Du hältst dabei die Brustwarze wie oben beschrieben zwischen Daumen und Zeigefinger. **Dabei kippst du den Nippel leicht nach oben,** sodass er in die Richtung von Babys Gaumendach zeigt, und lässt ihn dann, wenn dein Baby den Mund richtig weit öffnet (wichtig!), in den Mund hinein-»fluppen«.

Geduld für den Stillstart

Das Stillen ist sicher eines der ganz zentralen Themen im Wochenbett, und in den ersten Tagen und wenigen Wochen verändert sich ganz viel: Dein Körper macht zum ersten Mal das mit deinen Brüsten, wofür sie biologisch betrachtet vorgesehen sind. Das setzt oft ungeahnte Metamorphosen in Gang. Du tust nach der Geburt deines ersten Kindes etwas, was du bis dahin noch nie gemacht hast. Dein Baby hat ebenfalls bisher nie in seinem Leben dafür sorgen müssen, seine Nahrung selbst aufzunehmen. Bis dir das Stillen elegant und selbstverständlich vorkommt, bis es also schön, romantisch und kuschelig ist, die Brüste nicht mehr prall und die Brustwarzen nicht mehr so empfindlich sind – eben so, wie du es dir möglicherweise vorgestellt hast –, werden sicher eine, zwei oder auch drei Wochen vergehen. Das ist vollkommen normal.

Aber sei sicher, dass sich viele, scheinbar ganz große Fragezeichen in den nächsten Tagen schon in Luft aufgelöst haben! Es gibt Naturtalente und es gibt Babys, die etwas mehr Zeit brauchen. Auch deine Mobilität macht einen Unterschied aus: Wenn du durch einen Kaiserschnitt oder durch schmerzende Geburtsverletzungen noch etwas gehandicapt bist, brauchst du möglicherweise mehr Unterstützung! Lass dir vom Klinikpersonal oder von deinem Mann helfen.

Milcheinschuss

Kein so besonders schönes Wort. Aber es hat sich etabliert, weil bei einem nicht ganz idealen Stillbeginn die Brust oftmals explosionsartig unangenehm fest wird. Die korrekte Bezeichnung »Initiale Brustdrüsenschwellung (IBDS)« beschreibt das Geschehen passender, wenngleich sich diese Bezeichnung eher unter Hebammen als unter Müttern durchsetzt.

Die meisten Frauen entwickeln etwa am dritten Tag nach der Geburt innerhalb weniger Stunden oder über Nacht mehr oder weniger ausgeprägte Symptome der in diesem Fall offenbar bestens funktionierenden Umstellung der Brüste auf »Milchproduktion – jetzt«. Die Brüste werden prall, empfindlich und fühlen sich vielleicht stellenweise knubbelig an. Die Venenzeichnung ist deutlich auf deiner Haut sichtbar. Blut und Lymphe wandern in die Brust, um dort die Milchproduktion anzukurbeln – es ist nicht die Milch selbst, die deine Brüste so prall macht. Manchmal bekommen Frauen auch eine leicht erhöhte Körpertemperatur und etwas Schüttelfrost (»Milchfieber«).

Vor allem dann, wenn du schön im Bett bleibst und dein Kind häufig genug anlegst, sind die Symptome meistens nicht sonderlich schlimm, aber doch vielleicht etwas skurril. Riesig und prall. Mit solch großen Brüsten hast du dich noch nie gesehen. Zeit für ein Erinnerungsfoto. Und pflege den Milcheinschuss ein bisschen:

Praxisanwendung: Maßnahmen beim Milcheinschuss

- **Lege dein Baby oft an.** Manchmal sind es vielleicht nur ein paar kurze Momente, es schleckt nur ein wenig an den Brustwarzen herum, bevor es wieder eindöst. Dann wieder stillt es eine halbe Stunde am Stück mit kurzen Unterbrechungen. Darauf kommt es erst mal nicht an. Halte dein Baby im Arm, nimm es in dein Bett und zieht euch gerne am Oberkörper nackt aus dazu. Macht es euch schön kuschelig! Das ist intuitives, mütterliches Bonding-Verhalten, dein Oxytocin kann so in Strömen fließen. Entwickle ein Gespür für die in einem der vorigen Kapitel beschriebenen frühen Hungerzeichen und lege dein Baby dann sehr zügig an, bevor es ungeduldig und hektisch wird.

- Manchmal ist es durch die initiale Brustdrüsenschwellung für dein Baby schwieriger, die Brustwarze zu fassen, es rutscht einfach an den prallen Brüsten ab. Es braucht dann mehr Geduld, von euch beiden. **Lass dir von deiner Hebamme zeigen, wie du deinem Baby die Brustwarze vorübergehend besser »mundgerecht« anreichen kannst.**

- **Kühlen hilft** – mit feuchten Tüchern, mit in Buttermilch getränkten Tüchern oder tiefgekühlten Kirschkernkissen. Auch gefrorene Erbsen schmiegen sich gut um die Brust herum an. Spare die Mamillen dabei aus. Es soll nicht »eiskalt«, sondern maximal »kühlschrankkalt« sein. Spüre, was dir angenehm ist, manchmal scheint »zimmerwarm« die Lymphe sogar besser abzutransportieren. Sehr effektiv ist auch das Nonplusultra: Quarkwickel! Es gibt außerdem spezielle »brustgeformte« Kühlaggregate einiger Stillproduktehersteller.

- **Manchen Frauen tut Wärme gut:** eine warme Dusche – vielleicht mit sanftem Ausstreichen – oder feuchtwarme Kompressen.

- Mit einem **gekühlten Rosenquarz- oder Jaderoller** kannst du kleinere Bereiche ganz sanft abrollern.

- Lege dich **immer wieder einmal flach auf den Rücken,** das hilft dem Lymphabfluss mithilfe der Schwerkraft.

- **Nimm deine Brüste vor dem Stillen in die Hände** und »schuckel« sie sanft hin und her.

- **Wärme zwischen den Schulterblättern** entspannt dich und erleichtert ebenfalls den Milchfluss: Lehne dich einfach an eine schön warme Wärmflasche.

- Quetsch nicht an deinen Brüsten herum und vermeide wildes Herumkneten. Eine **leichte, ganz sanfte Massage** kann aber sehr wohltuend sein. Ein **Stillöl** ist oft angenehm.

Quarkwickel

Quarkwickel sind toll zum Lindern der Symptome eines Milcheinschusses. Die Milchsäure und die spezielle Konsistenz machen sie zu einem wirkungsvollen Mittel bei allen Prozessen, bei denen Rötung, Schwellung und Hitze eine Rolle spielen. Die Wickel sind entzündungshemmend, hitzeausleitend, schmerzlindernd, entspannend und leicht fiebersenkend. Sie schmiegen sich durch die Weichheit des Wickels perfekt an, sind nie zu kalt und viel weniger aufwendig als gedacht.

- Nimm dazu herkömmlichen Magerquark und eine Mullwindel (Spucktuch).
- Breite das Tuch auf dem Küchentisch aus und stelle ein kleines Trinkglas in die Mitte. Das ist die Aussparung für die Brustwarze. Streiche – so dick wie auf ein Brot – Quark in einem tellergroßen Kreis drum herum.
- Schlage dann die Ecken über den Quark und lege dieses Quarkpaket auf den Busen, es ist also eine (dünne) Stofflage zwischen Haut und Quark.
- Lasse den Wickel etwa 20 Minuten auf der Brust, bis es nicht mehr angenehm ist. Danach hat das Tuch viel Flüssigkeit aus dem Quark gezogen und du kannst die trockenen Quarkreste gut vom Mulltuch abschütteln.

Wunde Brustwarzen

Weil die meisten Babys schon in den ersten Lebenstagen nuckeln und saugen wollen, als gäbe es kein Morgen, sind empfindliche Brustwarzen in einem gewissen Ausmaß in der zweiten Hälfte der ersten Lebenswoche recht häufig – das geht aber bald wieder vorbei. Nicht durch Abhärtung übrigens, sondern weil die Schwangerschaftshormone, die die Brustwarzen so empfindlich machen, aus dem Körper verschwunden sind (einige Frauen spüren – viel später! – im Zyklusverlauf nach ihrem Eisprung wieder eine leise Empfindlichkeit).

Vor allem beim Ansaugen empfinden viele Frauen einige Sekunden lang ein kurzes »Ansaugbrizzeln«. Achte darauf, dass dein Kind richtig trinkt – es ist wichtig, da am Anfang akribisch zu sein, damit dein Baby eine sanfte und effektive Saugtechnik etabliert. Deine Hebamme zeigt dir genau, worauf du achten solltest.

Pflege deine Brustwarzen gern ein wenig. Neben der Muttermilch selbst (verstreiche den letzten Tropfen nach dem Stillen auf der Haut) ist Lanolin (hochgereinigtes Wollfett) ein bewährtes Mittel. Achte darauf, dass es von hochreiner, hypoallergener Qualität ist. Du erkennst das tendenziell am Preis. Die Produkte *purelan®* oder *Lansinoh®* sind gut geeignet und natürlich auch der *Nipple Balm (into life®)*.

Bei sehr ausgeprägt wunden oder gar blutigen Brustwarzen ist es wichtig zu schauen, wo das Problem liegt. Saugt das Baby richtig? Hat es die Brustwarze weit genug im Mund? Liegt es im richtigen Winkel zur Brust? Eher ein seltener Grund, aber auch das kommt vor: Ist das Zungenbändchen zu kurz, sodass dein Baby die Zunge nicht weit genug aus dem Mund strecken kann? Ist es sehr verspannt im Kiefer? Deine Hebamme hat da den kundigen Blick und wird noch einmal genau schauen, was das Baby da so macht. Auf YouTube gibt es ein paar wirklich gute Videos, auf denen du gucken kannst, wie sanftes Anlegen richtig aussieht (siehe die Links im Anhang). Ein zu kurzes Zungenbändchen kann von einem erfahrenen Kinderarzt gekappt, klemmende Kiefer können osteopathisch behandelt werden.

Grundsätzlich scheint bei wunden Brustwarzen die feuchte Wundheilung besser zu funktionieren als das früher gebräuchliche »viel Luft dran«. Aber probiere ruhig aus, was dir guttut. Zur Linderung und Heilung bei ausgeprägteren Rhagaden (rissigen, aufgesprungenen Brustwarzen) sind *Multimam®*-Kompressen (feuchte Wundheilung) toll!

Stillhütchen?

Für eine noch ungeübte Mutter und ein noch ungeübtes Baby sind die ersten Stillversuche manchmal eine große Herausforderung. Ein Stillhütchen kann dann kurzfristig eine Hilfe sein, wenn das Anlegen vorübergehend überhaupt nicht klappt oder dein Baby vielleicht aufgrund einer zu frühen Geburt noch etwas zu schwach ist. Setze es in Absprache mit deiner Hebamme zurückhaltend und mit Bedacht ein, letztlich bedarf jedes Stillhütchen nach den Kriterien der »Baby Friendly Hospital Initiative (BFHI)« einer medizinischen Indikation. Manche Kinder gewöhnen sich sehr schnell an die »fertige Stöpselform«, und es kann mühevoll und langwierig werden, sie deinem Baby wieder abzugewöhnen.

Stillhütchen können auch zu einer eventuell verminderten Stimulation und dadurch reduzierten Prolaktinausschüttung, führen, was wiederum die Milchmenge verringern kann, sodass dein Baby nicht mehr ausreichend zunimmt. Durch ein Stillhütchen bastelt man sich im Verlaufe der ersten Stillwochen oft mehr Probleme als Lösungen.

Natürlich ist es für ein Baby viel leichter, einen festen Silikonstöpsel zu fassen und daran zu saugen als eine weiche Brustwarze zu schnappen und in den Mund hineinzusaugen, die irgendwie immer wieder wegflutscht und von dieser Stöpselform natürlich weit entfernt ist.

Die personelle Besetzung auf der Wochenbettstation ist wie fast überall im Krankenhaus heutzutage: eher mau. Sie erlaubt es nicht immer, dass eine Kinderkrankenschwester, eine Hebamme oder eine Stillberaterin allen Müttern das Stillen so lange und mit so viel Geduld zeigen kann, bis es problemlos und ohne Unterstützung klappt, so wie es idealerweise natürlich wäre. Manchmal bekommt man von der Tür aus einfach ein Stillhütchen zugeworfen. Und natürlich ist es besser, das Baby trinkt mit Stillhütchen, als dass es überhaupt nicht an der Brust trinkt. Oft werden die Stillhütchen aber so leichtfertig eingesetzt, dass viele Frauen nach der Klinikentlassung zunächst ausschließlich mit Stillhütchen stillen. Sie haben dann in den nächsten Tagen viel Mühe damit, diese Stillhütchen wieder abzugewöhnen. Hier zählt wirklich jeder Tag: Babys lernen schnell – und gewöhnen sich ratzfatz an diese Super-Nippel.

Stillhütchen richtig angewendet

- Klapp das Stillhütchen vor dem Aufsetzen fast vollständig verkehrt herum, sodass die Spitze noch in der »richtigen« Position, aber der Rand um sie herum nach oben gefaltet ist.
- Drück die Spitze des Hütchens etwas nach innen und verkürze damit die Spitze.
- Zentriere die Spitze des Hütchens über deine Brustwarze und setze es auf.
- Zur besseren Haftung kannst du die Innenseite des Hütchens mit etwas Wasser oder ein paar Tropfen Muttermilch anfeuchten.

- Zupf oder drück nun vorsichtig etwas an der aufgesetzten Hütchenspitze, sodass sie in ihre normale Form zurückploppt. Dabei wird deine Brustwarze etwas in die Spitze hineingezogen. Das Saugen deines Babys wird den Rest der Brustwarze hineinziehen.
- Nimm dein Baby mit seinem Gesicht nah an dich heran, in guter Höhe, etwa auf einem (Still-)Kissen. Die Spitze des Hütchens liegt eher in Höhe des Näschens als des Mundes. Erst, wenn das Baby seinen Mund weit öffnet, lass es »zuschnappen« und ziehe es nah an dich heran.
- Es ist wichtig, dass dein Baby das übt: den Mund weit, weit aufmachen, wie ein kleiner Löwe oder als würde es gähnen.
- Es ist verführerisch (weil es geht), den steifen Silikon-Nippel irgendwie in den Babymund zu schieben. Das klappt jedoch nicht mit einer echten Brustwarze. Deshalb: Nie machen! Erst den Mund weit auf, dann der Nippel in den Mund.

Praxisanwendung: Das Baby vom Stillhütchen entwöhnen

Das Abgewöhnen der Stillhütchen kann manchmal überraschend schnell gelingen, aber auch bis zu mehreren Wochen dauern. Bleib geduldig und versuche es immer wieder einmal, in entspannter Stimmung und mit einem entspannten Baby. Manchmal hast du mehr Geduld, manchmal weniger, manchmal hat dein Baby mehr davon, manchmal weniger. Je konsequenter du sein kannst, umso schneller wird es irgendwann klappen – aber manchmal sind nachts um drei die Nerven zu zart für Konsequenz. Nehmt euch Zeit!

- Probier es ohne Hütchen, wenn dein Baby noch nicht allzu hungrig und vielleicht sogar noch etwas schläfrig ist. Es ist dann geduldiger und eher bereit, etwas »Neues« zu probieren.

- Ermögliche viel Hautkontakt mit deinem Baby, indem du es möglichst nackt ausziehst. Zieh auch deinen BH aus.

- Vermeide bei deinen Anlegeversuchen Stress und Frustration bei dir und bei deinem Baby. Wenn es sich sehr aufregt oder zu weinen beginnt, versuch es zu beruhigen oder lasse es zunächst ein wenig an deinem kleinen Finger nuckeln.

- Wenn es nicht klappt, beende den Versuch für dieses Mal und lass dein Baby wie gewohnt mit Stillhütchen trinken. Vielleicht funktioniert es beim nächsten Mal besser. Es wird immer einfacher, wenn du einige Male erfolgreich warst.

- Wenn dein Baby sehr aufgeregt oder sehr hungrig ist, kannst du es an der ersten Seite mit Hütchen, an der zweiten ohne anlegen. Oder du lässt es zunächst für einige Minuten mit Hütchen trinken und nimmst dieses dann ab, wenn sich deine Brustwarze mit dem Hütchen etwas geformt und der Milchspendereflex eingesetzt hat. Probiere ein wenig herum.

- Du solltest nicht – wie manchmal empfohlen – die Spitze des Hütchens abschneiden und es so nach und nach kürzen! So entstehen scharfe Kanten, die dein Baby im Mund verletzen können.

- Wenn das Stillen ohne Hütchen in einer Stillposition klappt, lege für einige Zeit nur noch so an, bis du und dein Baby euch dabei sicher und routiniert fühlt.

Bekommt mein Baby genug Milch?

- **Spätestens zu Beginn der zweiten Lebenswoche beginnt die Milch sichtbarer zu fließen,** sie rinnt beim Stillen aus der jeweils anderen Brust, und du verstehst plötzlich, wozu Stilleinlagen da sind.
- **Dein Baby schluckt hörbar beim Trinken** und hat nach dem Stillen einen milchnassen Mund.
- **Deine Brust fühlt sich nach dem Stillen weicher an als zuvor.**

- **Dein Baby hat mindestens so oft nasse Windeln, wie es Tage alt ist** – ab Tag sechs also mindestens sechs am Tag – und dreimal oder häufiger täglich Stuhlgang etwa ab dem vierten Lebenstag. Seltenerer Stuhlgang ist ab einem Alter von ca. sechs Wochen okay, davor ist das meistens ein Zeichen von zu wenig Milch.
- Bis zum Ende der zweiten Lebenswoche hat dein Baby vermutlich seinen anfänglichen und normalen Gewichtsverlust von etwa bis zu circa 7 Prozent des Geburtsgewichts wieder aufgeholt. Danach sollte die **Gewichtszunahme** bei 170 bis 330 Gramm in der Woche liegen. Zwischen dem dritten und fünften Monat sind 110 bis 330 Gramm pro Woche eine optimale Gewichtszunahme. Bis zum siebten Monat gelten 70 bis 140 Gramm pro Woche als normal.
- **Ein hungriges, nicht gut gedeihendes Baby wirkt ständig unzufrieden.** Es will eigentlich immer und nonstop an deinem Busen sein, schläft aber trotzdem zwischendurch nie so richtig zufrieden ein.

Wichtig in Situationen, in denen du dir nicht sicher bist, ob dein Baby genügend Milch bekommt, ist eine gute Dokumentation – oft lassen sich da schon gute Ansätze zur Lösung erkennen. Normalerweise ist es nicht notwendig, ein Stillprotokoll zu führen, weder auf Zetteln noch per App. In schwierigen oder unübersichtlichen Situationen hingegen hilft Aufschreiben, um die Stillmahlzeiten zu dokumentieren und das subjektive Gefühl in konkrete Zahlen zu fassen. Nicht selten nehmen nämlich die Eltern die Situation anders wahr: »Das Kind trinkt ganz oft und ganz viel – und es schläft so schön …« Anhand der Dokumentation sieht man dann möglicherweise, dass das Baby gar nicht täglich auf acht Mahlzeiten kommt, die Stillmahlzeiten effektiv auch selten länger als fünf Minuten sind oder die Abstände hier und da viel zu lang sind.

Steigern der Milchmenge

Die ersten zehn Tage sind bahnbrechend wichtig für das In-Gang-Kommen der Milchproduktion. In dieser Zeit werden die Hormonrezeptoren ausgebildet, die in den folgenden Wochen und Monaten die Milchproduktion regulieren. Fast immer klären sich alle Anfangsturbulenzen mit guter Beratung, Geduld und Spucke. Lass hier aber keine kostbare Zeit verstreichen, denn das wichtige Zeitfenster zu Beginn bleibt nicht ewig offen.

Nach drei oder vier Wochen wird es deutlich schwieriger, die Milchmenge weiter zu steigern. Frustrierend sind dann Verläufe, in denen das frühe Zeitfenster irgendwie verdaddelt wurde und erst bei der U3 auffällt, dass gerade mal das Geburtsgewicht überschritten ist. Dann leitet man erst sehr spät Maßnahmen ein und muss gleichzeitig schon mit dem Füttern von Formulamilch beginnen (siehe das folgende Kapitel »Wann muss man zufüttern?«).

- Die Milchbildung gehorcht marktwirtschaftlichen Gesetzen und wird durch die gesteigerte Nachfrage mit einer angekurbelten Produktion reagieren. Deshalb ist die erste wichtige Regel: **Anlegen, anlegen, anlegen.** Und zwar häufig, ausreichend lange und möglichst effizient. Dein Baby soll dazu mindestens alle zwei bis drei Stunden für mindestens 15 Minuten trinken. Wenn dein Baby nach kürzerer Zeit schon nicht mehr hörbar schluckt oder ungeduldig wird (und dabei wie ein kleiner Hund knurrend an der Brust herumzerrt), wechsle die Seite. Rechts-links-rechts-links. Damit löst du häufige Milchspendereflexe aus, welche wiederum deinem Körper signalisieren: Mehr Milch bilden, bitte! In den ersten beiden Wochen oder in Wachstumsschüben reicht diese Maßnahme meist völlig aus.
- **Für eine ausreichende Milchproduktion ist es wichtig, dass auch effektiv an der Brust getrunken wird.** Rumschnullern reicht dafür nicht! Lasse deine Hebamme noch mal genau zugucken, was dein Baby an deiner Brust macht. Gucke dir Youtube-Videos an, in denen man das gut sehen kann. (Links dazu findest du im Anhang.)
- **Gut essen, liegen, ausruhen, schlafen.** Nach einer Geburt ist dein Körper rechtschaffen erschöpft und kümmert sich um diverse Regenerations- und Heilungsbaustellen. Lege dich mit deinem Baby ins Bett und genießt: viel Kuscheln, viel Körperkontakt, viel Stillen. Lasse dir Schnittchen, Suppe und Tee ans Bett servieren. Bei einer Kalorienzufuhr von unter 1500 Kalorien täglich kann die Milchmenge signifikant sinken. Also: Hau rein, guten Appetit – das ist wichtiger als das oft beschriebene »viel Trinken«. Trinke ausreichend, am besten nach deinem Durstgefühl, oder stell dir zu jedem Stillen ein Glas Wasser bereit.
- **Das Ganze am besten: nackt!** Hautkontakt steigert nachweislich die Oxytocinproduktion und lässt die Milch schneller und leichter fließen. Stress hemmt Oxytocin – ebenfalls nachweislich. Am besten also jeglichen energieraubenden Besuch absagen.

- **Nahrungsergänzung.** Galactagoga, traditionelle phytotherapeutische Mittel zum Steigern der Milchbildung, können eine Ergänzung sein, nicht mehr und nicht weniger. Dabei ist (gemahlener) Bockshornklee an allererster Stelle zu nennen, am einfachsten und standardisierbar sind Kapseln. Nimm von dem Pulver etwa 2,5 bis 3 g pro Tag, mindestens zwei Wochen lang (z. B. von *into life®* mit Mariendistel und Algen oder pur von *Dr. Pandalis),* das sind vier- bis fünfmal täglich zwei Kapseln. Bockshornklee gibt es auch gemahlen als Gewürz, damit kann man Suppen, Eintöpfe oder Käsebrot würzen. Es schmeckt herb-würzig und ganz lecker. Gibt es am ehesten in gut sortierten Bio- oder Gewürzläden. Achtung: Wenn du es hochdosiert einnimmst, riechst du vermutlich auch unter den Armen etwas herb-würzig. Einige Stilltees enthalten ebenfalls Bockshornklee. Er kann eine schöne, ritualisierte Ergänzung in deinem »Mehr-Milch-Programm« sein und dich an regelmäßiges Trinken erinnern.
- **Massage.** Für die Anregung eines besseren Milchflusses ist ein Erwärmen der Brust vor dem Stillen hilfreich. Du kannst feuchtwarme Umschläge mit Mullwindeln oder Handtüchern auflegen. Massiere jede Brust danach ein bis zwei Minuten lang mit eingeölten Händen, es gibt auch spezielle Stillöle, z. B. von *Weleda.* Dazu setze dich etwas vornübergebeugt hin, nimm eine Hand oben auf die Brust, die andere Hand unter sie. Dann »rolle« die Brust sanft in den Händen hin und her. Auch eine Massage des Nackens und oberen Rückens (zwischen den Schulterblättern) ist angenehm. Hier sitzen Reflex- und Akupunkturpunkte, die direkt mit dem Busen in Kontakt sind.
- **Du brauchst schärfere Geschütze?** Dann ist der vorübergehende Einsatz einer **elektrischen Pumpe** eine wirklich gute Idee, um die Nachfrage noch mal so richtig anzukurbeln. Mit dieser Pumpe kannst du nach jedem Stillen (mindestens fünf- oder sechsmal am Tag) »nachpumpen«. Das Abpumpen setzt für die milchbildenden Alveolen ein starkes Signal, und du löst noch mal den einen oder anderen Milchspendereflex aus, was im Gehirn die Prolaktinbildung anregt.
- Für diesen speziellen Zweck – für einige Tage bis wenige Wochen – brauchst du richtiges Profigerät, eher also keine kleine smarte Minielektrik, die für spätere Milchvorrats-Szenarien eine gute Idee sind. Du kannst so eine Pumpe (etwa die »Symphonie« von *medela)* in vielen Apotheken ausleihen. Bei medizinischer Indikation bezahlt das deine Krankenkasse. Eine Verleihstation in deiner Nähe findest du über die Links im Anhang. Kaufe

unbedingt ein Doppelpumpset dazu (auch das kann verordnet werden), dann sparst du Zeit und kannst an beiden Brüsten gleichzeitig abpumpen. Außerdem wird durch ein Doppelpumpset die Milchmenge gesteigert.

- **Wenn alle diese Maßnahmen nicht fruchten:** Spätestens jetzt sollte deine Hebamme konsequent und engmaschig im Boot sein oder du konsultierst ergänzend dazu kurzfristig eine kompetente Stillberaterin. Das Qualitätssiegel IBCLC (International Board Certified Lactation Consultant) verspricht als geschützter Titel hohe fachliche Qualität.
- **Das bedeutet:** Nimm noch heute das Telefon in die Hand (das kann auch dein Partner tun) – oft können gefragte Stillberaterinnen nicht schon am gleichen oder folgenden Tag einen Termin anbieten. Auch andere, etwas seltenere Gründe für eine geringe Milchproduktion sollten bedacht werden: Dazu gehören z. B. die Schilddrüsenfunktion, die man mit einer Blutentnahme abklärt, oder ein Plazentarest, der per Ultraschall ausgeschlossen werden kann.

Das alles ist ein absolut tagesfüllendes Programm. Aber: Fast immer lohnt es sich! Es bleibt nicht so! In den meisten Fällen wird man nach einer, spätestens zwei Wochen richtige Erfolge sehen. Wenn das nicht der Fall ist, kannst du immer noch neu entscheiden, umdenken, alles hinwerfen. Wenn du diese Maßnahmen aber gar nicht oder nur halbherzig machst, bist du möglicherweise zwei Wochen später sehr traurig darüber, dass du nicht »alles gegeben« hast, und dann der Milchfluss endgültig versiegt ist. Es lohnt sich. Wirklich!

Clusterpumping oder Powerpumpen

Wenn du eine Pumpe hast, kannst du für den richtigen Milch-Kick ein- bis zweimal am Tag etwas machen, das man Clusterpumping oder Powerpumpen nennt. Dazu pumpst du eine Stunde lang am Stück ab. Wann, ist egal, sinnvollerweise beginnst du nach dem Stillen damit. Dann pumpst du 5 bis 10 Minuten lang (oder bis der Milchfluss versiegt ist), mindestens aber so lange, dass du den Milchspendereflex – ein kribbeliges, manchmal auch »pieksiges« Ziehen, ausgehend von den Brustwarzen – deutlich gespürt hast. Dann sind

10 Minuten Pause. Das Ganze im Wechsel: rechts, links, rechts, insgesamt eine Stunde lang. Möglicherweise ist zum Schluss gar nicht so viel Milch in der Flasche – sei nicht enttäuscht. Es ist eine weitere Maßnahme zum Anregen der Milchproduktion. Dennoch kann dein Baby natürlich auch diese kostbaren Tropfen Milch als »Nachtisch« nach der nächsten Stillmahlzeit bekommen.

Wann muss man zufüttern?

Wenn du gern stillen möchtest und maximal motiviert bist, alles dafür zu geben, ist das eine wundervolle Voraussetzung dafür, dass es auch bei solchen Startschwierigkeiten gut klappen wird. Manchmal muss man aber die Zeit bis dahin etwas überbrücken, wenn dein Baby nicht genug Milch bekommt und dauerhaft hungrig ist.

Grundsätzlich brauchen nur wenige Babys zusätzliche Formulamilch und das Zufüttern geschieht heute auch in den Kliniken nicht mehr so routinehaft und leichtfertig, wie es vielleicht noch vor 10 oder 20 Jahren der Fall war. In den ersten Tagen nach der Geburt ist das fast nie notwendig. Zum Ende der ersten Lebenswoche muss man aber wirklich genau schauen: Wenn das Baby dramatisch an Gewicht verloren hat und keine Gewichtszunahme in den im vorherigen Kapitel »Bekommt mein Baby genug Milch?« beschriebenen Größen zu verzeichnen ist, muss man etwas tun. Manche Kinder brauchen dann wirklich Futter, und manchmal eben zusätzlich zur Muttermilch etwas »aus der Flasche«. Und ja, manchmal müssen auch Hebammen diese unpopuläre Entscheidung gemeinsam mit euch treffen. Chronisches Unterzuckern in den ersten Lebenswochen ist nicht gut fürs Gehirn. Zu wenig trinken nicht gut für die Niere. Zu wenig Ausscheidung nicht gut für den Verlauf der Neugeborenengelbsucht.

Es gilt, in diesen Situationen zwei Dinge gleichzeitig zu tun: alles zu machen, um die Milchbildung anzukurbeln und das Baby nicht hungern zu lassen. Gerade dann, wenn davon auszugehen ist, dass es sich beim Zufüttern nur um eine kurzfristige Intervention handelt und sich das Stillen noch in der Einübungsphase befindet, gibt es verschiedene Möglichkeiten, die das Saugverhalten des Babys nicht so stark irritieren wie die herkömmliche Nuckelflasche. Manche Babys können problemlos zwischen Flasche und Brust hin und her wechseln, andere reagieren auf künstliche Sauger mit einer Saugverwirrung. Das weiß man allerdings immer erst hinterher, daher sind stillfreundliche Fütterungsmethoden für alle Babys empfehlenswert, die weiterhin an der Brust trinken sollen: Das kann etwa mit einem Fingerfeeder, einem Brusternährungsset oder einem kleinen Becher geschehen – eure Hebamme zeigt euch, wie das geht.

Zwiemilch

Das alt- und mittelhochdeutsche Wort »zwie« zeigt, dass es Teilstillen schon immer gegeben hat: Mütter, deren Milch zum alleinigen Stillen nicht ausgereicht hat, haben dem Baby dann eine weitere, »zweite« Milch angeboten. Während damals das Ammenwesen auch im Rahmen der Nachbarschaftshilfe durchaus gebräuchlich war oder den Babys alternativ verdünnte Ziegen- oder Kuhmilch gegeben wurde, kannst du heute auf moderne Formulamilch vertrauen, die genau auf die Bedürfnisse kleiner Menschenbabys abgestimmt ist. Du findest mehr dazu im Kapitel »Formulamilch« im nachfolgenden Kapitel »Nicht-Stillen«. Wir haben aber auch schon Familien betreut, wo eine zufällig gleichzeitig stillende Mutter aus dem Freundeskreis durchaus Muttermilch abgegeben hat.

Domperidon

Domperidon ist ein Wirkstoff, der primär zur Behandlung von Übelkeit und Erbrechen eingesetzt wird. Seit einigen Jahren wird es im Rahmen gebräuchlicher Off-Label-Verfahren auch zur Milchmengensteigerung genutzt. Domperidon ist rezeptpflichtig, es muss dir also von deiner Frauenärztin verschrieben werden. Es geht glücklicherweise so gut wie gar nicht in die Muttermilch über und gilt als sicheres Medikament. Zum Ausschluss einiger Nebenwirkungen wird gelegentlich vor der Verordnung ein EKG geschrieben.
Der Effekt von Domperidon ist besonders gut, wenn nach anfänglicher guter Milchbildung die Milchmenge nachlässt und sich durch die genannten Maßnahmen trotz guter Stillberatung nicht steigern lässt. Auch Frauen, die ein frühgeborenes oder krankes Baby in der Kinderklinik begleiten – also Kinder, die manchmal nicht kräftig genug sind, um zu jeder Mahlzeit vollständig am Busen ihren Kalorienbedarf zu decken – können sehr davon profitieren.

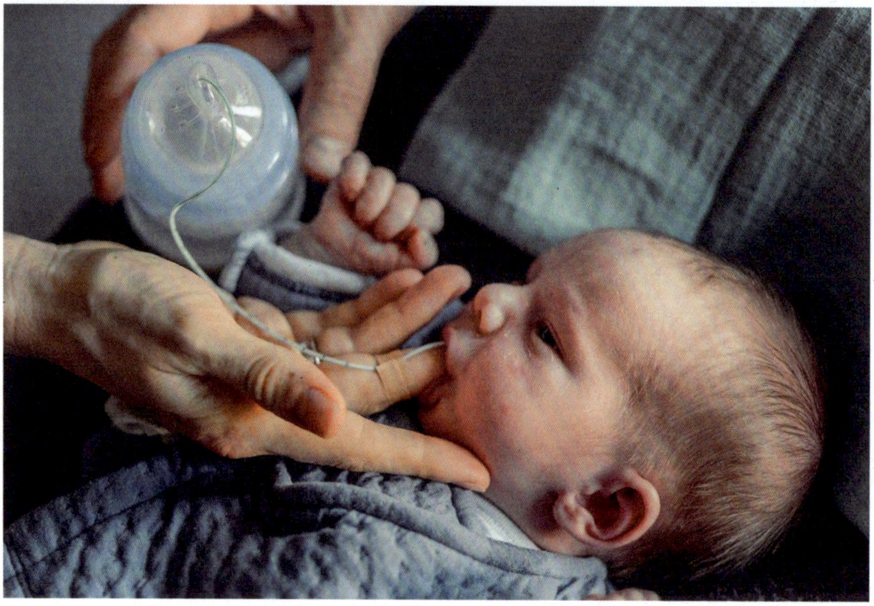

Zufüttern mit alternativen Füttermethoden

Fingerfeeder

Ein Fingerfeeder ist ein kleiner, weicher Silikonaufsatz, den man auf eine handelsübliche Spritze (je nach Lebenstag und benötigter Milchmenge zwischen 1 und 20 ml) steckt. Die Silikonspitze kann dann neben dem gewaschenen kleinen elterlichen Finger im Mundraum des Kindes liegen, sodass es Milch erhält, wenn es daran saugt. Die korrekte Handhabung sollten sich Eltern aber *immer* von geschultem Fachpersonal zeigen lassen. Da dies ein recht invasiver Eingriff in den leicht irritierbaren Mundraum des Babys ist, sollte die Methode nur bei bestimmten Indikationen wie bei hypotoner Saugmuskulatur, anatomischen Besonderheiten im Mund- oder Kieferbereich sowie falschen Saug- und Zungenbewegungen zum Einsatz kommen. Babys gewöhnen sich nämlich schnell an die starke Stimulation durch den Finger und akzeptieren dann keine andere Fütterungsmethode mehr. Durch die deutlich geringere Mundöffnung beim Fingerfeeding kann es auch zu Irritationen bei Stillversuchen an der Brust kommen.

Alternativ kann die flexible Silikonspitze natürlich auch an der Brust zum Einsatz kommen, anfangs braucht es dazu oft etwas Übung oder eine Hilfsperson, weil man nicht unbedingt über sieben Arme und Hände verfügt. Ein noch saugschwaches Baby kann über diesen Weg dazu animiert werden, mit dem Stillen zu beginnen.

Feeden mit Sondenschläuchlein an der Brustwarze

Etwas einfacher im Handling ist eine mit Milch gefüllte Spritze, die mit einem dünnen Schlauch verbunden ist, der mit einem hautfreundlichen Pflaster im Bereich der Brustwarze befestigt ist. Auch hier erhält das Baby beim Saugen an der Brust Milch. So stillt es sein Saugbedürfnis und die Prägung auf die Brust bei der Nahrungsaufnahme bleibt erhalten. Zudem wird gleichzeitig auch die Brustwarze und damit die Bildung von (mehr) Milch stimuliert.

Cup-Feeding

In den ersten Tagen nach der Geburt lassen sich kleine Kolostrummengen auch mit einem kleinen Löffel zufüttern. Sobald es etwa ab dem 3. Lebenstag mehr wird, kann man Milch auch mit einem kleinen Becherchen geben. Dieses wird mit seinem besonders geformten Rand sanft an die Unterlippe gelegt und berührt dabei die Mundwinkel. Erste Milchtröpfchen gelangen durch leichtes Schräghalten auf die Zunge. Das Baby schleckt die Milch »wie ein Kätzchen« aus dem Becher. Die Bechermethode ist zeitaufwendig und deshalb nur für die vorübergehende Zufütterung kleinerer Mengen geeignet.

Brusternährungsset

Ein geeignetes Stillhilfsmittel bei größeren Zufüttermengen oder über einen längeren Zeitraum hinweg ist das Brusternährungsset. Die Milch wird dabei in einem kleinen Beutel wie eine Kette um den mütterlichen Hals gehängt. Ein hautfreundlicher Klebestreifen befestigt die aus dem Beutel kommenden Schläuche an der Mamille, sodass dein Baby wie aus langen Strohhalmen gleichzeitig Milch aus dem Beutel trinkt, die Brustwarze stimuliert und auch etwas Muttermilch aus der Brust bekommt.

Die Wahl des jeweiligen Stillhilfsmittels hängt von der Zufüttermenge und der voraussichtlichen Anwendungsdauer ab. Lass dir die Anwendung von deiner Hebamme oder Stillberaterin gut erklären! Wahrscheinlich fühlt sich das erst mal skurril an, und es entspricht nicht unbedingt dem, was du dir unter Stillromantik vorgestellt hast. Aber oft lohnt sich der Einsatz sehr!

Alle Hilfsmittel lassen sich sowohl mit abgepumpter Muttermilch als auch mit industriell hergestellter Säuglingsnahrung anwenden.

Es gibt diese Stillhilfsmittel u. a. von der Firma *Medela*. Eine Online-Apotheke, die all diese Produkte vertreibt und viele weitere Infos dazu bietet, ist die von der Apothekerin und IBCLC Anja Estarda-Pox geführte www.milchwiese.de.

Stillpositionen

In der ersten Woche musst du noch nicht im fliegenden Wechsel alle nur denkbaren Stillpositionen durchturnen. Das ist Stillen für etwas Fortgeschrittene, vielleicht ab der zweiten oder dritten Lebenswoche, wenn das Handling schon etwas besser eingeübt ist. Dann ist ein gewisses Repertoire durchaus sinnvoll: Du kannst dein Baby in der herkömmlichen Wiegenposition anlegen oder »andersrum«, in der sogenannten Football- oder Rückenhaltung.

Bei letztgenannter klemmst du dir das Baby sozusagen unter den Arm, die Füßchen zeigen in Richtung deines Rückens. Durch die ausgeklügelte Saugtechnik deines Babys wird immer der Bezirk der Brust am besten leer getrunken, wohin das Kinn deines Babys weist. Wenn du in der Football-Haltung anlegst, werden also die äußeren Bezirke deiner Brust besonders gut leer getrunken. Auf diese Weise kannst du die Milchbildung anregen, weil du mehr Reize für das Zusammenspiel von Angebot und Nachfrage setzt.

Und auch bei einem Milchstau ist es gut zu wissen, welche Positionen helfen, den Abfluss zu verbessern: Wenn das Kinn in Richtung des gestauten Be-

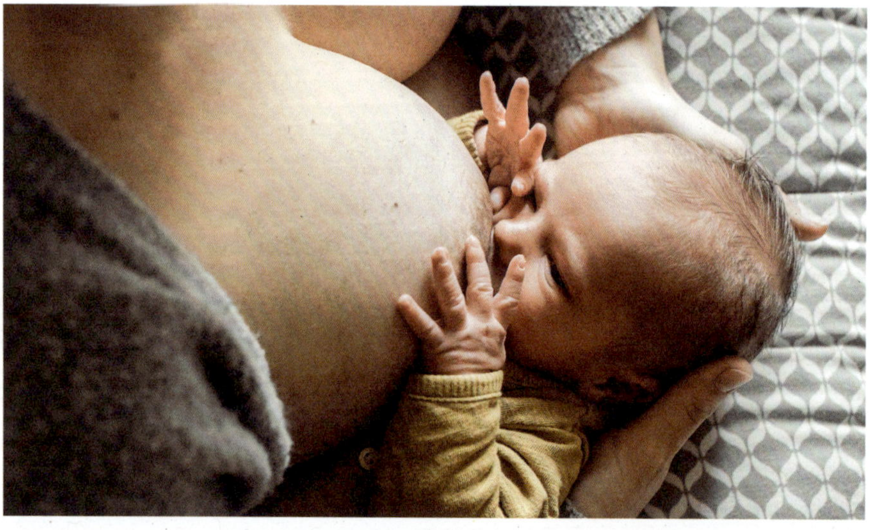

reichs zeigt, wird dieser Bereich besonders gut leer getrunken. Auch das Stillen im Liegen hat viele Vorteile: In der Nacht oder auch zum Mittagsschlaf ist das besonders bequem, und du und dein Baby, ihr beide, könnt dabei besonders gut ein- und weiterschlafen.

Saugen und Nuckeln

Während das Saugen der Nahrungsaufnahme dient, ist Nuckeln vielmehr eine lustvolle Bewegung des Mundes und der Zunge. Letzteres ist nicht minder wichtig, es ist für Babys ein ganz zentrales Instrument zur Selbstregulation in stressigen Situationen und damit eine sehr sinnvolle und kompetente Tätigkeit.

Am Busen kann dein Baby beide Bedürfnisse, das nach Nahrung und das nach Beruhigung, besonders gut kombinieren: So wird auch in der Fachsprache das nutrive und das non-nutrive Saugen unterschieden.

Es gibt große Unterschiede im Saugbedürfnis bei Kindern. Das Einverständnis der Mutter, sich mit ihrem Nippel dem Kind einige Zeit zur Verfügung zu stellen, setzt hier die Grenzen. Bei sehr nuckelbedürftigen Kindern werden diese auch manchmal überschritten.

Schnuller

Vermutlich gibt es Schnuller in unserer Menschheitsgeschichte schon sehr lange, eben seit Menschen kleine Werkzeuge herstellen können. Schnuller wurden aus verschiedenen Materialien (Ton, Stoff, später Gummi) gemacht und mit unterschiedlichen Substanzen (Honig, Mohn, Branntwein) versetzt. In Zeiten von Hungersnöten wurden sie genutzt, um Babys »sich satt nuckeln zu lassen«. Achtung also bei zarten, leichtgewichtigen Babys oder bei Milchmangel. Babys sollen grundsätzlich nie ihren Hunger »vernuckeln«.

In den ersten vier bis sechs Wochen nach der Geburt solltest du auf einen Schnuller verzichten. Das gleichzeitig effektive und sanfte Trinken am Busen ist sehr komplex, und es kann das Kind irritieren, wenn es Dinge in den Mund gesteckt bekommt, die eine ganz andere Technik des Nuckelns oder Saugens benötigen. Es besteht also die Möglichkeit einer sogenannten Saugverwirrung, die dann beim Stillen regelmäßig Probleme macht.

In den unterschiedlichen medizinischen Fachrichtungen wird grundsätzlich schon seit Langem über die Vor- und Nachteile gestritten. Es wird über das seltenere oder häufigere Auftreten des plötzlichen Kindstods, über die Vermeidung oder das Heraufbeschwören künftiger kieferorthopädischer Maßnahmen und das seltenere oder häufigere Betroffensein von Erkältungskrankheiten und Mittelohrentzündungen diskutiert.

Für und Wider des Schnullers

Babys und Kleinkinder nutzen das Nuckeln sehr kompetent zur Stressregulation und um sich selbst zu beruhigen. Immer dann, wenn sie müde werden, viel erlebt haben und das Erlebte verarbeiten oder einfach einem gewissen Stresslevel ausgesetzt waren, hilft Nuckeln. Gestillte Babys (auch die großen) sehnen sich dann nach dem Busen, stauben eine Extra-Mama-Einheit ab, nuckeln ein wenig und können sich beruhigen. Du wirst nach und nach diese Zustände immer besser lesen können, Ruhephasen schaffen und dein Baby nuckeln lassen können, woran auch immer. Das hilft dann super bei der Bewältigung des vom Baby empfundenen Stresses.

Gleichzeitig hilft dem Baby das Nuckeln zwar für den Moment, es beseitigt aber nicht die eigentliche Ursache. Nicht nur das Baby gewöhnt sich dann an den Nuckel, möglicherweise handeln auch wir Eltern zunehmend reflexhaft: Baby kräht – Schnuller rein. »Abstöpseln« nennt man das auch.

Es ist also keine besonders gute Idee, Zärtlichkeit und Zuwendung gegen den Schnuller zu ersetzen. Natürlich kann der Schnuller – oder die Dinkelstange – uns später in stressigen Situationen, wie z. B. nach einem langen, anstrengenden Tag an der Supermarktkasse, »das Leben retten«. Solch wenig kindzentrierten, nervigen Situationen mag niemand, sie sind aber nicht immer zu vermeiden, auch wenn manch schlaues Buch es suggeriert. Im Notfall kann der Schnuller also ein unverzichtbares Hilfsmittel sein. Wichtig ist aber eben auch, dass wir unser Handeln bewusst wahrnehmen, es reflektieren und verstehen, was wir damit eigentlich tun.

Der richtige Schnuller

Die Form eines Schnullers sollte sich an dem natürlichen Vorbild orientieren, nämlich an der Brustwarze während des Stillens. Die Hersteller verwirren mit allerlei marketingstrategischen Beschreibungen wie »kiefergerecht«, »orthodontisch«, »physiologisch«, »natürlich«. Der Markenname *Nuk* etwa leitet sich von »**N**atürlich **U**nd **K**iefergerecht« ab. Funfact: Gerade die dafür stehende typische asymmetrische Schnullerform mit einem abgeflachten Lutschteil entspricht nicht der Form einer gut im Babymund platzierten Mamille.

Ein möglichst physiologischer Schnuller hat folgende Eigenschaften:

- Eine **symmetrische Form.**
- Eine **zierliche Form,** die möglichst wenig Platz im Mund einnimmt und die Zunge am wenigsten in ihrer natürlichen Lage und Mobilität stört. Am ehesten ist das mit flachen, quer-ovalen Formen gegeben.
- Eine **möglichst schmale Auflage für die Kieferleisten und die Lippen.** Der Ansatz des Lutschteils sollte möglichst dünn sein, damit die Schneidezähne nicht am Herauswachsen gehindert werden, sonst kann ein »offener Biss« entstehen.
- **Möglichst leicht,** damit er die Lippen- und die Zungenmuskulatur nicht zu sehr belastet und nicht im Mund »wegrutscht«.
- Ein **weiches und flexibles Lutschteil.** Schnuller aus Latex sind weicher als Schnuller aus Silikon. Mittlerweile gibt es auch besonders weiche, samtige Schnullermaterialien, etwa der *SkinSoft®* von *MAM.*

Für die Alltagshygiene genügt es, wenn du einmal täglich alle Schnuller und Flaschen mit warmem Wasser und etwas Spüli reinigst, gut abspülst und auf einem sauberen Küchenrollenpapier oder frisch gewaschenen Baumwolltuch trocknen lässt. Küchenspülen gehören zu den verkeimtesten Orten in einer Wohnung, lass also Milchpumpenkleinteile und Ähnliches nicht in der Spüle liegen und benutze eine eigene Bürste nur für diese Dinge. Lass alle Teile gut an der Luft trocknen und bau sie erst dann wieder zusammen. Lagere nicht benutzte Teile in einer abgedeckten, sauberen Dose. Alle paar Tage kannst du diese Teilchen im Kochtopf oder Vaporisator sterilisieren. Wenn dein Kind richtig krank war oder einen Mundsoor hatte, solltest du alle Sauger austauschen.

♥ MOMHACK

Klassiker: Eine Handvoll Schnuller abkochen, den Topf auf dem Herd vergessen und vom Geruch des verschmorten Gummis wach werden. Damit das nicht passiert: Lege die Schnuller während des Abkochens ins Innere eines Schneebesens, so können sie nicht am Topfboden festbrennen.

Schnuller-Don'ts

- Ein Schnuller sollte **dosiert eingesetzt** werden und am besten nur in bestimmten Situationen zur Verfügung stehen, etwa zum Einschlafen. Dazu ist es hilfreich, wenn er nicht permanent im Sichtfeld des Babys herumbaumelt, wie das bei Schnullerketten der Fall ist.
- **Spielen und herumlaufen mit Schnuller – ebenfalls nicht gut.** Je nach körperlichem Zustand – aktiv oder passiv – hat die Zunge einen unterschiedlichen Tonus im Mund. Im passiven, entspannten Nuckelzustand tickt unsere Neurologie anders – für Bewegung und Lernen braucht ein Baby und Kleinkind aber ein waches Gehirn.
- Kommunizieren mit Schnuller – auch in der nonverbalen Phase verstehen wir unsere Kinder viel weniger gut mit einem Schnuller im Mund, da ein wesentlicher Teil des Gesichts davon bedeckt ist und sich auch die Mimik und Gestik verändert. Also **Schnuller raus beim Baby-Talk.**
- Ein Schnuller sollte **nicht von den Eltern abgeleckt** werden, weder um ihn anzufeuchten noch um ihn zu säubern. Selbst wenn er auf den Boden gefallen ist, wird er dadurch nicht sauberer – das Gegenteil ist der Fall: Wir übertragen damit kariesauslösende Mundbakterien in die Mundflora des Babys. Karies ist eine ansteckende, bakterielle Erkrankung.
- Wahrscheinlich klar: Ein Schnuller sollte vor dem Verwenden **nicht in süße Flüssigkeiten oder Ähnliches getaucht** werden.
- Ein Schnuller soll – anders als Nuckelflaschen – **nicht im Geschirrspüler gereinigt** werden, weil die Spülflüssigkeit in den Sauger hineinläuft.

Milch abpumpen

Natürlich kannst du auch Muttermilch gewinnen und mit der Flasche oder anders alternativ füttern. Dazu kannst du Milch entweder ausstreichen oder sie abpumpen. Welches davon für dich besser funktioniert, hängt von verschiedenen Faktoren ab. Es geht nicht immer beides gleich gut. Probiere es einfach aus, deine Hebamme zeigt dir, wie das geht.

Viele Mütter träumen schon vor der Geburt von mehr Freiräumen, als das Stillen so verspricht. Hin und wieder wäre man doch gern austauschbar, zumindest ein klitzekleines bisschen. Dabei stellt man sich das Pumpen zunächst praktischer vor, als es dann in Wirklichkeit ist. Vielleicht hast du Szenarien vor Augen, in denen du regelmäßig abends Milch abpumpst, damit du mal eine Nacht durchschlafen kannst. Mit abgepumpter Milch im Kühlschrank kann schließlich auch Papa oder deine Partnerin das Baby füttern. Oder etwa nicht?

Es gibt an dieser Theorie gleich ein paar Haken: Erstens versteht dein Körper nicht sofort, dass jetzt plötzlich mal nachts keine Milch gebraucht wird. Deine Brüste produzieren sie aber weiter. Morgens wachst du auf und fühlst dich, als würdest du explodieren. Zweitens musst du die Milch für die Nacht ja auch irgendwann gewinnen, damit für die Nacht genug da ist. Die marktwirtschaftlichen Gesetze von Angebot und Nachfrage können so leicht aus dem Takt geraten, für eine regelmäßige Anwendung ist das also nichts. Drittens überlegt man sich sehr bald, wie viel relativ unromantisches Abpumpen, eventuell in mehreren Etappen, eine durchgeschlafene Nacht wert ist.

Es gibt sicher Zeiten, da würdest du Haus und Hof für eine Nacht im Tiefschlaf verkaufen. Am besten wartest du einfach ab, wie sich das im Babyalltag so darstellt und wie realistisch unterschiedliche Optionen dann tatsächlich sind. In jedem Fall solltest du nicht unbedingt viel Geld für eine Milchpumpe ausgeben, die du dann möglicherweise eine einstellige Anzahl von Malen in der gesamten Stillzeit brauchst. Warte erst mal ab, und schaue dann, welche Milchpumpe (und welche Investition) für deine Zwecke am besten passt.

Wenn du tatsächlich regelmäßig abpumpen möchtest, vielleicht weil du wieder beginnst zu arbeiten oder aus anderen Gründen häufiger von deinem Baby getrennt sein wirst, haben sich kleine elektrische Pumpen bewährt.

Für den gelegentlichen Gebrauch reicht eine manuelle Handpumpe. Diese ist zu einem Preis von rund 30 € von verschiedenen Herstellern erhältlich. Moderne Handmilchpumpen mit Membrantechnik sind ergonomisch geformt, unkompliziert in Anwendung und Reinigung und gehen sanft mit deinen Nippeln um.

Muttermilch aufbewahren

Du kannst Muttermilch in Behältnissen aus Glas oder BPA-freien Kunststoff oder in speziellen Muttermilchgefrierbeuteln aufbewahren. Am einfachsten ist es, Muttermilch gleich in den Gefäßen einzufrieren, in die sie hineingepumpt wurde. So siehst du an der Skala gleich, wie viel im Gefäß ist, und es wird kein Umschütten notwendig – das kleckert und birgt das Risiko einer Verkeimung. Die Beutel lassen sich platzsparend im Gefrierschrank lagern – praktisch, wenn du regelmäßig größere Mengen abpumpst, etwa wenn ein frühgeborenes Baby noch in der Kinderklinik liegt oder wenn du früh wieder beginnst zu arbeiten.

- Abgepumpte Muttermilch kann – im Gegensatz zu Pre-Nahrung! – **bei Zimmertemperatur (ca. 16 bis 20 °C) bis zu sechs Stunden** aufbewahrt werden.
- Im Kühlschrank hält sie sich verschlossen und **bei +4 °C sechs bis acht Tage lang.**
- **In einem ***-Tiefkühlabteil kann sie sogar drei bis vier Monate eingefroren** aufbewahrt werden. In einer Tiefkühltruhe mit einer konstanten Temperatur von –20 °C, ist auch das Einfrieren über sechs Monate und länger möglich.
- Bei länger eingefrorener Muttermilch kommt es manchmal zu **geruchlichen und vor allem geschmacklichen Veränderungen**. Diese werden durch die Aktivität des Enzyms Lipase verursacht, welches Fett in Fettsäuren aufspaltet. Das ist hilfreich für Babys Verdauung, aber etwas bitter im Geschmack. Falls du dich wundern solltest: Sie ist nicht verdorben. Falls dein Baby aber die »komisch« schmeckende Milch verweigert, kannst du die Milch vor dem Einfrieren kurz auf über 40 °C erhitzen.
- Abgepumpte Muttermilch ist nicht homogenisiert, deshalb **setzt sich oben eine Fettschicht ab.** Schüttle die Milch nach dem Erwärmen einfach etwas. Auch Farbveränderungen bei abgepumpter Milch sind normal und kein Hinweis darauf, dass die Milch schlecht geworden ist.
- **Einmal aufgetaut, sollte Muttermilch innerhalb von 24 Stunden verbraucht werden.** Tiefgefrorene Muttermilch kann man schonend im Kühlschrank oder zum direkten Verbrauch bei Zimmertemperatur auftauen lassen. In einem Wasserbad oder im Fläschchenwärmer kannst du sie dann auf Trinktemperatur erwärmen, idealerweise 37 °C – aber das Attribut »lauwarm« reicht, lass einfach ein paar Tropfen auf die Innenseite deines Handgelenks tropfen. Muttermilch sollte kein zweites Mal erwärmt werden, deshalb ist es **ratsam, eher kleinere Mengen einzufrieren** und aufzutauen, damit du kein kostbares weißes Gold wegwerfen musst. Ein Baby trinkt nach dem Ende der zweiten Lebenswoche etwa 80 bis 150 ml Milch pro Mahlzeit, durchaus mit großen Schwankungen von Baby zu Baby – du findest das individuelle Trinkverhalten allmählich heraus.
- **Nicht geeignet zum Erwärmen ist die Mikrowelle.** Es können Hitzenester entstehen, und das Baby kann sich beim Trinken verbrühen. Außerdem zerstört die starke Mikrowellenhitze wertvolle Immunstoffe in der Muttermilch.

Was landet in der Milch?

Blähende Lebensmittel oder Säure

Es gibt sie immer noch: lange Tabellen und Listen, die auf verschiedene verbotene Nahrungsmittel für stillende Mütter hinweisen. Achtung, Baby-Bauchweh! Von Blumenkohl über Zwiebeln bis hin zu kohlensäurehaltigem Mineralwasser ist alles dabei.

Wir Erwachsene kennen das: Es gibt tatsächlich Nahrungsmittel, die schwerer verdaulich sind. Darmgase entstehen durch die Verdauung von Ballaststoffen mittels entsprechender Darmbakterien – aber diese Ballaststoffe landen eben nicht im Babybauch (und die Kohlensäure aus dem Mineralwasser nicht in der Milch). Das gilt auch dann, wenn du selbst Blähungen von einem bestimmten Lebensmittel bekommst.

Gleichzeitig mühen Babys sich mit ihrer Verdauung ab. Alle Babys tun das. Verdauung ist eine sehr komplexe neue Funktion eines großen Organsystems, das sich nach der Geburt erst mal an seine vollkommen neuen Aufgaben gewöhnen muss. Das geht mit Anstrengung, Strampeln und Pupsen einher, manchmal auch mit Weinen. Im Kapitel »Mythos Dreimonatskoliken« im Kapitel »Alltag mit dem Baby« findest du mehr dazu.

Vermutlich sind jedenfalls Brokkoli, ein Hauch Knoblauch an der Spaghettisoße, Schokolade oder was auch immer *nicht* daran schuld, wenn dein Baby am Abend unruhig ist, die Beinchen anzieht und ein knallrotes Köpfchen bekommt, bevor es in die Windel donnert.

Ebenso gibt es keine wissenschaftlichen Belege dafür, dass saure Lebensmittel zu Wundsein im Windelbereich führen. Die meisten Popos interessiert es herzlich wenig, ob die stillende Mutter Erdbeeren gegessen oder Apfelsaft getrunken hat.

Solltest du dennoch das Gefühl haben, dass sich das ein oder andere Lebensmittel irgendwie negativ auswirken sollte, spricht nichts gegen die eigene Überprüfung, auch wenn es keine Belege dafür gibt. In diesen Fällen bewährt sich wissenschaftliche Reproduzierbarkeit: eine Weile nicht essen, beobachten, absichtlich wiederholen, beobachten, schlauer sein. Handelt es sich dabei um ein, zwei Lebensmittel, auf die du dann verzichtest, ist das nicht weiter tragisch. Wenn die Liste mit »verbotenen« Lebensmitteln aber immer länger wird, kann dies bei dir zu einer Fixierung und zu Stress führen. In der Stillzeit solltest du dich gesund und ausgewogen ernähren. Darum wäre ein prophylaktisch empfohlenes Weglassen vieler guter und leckerer Lebensmittel absurd.

Kuhmilchunverträglichkeit

Die meisten Kinder vertragen es gut, wenn du als stillende Mutter Kuhmilchprodukte zu dir nimmst. Eine vorsorgliche Enthaltsamkeit ist also nicht empfehlenswert. Allerdings ist für Kuhmilch tatsächlich nachgewiesen worden, dass 10 bis 15 Prozent der »Kolikkinder« auf das in die Muttermilch übergegangene Fremdeiweiß mit einer Unverträglichkeit reagieren.

Auch hier kannst du ganz einfach ausprobieren, ob das Weglassen von Kuhmilchprodukten eine Besserung bringt.

Koffein

Da die Leber von Neugeborenen noch unreif ist, dauert der Prozess des Abbaus von Koffein, das dein Baby mit der Muttermilch aufgenommen hat, wesentlich länger als beim Erwachsenen, tatsächlich ungefähr ganze achtzig Stunden, bis nichts mehr davon im Babyorganismus vorhanden ist. Wenn du das Gefühl hast, dass dein Baby sensibel auf deinen Kaffee reagiert, es unruhiger ist und schlechter schläft, lasse ihn einige Tage lang versuchsweise weg und beobachte, ob es eine Veränderung gibt. Getreidekaffee oder koffeinfreie Kaffeesorten sind eine mögliche Alternative, wenn die Kaffeepause für dich eine genussvolle Gewohnheit ist.

Alkohol

Prinzipiell gilt ebenso wie während der Schwangerschaft auch für die Stillzeit eine ganz klare Null-Promille-Regel. Die Alkoholwerte in der Muttermilch entsprechen denen im Blut der Mutter. Sie erreichen ihr Konzentrationsmaximum ungefähr 30 Minuten nach dem Alkoholkonsum. Allerdings ist das gleichzeitig der Unterschied zum Alkoholkonsum in der Schwangerschaft: Während ein Baby in der Schwangerschaft bei Alkoholkonsum den gleichen Blutalkoholgehalt *hat* wie seine Mutter (z. B. 0,4 ‰), *trinkt* das Baby in der Stillzeit ein alkoholhaltiges Getränk mit »nur« 0,4 ‰.

Wenn du also in Ausnahmefällen ein halbes Glas Wein trinken möchtest, solltest du sinnvollerweise vorher stillen und mindestens ein bis zwei Stunden zeitlichen Abstand nach dem Alkoholtrinken bis zum nächsten Stillen einplanen. In dieser Zeit wird der größte Teil des Alkohols in deinem Blut und in der Muttermilch wieder abgebaut.

Aber nicht nur wegen seiner neurotoxischen Wirkung solltest du Alkohol meiden. Er kann auch den Geruch und den Geschmack der Muttermilch so verändern, dass Babys weniger davon trinken wollen. Und er hat – in größeren

Mengen – Auswirkungen auf die Stillhormone und hemmt den Milchspendereflex. Also kann das immer wieder mal empfohlene Glas Sekt oder Bier zur Anregung der Milchbildung sogar einen eher *gegenteiligen* Effekt haben.

Medikamente in der Stillzeit

Aus ethischen Gründen werden Arzneimittel nicht an Schwangeren und Stillenden getestet. Weil die Hersteller sich absichern wollen, schreiben sie deshalb in die Beipackzettel, dass diese in der Schwangerschaft und Stillzeit nicht empfohlen sind. Oder dass man zumindest seinen Arzt oder Apotheker befragen soll.

Doch viele – sogar einige für die Schwangerschaft kontraindizierte – Medikamente können in der Stillzeit eingenommen werden. Zudem gibt es für fast jede Indikation ein stillverträgliches Medikament. Auch beim Zahnarzt muss nicht ohne Betäubung gebohrt werden.

Welche Arzneimittel das sind, können Fachleute und Laien auf der Informationsseite des Pharmakovigilanz- und Beratungszentrums für Embryonaltoxikologie der Charité-Universitätsmedizin Berlin www.embryotox.de nachlesen. Gib diesen Kontakt deinem behandelnden Arzt weiter, wenn er bezüglich einer Arzneimittelverschreibung Bedenken äußert. Nur in sehr seltenen Fällen ist eine Stillpause oder gar ein Abstillen notwendig. Hol dir ruhig noch mal eine zweite Meinung ein, falls ein Arzt dies empfiehlt. Abstillen ist ein großer Schritt für Mutter und Kind, den die beiden nur zum individuell passenden Zeitpunkt und in ihrem Tempo gehen sollten.

Stillstreik und Brustverweigerung

Nur sehr selten geschieht es, dass ein Baby sich von heute auf morgen von allein abstillt. Es weiß ja nicht, dass es für ihn eine Alternative in Form von irgendwelcher anderen Nahrung auf dieser Welt gibt.

Wenn Babys die Brust verweigern und in den Stillstreik treten, ist dies meist keine bewusste Abstillbekundung. Dieses Verhalten ist sehr rätselhaft, weil es oft wie aus heiterem Himmel auftaucht.

In vielen Fällen ist ein Infekt der Hintergrund, z. B. mit Herpesviren, die sehr schmerzhafte Aphten auf der Mundschleimhaut und Zunge auslösen können, kleine Bläschen oder Geschwüre (siehe dazu im Kapitel »Gesund und munter« das Kapitel »Mundfäule«). Auch in Zahnungsphasen oder bei einer verstopften Nase oder Halsweh kommt es manchmal zu einem Stillstreik.

Mögliche andere Ursachen sind externe Einflüsse wie ein neues Deo, Parfüm oder Waschmittel und damit ein veränderter Geruch deiner Brüste. Ein veränderter Geschmack durch bestimmte Lebensmittel, Alkohol oder Medikamente kann ebenfalls manchmal zum Ablehnen der Brust führen. Auch die Menstruation oder eine erneute Schwangerschaft können mögliche Gründe sein.

Aber ganz oft lässt sich das Verhalten deines Babys einfach nicht erklären. Natürlich liegt es nahe, dass du versuchst, deinem Baby auf anderem Weg Nahrung zukommen zu lassen. Du bist verunsichert und besorgt, weil es doch hungrig sein muss! Doch das verstärkt das Problem oft noch: Dein Baby, das bisher noch kein Fläschchen kannte, ist nun maximal verwirrt.

Der erste und gleichzeitig schwierigste Tipp: Cool bleiben. Biete deinem Baby – ganz nebenbei – immer wieder die Brust an, und versuche, möglichst entspannt zu bleiben, auch wenn es diese ablehnt. Besonders in Einschlaf- oder Aufwachsituationen im Halbschlaf kann das gut funktionieren. Ausgiebiger Hautkontakt ist ein Oxytocin-Booster: Kuschle mit nacktem Oberkörper mit deinem Baby, ohne das Stillen zu forcieren. Auch ein gemeinsames warmes Wannenbad sorgt manchmal dafür, dass Babys ihren Stillstreik beenden.

Deine Milch aus den zunehmend praller werdenden Brüsten kannst du mit der Hand ausstreichen oder mit einer Milchpumpe entleeren, wenn dein Baby über längere Zeit die Brust verweigert. Versuche, die gewonnene Milch deinem Baby mit einem kleinen Becherchen füttern. Oder dein Partner tut das – oft klappt das besser. Und, immer der beste Tipp: Hol dir unbedingt bei Bedarf die Unterstützung durch eine Hebamme oder Stillberaterin.

Unruhe beim Stillen

Ein recht typisches Verhalten für Stillkinder, die ungefähr ein halbes Jahr alt sind, ist das unruhige Trinken und immer wieder Loslassen der Brustwarze. Dein Baby ist schnell abgelenkt und kann sich nicht oder nur kurz auf die Stillmahlzeit konzentrieren, weil es in diesem Alter überall so viel Neues zu entdecken gibt. Vielleicht ist es ein Umgebungsgeräusch oder aber es sind deine herabhängenden Haare, die die ganze Aufmerksamkeit deines Babys auf sich ziehen.

In dieser Zeit wird dein Baby zunehmend mobiler, was zu ordentlich Rumgehampel beim Stillen führt. Die zwar häufigen, aber oft nur kurzen Stillmahlzeiten merkst du vielleicht daran, dass du tagsüber sogar wieder vollere Brüste hast, weil dein Baby dann nur seinen gröbsten Hunger stillt. Ausgiebigere Mahlzeiten gibt es nur in der Nacht.

Versuche, für eine möglichst reizarme und eher uninteressante Umgebung beim Stillen am Tag zu sorgen. Zieh dich ins Schlafzimmer zurück und stille im Liegen. Oder freunde dich mit dem Snack-Stillen tagsüber an – vielleicht auch beim Stilltreff mit anderen Babymüttern.

Nichtstillen

Jede Entscheidung, die eigenständig getroffen werden kann, hat etwas sehr Kraftvolles. Manche Frauen möchten nicht stillen, es kann dafür vielfältige Gründe geben. Sollte das für dich der Fall sein – go for it. Rechne damit, dass du dich immer mal wieder in Situationen wiederfindest, wo du dich genötigt siehst, dich zu erklären, auch vor Menschen, mit denen du nichts am Hut hast. Rechne damit, wappne dich – denn ja, das nervt und du bist niemandem Rechenschaft schuldig.

Uns Hebammen eilt hier und da möglicherweise der Ruf voraus, wir seien qua Beruf Stillfundamentalistinnen. Ohne für einen ganzen Berufsstand sprechen zu können: Wir beide und sehr viele Kolleginnen sind es nicht. Gleichzeitig ist es unsere Aufgabe als medizinische Fachpersonen, euch auf all euren unterschiedlichen Wegen zu begleiten. Professionell und wertschätzend. Zu einer informierten Entscheidung gehört auch, die medizinisch-wissenschaftliche Datenlage zu erklären. Beim Stillen oder Nichtstillen spricht die medizinische Studienlage eine eindeutige Sprache: Es gibt auf dieser Ebene schier unendlich viele Vorteile, die das Stillen gegenüber der Formula-Ernährung hat. Alles das weißt du vermutlich und es ist in deine Entscheidung eingeflossen. Du bist erwachsen und zum Ernstnehmen gehört eben auch, dich nicht mit diesem Faktenwissen zu verschonen, als seist du ein kleines Kind.

So oder so bist du vor allem eines: die perfekte Mama für dein Baby – mit oder ohne Milch aus deinen Brüsten. Du bist als nicht Stillende keine weniger gute Mutter auf der nach oben offenen Beurteilungsskala. Vollkommen unnötig, das zu erwähnen – wir schreiben das aber in aller Deutlichkeit hier noch mal auf.

Dann wiederum gibt es Frauen, die gar nicht stillen können. Gründe dafür sind meist ganz wenige Grunderkrankungen oder ganz seltene Stoffwechselerkrankungen des Babys. Manchmal ist eine vorausgegangene Brustoperation verantwortlich dafür, die meisten Brustverkleinerungen allerdings werden heute »milchgangerhaltend« durchgeführt, sodass keine größeren Störungen während des Stillens zu erwarten sind.

Der wohl traurigste Grund für das Abstillen ist, dass ein Baby nicht lebend auf diese Welt gekommen ist – auch hier versteht der Körper der Mutter vorerst nicht, dass es niemanden gibt, der diese Milch nun trinken kann.

Primäres Abstillen

… mit Medikamenten

Wenn du primär abstillen möchtest oder musst, bekommst du möglicherweise zu diesem Zweck direkt nach der Geburt ein Medikament angeboten, *Dostinex® (Cabergolin)*, ein Dopaminantagonist, der die Bildung von Prolaktin in der Hirnanhangsdrüse hemmt, sodass die Milchbildung gar nicht erst beginnt. Cabergolin ist nicht ohne und hat verschiedene, gar nicht so seltene Nebenwirkungen, daher wird in der neueren Literatur die routinehafte Anwendung durchaus kritisch gesehen und zunehmend das Abstillen ohne Medikamente empfohlen. Es ist kontraindiziert bei Frauen mit eingeschränkter Nieren- oder Leberfunktion, bei Herzerkrankungen, dem Raynaud-Syndrom und bei einem bekannten sehr niedrigen Blutdruck. Relativ häufig (1:10 bis 1:100) treten unter der Medikamentengabe Schlafstörungen, Depressionen, psychotische Krisen, Kopfschmerzen, Übelkeit und vor allem kardiale Symptome und Auswirkungen auf den Blutdruck auf. Vor der Anwendung sollte immer eine Ultraschalluntersuchung des Herzens erfolgen, um (unbekannte) Herzklappenfehler auszuschließen.

… und ohne

Du kannst natürlich – das wäre unsere primäre Empfehlung – auch ohne Medikamente primär abstillen. Denn hier funktioniert das Prinzip von Angebot und Nachfrage, das die Milchmenge reguliert, nämlich ebenfalls hervorragend. Wird die Milch vom Baby nicht ausgetrunken, reagiert der Körper mit der Einstellung der Milchbildung. Nach der Geburt bekommst du zunächst einen Milcheinschuss. Also pralle, warme Brüste, ungefähr zwei bis drei Tage nach der Geburt. Da dein Baby aber nicht an der Brust trinkt, drücken die festen, prallen Drüsen auf die milchbildenden Zellen und dieser Druck und das ausbleibende Entleeren bewirkt, dass sehr bald die Milchbildung eingestellt wird. Schon nach wenigen Tagen wird der Busen wieder kleiner und weicher. Manchmal kommt es kurzzeitig zu etwas Fieber oder Schüttelfrost, man nennt das auch Milchfieber oder Resorptionsfieber, nicht zu verwechseln mit einem Milchstau.

Unterstützung des nicht-medikamentösen Abstillens

- Wichtig ist zu verstehen, dass das Abstillen ein **Prozess ist, der einige Tage dauert.** Es treten Symptome auf, die ein wenig unangenehm sein können, aber nicht schlimm sind. Gönne dir viel Ruhe, aber das ist im Wochenbett ja sowieso der Leitgedanke.
- Klingt vielleicht erst mal verrückt, wenn du eigentlich gar nicht stillen möchtest, aber denk kurz drüber nach: **Kolostrum**, die Vormilch, ist so ein Wundernektar, dass es eine gute Idee sein kann, deinem Baby diese Tropfen, die schon während der Schwangerschaft gebildet worden sind, zu geben. Es ist nicht notwendig, dass du dein Baby dafür anlegst, du kannst die **Brust sanft mit den Händen ausstreichen.** Oft ist das auch angenehm und entstauend in der Zeit der initialen Brustdrüsenschwellung (aka Milcheinschuss).
- Ab dem Tag nach der Geburt ist es hilfreich und oft angenehm, die **Brust zu kühlen.** Nimm Quark dafür, Coldpacks oder Kohlblätter, das, was dir angenehm erscheint (eine Anleitung für »Quarkwickel« findest du im vorhergehenden Kapitel zum »Milcheinschuss«).
- Manchmal ist eine **leichte Massage in Verbindung mit feuchter Wärme** angenehm, gut geht das unter der Dusche. Auch eine **Lymphdrainage** kann helfen, in der Klinik ist die Physio-Abteilung dafür zuständig, frage gern danach.
- **Es ist nicht sinnvoll oder gar notwendig, dass du deine Trinkmenge einschränkst!** Salbeitee oder Salbeibonbons können phytotherapeutisch zur Reduzierung der Milchmenge helfen.
- Ein **gut sitzender, eher fester Sport-BH** unterstützt durch den Druck auf die Milchzellen das Drosseln der Milchproduktion. Das früher geläufige »Hochbinden der Brüste« ist nicht mehr empfohlen.

- Wenn dir deine Brust wehtut oder du Fieber entwickelst, lindert z. B. **Ibuprofen** diese Symptome zuverlässig.

Beim nicht-medikamentösen Abstillen bleibt die Brust noch einige Zeit nach Beginn des Abstillens »stillbereit«. Es gibt also noch ein Hintertürchen, sodass mit stimulierenden Maßnahmen erneut eine Milchbildung angekurbelt werden könnte – Relaktation genannt, wenn Frauen es sich doch noch anders überlegen.

Achtsam abstillen

Auch wenn du felsenfest davon überzeugt bist, dass es die richtige Entscheidung ist – es ist auch ein gemeinsamer Prozess. Rechne damit, dass es immer mal emotional werden kann und du gleichzeitig sicher bist, dass es gut so ist, wie es ist. Wenn es nicht dein ausdrücklicher Wunsch war, dein Baby abzustillen, ist das Abstillen natürlich oft zunächst mit großer Trauer verbunden. Lass dir Zeit und sei wirklich sicher, dass dein Baby auch mit Formulamilch wunderbar gedeihen wird. Die innige Nähe, die das Stillen auch ausmacht, kannst du durch viel (nackten) Körperkontakt, Tragen, gemeinsam Baden und durch das Schlafen im gemeinsamen Bett nachholen.

Wenn du erst später in der Stillbeziehung abstillst, kennt ihr euch mittlerweile schon gut: Schaue auf einen gemeinsamen Weg, sprich mit deinem Baby – ja, auch wenn es noch sehr klein ist. Reduziere die Anzahl der Stillmahlzeiten nach und nach, abhängig von den Umständen, dem Alter deines Babys und der Zeit, die ihr euch dafür lassen könnt oder wollt. Als Letztes fällt das Stillen weg, welches für euch gemeinsam emotional am bedeutsamsten ist.

Flaschen, Sauger und was noch?

Füttern ist mehr als Nahrungsaufnahme

Genau wie beim Stillen erhält ein Baby auch beim Füttern mit der Flasche seine Nahrung nach Bedarf. Das bedeutet, dass nicht die Angabe auf der Milchpackungsrückseite, sondern dein Kind Zeit, Tempo und Menge vorgibt. Lerne seine Bedürfnisse kennen und sei flexibel für immer wieder sich verändernde Situationen.

Natürlich sind auch beim Füttern Nähe, Blickkontakt und Aufmerksamkeit wichtig und wertvoll für dein Baby. Wechsle immer mal den Arm, in dem dein Baby beim Füttern liegt, weil dies die gleichseitige Entwicklung fördert. Und denke daran, dass das Füttern eine innige und intime Situation für dich und dein Baby ist. Diese sollte darum den engsten Bezugspersonen deines Babys vorbehalten sein.

Das passende Fläschchen

Babyflaschen gibt es zusammen mit passenden Saugern meist in zwei typischen Formen zu kaufen. Die etwas breiteren, so genannten *Weithals-Flaschen* haben einen stabileren Stand. Flaschen mit schmalerer Öffnung liegen dafür etwas besser in der Hand. Der Vorteil einer Flasche mit einer breiteren Öffnung ist, dass das Baby beim Trinken eine breitere Lippenauflage hat. Es muss seinen Mund dazu weiter öffnen, dies entspricht mehr der weiteren Öffnung des Babymundes beim Trinken an der Brust.

Für Neugeborene gibt es vor allem in der Klinik Flaschen mit kleiner Füllmenge, die gerade anfangs vom Handling etwas einfacher sind. Standardflaschen bieten in der Regel Platz für bis zu 120 oder 250 ml Milch. Die Trinkmenge bestimmt aber nicht die Flasche, sondern das Baby, was manchmal aufgrund unserer Vorliebe für konkrete Mengen und Maße, die wir immerhin vergleichen oder in irgendwelche Listen eintragen könnten, eine Herausforderung ist. Ein über das Fläschchen gezogenes Söckchen lenkt den Fokus weg von der Messskala wieder hin zum Baby – es ist satt, wenn es satt ist, und nicht, wenn es eine definierte Menge getrunken hat.

Die Materialfrage: Plastik, Glas oder Edelstahl?

Kunststoff wird als sehr vielseitiges Material von vielen Babyflaschenherstellern genutzt. Kunststoffflaschen sind leicht und in allen möglichen Formen und Designs erhältlich. Die milchig-trüb aussehenden Fläschchen sind aus Polypropylen hergestellt, die komplett durchsichtigen Flaschen aus Polyamid.

Plastik ist recht anfällig für Kratzer, Verfärbungen und Geruchsbildung. Das ist nicht nur ein ästhetisches Thema, die Fläschchen müssen auch öfter ausgetauscht werden. Achte also regelmäßig auf mögliche Beschädigungen und ersetze zerkratze Flaschen. Die feinen Risse im Material können zum Hygieneproblem werden, wenn sich hier Bakterien ansammeln. Seit etlichen Jahren müssen alle Babyflaschen in Deutschland aus BPA-freiem Material hergestellt sein.

Glas ist ein recht nachhaltiges Material, weil es lange hält und in der Regel schadstofffrei ist. Optisch und haptisch wirkt es wertiger. Glasflaschen sind allerdings um einiges schwerer und können leichter zerbrechen, passende Schutzhüllen können dieses Risiko mindern.

In Sachen Reinigung sind Babyflaschen aus Glas einfach zu handhaben, du kannst sie in die Spülmaschine stellen oder per Hand auswaschen. Auf dem glatten und robusten Material entstehen – anders als bei Plastikflaschen – keine Mikrorisse, in denen sich Bakterien tummeln könnten.

Edelstahl ist noch recht neu im Babyflaschenmarkt, aber ähnlich unkompliziert wie Glas, auch in Bezug auf die Reinigung. Manche Eltern empfinden es als Nachteil, dass man beim Anrühren der Nahrung und beim Füttern nicht sehen kann, wie viel in der Flasche ist. Oft kommen Edelstahlflaschen erst im Beikostalter zum Mitnehmen für das Wasser zum Einsatz. Mit verschiedenen Trinkaufsätzen und Deckeln lassen sich die Flaschen vom Babyalter bis in die Schulzeit verwenden, das macht sie besonders langlebig und nachhaltig.

Der passende Sauger

Es gibt verwirrend viele unterschiedliche Modelle, jeder Hersteller setzt auf sein eigenes patentiertes System. Je nach Anlass für das Flaschenfüttern und Alter des Babys gibt es manchmal Gründe für Spezialsauger – oder auch nicht. Eine Frau, die ein reifgeborenes Baby primär abstillen möchte, braucht keinen fancy-schmancy Muttermilchspezialsauger für 12 Euro. Eine Frau, die ein Frühchen nach wochenlangem Neo-Aufenthalt an die Brust gewöhnen möchte, hat aber möglicherweise eine ganze Batterie an unterschiedlichen Formen und Größen parat.

Es gibt Babys, die wählerischer sind als andere. Einige trinken nur aus Saugern einer bestimmten Marke, andere hingegen nehmen jegliche Saugerform gut an.

Die gesamte Mundmotorik mit Mundöffnung, Zungenlage und der Einsatz der Kiefermuskulatur sind beim Stillen völlig anders als beim Saugen an der Flasche. Ein Baby, das zugleich auch aus der Brust trinkt, sollte möglichst wenig in seinem Saugverhalten verwirrt werden. So kontrolliert das Saugen an der Brust beispielsweise auch den Milchfluss. An der Flasche dagegen fließt die Milch auch ohne Zutun des Kindes kontinuierlich heraus, sodass das Baby diesen Fluss nur durch Zudrücken des Saugers stoppen kann. Flaschensauger sollen also in Größe, Form und Beschaffenheit der Brust möglichst ähnlich sein, damit das Kind die Option hat, seine Saugmuskulatur richtig zu gebrauchen.

- Das **Material des Saugers sollte weich und flexibel sein** – zur Materialauswahl findest du mehr im folgenden Kasten. Moderne Materialien haben eine samtige, hautähnliche Oberfläche.
- Die **Saugerspitze sollte lang, nippelförmig, flexibel und symmetrisch** sein. Der Sauger sieht also von allen Seiten gleich aus, es gibt kein »oben und unten«. Ein dehnbarer Sauger kann sich besser an die Mundhöhle anpassen.
- Beim Saugen an der Brust umfassen die Lippen nicht nur die die Brustwarze, sondern einen großen Teil des Brustgewebes drum herum. Ein **Sauger mit breiter Lippenauflagefläche** ermöglicht eine ähnlich weite Kieferöff nung und Lippenhaltung.
- Damit das Baby nicht zu schnell zu viel trinkt, sich verschluckt oder schnell spuckt, ist ein **kleines Saugerloch** sinnvoll. Ein langsamerer Milchfluss ermöglich ein kräftigeres und physiologischeres Saugen. Zur Orientierung kannst du die gefüllte Flasche einmal umdrehen: Pro Sekunde sollte nicht mehr als ein Tropfen Milch daraus tropfen, es soll kein Strahl herauslaufen.

Saugergröße

Sauger gibt es in der Regel in drei Größen, wovon die erste für Babys in den ersten sechs Lebensmonaten gedacht ist. Danach muss nicht unbedingt auf ein größeres Modell gewechselt werden. Die Größe 3, die für Kinder ab 1,5 Jahren gedacht ist, braucht man gar nicht, da Kinder in diesem Alter am Familientisch mitessen und aus der Tasse oder dem Glas trinken können. Auch deine Brustwarze wird schließlich nicht Monat für Monat größer, wenn du ein Baby oder Kleinkind stillst.

Die Lochgröße von Saugern wird auch manchmal durch die (ältere) Bezeichnung »Teesauger« und »Milchsauger« angezeigt. Neugeborene bekommen natürlich keinen Tee, sondern ausschließlich Milch. Der Teesauger kann dennoch die bessere Wahl sein, da er die kleinste Lochgröße hat und weniger Milch herausfließt. Ein langsamer Nahrungsfluss wirkt sich günstig auf das Saugverhalten aus und bewahrt dein Baby vor zu hastigem Trinken.

»Milchsauger« haben entweder ein größeres Loch oder mehrere kleine Löcher, durch die die Milch fließt. Wann und ob du überhaupt von einer kleineren zu einer größeren Saugerlochgröße wechselst, kannst du also ganz individuell vom Trinkverhalten deines Babys abhängig machen.

Die Materialfrage: Silikon oder Latex?

Silikonsauger bestehen aus ein Polymerkunststoffen. Das Material ist geschmacks- und geruchsneutral, temperaturunempfindlich, antiallergen und ausgesprochen langlebig. Sauger aus Silikon fühlen sich fester und weniger elastisch an. Sie sind eher für die zahnlose Babyzeit gedacht, denn sie bilden scharfe Kanten beim Zerbeißen. Silikonsauger der neuen Generation haben eine angeraute und damit samtigere, »hautähnlichere« Textur z. B. *NaturalWave™* von *Lansinoh*. Sie sind dadurch weicher und flexibler. Silikonsauger halten rund zwei Monate, bevor sie meist aufgrund von porösen Stellen und kleinen Rissen ausgetauscht werden müssen.
Latexsauger aus der Milch des Kautschukbaumes sind in der Regel flexibler und weicher als herkömmliches Silikon. Sie haben eine typische hellbraun-gelbe Farbe. Latex ist elastischer und dadurch reißfester als Silikon, was von Vorteil ist, wenn Babys mit ihren Zähnen darauf herumkauen. Insgesamt ist Latex dennoch etwas anfälliger und weniger haltbar. Es wird durch den Kontakt mit den Milchfetten schneller porös, hohe Temperaturen oder Sonneneinstrahlung lassen das Material schneller altern. Wenn spröde Latexschnuller klebrig werden, solltest du sie austauschen. Je nach Beanspruchung hält ein Latexsauger ein bis zwei Monate.

Formulamilch

Du kannst sicher sein, dass in jeder Milchnahrung, egal von welchem Hersteller und unabhängig vom Preis, alle gesetzlich vorgeschriebenen Nährstoffe für das gesunde Wachstum von Babys enthalten sind, weil die Herstellung von Säuglingsnahrung in Deutschland strengen Richtlinien unterliegt.

Die Erkenntnisse, die man bei der intensiven Erforschung der zahlreichen Inhaltsstoffe von Muttermilch gewinnt, werden bei der Herstellung von Säuglingsnahrung berücksichtigt. Es wird also versucht, diese ständig zu verbessern.

Seit einigen Jahren fügen manche Hersteller ihren Säuglingsnahrungen spezifische Probiotika bei, vor allem Lacto- und Bifidusbakterien. Diese sollen beim Aufbau einer gesunden Darmflora helfen und so das Immunsystem stärken und eine Allergieprophylaxe darstellen. Auch *HMOs*, die *Humanen Milch-Oligosaccharide*, bilden als Prebiotika wichtige Nahrung für die typischen Darmbakterien der Säuglingsflora. In Muttermilch kommen beide Bestandteile von Natur aus reichhaltig vor, in Formulamilch gehören sie eher zu den neueren Stoffen, die nicht in allen Säuglingsmilchen enthalten sind.

Pre-Nahrung

Für nicht gestillte Babys gibt es einheitliche Empfehlungen für die Beschaffenheit der Formulamilch. Von Geburt an wird eine sogenannte Pre-Nahrung empfohlen, welche zusätzlich die Aufschrift »von Geburt an«, »ab der ersten Lebenswoche« oder »ab der ersten Flasche« trägt. Diese entspricht den Nährstoffbedürfnissen von Babys und kann nach Bedarf gefüttert werden. Das bedeutet – wie beim Stillen auch –, dass das Baby selbst Hunger und Sättigung anzeigt und nicht in festgelegten zeitlichen Abständen bestimmte Mengen essen muss.

HA-Nahrung

Pre-Nahrung gibt es auch als hypoallergene Nahrung (HA). Bei den HA-Nahrungen wird das Kuhmilcheiweiß durch Hydrolisierung in kleine Peptide gespalten, die dann vom Immunsystem des Säuglings nicht mehr als fremd erkannt werden. So soll ein geringeres Triggern des Immunsystems erreicht werden.

Durch den Aufspaltungsprozess ist die HA-Nahrung leicht bitter im Geschmack. In der Regel wird sie von den Babys trotzdem gut akzeptiert, allerdings oft nur, wenn sie von Beginn an gegeben wird.

Wenn dein Baby mit dem Beikostbeginn mit einer Vielzahl potenzieller Allergene konfrontiert wird, kannst du auf die etwas günstigere reguläre Pre-Nahrung wechseln.

Der Nutzen von HA-Nahrung im Sinne einer Prävention vor späteren Allergien ist allerdings umstritten. In der Literatur deutet sich derzeit ein Trend an, der zunehmend die Auswirkung des Mikrobioms in seiner Rolle für das Immunsystem im Allgemeinen, aber auch für die günstige Beeinflussung einer allergischen Prädisposition beleuchtet. Prä- und Probiotika gewinnen daher in letzter Zeit an Bedeutung (siehe dazu das Kapitel »Das Baby-Mikrobiom« im Kapitel »Ankommen«).

1er-Anfangsnahrung

Während Pre-Nahrung in allen Bestandteilen der Muttermilch angepasst ist und als einziges Kohlenhydrat Laktose enthält, kann sogenannte 1er-Nahrung zusätzlich noch weitere Kohlenhydrate wie Maltose, Maltodextrin oder Stärke enthalten, welche in Muttermilch nicht enthalten sind. Die 1er-Milch ist dadurch etwas sämiger und wirkt vielleicht optisch gehaltvoller. Durch die zusätzliche Stärke der 1er-Milch verweilt diese bisweilen etwas länger im Babybauch. Das kann zu etwas größeren Abständen zwischen den Mahlzeiten führen und eventuell die Anzahl der nächtlichen Mahlzeiten reduzieren.

Bei den meisten Kindern bleibt das nächtliche Aufwachen aber unbeeinflusst davon, ob Pre- oder 1er-Nahrung gefüttert wird. Beide Nahrungen können nach Bedarf des Kindes gegeben werden. Da in 1er-Nahrung zusätzlicher Zucker enthalten sein kann, solltest du beim Kauf gezielt aufs Etikett schauen.

2er- und 3er-Folgemilch

Genau passend zu dem vielleicht etwas unruhigeren Trink- und Schlafverhalten des Babys mit fünf oder sechs Monaten verspricht die Folgemilch 2 oder 3 verheißungsvoll »besser sättigend« oder gar »für mehr Schlaf« auf der Packung. Das Geheimnis ist: mehr Kohlenhydrate, also mehr Zucker und Stärke. Ernährungsphysiologisch bieten diese keinen einzigen Vorteil, sie stehen eher im Zusammenhang mit einem Mehrbedarf an Insulin, was eine ungünstige, frühe epigenetische Wirkung auf die Glukosetoleranz haben kann. Zudem birgt mehr Zucker die Gefahr von Karies durch das Nursing-Bottle-Syndrom (siehe das Kapitel »Babys Zahngesundheit« im Kapitel »Pflege und Zuwendung«). Deshalb werden sie von den Fachgesellschaften nicht empfohlen. 2er oder 3er-Milch soll nicht nach Bedarf gefüttert werden.

Der Hinweis »Nach dem 4. Monat« oder »Ab dem 6. Monat« auf den Folgenahrungspackungen (oder später auf Breipackungen oder Gläsern) bedeutet also nicht, dass diese zu diesem Zeitpunkt nun »dran« wären, sondern – wenn überhaupt – frühestens dann gegeben werden dürfen.

Pre-Nahrung to go

Es gibt Pre-Milch nicht nur als anzurührendes Pulver, sondern auch als trinkfertige Nahrung zu kaufen. In der Klinik ist das aus Hygiene- und Zeitgründen sicherlich sinnvoll. Da diese Fertigmilch aber deutlich teurer und müllträchtig ist, ist sie im privaten Bereich eher eine Option für »ausnahmsweise«, etwa wenn Pulvernahrung nicht hygienisch zubereitet werden kann oder ihr länger unterwegs seid.

Trinkfertige Pre-Nahrung gibt es meist in der Apotheke in einzelnen 90 ml-Fläschchen, aber auch vereinzelt im Babyhandel oder in Drogerien.

Sie muss vor dem Verwenden gut geschüttelt und kann dann direkt erwärmt und gefüttert werden. Nicht getrunkene Reste müssen verworfen werden. Geöffnete Packungen müssen im Kühlschrank aufbewahrt und die Restmenge bis zum nächsten Tag verbraucht werden.

Beikost – von der Milch zum Familientisch

Beikost wird die erste Nahrung des schon etwas größeren Säuglings genannt, die zusätzlich zur Milch dazu gegeben wird. Nach und nach erst wird diese allmählich zum »Ersatz« der Still- oder Flaschenmahlzeit. Dieser Prozess dauert bei den meisten Kindern etwa bis (mindestens) zum ersten Geburtstag. Zu diesem Zeitpunkt bleibt meistens noch das morgendliche und/oder abendliche Stillen (oder die Flasche) übrig, je nach Alltagsstruktur, Vorlieben und gemeinsamen Ritualen. Aber auch weitere Milchmahlzeiten zwischendurch sind noch möglich.

Die Entscheidung der Mutter zum Weiter- oder Abstillen ist ein Baustein, aber auch die Kinder reden hier ein entscheidendes Wort mit, vielleicht mehr, als du das vorher angenommen hast. Es ist jedenfalls eher die absolute Ausnahme, dass Babys sich selbst im ersten Lebensjahr von allein abstillen. Das Normalzeitstillen, also das, was uns Menschen artgerecht ist, umfasst nach den Definitionen der unterschiedlichen Fachgesellschaften mindestens zwei komplette Jahre.

Ungefähr zum ersten Geburtstag kann das Baby ganz normal am Familientisch mitessen – und zwar fast alles das, was es am heimischen Tisch so gibt und sich im weitesten Sinne an dem orientiert, was man unter »gesundem Essen« versteht – mehr dazu auf den folgenden Seiten.

Der Zeitpunkt des »endgültigen« Abstillens ist höchst individuell und am besten handhabt ihr das genau so. Er liegt für die meisten Familien irgendwo zwischen sechs Monaten und dem dritten Geburtstag. Die Leitlinien-Empfehlung der WHO für das Weiterstillen liegt bei mindestens zwei Jahren. Auch alle deutschen Fachgremien betonen aus verschiedenen Gründen ausdrücklich die Wichtigkeit des Weiterstillens nach dem Beginn der Beikost.

Wann starten?

Im ersten Babyhalbjahr ist dein Baby mit Muttermilch (oder Pre-Milch) bestens versorgt und benötigt noch keine Beikost. Im Gegenteil: Es kann sie vor dem fünften Lebensmonat noch gar nicht aufspalten, verdauen und verwerten. Das Baby braucht ebenfalls keine zusätzlichen Getränke wie Wasser oder Tee.

Frühestens nach dem vierten Monat, also ab der 17. Lebenswoche, kann ein Baby zum ersten Mal etwas anderes kosten als Milch. Die ganz große Mehrheit der Kinder ist zu diesem Zeitpunkt noch überhaupt nicht reif zum »richtigen Essen«, so, wie wir es uns möglicherweise vorstellen. Sie werden also nicht pünktlich zu diesem Zeitpunkt begierig das kleine Schnäbelchen aufsperren und das Tellerchen leerspachteln, kaum kommt ein Breilöffel in ihre Reichweite. Erst vor einigen Jahren wurde dieser Zeitpunkt – fünfter Monat – als *frühestmöglicher* Zeitpunkt in die üblichen Tabellen eingefügt – nicht als *empfohlener!* Sei also nicht allzu überrascht, wenn auch dein Baby zu dieser Mehrheit gehört und einfach noch ein wenig Zeit braucht. Ähnlich wie beim Schlafen, Krabbeln, Laufen hat jedes Baby sein eigenes Entwicklungstempo, es bringt überhaupt nichts, am berühmten Gras zu ziehen. Es ist also eher die Ausnahme als die Regel, dass ein Baby ab dem 5. oder 6. Monat freudig drauflos mampft und alsbald Stillmahlzeiten entbehrlich sind. Auch die Beikostreife ist also nicht an den Kalender, sondern an bestimmte Entwicklungsschritte geknüpft.
Essen ist komplex. Bevor ein Baby in der Lage ist, etwas Essbares mit der Hand selbstständig als essbar zu erkennen, es in den Mund zu stecken, es dort irgendwie zu zerkleinern, mit der Zunge hin und her zu bewegen und dann runterzuschlucken, müssen sich wichtige motorische Fähigkeiten entwickelt haben.

Beikost-Reifezeichen

- **Das Alter:** Dein Baby hat ein entsprechendes Alter erreicht – mindestens vier vollendete Monate, bei einem Großteil der Kinder wird es eher nach dem vollendeten sechsten Lebensmonat so weit sein. Bei früh geborenen Babys kann etwas mehr Geduld erforderlich sein.

- **Die Lebenssituation:** Dein Baby sollte gesund sein. Gerade im Winter beginnen die ersten Infekte. Im Infekt ist das kleine System ganz schön gefordert – am besten wartet ihr die vollständige Genesung ab. Auch in Zeiten größerer Veränderung – Umzug, Urlaub, Kitaeingewöhnung, Veränderungen bei den Bezugspersonen: Lieber ein wenig mehr Stabilität im Außen abwarten.
- **Entwicklung:**
  - Dein Baby hält den **Kopf allein stabil und kann** mit Unterstützung einige Zeit auf deinem Schoß sitzen, ohne umzufallen oder zusammenzusacken. Dies erfordert eine recht komplexe Rumpfkoordination von Muskeltonus und Gleichgewicht, die dein Baby sich zuvor in Rücken und Bauchlage und beim Drehen und Greifen erarbeitet hat. Das aufrechte Sitzen beim Essen ist essenziell für die Mund- und Schluckmotorik! Sich allein aus der Seitenlage hinsetzen und **frei sitzen** kann kaum ein Kind schon im 5. Lebensmonat.
  - Die Auge-Hand-Mund-Koordination ist gut entwickelt, dein Baby **greift in Rücken- und Bauchlage sicher und gezielt** nach Gegenständen und erkundet sie mit Mund und Händen.
  - Es **dreht sich vom Rücken auf den Bauch**. Diese Drehbewegung geht einher mit der Reifung komplexer Bewegungsmuster der Zunge – und die wiederum ist wichtig für die Bewegungen des Essens im Mund. Wie eng die Motorik der Zunge mit der Koordination der Hand zusammenhängt, kann man bei Kindern oft bis ins Grundschulalter beim Malen oder Schreiben beobachten.
  - Bei Kontakt mit fester Nahrung ist der **Zungenschiebereflex** nicht mehr auslösbar, das Essen wird also nicht mit der Zunge aus dem Mund geschoben.

Keine Beikost-Reifezeichen

- **Euer Baby schaut euch beim Essen aufmerksam zu, es will »dabei sein«,** grapscht nach Essbarem und ahnt, was damit zu tun ist: es sich in den Mund stopfen. Das ist ein normales Verhalten eines Babys mit vier, fünf Monaten. Es zeigt damit nicht zwangsläufig, dass es »endlich essen will«, sondern übt sich an den Voraussetzungen, überhaupt (bald) essen zu können.

- **Das Baby wird nachts wieder häufiger wach** oder schläft »immer noch nicht durch«. Wie Essen und Schlafen zusammenhängen und warum typischerweise rund um den 5. Lebensmonat die Nächte (wieder) unruhiger werden, findest du im Kapitel »Schlafen wie ein Baby«.
- **Dein Baby ist ein besonders zartes Baby oder das Gewicht stagniert.** Die Kalorienzufuhr steigt mit der Einführung von Beikost üblicherweise *nicht*.
- **Es schmatzt oder speichelt viel.** Ja, der Speichel verändert seine Zusammensetzung und seine Menge – aber nicht vor lauter Hunger, sondern um die neuen Nahrungsbestandteile demnächst im Mund besser aufzuschlüsseln.
- **Möglicherweise hat dein Baby schon das eine oder andere Zähnchen,** das ist aber kein Muss. Es gibt Babys, die bleiben ein ganzes Jahr oder länger zahnlos. Die Zähne dienen bis zum Wachstum der Backenzähne mit zwei Jahren nur dem Abbeißen, nicht dem Kauen. Babys zerkleinern die Nahrung durch dem Kauen ähnliche Bewegungen mit Kiefer und Zunge.

Brei oder Fingerfood?

Nach dem neuesten Stand der wissenschaftlichen Literatur kann man die Beikostempfehlungen verkürzt so zusammenfassen: Es gibt mittlerweile kaum noch Gründe für starre Pläne, Dogmen oder überhaupt für »spezielle Babynahrung«. Bis vor einigen Jahren war die »Beikosteinführung« gleichzusetzen mit »Breieinführung«. Aber spätestens seit der Renaissance von Fingerfood gibt es das auch für Babys, eine Methode, die unter »Baby Led Weaning« bekannt geworden ist. In einem der folgenden Kapitel findest du alles dazu genau erklärt.

Im Prinzip kann dein Baby also nach und nach am Familientisch mitessen und verschiedene Nahrungsmittel, Geschmäcker, Haptiken und Konsistenzen kennenlernen, ohne dass du dich zu einer speziellen Methode bekennen musst. Dein Baby wird auch hier wieder ein entscheidendes Wörtchen mitreden. Es gibt Breibabys und Fingerfoodbabys, und es ist total in Ordnung, zu mixen.

Falls du also viele Rezepte oder Pläne oder Tabellen erwartet hast, müssen wir dich ein bisschen enttäuschen. Stattdessen ermuntern wir dich ausdrücklich, dich davon zu lösen und auf dein Baby zu schauen. Diese Haltung macht es so unendlich viel leichter und fördert einen entspannten Umgang mit dem Thema »Essen«, den viele von uns nicht haben. Natürlich gibt es schon ein paar Regeln und Dinge, die man wissen sollte. Damit starten wir gleich. Und tolle Babyrezepte und Ideen, Tierfiguren aus Gurke zu schnitzen, gibt es anderswo zuhauf.

Welche Milchmahlzeit zuerst ersetzen?

- **Es ist vollkommen egal, zu welcher Tageszeit du mit der Beikost startest.** In vielen älteren Ratgebertabellen ist vielfach von der sogenannten »Mittagsbrust« die Rede, die man nun als Erstes »ersetzen« solle. Voll stillende Mütter mögen sich nun fragen, ob die Brust um 12, 13 oder 14 Uhr gemeint ist.
- **Essen ist immer auch ein soziales Event.** Ein guter Zeitpunkt ist also die Mahlzeit, die ihr am ehesten gemütlich gemeinsam zu Hause einnehmt.
- Ob mittags oder abends – **dein Baby sollte ausgeruht, neugierig und aufgeschlossen sein** für dieses neue große Abenteuer.
- **Es ist nicht notwendig, schematisch nacheinander ganze Mahlzeiten zu ersetzen.** Du kannst deinem Baby auch parallel zu allen Mahlzeiten einen kleinen Snack anbieten. Oder immer dann, wenn du etwas isst, kann dein Baby dabei sein und bekommt etwas ab.
- Wenn wir von **Tischkultur** sprechen, meinen wir damit keine Tischmanieren, sondern eine **geborgene Atmosphäre, Zugewandtheit und Kommunikation.** Sie ist ein ganz wesentlicher Bestandteil im Familienleben, für viele Jahre. Natürlich isst man auch mal im Stehen oder beißt unterwegs in irgendetwas Essbares hinein. Dennoch werden die gemeinsamen Mahlzeiten ein wichtiges Ritual sein, wahrscheinlich noch mehr als vor eurer Zeit als Eltern. Mahlzeiten strukturieren den Tag und geben uns einen Mittelpunkt. Du musst nicht täglich Obstmandalas schnitzen – aber begegne Mahlzeiten mit einer inneren Haltung, die du dir wünscht, auch für dein Kind.

Tipps für die Praxis

- **Dein Baby soll unbedingt von Beginn an beim Essen sitzen.** Entweder auf deinem Schoß oder im Hochstuhl, niemals in der Wippe. Halb zurückgelehnt kann ein Baby Schlucken, Atmen und Essen nicht gut koordinieren, es kann sich leicht verschlucken.
- **Essen ist mehr als Nahrungsaufnahme.** Kinder brauchen zur Erkundung von Essbarkeit, Konsistenz und Haptik einen ganzheitlichen Eindruck von der Nahrung. Deshalb ist Rummatschen eine wichtige Sinneserfahrung und dient dem Lernen. »Spielen« ist für Babys immer ernsthaft.

- **Essen ist am Anfang deshalb nach unseren Elternmaßstäben ein unfassbares Herumsauen.** Ein Handtuch unter dem Hochstuhl ist praktisch, das kann dann in regelmäßigen Abständen einfach in die Waschmaschine. Brei- und Matschreste kleben gern überall und werden hart wie Beton. Alternativ funktioniert auch ein transparenter Fußbodenschutz ganz gut. Sitzkissen im Stühlchen sind anfangs eher unpraktisch, Lätzchen gibt es zu Beginn gerne mit Ärmeln.
- **Leichte Teller und Schälchen** werden meistens sofort genauestens von allen Seiten und auf alle physikalischen Gesetze hin untersucht, gern auch (über dem Kopf) ausgekippt oder herumgeworfen, es ist einfach zu verlockend. Saugnapf-Teller können eine Idee sein oder du bietest das Essen entweder direkt auf dem Tisch an oder auf einem kleinen Tablett.
- »Bambusgeschirr« besteht nie aus Bambus, sondern aus Kunststoff, der mit kleinen Anteilen Bambusschnipseln verschmolzen und geformt wird. Viele enthalten ungünstige Stoffe wie Formaldehyd oder gar BPA. **Melamin** ist nur für lauwarmes Essen geeignet. **Silikatglas** ist einigermaßen bruchfest.

Das Hochstühlchen

Der Hochstuhl ist ein wirkliches Essential für die Familienmahlzeiten. Kleine Kinder können so am Familientisch auf Augenhöhe mitessen, kommunizieren und am Familienleben teilhaben. Modelle, die sich altersentsprechend umbauen lassen (wie z. B der Tripp Trapp®-Stuhl der Firma Stokke®), können in der gesamten Kindheit und teilweise auch später für Erwachsene verwendet werden. Es lohnt sich also, ein möglichst variables Modell zu wählen.

Der Hochstuhl muss stabil und kippsicher sein und das Baby darin altersentsprechend mit Bügeln oder Anschnallgurten gesichert werden können. Dennoch darf man ein Baby nicht darin allein lassen. Es wird sehr bald seine Kletterfähigkeiten entdecken und ausprobieren.

Du wirst einen **leicht zu reinigenden Hochstuhl** ohne Polster und Schnickschnack schnell zu schätzen wissen. Da ein Baby zu Beginn der Beikostzeit meistens noch nicht allein sitzen kann und sich nicht selbstständig aufsetzt, ist das hingesetzte Baby auch nicht in einer optimalen Position, die es länger als für eine Mahlzeit einnehmen sollte. Ein Hochstuhl sollte also kein Aufbewahrungsort sein!

Wichtig ist eine Fußstütze: Gute Hochstühlchen besitzen zwei Bretter, die beide in der Höhe und Sitztiefe verstellbar sind. Eine Fußstütze oder -brett gibt deinem Kind einen wichtigen Aufrichte-Impuls über die Fußsohlen. Dieser Kontakt ist für die gesamte Wirbelsäule, vor allem die Halswirbelsäule mit der Kopfkontrolle für die Koordination des Kauens und Schluckens wichtig. Als wichtigen Schutzreflex vor dem Verschlucken nutzt dein Baby seinen Hustenreflex. Auch das gelingt nur gut mit abgestützten Füßen.

Babyschalen auf dem Hochstuhl

Babyschalen, die man auf einen Hochstuhl klicken kann, sind praktisch. Dein Baby kann beim Schnippeln zugucken und an den Mahlzeiten teilnehmen, auch wenn es noch nicht selber am Tisch isst, anstatt eine Etage tiefer auf der Krabbeldecke zu liegen, wo seine Geduld meistens begrenzt ist, wenn anderswo Spannenderes stattfindet. In der Schale ist es näher bei euch, auf gleicher Höhe, kann kommunizieren und erlebt den Alltag mit euch gemeinsam.

Diese Babyschale ist aber nicht zum Essen geeignet! Zum Essen muss ein Baby aufrecht sitzen, nicht lümmeln. Es liegt in der Babyschale, ähnlich wie in einer Wippe, nur halb aufgerichtet. Genau wie im Wipper (oder in der Auto-Babyschale) solltet ihr die Zeit darin begrenzen, denn durch die Neigung und die starre Position, in der das Baby angeschnallt sitzt, sind physiologische und altersgerechte Bewegungen nicht möglich.

Auf dem Schoß

Auf dem Schoß zu sitzen ist für dein Baby zu Beginn der Beikostzeit eine gute Alternative. Auf dem Schoß der Eltern erfährt es viele Stimuli für unterschiedliche Aufrichte- und Gleichgewichtsreaktionen. Wir Eltern gleichen Haltungsveränderungen mit unseren Bewegungen aus, es entsteht ein aktives Sitzen.

Die erste Beikost

Der Start in die Beikost beginnt typischerweise mit Gemüse, als Brei oder als Fingerfood in gedünsteter Form. Gut geeignet sind milde, gut verträgliche, stärkehaltige Gemüsesorten wie etwa Pastinake, Kürbis, Kartoffel, Zucchini oder Süßkartoffel. Karotten hingegen können sehr stopfend sein – das ist eher ungünstig, wenn du ein Baby hast, das sowieso nur einmal in der Woche in die Windel macht. Alternativ und ergänzend funktioniert weiches Obst oder Getreide in Form von Brot oder Nudeln zum Probieren.

Wenn dein Baby neugierig die neue Nahrung erkundet und aufschleckt, darf es so viel davon essen, wie es möchte. Manchmal bleibt es erst mal vorwiegend beim Erkunden, und das Essen landet überall, nur nicht im Kind. Wenn dein Baby dann isst, sind dies anfangs nur einige wenige Löffel oder Stückchen.

Bei all dem ist es wichtig, immer die Signale des Kindes zu beachten. Das lebensbegleitende Thema »Essen« sollte von Beginn an von Genuss geprägt sein. Ein Baby »muss« nie essen. Es soll also keinesfalls zu einer Art Kampf werden. Würgt dein Baby sehr (ein bisschen ist anfangs normal) oder schiebt den Löffel wieder aus dem Mund heraus, ist es wahrscheinlich schlicht noch zu früh – lass erst mal alles wieder weg und probiere es in zwei Wochen noch einmal.

Mahlzeiten »ersetzen«

Die ersten Mahlzeiten im Leben deines Babys dienen noch nicht nennenswert der Kalorienzufuhr. Es kann Wochen, bei einigen Babys auch Monate, dauern, bis eine Mahlzeit vollständig durch festes Essen ersetzt ist. Meistens essen die Babys ein wenig, bis sie keine Lust mehr haben, und nehmen dann zum Nachtisch die Brust und trinken sich satt.

Wann der Übergang zur vollständig ersetzten Mahlzeit vonstattengeht, ist eine Sache von Herumprobieren, Temperament des Babys und sicher auch deiner Stillmotivation. Lass dir Zeit! Im ersten Babyhalbjahr hat sich dein Baby ausschließlich von Milch ernährt, und oft unterschätzen Eltern den Umstellprozess, der mindestens ein weiteres halbes Jahr braucht. Irgendwelche Szenarien – pro Woche (oder pro Monat) eine vollständige Mahlzeit Milch gegen feste Nahrung zu ersetzen – sind meistens nicht realitätstauglich. Vielmehr geschieht das – mal wieder – alles in Phasen. Eine Zeitlang spachtelt ein Baby alles weg, was in seine Nähe kommt, dann erkältet es sich im 11. Lebensmonat und wird kurzzeitig wieder zum 100-prozentigen-Stillkind. Das ist völlig normal – rechne damit.

Fett

Fett ist ein essenzieller Bestandteil der Nahrung. Es ist ein wichtiger Kalorienlieferant und enthält essenzielle Fettsäuren. Fettlösliche Vitamine brauchen Fett, um in den Körper aufgenommen zu werden. Zudem ist es ein natürlicher Geschmacksverstärker und umschmeichelt die Geschmacksknospen.

Rapsöl hat von den pflanzlichen Ölen den höchsten Anteil an den langkettigen mehrfach ungesättigten Fettsäuren und ist deshalb das geeignete Pflanzenöl zur Zugabe in Brei und in anderen Mahlzeiten, am besten in Bio-Qualität. Kaltgepresstes Öl darf gegeben werden.

Spezielles »Beikost-Öl«, das eine Mischung aus Lein-, Raps- und Sonnenblumenöl enthält, ist relativ teuer und meistens nicht notwendig. Bei einer fischfreien Ernährung ist eventuell Algenöl sinnvoll für eine ausreichende Versorgung mit Omega 3 – mehr dazu im nachfolgenden Kasten.

Butter und Sahne enthalten als tierische Fette gesättigte Fettsäuren und Lecithin, die für die Entwicklung des Gehirns wichtig sind. Als Zutat für den Brei oder auf Brot ist Butter ab dem 5. Lebensmonat erlaubt, einige Babys lieben Butter auch pur.

Auf 100 g Babybrei gehört ungefähr ein guter Teelöffel Öl. Fett wird immer erst zum Schluss dazugegeben, es sollte nicht mit erhitzt werden.

Omega-3-Fettsäuren

Die Omega-3-Fettsäuren EPA und DHA sind besonders wichtig für die Entwicklung des Gehirns und der Netzhaut deines Babys, vor allem in der Schwangerschaft. Omega 3 gehört zu den Nährstoffen, die in der Muttermilch landen, stillende Frauen können ihre Muttermilch also auch über ihre Ernährung anreichern. Wegen der positiven Effekte von Omega 3 ist es mittlerweile den meisten Pre-Milchen zugesetzt.

In der Kleinkindzeit ist es wichtig für das Immunsystem und die Darmgesundheit. Vor allem Kaltwassermeeresfische und Lachse nehmen diese Fettsäuren über ihre Nahrung, Algen und Kleinkrebse, auf. Somit ist Fisch eine gute Omega-3-Quelle. Gleichzeitig ist das ein biologisches Dilemma, denn die Meere – z. B. das Mittelmeer und die Ostsee – sind überfischt und mit Schwermetallen belastet. Wenn ihr also auf die Herkunft achten möchtet, ist der Fisch-Einkaufsratgeber von *Greenpeace* ein hilfreiches Tool.

Wenn kein Fisch auf dem Speiseplan steht, kann alternativ großzügig Leinöl verwendet werden, das besonders reich an Alpha-Linolensäure (ALA) ist. Das Hauptproblem dabei ist, dass unser Körper ALA erst in EPA und DHA umwandeln muss, um die wichtigen Effekte der Omega-3-Fettsäuren zu erreichen. Der menschliche Körper kann aber nur einen Bruchteil der pflanzlichen ALA in EPA und DHA konvertieren, bei Fischöl braucht es diesen Umweg nicht. Seit einiger Zeit gibt es auch Algenöl aus der Mikroalge Schizochytrium als vegane und gut bioverfügbare Omega-3-Quelle, z. B. von *into life*®.

Essen – und Trinken?

Mit Beikostbeginn kannst du deinem Baby Wasser anbieten. Auch hier geht es erst mal um das Probieren von etwas ganz Neuem: nämlich trinken, ohne zu saugen. Das erfordert eine ganz neue Mundmotorik und Koordination. Am besten direkt aus dem (normalen) Trinkbecher oder einem kleinen Glas. Zusätzliche, wirklich getrunkene Flüssigkeit benötigt das Baby erst, sobald drei Stillmahlzeiten vollständig ersetzt sind. Auslaufsichere Trinklernbecher (Schnabeltassen) sind zwar praktisch, verzögern aber diesen Lernprozess. Dein Baby lernt das Trinken aus dem Becher am besten aus einem herkömmlichen Becher und nicht aus einer Schnabeltasse. Diese verführen eher dazu, dass Kinder kontinuierlich an ihr nuckeln oder damit herumrennen.

Das einzig sinnvolle Getränk für Babys und Kleinkinder ist Wasser, ganz schlicht aus der Leitung. Blei ist seit Jahrzehnten verboten und nur noch selten in Altbauhäusern vorhanden, ganz neue Kupferrohre im Neubau geben eventuell in den ersten beiden Jahren noch Kupferionen ins Trinkwasser ab. Bei Zweifeln an der Leitungsqualität könnt ihr Wasserproben bei den Wasserwerken checken lassen, in vielen Städten ist das in der Schwangerschaft und im ersten Lebensjahr kostenfrei.

Wie bei allen wichtigen Dingen des Lebens lernt euer Baby über Zuwendung und darüber, was ihr ihm vorlebt. Sinnvollerweise sieht das Baby also in euren Gläsern regelmäßig Wasser und nicht Coca-Cola.

Auch Tee ist kein geeignetes Alltagsgetränk. Wenn das Baby einen Infekt hat, kann dünner Fencheltee (Magen-Darm) oder Lindenblütentee (Fieber) eine gute Idee sein. Gewöhnt sich das Baby aber daran, dass Trinken »nach etwas schmeckt«, wird es voraussichtlich mit drei Jahren eher auf Apfelschorle stehen, als dass es noch Wasser akzeptiert.

Beikost ab dem 6. bis 7. Lebensmonat

Weitere Gemüsesorten können eingeführt werden: Brokkoli, Blumenkohl, Kohlrabi, Avocado, auch die nitratreicheren Gemüse Rote Beete, Spinat und

Mangold. Ebenfalls frisches, zunächst mildes Obst je nach Jahreszeit, z. B. Melonen, Erdbeeren, Himbeeren, Birne, Banane, Mango, Aprikose, Pfirsich. Diese mögen Babys meistens sehr, auch »als Ganzes« zum Rumlutschen und daran Knabbern.

Wenn ihr Brei füttert, muss Gemüse spätestens jetzt nicht mehr ganz so fein püriert werden, ein Zerdrücken mit der Gabel reicht.

Eine weitere Breimahlzeit kann eingeführt werden: der Getreide-Obst-Brei aus Wasser, Getreideflocken und etwas Obstpüree. Bekommt dein Kind noch mehrere Stillmahlzeiten, ist dieser Brei zunächst milchfrei, denn das Eisen z. B. aus der Hirse kann ohne (Kuh-)Milch sehr viel besser resorbiert werden.

Nitrat

Nitrat ist in einigen Gemüsesorten enthalten, aber es ist nicht per se gefährlich. Ein Teil des Nitrats wird im Verdauungstrakt zu Nitrit umgewandelt, je jünger das Baby ist, umso mehr. Im Übermaß kann dieses gebildete Nitrit bei kleinen Babys – durch Oxidation des Hämoglobins zu Methämoglobin – zur sogenannten Blausucht führen, weil Methämoglobin keinen Sauerstoff transportieren kann.

Für die Praxis bedeutet das: Gib deinem Baby nicht gleich mit vier Monaten regelmäßig vollständige nitratreiche Mahlzeiten. Wechsle nitratreiche Gemüse mit nitratarmem Gemüse ab oder mische sie. Auch Obst ist nitratarm, zudem enthält es Vitamin C, das den Umbau von Nitrat zu Nitrit vermindert. Kochen reduziert den Nitratgehalt um bis zu 70 Prozent. Nitratreiche Lebensmittel sollten nicht lange warmgehalten oder aufgewärmt werden. Bio- und Freilandgemüse enthält weniger Nitrat als Gemüse aus dem Gewächshaus oder dem konventionellen Anbau, weil nitratreiche Böden vor allem durch Kunstdünger entstehen.

Verdauung

Mit dem Start der Beikost ändern sich auch die Herausforderungen an das Verdauungssystem. Ganz neue Enzyme (etwa zum Verdauen von Stärke) werden notwendig. In der Darmflora werden nun neben den Bifidus- und Lactobazillen weitere Bakterienstämme, etwa E. Coli, gebraucht, um die Nahrung aufzuspalten. Der Stuhlgang verändert sich, er wird vom unschuldigen Muttermilchstuhl nun »menschenähnlicher« und riecht auch so. Richtig fies wird es aber erst ab dem Essen von Fleisch, dessen Verdauung wiederum andere Bakterien benötigt. Noch immer sind Anteile des Essens scheinbar relativ »unverändert« in der Windel wiederzufinden.

Manche Babys reagieren auf die Einführung von Beikost vorübergehend mit Verstopfungen. Verstopfung bedeutet übrigens nicht, dass dein Baby seltener als täglich eine volle Windel hat. Geht es deinem Baby damit gut, ist das überhaupt kein Problem. Wird der Stuhl aber hart und kugelförmig, kannst du Lebensmittel ergänzen, die die Geschmeidigkeit des Stuhlgangs verbessern. Ballaststoffe (Gemüse, Vollkorn statt Weißmehl) benötigen ausreichend Flüssigkeit zum Quellen, Obstsorten wie gedünstete Pflaumen, Birnen oder Äpfel wirken leicht abführend. Probiotischer Joghurt enthält Lactobazillen und kann die Verdauung unterstützen. Auch etwas mehr Öl bei der Beikost hilft, dass der Stuhlgang besser herauskommt. Verzichte bei Verstopfung auf Karotte und rohen Apfel.

Beikost ab dem 8. Monat

Das Baby hat sich zunehmend an neues Essen gewöhnt, der Magen-Darm-Trakt hat sich an die neue Nahrung angepasst.

Bei gutem Appetit und Neugier kann es nun in größeren Schritten weitergehen: Dein Baby kann nun Brot essen, Milchprodukte, zunächst in fermentierter und damit bekömmlicherer Form (Joghurt, Quark, Käse). Es kann Fleisch bekommen (in pürierter oder sehr zerkleinerter Form, z. B. Hackfleisch). Gut verträglich und gut zu essen ist auch gedünsteter Fisch.

Überhaupt wird nun mit geübterer Feinmotorik zunehmend Fingerfood interessant: gegartes Gemüse und Kartoffeln als »handliche Stückchen«, Nudeln, Obst – in Stücken oder als Ganzes, Gurke, Tomate, Vollkornbrötchen, Reiswaffeln.

Entweder wird nun ein dritter Brei eingeführt (Getreide-Obstbrei) oder das Baby isst eine Brotmahlzeit mit etwas Obst.

Kräuter und (milde) Gewürze sind spätestens jetzt vollkommen okay, mild gesalzenes Essen ebenfalls – du brauchst also keinen Extra-Kochtopf mit Babyessen mehr, sondern zweigst etwas von eurem Essen ab.

Nach dem 10. Lebensmonat

Nach und nach – je nach Speiseplan der Eltern – können nun weitere Nahrungsmittel ergänzt werden, die immer mehr der gesunden Erwachsenenernährung ähneln, auch etwas wie Frischkäse, vegetarische Brotaufstriche oder Schlagsahne ist erlaubt. Vorsicht weiterhin bei kleinem Obst wie Heidelbeeren oder Granatapfel, daran kann sich ein Baby leicht verschlucken.

Mit etwa einem Jahr

Das Baby kann nun fast alles am Familientisch mitessen. Kuhmilch ist kein »Getränk« und taucht erst jetzt mit der Reduktion von Still- (oder Flaschen-)mahlzeiten auf, etwa als Ergänzung zu einer Brotmahlzeit. Die notwendige Calciumzufuhr kann natürlich auch über Joghurt, Quark, (Frisch-)Käse erreicht werden.

Ungeeignete Baby-Lebensmittel

- **Zucker.** Es gibt keinen einzigen Grund, einem Baby oder Kleinkind irgendetwas anzubieten, das zusätzlichen Zucker enthält, weder fertige Joghurts (alternativ: Naturjoghurt, evtl. mit Obstbrei), Kekse (alternativ: Dinkelcracker, Getreidewaffeln), Kuchen (alternativ: Vollkornbrötchen). Hast du einmal damit begonnen, ist die Büchse der Pandora geöffnet (weil ein Keks natürlich leckerer ist als eine Reiswaffel und ein Baby nicht doof). Spätestens in der Kita kommt das sowieso. Die allerwichtigste Karies- und Übergewichtsprophylaxe ist ein weitgehender Verzicht auf Zucker! Nicht gemeint ist damit die natürliche Süße von Obst.
- **Agavendicksaft, Kokosblütenzucker, Dattelsirup** etc. sind übrigens auch Zucker und nicht automatisch »gesund«.
- **Honig und Ahornsirup** können (wenn sie unpasteurisiert sind) Botulismusbakterien enthalten, die im Darm überleben und schwere Toxinvergiftungen auslösen können. Wenn sie beim Kochen oder Backen erhitzt werden, sind sie aber erlaubt.
- **Salz** sollte zurückhaltend verwendet werden, im Kochwasser ist es aber okay.
- **Zuckerersatzstoffe, Aromazusätze, Geschmacksverstärker etc.** sind in industriell hergestellten Lebensmitteln und Fertiggerichten enthalten und haben ebenfalls nichts in der Babynahrung zu suchen.
- **Kleine, kugelige Nahrungsmittel** (Heidelbeeren, Erbsen, Granatapfelkerne, Nüsse, Rosinen, Weintrauben …) können leicht verschluckt werden und können dann beim Herunterkullern in die Luftröhre geraten und Erstickungsunfälle verursachen.
- Auch **Salatblätter** können sich im Mund verheddern, am Gaumen kleben und die Atemwege verlegen.

- **Koffein- oder teeinhaltige Getränke, Alkohol in Backwaren oder Soßen** haben nichts in Babynahrung zu suchen.

Überholte Ernährungsmythen

- **Schrittweiser Kostaufbau,** streng »nach und nach« (also eine Woche *nur* Karotten, dann eine Woche *nur* Pastinake, striktes Monogemüse etc.) **hat keine Vorteile,** weder hinsichtlich der Verträglichkeit noch der Allergenität.
- **Es ist weder notwendig noch sinnvoll, als allergen geltende Nahrungsmittel zum Zwecke der Allergieprophylaxe zu vermeiden** (Fisch, Ei, Weizen, Kuhmilch, Nüsse, Mandeln etc.) oder erst sehr spät einzuführen, weder in der Schwangerschaft oder Stillzeit für die Mutter noch für das Baby selbst – sogar das Gegenteil ist der Fall!
- **Glutengabe innerhalb des ersten Lebensjahres** (Klebereiweiß, enthalten in den Getreidesorten Weizen, Roggen, Gerste, Hafer, Dinkel; nicht enthalten in Hirse, Mais, Reis, Buchweizen) **erhöht nicht die Anfälligkeit für Zöliakie** – sogar das Gegenteil ist der Fall. Gleichzeitig gehört Gluten zu den Proteinen mit für viele Menschen potenziell inflammatorischer Information. Es kann also subtil-entzündliche Prozesse triggern, Weizen sollte also auch nicht zum Hauptnahrungsmittel werden.
- **Ein »Einschlaffläschchen«** ist nicht empfehlenswert, weil es so schön gemütlich ist. Im Gegenteil, es sollte möglichst gar nicht erst angewöhnt werden, da es oft lange dauert, dieses wieder abzugewöhnen (oft bis zum dritten Lebensjahr), was eine ernst zu nehmende Kariesgefahr bedeutet. Sinnvollerweise sollten deshalb beim Beikoststart von Beginn an alle Getränke (außer Stillen) aus dem Becher oder der Tasse angeboten werden (mögliche Ausnahme: Fieber, Durchfall).

Eisen

Gesunde und reif geborene Säuglinge bringen Eisenreserven für die ersten Lebensmonate mit, in denen sie sich ausschließlich von (eisenarmer) Milch ernähren. Dieser Eisenspeicher wird durch das späte Abnabeln nach der Geburt deutlich vergrößert, weshalb es sinnvoll ist, die Nabelschnur möglichst auspulsieren zu lassen.

Im Normalfall reichen die Eisenreserven des Kindes zusammen mit dem Eisen aus der Muttermilch gut aus, um entspannt im Tempo des Kindes durch die Beikostzeit zu gehen. Eisen aus der Nahrung kann bei gestillten Kindern dank des in der Muttermilch enthaltenen Eisentransporters Lactoferrin besonders gut aufgenommen werden.

Eisen kommt in tierischen und pflanzlichen Lebensmitteln vor, wobei die Verwertung von Eisen aus Fleisch (Häm-Eisen) besser gelingt. Hirse, Quinoa, Haferflocken, Hülsenfrüchte (etwa Linsen oder Kichererbsen) und Sesam- bzw. Mandelmus oder getrocknete Aprikosen sind gute pflanzliche Eisenquellen.

In Kombination mit Vitamin C aus frischem Obst oder Gemüse kann das Eisen besser aufgenommen werden, (Kuh-)Milch hingegen hemmt die Eisenaufnahme.

Und überhaupt: die ganzen Vitamine!

Alle essenziellen Vitalstoffe haben ihre Bedeutung und ein gravierender Mangel kann gesundheitliche Auswirkungen haben. »Gesunde Ernährung« hat für die meisten von uns in letzter Zeit an Wichtigkeit zugenommen. Wir essen Bio, clean und besonders nährstoffreich. Interessanterweise nimmt die Sorge um die perfekte Zusammensetzung und den Nährstoffgehalt des Babyessens überproportional zu, sobald das Thema Beikost ansteht. Während der Muttermilch und der Pre Nahrung in den ersten sechs Monaten in Bezug auf die Zusammensetzung (zu Recht) vertraut wird, steigen im zweiten Lebenshalbjahr die Zweifel an. Dabei geht es ja zunächst nur um eine *Ergänzung* der bisherigen Nahrung, mit der dein Baby sein Geburtsgewicht bereits jetzt wahrscheinlich schon verdoppelt hat und zwei oder drei Kleidergrößen gewachsen ist – ein ziemlich potentes Superfood, diese Muttermilch. Und Muttermilch (alternativ Formulamilch) steht den Babys weiterhin zur Verfügung.

Erfahrungsgemäß reflektieren wir nun unsere Lebens- und Essgewohnheiten viel mehr als zuvor in der kinderlosen Zeit. Wir lesen Tabellen zu sämtlichen Nährstoffen und ihrem Vorkommen in der Nahrung, kennen den Vitamin-C-Gehalt einzelner Obstsorten auswendig und recherchieren eine halbe Stunde nach dem richtigen Algenöl im Netz.

Vielleicht weiß dein Baby deine Bemühungen zu schätzen, vielleicht probiert es aber auch erst mal (oder lange weiterhin) nur kleinste Mengen eines langweiligen Brei aus heimischem Gemüse und verziert mit dem Rest die Tapete in der Küche.

Solange du weiterhin nach Bedarf stillst oder Pre-Milch fütterst, wird dein Baby sich ziemlich sicher alles holen, was es braucht. Informiere dich gern in Büchern über Nährstoffangaben und lies Babyfood-Blogs. Vielleicht kannst du das ein oder andere noch neue Lebensmittel in deinen Speiseplan einbauen, aber werde nicht »nährstoffneurotisch«.

Was kommt auf den Tisch?

Mischkost

Mischkost beinhaltet sowohl pflanzliche als auch tierische Lebensmittel wie Vollkornprodukte, Obst Gemüse, Milch, Fleisch, Eier und Fisch. Fettreicher Fisch ist eine gute Quelle für Omega-3-Fettsäuren. Die meisten Menschen in Deutschland ernähren sich auf diese Weise. Zunehmend wird in den letzten Jahren fleischärmer (und dafür in besserer, biologischer und »artgerechterer« Qualität) und kuhmilchärmer (durch den Siegeszug der Pflanzenmilchen) gegessen, was in gesundheitlicher Hinsicht wahrscheinlich viele Vorteile hat. Viele Nährstoffe sind für den Menschen in ausreichender Menge aus tierischen Quellen einfacher verfügbar.

Vegetarisch

Wenn ihr vegetarisch lebt, fühlt es sich natürlich einigermaßen seltsam an, eurem Baby nach den offiziellen Empfehlungen pünktlich ab dem 8. Lebensmonat ein Gläschen Fleischbrei aufzumachen, das in Sachen Optik und Geruch tatsächlich verdächtig an Katzenfutter erinnert. Es ist selbstverständlich möglich, ein Baby und ein Kleinkind vegetarisch zu ernähren. Eier und Milchprodukte enthalten alle essenziellen Nährstoffe, inklusive B 12, Cholin und Vitamin A. Omega 3 sollte bei einer vegetarischen Ernährung über angereicherte Öle oder Algenöl ergänzt werden. Die Fettsäurenzusammensetzung der Muttermilch können stillende Mütter durch die Einnahme von Omega-3-haltigen Ölen zusätzlich beeinflussen, was wahrscheinlich günstige Effekte hat.

Vegan

Vegan essende Menschen verzichten auf alle Lebensmittel tierischer Herkunft. Pflanzliche Lebensmittel bieten viele benötigte Nährstoffe – mit einigen Ausnahmen. Vegane Familien achten meist überdurchschnittlich gut auf ihre Ernährung und kennen die Nadelöhre, bei denen die Versorgung für Erwachsene und größere Kinder kritisch werden kann. Die pflanzliche Lebensmittelauswahl ist meist breit, aber bestimmte Nährstoffe (unter anderem Vitamin B12) müssen supplementiert werden. Die vegane Ernährung für Babys und Kleinkinder wird von den deutschen Fachgesellschaften nicht empfohlen, weil einige essenzielle Stoffe in der veganen Ernährung fehlen, die Babys in den ersten fragilen Entwicklungsmonaten unbedingt benötigen.

Selber kochen oder Gläschen?

Essen ist ein zentrales Thema in unserem Leben, Babyernährung klingt erst mal kompliziert, wir Eltern wollen alles richtig machen – und so liegt es nahe, dass es eine ganze Industrie gibt, die sich um diese Belange kümmert und uns Eltern suggeriert, dass ein Baby zum gesunden Aufwachsen abgepacktes Essen benötigt, das normiert, mit beeindruckenden Nährwerttabellen auf der Rückseite und mit dem guten Namen eines freundlichen älteren Herrn im Gemüsefeld abgesegnet wurde. Die viel wichtigere Lektion fürs Leben eines Kindes dürfte aber sein, wesentliche Kulturtechniken zur Zubereitung von wohlschmeckenden und gesunden Essen zu erlernen. Also zu erleben, wie Papa Kartoffeln schält, Mama auf dem Wochenmarkt einkauft, und irgendwann am Duft zu erkennen, dass gerade das Lieblingsessen zubereitet wird.

Natürlich spricht nichts dagegen, in besonderen Situationen, unterwegs oder aus purer Überforderung auch mal ein Gläschen aufzumachen. Wir sollten uns nur bewusst machen, dass industrielle Beikost (= Gläschen) eine Konserve ist, und es eher als das »Fastfood für Babys« betrachten. Kinder, die ohne Gläschen ernährt werden, zeigen zudem eine größere Neugier und Akzeptanz gegenüber neuen Nahrungsmitteln – ein weiteres Argument für das Selberkochen.

Kochen für ein Baby ist mit Sicherheit eher überschätzt, sowohl in Sachen Aufwand, der benötigten Zeit und auch der Kompliziertheit. Es geht eher darum, gesunde Familienmahlzeiten in der Babyzeit gut zu planen – auch für dich selbst! So kann ein blanchierter Blumenkohl, der sich mehrere Tage im Kühlschrank hält, die Basis für einen lauwarmen Salat (nach deinem Geschmack gewürzt) oder eine Suppe sein – und ein Babyessen, als Brei oder Fingerfood.

Mealprep heißt das Zauberwort, verschiedene Nahrungs-Multitalente (wie etwa Quinoa, Reis und diverse Ofengemüse) halbfertig zubereitet im Kühlschrank zu lagern und dafür nur eine Kochsession (einmal einkaufen, einmal nachdenken, Bretter, Messer, Geschirr nutzen) zu benötigen – und einige Tage für modulare und abwechslungsreiche Gerichte griffbereit zu haben. Ein paar Blogs und Instagram-Accounts dazu haben wir im Anhang aufgeführt.

Baby Led Weaning – »babygesteuertes Entwöhnen«

Seit etwa 2010 hat sich das Baby Led Weaning neben der klassischen »Brei-Methode« als Beikostform vollkommen etabliert. Anfängliche Skepsis wurde durch wissenschaftliche Daten und die gelebte Praxis mittlerweile widerlegt. Die Grundlage der babygesteuerten Beikosteinführung (engl. baby led weaning, kurz BLW genannt) ist eine Studie von Gill Rapley, die sie als stellvertretende Direktorin der Baby Friendly Initiative 2004 durchgeführt hat.

Die Basis hinter der babygesteuerten Beikost ist die Beobachtung aus unterschiedlichen Kulturkreisen der Welt, dass Babys mit sechs Monaten in der Lage sind, die Beikosteinführung wortwörtlich selbst in die Hände zu nehmen. Stillen ist dabei offenbar die ideale Vorbereitung: Gestillte Babys sind nämlich in der Lage, die Milchaufnahme selbst zu regulieren, es ist also nicht möglich, ein gestilltes Baby zu überfüttern. Außerdem ändert sich der Geschmack der Muttermilch, je nach wechselndem Mittagstisch der Mutter. Diese Umstände bereiten dein Baby bereits auf die unterschiedlichsten Geschmacksrichtungen auf dem zukünftigen Speiseplan vor.

Die Grundprinzipien des klassischen BLW

- Es gibt keinen Brei. Damit ist normalerweise festeres, aber fürs Baby extra püriertes Essen gemeint.
- Das Baby wird nicht gefüttert und es wird ihm nichts in den Mund gesteckt.
- Das Baby isst von Anfang an am Familientisch alles mit, was die anderen Familienmitglieder essen (und was natürlich orientiert sein sollte an dem, was man landläufig »gesunde Ernährung« nennt).
- Es isst davon das, was es möchte, und so viel es möchte.

Ein zentrales Element der Beikosteinführung mit dem BLW ist der Spaß am Entdecken – das primäre Motiv des Babys ist also erst mal seine natürliche Neugier, mit der es seine Welt entdeckt, imitiert und experimentiert, nicht der Hunger. Die Kalorienaufnahme erfolgt zunächst weiterhin durch das Stillen oder die Formulamilch.

Bei der traditionellen Art der Beikosteinführung wird Babys am Anfang alles Essen in Breiform gegeben. Nach einigen Wochen werden die Breie zunehmend »stückchenhafter«, die Babys lernen kauen, erst deutlich später kommt dann feste Nahrung wie etwa geschnittene Brotstückchen dazu.

BLW überspringt die ersten beiden Phasen. Anstatt alle Lebensmittel zunächst zu pürieren, wird das Essen dem Baby in handlichen Stückchen angeboten. Das bedeutet auch, dass ein Baby sich selbst von den angebotenen Speisen bedienen darf und selbst entscheidet, was und wie viel es probieren möchte.

Am Anfang ist es praktisch, alles in handliche, etwa pommesgroße Stifte zu schneiden, damit dein Baby sie in die Faust nehmen und in den Mund stecken kann. »Gegessen« wird der Teil, der aus der Faust oben herausschaut, der Rest wird am Anfang fallengelassen, wenn die Faust wieder geöffnet wird.

Festere Gemüsesorten (etwa Süßkartoffel, Kürbis, Pastinake) können gedünstet werden, damit Babys mit ihren noch zahnlosen Kauleisten gut daran herumknabbern und zusammen mit Gaumen und Zunge die Nahrung im Mund zerkleinern können. Fleisch kann zu Beginn in größeren Stückchen zum Lutschen angeboten werden. Später, wenn das Baby in der Lage ist, Stücke mit dem Daumen und Zeigefinger zu greifen, funktioniert auch Hackfleisch ganz gut. Mit dieser Entwicklungsstufe nimmt auch langsam die Menge an fallen gelassenem Essen ab.

BLW führt realistischerweise erst mal nicht dazu, dass Milchmahlzeiten zügig ersetzt werden können, so wie du es vielleicht im Sinn hast oder auf klassischen Beikostplänen oder Tabellen gelesen hast, es ist wichtig, das wirklich anzunehmen. Du wirst also tendenziell weiterhin mehr oder weniger so stillen (bzw. mit der Flasche füttern) wie vor der Einführung der festen Nahrung. Wenn du – aus welchen Gründen auch immer – schnell oder vor dem ersten Geburtstag abstillen und gleichzeitig deinem Baby BLW anbieten möchtest, geht das natürlich, du wirst dann nur wahrscheinlich nicht um eine Phase mit Pre-Milch herumkommen.

BLW-Babys scheinen eine große Auswahl an verschiedenen Essen zu akzeptieren. Zusätzlich zum reinen Geschmack nutzen sie auch noch die anderen Sinne, indem sie die Lebensmittel in ihrer natürlichen Form und Aussehen erleben. Daher kannst du einfacher erkennen, welche Lebensmittel abgelehnt werden. Dies ist manchmal bei Breien, die aus mehr als einer Zutat zubereitet werden, schwierig, weil eben alle Zutaten des Kindertellers zusammengerührt sind.

Gar kein Brei?

Meist wird der Begriff BLW synonym mit breifrei, Fingerfood oder autonomer oder selbstbestimmter Beikost verwendet. Das führt zu Verwirrungen und Verwechslungen. Manchmal wird angenommen, dass das Baby tatsächlich niemals breiige Nahrung, sondern ausschließlich Fingerfood bekommen »darf«. Natürlich ist das Frühstücksporridge, der Kartoffelbrei, der dickflüssige Smoothie oder das Risotto auch »erlaubt«, schließlich ist alles das ja auch beim Rest der Familie auf dem Teller oder im Glas. Ohnehin ist es eher unser Ansatz, dass ihr euch traut, dogmafreie Wege durch alle möglichen Aspekte der Babyzeit zu beschreiten. Es ist also weder notwendig noch sinnvoll, eine dieser beiden grundlegenden »Methoden« – Brei oder BLW – »auszuwählen« und sich festzulegen. Möglicherweise ist das eine oder andere für dich sympathischer – aber deinem Baby auch. Sehr vieles ist möglich, funktioniert und ist ernährungsphysiologisch top – es wäre also nicht so besonders schlau, sich selbst da unnötig zu beschränken.

Vielleicht fütterst du zu einer Tageszeit einen Brei mit dem Löffel, zu anderen Tageszeiten gibt es Fingerfood. Auch unterwegs oder auf Reisen kann BLW sehr praktisch sein, weil du weder Pürierstab noch Gläschen mitschleppen musst. Es wird sich immer etwas auf einem eurer Teller finden, das dein Baby mitessen kann.

Die Autonomie für Babys ist ein noch neues Konzept in der Elternbegleitung. Das Baby darf mitbestimmen! Beim BLW bestimmt es eben auch die Beikosteinführung selbst.

Wenn du siehst, dass dein Baby noch wenig damit anfangen kann, oder bestimmte Voraussetzungen, etwa die Hand-Mund-Motorik oder das Zerkleinern im Mund und Schlucken von fester Nahrung noch nicht gegeben sind (s. Beikost-Reifezeichen im vorherigen Kapitel »Wann starten?«), solltest du nicht reflexhaft dem Baby »helfen«, also etwa Essen in den Mund legen.

Das Baby möchte nicht essen – wichtig beim aktiven (Brei-)Füttern

Zeichen, dass das Baby nicht mehr essen möchte, solltest du unbedingt beachten und respektieren: Dein Baby verschließt beispielsweise den Mund oder dreht den Kopf zur Seite.

Es gibt auch Babys, die sich nicht (gern) passiv füttern lassen. Probiere aus, ob es lieber selber essen möchte. Manchmal reicht ein eigener Löffel in der Hand des Babys, mit dem es herumhantieren kann, während du fütterst. Oder abwechselnd – und ja, das gibt Gematsche überall. Erliege nicht der Versuchung, dir ständig neue Tricks auszudenken, warum »noch ein Löffel für Tante Hildegard« im Mund des Kindes verschwinden muss.

Löffel mit integrierten Gimmicks in Hubschrauberform sind vielleicht lustige Geschenke von (vermutlich kinderlosen) Freunden, führen aber zu einem unnötigen Event-Gedanken rund ums Essen.

Wenn dein Baby ein bestimmtes Nahrungsmittel nicht mag, ist dies okay! Aber: Wichtig ist, dies immer wieder mit anzubieten und, vor allem, selbst davon zu essen. Und nicht allzu ungeduldig Neues und Anderes (und immer Süßeres) zu probieren, nur damit dein Baby *irgendetwas* isst. Dann isst es früher oder später nur noch Banane und Croissant, und du kochst bis ins Grundschulalter drei unterschiedliche Pastasoßen für jedes Familienmitglied.

Fruchtsauger

Im einschlägigen Drogerie-Babyregal, direkt neben Breithermometer, Spezial-Silikonlöffeln und anderem überflüssigen Essen-Schnickschnack gibt es feinmaschige Textilnetze, an denen ein Griff befestigt ist. In das Netz kann man Obst oder Gemüse legen, das Kind lutscht und saugt darauf herum. Laut Hersteller sollen damit Babys ab sechs Monaten lernen, feste Nahrung zu sich zu nehmen, ohne sich zu verschlucken. Abwaschbar, besonders hygienisch – tiptop.

Braucht man das für gesunde Babys? Natürlich nicht. Das Lernen zum sinnlichen und funktionalen Verarbeiten von fester Nahrung braucht alle unterschiedlichen Wahrnehmungsreize im Mund. Dazu gehören von Beginn an auch kleine Würgemomente in der allerersten Beikostzeit. Den Umgang damit muss ein Baby üben, es muss Nahrung im Mund bewegen, zerkleinern, herunterschlucken. Und alles das geschieht mit einem Fruchtsauger nicht. Er suggeriert höchstens den Eltern, dass Babys mit ihm vermeintlich gefahrenlos (ohne Verschlucken) erste Geschmackserlebnisse haben können – oder sogar, dass man Babys damit unbeobachtet im Buggy essen lassen kann, ohne dass – so nervig – ständig etwas herunterfällt. Manche dieser Esshilfsmittel kommen aus dem therapeutischen Bereich und sind eigentlich für den Einsatz bei Menschen mit besonderen Bedürfnissen konzipiert, wo sie auch sinnvoll zum Einsatz kommen können.

Quetschis – Obst aus der Tüte saugen

Seit ein einigen Jahren sind die Quetschbeutel aus mit Kunststoff überzogenem Aluminium nicht mehr aus den Babykostregalen wegzudenken. Anfangs gab es vor allem Obstbrei aus der Tüte, inzwischen sogar pürierte Lasagne. Ja, sie sind praktisch und verursachen wenig Geklecker. Mit Essen hat das aber wenig zu tun, denn das Baby oder Kleinkind saugt den Brei aus der Tüte – ganz ohne Beteiligung der Kaumuskulatur. Im Dauergebrauch können Quetschis die Kariesentstehung begünstigen, da der süße Obstbrei die Zähne umspült.

Diese Produkte enthalten reichlich natürlichen Fruchtzucker und Säure, die die empfindlichen Milchzähne angreifen. Auch wenn der Aufdruck »Ohne Zuckerzusatz« etwas anderes verspricht.

In stressigen Momenten oder unterwegs auf Reisen kann so ein Quetschi sicherlich mal ganz praktisch sein – aber eben nicht ständig und täglich.

Und verschlucken?

Der Würgereflexpunkt liegt bei einem Baby noch weiter vorne im Mund. Dies ist gewissermaßen ein »eingebauter Schutzmechanismus« der Natur. So werden potenziell bedrohliche Fremdkörper, mit denen dein Baby im Mund noch nicht umgehen kann, mit der Zunge nach vorne gebracht und ausgespuckt. Oft ist das begleitet von etwas dramatisch klingenden Würggeräuschen. Dein Baby läuft vielleicht sogar rot an und hustet. Dabei handelt es sich aber nicht um ein Verschlucken, sondern es ist ein Schutzmechanismus genau davor – wichtiger Teil des Essenlernens!

Natürlich gibt es wichtige Vorsichtsmaßnahmen, die du bei der Beikosteinführung berücksichtigen musst, ganz egal auf welche Weise dein Baby isst – Brei oder Stückchen.

- **Achte darauf, dass dein Baby beim Essen immer aufrecht sitzt.**
- **Lasse niemals ein Baby mit Essen unbeaufsichtigt allein** – und zwar mindestens zwei Jahre lang.
- **Das gilt auch für den Buggy** – in nach vorne gedrehter Sitzhaltung nie am Dinkelbrötchen rummümmeln lassen!
- **Kleinteilige, harte Lebensmittel wie Nüsse sind für Babys nicht geeignet.** Achte auch darauf, was es sonst so in den Mund nimmt (kleinteiliges Spielzeug von den Geschwistern etc.).

- **Später ist vor allem das Herumlaufen während des Essens ein Risikofaktor** – typische Situationen sind der Kindergeburtstag oder das Herumtoben auf dem Spielplatz mit Apfelschnitz und Dinkelstange in der Hand.
- **Ein Erste-Hilfe-Kurs für Kinder ist immer eine gute Idee.** Hier lernt ihr, wie ihr im Notfall richtig handelt, und gewinnt Sicherheit im Umgang mit vermeintlich und tatsächlich gefährlichen Situationen.

Die Verschluckgefahr ist beim BWL nicht größer als bei anderen Methoden: Indem du deinem Baby die Kontrolle darüber überlässt, was es in seinen Mund steckt, ist die Erstickungsgefahr eventuell sogar geringer als beim üblichen Breifüttern. Babys sind anfänglich nicht in der Lage, Essen in die hintere Mundhöhle zu bewegen, nicht, bevor sie gelernt haben, zu kauen. Essen von einem Löffel zu saugen kann dagegen dafür sorgen, dass der Brei direkt in den hinteren Teil der Mundhöhle gerät und dort zum Würgen führt. So oder so: Sei achtsam, aber nicht übertrieben ängstlich und vertraue den Kompetenzen deines Babys. Es kann das!

Suppenkasper oder Supertaster?

Im Laufe der Baby- und Kleinkindzeit erlebt ein Baby unterschiedliche Phasen im Herantasten an »Nahrung«. Dabei sind auch wieder einmal evolutionsbiologische Konzepte mit an Bord, die dafür sorgen, dass das Baby gesund und sicher groß wird. Eine Vorliebe für süß ist uns angeboren. Süße verspricht, dass es sich um kalorienreiche, reife, bekömmliche und sehr wahrscheinlich ungiftige Nahrung handelt. Muttermilch ist süß, eine reife Himbeere oder ein Getreidebrei auch. Giftige Früchte, etwa Tollkirschen, sehen möglicherweise verlockend aus, sind aber bitter im Geschmack oder hinterlassen durch bestimmte Substanzen ein adstringierendes, pelziges Gefühl im Mund, sodass ein neugieriges Baby sie nach dem Erkunden sehr wahrscheinlich wieder ausspuckt.

Dass dein Baby also einen Obstbrei oder ein Stückchen Banane wegmampft, bei Brokkoli aber möglicherweise nicht so begeistert reagiert, ist also normal. Neben den angeborenen Vorlieben unserer Geschmacksknospen gibt es dann aber noch so etwas wie Prägung. Und hier orientieren sich Babys vorwiegend an den Nahrungsmitteln, die regelmäßig auf den Tisch kommen und die vor allem auch von Eltern und Geschwistern gegessen werden. Auch später wirst du erstaunt feststellen, dass dein Kind möglicherweise in der Kita »eklige Pilze« isst, während sie zu Hause mit mikroskopischem Blick aus jedem Essen heraussortiert werden.

Nutze dieses Konzept unbedingt aus. Experimente zeigen, dass Babys Nahrungsmittel irgendwann essen, wenn sie diese wiederholt (ungefähr zehnmal) angeboten bekommen und vor allem beobachten, dass die Eltern sie auch gerne essen.

Gerade in der ersten Babyzeit sind Kinder meist noch nicht so wählerisch, da sie sich in dieser Zeit meist darauf verlassen können, dass ihre Eltern in unmittelbarer Nähe ihnen die Nahrung auswählen oder zumindest gut aufpassen. Sie naschen also durchaus auch mal eine Olive, ein Stück Gorgonzola oder ein Spargelköpfchen. Der Stolz auf dein unkompliziertes Baby wird wahrscheinlich einige Monate später mit zunehmend mäkeligerem Essen gedämpft: Auch das ist eine Phase. Sobald dein Baby mobiler wird, wird es auch wählerischer (evolutionsbiologisch betrachtet: vorsichtiger), was unbekanntes Essen angeht.

Supertaster hingegen sind ein besonderes Phänomen. Am ehesten ist diese Sensibilität dem hochsensitiven Spektrum zuzuordnen. Sie betrifft also Babys, deren Sinne in unterschiedlichen Wahrnehmungen besonders fein sind. Manchmal ist es der Geschmack, weil besonders viele oder empfindsame Geschmacksknospen auf der Zunge zu finden sind, manchmal betrifft es aber auch die Konsistenz. So kann es sein, dass etwa ein Milchschaum, der zunächst anders aussieht, als er sich auf der Zunge anfühlt, Irritationen hervorruft. Diese Kinder sind es dann, die phasenweise nur Naturjoghurt und Nudeln »ohne alles« oder nur mit Butter essen mögen. Lasst euch Zeit, auch das ist nicht weiter tragisch und gibt sich im Grundschulalter irgendwann von ganz allein.

Drei babyleichte Rezepte für die Beikost

Gemüsebrei

- 100 g Gemüse (Pastinake, Kürbis, Kartoffel, Zucchini, Süßkartoffel, Karotten)
- Evtl. 2–3 EL Obstsaft (Vitamin C erhöht die Aufnahme von Eisen aus der Nahrung)
- 1 TL Rapsöl

Zubereitung:

Gemüse (am besten im Dampf) 10 bis 20 Min. garen, pürieren, Öl und Saft unterrühren.

Die DGE empfiehlt ab dem 8. Monat die Zugabe von ca. 20 g Fleisch, 4- bis 5-mal pro Woche. Alternativer Eisenlieferant ist Hirse. Babybrei lässt sich in etwas größeren Mengen kochen und dann in kleinen Portionen einfrieren.

Getreide-Obst-Brei

- 20 g Vollkorngetreide-Flocken (Instant)
- 90 ml Wasser
- 100 g Obstpüree
- 2 TL Rapsöl

Zubereitung:
Wasser aufkochen, die Getreideflocken einrühren, kurz ausquellen lassen. Mit dem Obstbrei und dem Öl mischen.

Milch-Getreide-Obst-Brei ab dem 8. Monat

- 200 ml pasteurisierte Vollmilch, 3,8 Prozent Fett (oder eingefrorene Muttermilch)
- 20 g Vollkorn-Getreideflocken
- 20 g Obstpüree oder Obstsaft

Zubereitung:
Die Milch mit den Vollkornflocken aufkochen und quellen lassen. Das pürierte Obst dazugeben. Alternativ kann auch ein Getreide-Obst-Brei ohne Vollmilch mit Joghurt oder Quark verrührt werden.

Schlafen wie ein Baby

Das große Thema Babyschlaf ist ganz bestimmt eines mit den meisten Fragezeichen. Schlafen wie ein Baby – was genau soll das heißen? In deiner noch kinderlosen Zeit hast du es dir vermutlich so vorgestellt: Dein Baby wird irgendwann müde, es reibt seine Äuglein. Du legst es in sein Bettchen und dort schläft es ein. Alle Tabellen, die du zu diesem Thema zurate gezogen hast, sagen, dass ein Neugeborenes 14 bis 16 Stunden am Tag schläft.

Jetzt hingegen liegst du seit eineinhalb Stunden im abgedunkelten Schlafzimmer und begleitest die fragile Einschlafphase deines Kindes – zu beliebigen Tageszeiten. Natürlich traust du dich nicht, aufzustehen, weil eine knarrende Matratze das Baby garantiert wieder aufweckt – und du mit dem ganzen Prozedere wieder von vorne beginnen kannst. Was also läuft hier falsch? Die wahrscheinlichste Antwort: Überhaupt nichts, es ist nur so ganz anders als gedacht.

Jedes Baby schläft anders

Eigentlich klingt dieser immense Schlafbedarf von Babys ganz attraktiv für unsere elterliche Alltagsgestaltung: Neugeborene schlafen ja tatsächlich im Durchschnitt etwa 14 bis 16 Stunden am Tag, in den ersten beiden Lebenswochen oft sogar noch mehr. Dieses statistische Mittelfeld bedeutet für dein Baby das, was es immer bedeutet: Es gibt eine große Spannweite.

Genauso, wie das Geburtsgewicht von Babys am Termin zwischen 2 500 g und 5 000 g schwanken kann, ist es auch mit der Schlafdauer: Einige neugeborene Babys schlafen 10, die anderen 20 Stunden pro Tag, also doppelt so viel, aber beides ist vollkommen normal.

Einige Babys finden immer und überall leicht in den Schlaf und sind nicht so besonders anspruchsvoll, wenn sie halbwegs satt und müde sind. Andere brauchen schon zwei Stunden vor der Schlafenszeit ein reizabschirmendes Umfeld und ein ganz bestimmtes, fein austariertes Ritual oder schlafen ausschließlich am Busen oder im Tragetuch ein. Es gibt die Powernapper, die tagsüber nach spätestens einer halben Stunde wieder wach sind und als Baby nie einen zweistündigen Mittagsschlaf machen, und es gibt die, die mittags drei Stunden am Stück schlafen. Auch unter Geschwistern ist das Schlafverhalten höchst unterschiedlich – das zur Info an die Zweit- oder Drittmütter unter euch.

Genauso wie das Geburtsgewicht kannst du auch die Art, wie und wie lange dein Baby schläft, kaum beeinflussen: Dein Baby bringt sein individuelles Schlafverhalten mit, und das ist total unabhängig davon, was du machst!

Einiges ist genetisch bedingt (das, was auch später im Leben den Nachtigall- oder Lerchenschlaf ausmacht), anderes abhängig vom Naturell und davon, wie gut die Regulationsprozesse vom Wach- zum Schlafzustand und wieder zurück schon ausgereift sind. Weder können sich Eltern der etwas einfacher in den Schlaf zu begleitenden Kinder auf die Schulter klopfen und innerlich mit kaum verhohlenem Stolz etwas murmeln wie »na ja, entspannte Eltern kriegen halt auch entspannte Kinder«, noch müssen Eltern von anspruchsvolleren Babys sich fragen, ob sie irgendetwas nicht verstanden hätten oder ein tief liegendes Bindungsproblem dahinterstünde. Und ja, alle »tollen Tipps« hat die zweite Gruppe schon ausprobiert.

Vom Tag der Geburt an sinkt der tägliche Schlafbedarf von Babys allmählich, am Ende des ersten Lebensjahres sind es aber immer noch 10 bis 14 Stunden.

Das hört sich nach ganz schön viel an. Der Haken an der Sache ist nur, dass Babys eben nicht am Stück schlafen, sondern in Etappen. Und die dann noch nicht mal zuverlässig oder planbar – in den sagenumwobenen Phasen immer anders. Und jedes Baby braucht eine mehr oder minder aufwendige Begleitung in den Schlaf.

Die Evolution des menschlichen Schlafes

Die Ansätze des *Attachment Parenting*, der bindungs- oder bedürfnisorientierten Erziehung, sind glücklicherweise einleuchtend und liegen den meisten Eltern intuitiv sehr nahe. Seit einigen Jahren haben sie sich in unserer Gesellschaft weitreichend etabliert und überkommene Ideale, in denen es vorrangig um Gehorsam und Disziplin geht, ersetzt (siehe dazu den Abschnitt »Die eigenen kindlichen Erfahrungen« im Kapitel »Ankommen«). Für ein umfassendes Verständnis des Babyschlafs und der Bedürfnisse, die damit verbunden sind, folgen hier ein paar wissenswerte Fakten zur Schlafbiologie und zu unseren evolutionären Wurzeln.

Die ursprüngliche Schlafbiologie

Im Laufe der letzten Jahrhunderte hat sich unsere Schlafbiologie verändert und den »modernen Lebensbedingungen« angepasst. Heutzutage gilt es als Ideal, nachts möglichst 7 bis 8 Stunden am Stück durchzuschlafen.

In der vorindustrialisierten Zeit dagegen gab es bei erwachsenen Menschen vermutlich vorwiegend einen Biorhythmus mit zwei kürzeren Schlafphasen in der insgesamt längeren Nacht ohne Strom, Netflix und Smartphone. Man ging mit den Hühnern ins Bett und wachte in den sehr frühen Morgenstunden zur blauen Stunde wieder auf. Dann schaute man nach dem Feuer, den Kindern und den Tieren, setzte vielleicht einen Brotteig an, hatte Sex. Und kam die Müdigkeit zurück, legte man sich noch mal für ein paar Stunden hin.

Zusammen mit unseren Frühaufsteher- oder Langschläfergenen ergab das innerhalb einer Lebensgemeinschaft den evolutionsbiologischen Vorteil, dass immer irgendjemand innerhalb der Sippe Wache halten konnte, um beispielsweise das Feuer und die Babys zu beschützen. Nahe an dieser ursprünglichen Schlafbiologie sind auch heute kleine Kinder, schwangere Frauen und alte Menschen.

Gute Voraussetzungen für einen sicheren Schlaf

Im Schlaf sind alle Säugetiere, auch wir Menschen, vollkommen schutz- und wehrlos. Nur wer sich vollkommen sicher und geborgen fühlt, kann getrost die Augen schließen und in dieses andere Land der Träume hinwegschlummern. Das gilt vor allem für alle Jungtiere, und für unsere Menschenbabys genauso. Sie sind Traglinge und der einzige sichere Ort auf der Welt für unsere Babys ist unser elterlicher, behütender Körper.

Es gibt gute Gründe, warum Babys also nicht gut allein schlafen können: In Zeiten der Säbelzahntiger wäre ein kleines Baby nicht in irgendein Nestchen – und sei es nur ein paar Schritte von den Eltern entfernt – gelegt worden. Ein so zufrieden ruhig und allein schlafendes Baby wäre – um in diesem Bild zu bleiben – sicher sehr bald ein gefressenes gewesen.

Darüber hinaus ist Babys Power-Nahrung Muttermilch schnell verdaut. Um rasch groß und stark zu werden – ebenfalls ein wichtiger Überlebensvorteil –, muss dein Baby also oft trinken.

Biologisch eingeplant sind also etliche nächtliche Mahlzeiten, neben dem Schutz ein weiterer sehr sinnvoller Grund für das gemeinsame, körperlich nahe Schlafen.

Unsere Verhaltensbiologie ist sehr träge. In den wesentlichen Bereichen befinden wir uns noch im Neandertal und verhalten uns, wenn es drauf ankommt, noch genauso. Unsere Biologie weiß schlicht noch nichts von vor Säbelzahntigern sicheren, zentral geheizten Kinderzimmern. Deshalb – und da sind die Antennen eines kleinen Babys so lebenssichernd fein – wacht das Baby auf, sobald es spürt, dass es nicht mehr im sicheren Arm der Eltern liegt. Es wacht auf und protestiert gegen das ihn gefährdende Verhalten seiner Eltern – es sorgt für sich und seine Sicherheit. Es will ganz nah und sicher sein bei Mama oder Papa. Jahrmillionen alte Biologie verspricht Erfolg und Sinn.

Babyschlaf in den ersten Lebenstagen und -wochen

Schwangere Eltern ahnen: Ihr Tag-Nacht-Rhythmus wird mit der Geburt eines Babys einigermaßen aus der Bahn geraten. Babys schlafen bekanntermaßen vollkommen anders als Erwachsene. Sie verbringen, eher Kätzchen ähnlich, ihren Tag und ihre Nacht in sich abwechselnden kurzen Intervallen von Wachsein, Schlafen, Dösen. Dein Rhythmus wird sich dem anpassen, ganz einfach deshalb, weil es andersrum nicht geht, und zwar noch eine ganze Zeit lang nicht.

Wie ein kleiner Höhlenforscher, der nach Monaten in der Dunkelheit in diese Welt zurückkommt und auch keine Idee mehr von einem 24-Stunden-Rhythmus, von Tag und Nacht hat, braucht dein Baby für das Eintakten seines Bio-Rhythmus einige Zeit.

Taktgeber für uns tagaktive Säugetiere ist der Wechsel von Tag und Nacht. Nur im Dunkeln wird das Hormon Melatonin ausgeschüttet, das irgendwann im Laufe der frühen Kindheit dafür sorgt, dass nicht mehr die Nacht zum Tag gemacht wird. Aber das dauert naturgemäß eine gewisse Zeit, es sind eher Jahre als Monate.

In der ersten Lebenswoche wird dein Baby wahrscheinlich von seiner Geburt rechtschaffen erschöpft sein und ganz viel schlafen. Allerdings sind die Schlafphasen vollkommen unberechenbar. Mal schläft dein Baby gefühlt »ewig« am Stück, dann will es wieder gar nicht aufhören mit dem Nuckeln und tut dies über Stunden hinweg in 10-Minuten-Häppchen mit nur einer kurzen Schlummerpause dazwischen, das alles selbstredend nur auf deinem Arm. Grundsätzlich wird sich auch dieses Prinzip in den nächsten Tagen, Wochen und Monaten nicht ändern. Weil das so schwankend und tagesformabhängig ist, verunsichert das viele Eltern. Glücklicherweise kommt in dieser Zeit eine Hebamme zu euch nach Hause und versichert euch täglich aufs Neue, dass das alles genau richtig so ist.

Ein kleiner Silberstreif: Etwa nach vier bis sechs Wochen gibt es bei den meisten Babys schon eine leise Ahnung eines Tages- und Nachtrhythmus, sodass die Wachphasen am Tag und die Schlafphasen in der Nacht länger und etwas stabiler werden.

Das Wochenbett ist dazu da, dass alle frisch geborenen Familienmitglieder sich in diesen neuen Rhythmus eingrooven, der sich zuallererst dadurch auszeichnet, dass er keiner ist. Und das geht im Bett am besten und verschafft auch den Eltern das notwendige Ausruhen und die Nickerchen, die man eben macht, wenn es gerade geht (Näheres dazu im Kapitel »Ankommen«).

♥ **MOMHACK**

Setze Prioritäten: Das Wichtigste zuerst. Es ist sehr gut möglich, dass du frühstücken kannst, wenn dein Baby schläft, dann aber (vorerst) nicht auch noch duschen. Oder eben umgekehrt. Im frühen

Wochenbett sollte dich auch kein Besuch davon abhalten, kurz etwas Schlaf nachzuholen, wenn es eben gerade ginge. Am besten lässt du in den ersten zehn Tagen dein Nachthemd an, damit du wirklich im Bett bleibst und nicht anfängst, das Bad zu putzen oder Mails zu checken, wenn es kurz eine Pause gibt.
Wenn der Alltag am Ende der zweiten Lebenswoche langsam zurückkehrt und du weniger konsequent im Bett bleibst, lege dich mindestens einmal am Tag zum Stillen ins Bett – und bleibe vielleicht etwas liegen, möglicherweise merkst du erst dann die Müdigkeit. Zunehmend ist das die einzige Chance, doch noch mal zu einem wirklichen Mittagsschläfchen zu kommen, behalte das also auch später gern bei.

Das Bedürfnis nach Nähe

Nach einigen Wochen seid ihr schon ganz gut angekommen im Babyalltag und habt euer Baby schon viel besser kennengelernt. Ihr wisst, was es gern mag und was nicht, und könnt viele Feinzeichen für Hunger, Müdigkeit und andere Bedürfnisse viel besser lesen. Nun kommt die nächste Herausforderung: Das typische Schlafverhalten von Babys ändert sich.

Nachdem dein Baby in der ersten Lebenswoche wahrscheinlich viel und hin und wieder sogar ein paar Stunden am Stück geschlafen hat, erwachen seine Lebensgeister zunehmend. Während es in den ersten Tagen oft »schlief, wenn es schlief«, und du schon der Hybris erlegen bist, anzunehmen, dass du den Dreh raushättest, wird der Schlaf nun wahrscheinlich störanfälliger, und dein Baby lässt sich nicht mal eben so ablegen.

Hin und wieder gibt es Phasen des Clusterfeedings, aber auch dann, wenn dein Baby wirklich satt zu sein scheint, wird es, kaum, dass du es hingelegt hast, wieder wach. Es schläft in deinem Arm ein, du legst es wieder zurück ins Bettchen. Immerhin handelt es sich dabei um das Körbchen, in dem schon deine Großmutter lag, mit selbst genähtem Himmel aus ganz besonderem Stoff, aber dieses kleine Wesen weiß all das gar nicht zu schätzen und ist – keine zehn Minuten später – wieder wach.

Du wirst zudem nie ganz genau wissen, wann eine kurze, wann eine lange Schlafphase folgt und wann dein Baby nur und ausschließlich in deinem Arm schläft. Wann es sich sozusagen »lohnt«, schnell unter die Dusche zu hüpfen, die Suppe aufzuwärmen oder gar eine schnelle E-Mail zu beantworten.

Herzlichen Glückwunsch, du hast ein ganz und gar gesundes Baby, das gut für sich sorgt. Mit diesem häufigen Aufwachen versichert es sich regelmäßig, dass ihr noch da seid. Das ist phasenweise sehr, sehr anstrengend, und du hast jedes Recht, darüber verzweifelt oder enttäuscht und vor allem wirklich erschöpft zu sein. Aber es ist auch: vollkommen normal – willkommen im Klub!

Co-Sleeping

Co-Sleeping ist das schicke Fachwort für das gemeinsame Schlafen im Familienbett. Weltweit ist es sicher die häufigste Form, die Nacht zu verbringen, auch hierzulande hatten bis zum Beginn des 20. Jahrhunderts die meisten Kinder kein eigenes Bett. Wenn man die Jahrmillionen alten biologischen Notwendigkeiten kennt (siehe das Kapitel »Die Evolution des menschlichen Schlafes«), könnte man also sagen: Co-Sleeping ist das, was uns Menschen gemäß und letztlich artgerecht ist. Sich liebende Erwachsene verbringen die Nacht miteinander; es fällt schwer, einen Grund zu finden, warum ausgerechnet das Baby, das schutzloseste und bedürftigste Mitglied des Rudels, allein schlafen sollte.

Das findet dein Baby auch, und es wird zuverlässig dafür sorgen, dass du es eben nicht allein lässt. Tagsüber möchte es auf dem Arm mitgenommen und herumgetragen, nachts nicht übertrieben weit von dir abgelegt werden. Es möchte nur so weit von dir entfernt sein, dass es dich – auch im Schlaf – noch über seine Sinne wahrnehmen kann; es möchte dich riechen und atmen hören. Und auch du kannst dich permanent seiner vergewissern und bei drohendem Wachwerden eine Hand beruhigend auf sein Bäuchlein legen und es ein wenig schuckeln. In der Praxis wird der Abstand zwischen euch nur etwa 20 oder 30 Zentimeter sein, ungefähr so weit, wie die Nabelschnur reichte.

Das Familienbett

Wenn schwangere Ersteltern das Wort »Familienbett« zum ersten Mal hören, reagieren sie oft folgendermaßen: »Das machen wir auf keinen Fall. Wir kriegen das Kind sonst mindestens bis zur Einschulung da nicht mehr raus. Schließlich wollen wir ja auch ein Liebespaar bleiben. Wie soll das bitte gehen – mit Baby in unserem Ehebett?«

Gleichzeitig wissen wir Hebammen, was in 95 Prozent der Elternbetten nach der Geburt stattfindet: Die Babys schlafen mit darin, ob das vorher der Plan war oder nicht. Ihr werdet nicht die Einzigen sein, die das anders machen. Euer Baby wird ab jetzt bei all diesen Plänen ein Wörtchen mitreden.

Im Leben mit Kindern ist es an ganz unterschiedlichen Punkten enorm entlastend, wenn du verstehst, dass du gewisse Dinge gar nicht ändern, sondern dich ihnen einfach kampflos ergeben kannst. Es spart so unendlich viel Frustration und Mühe.

Gegen gewisse evolutionsbiologische Realitäten kommen wir nicht an: Schwangersein ist manchmal mühselig, Gebären erfordert Kontrollverlust und ist eine Zumutung, nur Frauen können stillen, Babys wollen auf den Arm und oft die Brustwarze im Mund haben, weil Mama einfach so gut riecht – manches ist einfach, wie es ist.

Manchmal lässt sich dann auch – frei von Glaubenssätzen – eine neue Qualität im Mama-Papa-Baby-Kontakt erleben und diese macht euch gleichzeitig das Leben ungleich leichter. Denn nebenbei: Das Familienbett, also das gemeinsame Schlafen zumindest in Teilen der Nacht, ist fast immer schön, gemütlich, kuschelig – und es ist mittlerweile auch gut wissenschaftlich untersucht.

Bonusliste Familienbett

- Das gemeinsame Schlafen von Eltern und Baby ist, wenn bestimmte Sicherheitsregeln beachtet werden, **nicht gefährlich.** (Mehr dazu unter »Der sichere Schlafplatz fürs Co-Sleeping«.)
- Die **Stilldauer verlängert** sich signifikant durch gemeinsames Schlafen, dadurch sinkt die Gefahr von SIDS (*Sudden Infant Death Syndrome).*
- **Mütter schlafen pro Nacht subjektiv besser und objektiv mehr** – nicht weniger. Das Einschlaf-Feelgood-Hormon Oxytocin und das Prolaktin verbessern die Schlafqualität und sorgen für die Synchronisierung von Mama- und Baby-Schlaf. Nur zusammen im

Bett ist es möglich, während des Stillens einfach gleich weiterzuschlummern.

- Repräsentative Befragungen zeigen: Die **elterliche Zufriedenheit steigt** – sie sinkt nicht, wie man vielleicht annehmen könnte.
- Ein **Beistellbett,** das wie ein kleiner Babybalkon auf Matratzenhöhe an euer Bett montiert wird, ermöglicht das Stillen ohne Umbetten und ohne, dass du aufstehen musst. Vermutlich wachst du öfter mitten in der Nacht auf, weil du mit Kopf und Oberkörper halb im Beistellbett liegst, aber das gehört noch zu den weniger skurrilen Still- und Schlafsituationen, in denen du dich demnächst wiederfinden wirst.

Im Schlaf verwöhnen?

Das Konzept des Verwöhnens hat im Kontext »Baby« keine besonders gute Lobby. Wenn man sich dann aber ernsthaft fragt, warum eigentlich ausgerechnet das Baby nicht verwöhnt werden darf, wird es schon schwierig. Wohl niemand würde in seiner Erwachsenen-Liebesbeziehung den Vorschlag machen, sich das gegenseitige Verwöhnen abzugewöhnen. Tatsächlich ist es eher ein Erbe früherer Zeiten, das uns diese Art Zweifel überlassen hat; und möglicherweise wirst du auch im Kontakt mit deiner Eltern- oder Großelterngeneration auf entsprechende »Erziehungsfehler« aufmerksam gemacht. Es ist dabei viel die Rede von »wer gewinnt«, was immer einen Kampf impliziert. Und mit Zärtlichkeit gewinnt man keinen Kampf. Uns mitfühlenden Eltern von heute ist das natürlich in weiten Teilen klar. Dennoch ist es hilfreich, unsere tief liegenden Glaubenssätze ein wenig genauer anzusehen, denn Zweifel sind schnell gesät. Im Abschnitt »Die eigenen kindlichen Erfahrungen« im Kapitel »Ankommen« findest du mehr dazu.

Schon in unserer alltäglichen Wortwahl wird es interessant. Da ist von »kleinen Tyrannen«, »Diven« oder gar »Diktatoren« die Rede, wenige Tage alte Babys sind wahlweise »zickig« oder »lieb«, wenn sie mehr oder weniger Bedürfnisse anmelden. Bei fast allen Eltern bleibt etwas von der Sorge übrig, man könne mit einem »Zuviel« an Zuwendung grobe Fehler machen und sich komplett die selbstbestimmte Zukunft verbauen. Das, was in den Tiefen schlummert, wird üblicherweise dann aktiviert, wenn sich erste Zweifel regen: Ist es wirklich normal, dass das Baby (phasenweise) ständig an meinem Rockzipfel oder Busen hängt und es sich nicht mal für zehn Minuten ablegen lässt? Haben die Großeltern recht mit ihrem »Kein Wunder, wenn du auch immer gleich …«?

Geborgenheit und Verlässlichkeit sind Grundbedürfnisse

Du gewöhnst deinem Baby nicht an, dass es nah bei dir schlafen möchte. Mit diesem Bedürfnis kommt es auf die Welt.

Du gewöhnst deinem Baby auch nicht an, dass es »immer gleich auf den Arm« darf, wenn es weint. Damit es dich, wenn es größer wird, irgendwann nach und nach beim Einschlafen etwas weniger braucht, muss es erst einmal vollkommen sicher sein, dass du auch wirklich, wirklich immer da bist. Erst ist es der Busen oder der Schnuller, später vielleicht das Köpfchenstreicheln auf diese bestimmte Art, dann das Schlaflied und sicher noch lange, lange die Gutenachtgeschichte.

Dein Baby braucht eine stabile Basis und Urvertrauen, das Wissen: »Ich kann mich auf Mama und Papa verlassen. Ich weiß, sie sind da.« Ein ausgesprochen gutes Gefühl, um damit durchs Leben zu gehen, wenn eurem Baby nach den sprichwörtlichen Wurzeln dann später Flügel wachsen.

Tobe dich also aus, in keiner Liebesbeziehung gibt es ein Zuviel an Liebe und Zuwendung!

Der Mythos Rhythmus

Immer dann, wenn uns in irgendeinem Lebensbereich alles davonzuschwimmen scheint, sehnen wir uns nach Kontrolle. Es hilft uns enorm, wenn wir Muster und Strukturen erkennen, und auch Ursache-Wirkungs-Prinzipien sind sehr attraktiv. In all dem Babychaos versuchen wir also, den Überblick zu behalten und Faktoren auszumachen, die einen Einfluss aufs Geschehen haben. Jede Wette: Immer dann, wenn du denkst: »Ha, jetzt hat mein Baby einen Rhythmus«, bricht das ganze Kartenhaus zuverlässig wieder zusammen. Und welche Mühe hast du dir mit diesem Kartenhaus gegeben!

Du lädst irgendwelche Schlaf-Tracking-Apps herunter, aber sie helfen allenfalls beim Verwalten des Chaos und um dir vor Augen zu führen: Rhythmus? – Es gibt keinen!

Dennoch gibt es da diese Frage, die sich Eltern permanent stellen: Muss ich irgendetwas tun, um einen Rhythmus herzustellen oder meinem Baby gar einen anzugewöhnen? Nachher bin ich wieder mal selbst schuld, wenn alle Babys einen haben – nur meins nicht?

Gäbe es etwas, das man aktiv tun könnte, fühlte man sich doch gleich weniger hilflos. Und man könnte vorsorgen für eine glückliche Zukunft mit entspannten Nächten. Du ahnst bereits: So einfach ist es natürlich mal wieder nicht.

Schlafentwicklung geschieht – genau wie die motorische Entwicklung eines Babys auch – durch ein uns innewohnendes kleines Uhrwerk, und nicht durch irgendwelche Förder- oder Trainingsmaßnahmen.

Mit Rhythmus sind meistens feste Zeiten nach der Uhr gemeint. Ein Baby hat aber keine um. Sie ist auch kein besonders guter Ratgeber in puncto Grundbedürfnisse: Weder essen wir, weil es 12 Uhr mittags ist, noch schlafen wir, wenn es 23.30 Uhr ist. Sinnvollerweise isst man, wenn man hungrig ist, und schläft, wenn man müde ist.

Einige Babys lassen nach etwa vier bis sechs Wochen schon einen Tag-Nacht-Rhythmus erkennen, sodass zumindest die erste nächtliche Schlafphase etwas länger und stabiler wird als die kleineren Nickerchen am Tag. Und zumindest sind dann auch einige Stunden lang keine ausgeprägten Wachphasen nach den mitternächtlichen Snacks vorhanden. Andere Kinder brauchen dafür aber deutlich länger.

Es ist hilfreich, die zarten Knospen des babyeigenen Rhythmus anzunehmen und nicht unseren Rhythmus dem Baby überzustülpen, da wir damit eher das, was das Baby schon von allein zeigt, wieder zerstören. Wir würden also eher keinen PEKiP-Kurs in einer Zeit buchen, in dem eigentlich das Vormittagsnickerchen dran ist. Und auch keinen spätnachmittaglichen Besuch bei Freunden einplanen, wenn wir wissen, dass dann der Rest des Abends mit einem komplett überspulten Baby total gelaufen ist. Oder das Baby pünktlich um sieben ins Bett bringen, weil um 20.15 Uhr immer Tatort kommt.

Spätestens bei der nächsten Sommerzeit-Umstellung bricht dein Konzept wieder zusammen. Eltern und Landwirte bemerken diesen Jetlag am deutlichsten. Der Biorhythmus lässt sich eben nicht innerhalb eines Wochenendes einfach umstellen wie ein Küchenwecker.

Im zweiten Lebenshalbjahr gibt es zunehmend ein wenig mehr Stabilität, ein Rhythmus wird erkennbarer (siehe dazu das folgende Kapitel »Schlaf im zweiten Lebenshalbjahr«. Bis dahin scheint der einzige Rhythmus aber zu sein: Es gibt keinen!

Struktur geben

Manchmal gibt es auch ein einfaches Missverständnis: Wir verwechseln Rhythmus mit Struktur. Während wir den inneren Rhythmus unserer Kinder (der zu weiten Teilen ein »Bio«-Rhythmus ist) wenig beeinflussen können, sind wir als Eltern doch gleichzeitig für die äußere Struktur zuständig. Genau wie später beim Essen geben wir ihnen auch beim Schlaf den notwendigen Rahmen, um Sicherheit herzustellen. Das ist ein wichtiger Teil des Konzepts Geborgenheit und Verlässlichkeit. Wenn ein Kind müde wird, ist es unsere Aufgabe, dafür zu sorgen, dass es schlafen kann. Wir ziehen uns zurück, schützen das Baby vor Reizen und gestalten die Phase des Einschlafens auf die für das Baby maßgeschneiderte Weise. Ob wir es dazu stillen, in den Kinderwagen legen oder was auch immer gut funktioniert – alles das bestimmt nun unseren Rhythmus. In dem Rahmen sind wir flexibel, unser Baby ist es noch nicht.

Wir urbanen Millennials muten unseren Babys oft eine ganz schön happige Dosis Erwachsenenleben zu. Weil – auch das kennen wir gut – einem zu Hause im »Muddikosmos« der reizabgeschirmten Bude manchmal ganz schön die Decke auf den Kopf fällt. Aber es gibt eben Babys, die nicht im vollbesetzten Café einschlafen können, auch wenn es gerade so supernett mit der besten Freundin ist.

Unser elterlicher Rhythmus hat eine taktgebende Wirkung auf Babys. Deshalb funktioniert das gemeinsame Mittagsschläfchen meist viel besser, als wenn wir auf heißen Kohlen darauf warten, dass die Babyäuglein endlich zufallen, weil während der Babyschlafzeit ein wichtiges To-do wartet. Nachts spielt bei stillenden Frauen auch die Zusammensetzung der Muttermilch und der in ihr enthaltenen Botenstoffe (wie Tryptophan und Melatonin) eine wichtige Rolle für die Ausprägung eines kindlichen Tag-Nacht-Rhythmus.

Brücken ins Traumland

Einschlafstillen

Mit Sicherheit begegnet dir dieser Rat: »Gewöhne dein Baby bloß nicht daran, beim Stillen einzuschlafen. Das rächt sich! Das Baby muss lernen, dass es Stillen und Einschlafen nicht miteinander verknüpft!« Und so wird Müttern wohlmeinend geraten, »Stillen« und »Schlafen« voneinander zu trennen. Beflissen werden dann manchmal sechs Tage alte Babys vom Busen gerupft, um dem Baby schon ganz frühzeitig beizubringen, dass ausgerechnet der Busen als Brücke in den Schlaf nicht zur Verfügung steht.

Dieses Vorgehen baut auf dem Prinzip auf, das Einschlafen am Busen sei eine Unart, die das Baby in den ersten Lebenstagen oder Wochen *lernt*. Genau das ist aber die grundlegend falsche Annahme, auf der ganze Schlaftrainingsprogramme fußen.

Wie bereits im Kapitel »Die Evolution des menschlichen Schlafes« beschrieben: Damit ein Baby einschlafen kann, muss es warm, satt und müde sein und es muss sich geborgen und sicher fühlen.

Am Busen bekommt das Baby alle diese Bedürfnisse auf einmal gestillt. Einschlafstillen funktioniert aus genau diesen Gründen fast für alle Babys sehr gut. Ein Baby lernt dieses Verhalten nicht, es wird damit geboren. Und dieses lässt sich auch, umgekehrt, nicht einfach abgewöhnen.

Für einige Babys funktioniert auch *nur* das. Und: Wie großartig! Eine zuverlässige Schlafstrategie zu haben, die immer funktioniert! Im Kapitel »Alltag mit dem Baby« beschreiben wir das noch näher unter dem Begriff »Lagerfeuerstillen«.

Manche Babys brauchen zum Einschlafen eben sehr viel Körperkontakt zu den Eltern. Es ist ihre einzige Brücke in den Schlaf, die man ihnen nicht wegnehmen darf – und das manchmal noch für eine längere Zeit, als du am Anfang vielleicht annimmst. Andere Babys wiederum entwickeln Einschlafstrategien, bei denen sie mit weniger Körperkontakt klarkommen. Das sind Babys, die schneller erfahren, dass es auch »ohne« gehen könnte. Es spricht überhaupt nichts dagegen, das auszuprobieren.

Die »*Bloß-nicht-Einschlafstillen-Idee*« ist vermutlich auch deshalb attraktiv für uns moderne, möglichst nach dem Prinzip der Gleichberechtigung handelnde Eltern, weil beim Einschlafstillen die Mütter unentbehrlich sind. Papa hat eben keine Brüste. Wie soll da die zeitgemäße und gute Idee von einer »50:50-Aufteilung« umgesetzt werden?

Das ist der Haken an der Sache, und es gibt dafür keine einfache Lösung. Ihr werdet im alltäglichen Miteinander permanent Ideen zur Vermeidung von *Mental Load* finden müssen und in kreativen Verhandlungen sein, wie denn so etwas wie 50:50 bei euch überhaupt funktionieren kann. Dass es z. B. nicht heißen muss, dass ihr euer Baby streng abwechselnd ins Bett bringt, sondern dass beispielsweise Mama das Baby in den Schlaf stillt und Elternteil Nummer 2 inzwischen die Küche klar macht und online die Biokiste bestellt.

Vielleicht kann sich manche Mama mit dem Einschlafstillen auch nicht gleich anfreunden, weil sie Angst vor einer Abhängigkeit hat. Aber die ist nun mal existent: Ein Baby ist von seinen Bindungspersonen abhängig.

Vielversprechende Gadgets

Wie schon im Kapitel »Ankommen« unter »Gebärmutterheimweh« erwähnt, gibt's natürlich allerhand trickreiche Erfindungen: White Noise, Föngeräusche, Spieluhren mit Herzschlag, Rüttelplatten für den stillstehenden Kinderwagen, Motoren für Federwiegen – sie alle wollen trickreich unsere Elternkörper imitieren. Das ist übrigens alles keine neue Idee – seit es Menschen gibt, gibt es diesen verständlichen Grundgedanken. Es gibt Tragetücher und Wiegen in allen möglichen anthropologischen Sammlungen. Auch ein Schnuller ist ja letztlich ein Ersatzprodukt und soll dem Baby die Illusion einer Brustwarze zum Nuckeln verschaffen. Schon seit der Pharaonenzeit gibt es ihn (je nach Menschheitsepoche gefüllt mit Honig, Branntwein oder Mohn). Manchmal werden auch getragene T-Shirts oder am Busen getragene Tücher ins Bettchen gelegt. Bei kleinen Welpen soll das wohl klappen, Menschenbabys sind da meistens komplexer gestrickt.

Wir Erwachsenen sind also sehr erfinderisch. Aber Babys sind schlau: Eltern lassen sich nicht komplett ersetzen, der Schnuller funktioniert etwa nur, wenn wir ihn liebevoll immer wieder reinstopfen, das Tragetuch bisweilen nur, wenn wir uns bewegen.

Das sind alles Möglichkeiten, die hin und wieder funktionieren, solange wir uns nicht gänzlich entziehen. Letztlich feinverhandeln wir das alles mit unserem Baby, das uns eine sehr authentische Rückmeldung darüber gibt, welches Maß an Schummeln und Davonschleichen es uns verzeiht. Und wenn es klappt – bitte sehr.

Rituale

Auch dem Wort »Ritual« eilen im Schlafkontext pragmatische Gedanken voraus: Wenn wir Rituale einführen, erkennt das Baby sie wieder und verknüpft sie mit »ah, okay, schlafen«. Das beginnt schon im Mutterleib. Deshalb starten wir pünktlich um die 20. SSW herum, wenn unsere Preggo-App uns sagt: »Ab jetzt kann dein Baby hören.«, die Gebärmutterbeschallung per Spieluhr um 19.30 Uhr zur erwünschten Schlafenszeit. Nach der Geburt würde das Baby dann diese Musik erkennen und einschlummern, kaum dass die Spieluhr zu Ende geklimpert hat – so die Vorstellung.

Nur: Warum sollte ein Baby das tun? Ein Baby schläft ein, wenn es müde ist und wenn es sicher eingekuschelt bei seinen Eltern liegt. Das sind die Signale, die es braucht. Es beginnt, um mal den Verhaltensforscher Pawlow zu zitieren, nicht dann zu sabbern, wenn ein Glöckchen klingelt.

Natürlich ist es eine super Idee, das Schlafen mit etwas Schönem zu verknüpfen und das Schlafsetting so schön wie möglich zu gestalten. Wir erfreuen uns ja auch an schöner Bettwäsche und einer heimeligen Wandfarbe. Wir können Rituale als Struktur begreifen, ein gemeinsames Element vor dem Schlafengchen. Mit zunehmendem Alter der Kinder wandeln sich diese Rituale, sind aber noch lange Bestandteil der Kind-Eltern-Verbindung. Monster unter dem Bett verscheuchen, Bullerbü vorlesen, High- und Lowlights des Tages besprechen – das alles gehört zur Kindheit untrennbar dazu. Aber: Sie sind immer fest verbunden mit den Gefühlen, die die Grundlage aller Rituale sind: Sicherheit und Geborgenheit.

Schlaf ist etwas unglaublich Gemütliches, Wohltuendes, etwas, das man lieben kann. Versuche, deinem Baby dieses Gefühl zu vermitteln, und lass nicht zu, dass es das Schlafengehen als ein »Abschieben in den Schlaf« empfindet. Du kannst für eure ganze Familie das Schlafen einladend gestalten, als einen Ort, der schön und geborgen ist, eine *Schlafheimat*, wie Herbert Renz-Polster es nennt.

Diese Schlafheimat ist zu Beginn des Lebens untrennbar mit den Eltern verbunden. Im Elternbett fühlt es sich gut an, dort riecht es gut, Mama und Papa sind da. Auch daher rührt die Empfehlung, schon vor dem Wochenbett das Schlafzimmer zum gemütlichsten und schönsten Ort der ganzen Wohnung zu machen.

Gestalte die Schlafumgebung reizarm, also verzichte etwa auf Anregendes wie ein Mobile oder psychedelisch-rotierende Lampen. Ein Nachtlicht, wirklich eine ganz schummerige Funzel, sodass du beim nächtlichen Stillen gerade Babyschnute und Brustwarze erkennen kannst, hilft, das Einschlafen (für alle Beteiligten) einfacher zu machen. Frische Luft, nicht zu warm – alles das sind Dinge, die auch im Leben mit Babys gelten.

♥ **MOMHACK**

Manche Kinder finden es irgendwann schon ausreichend schlaffördernd, wenn sie die Eltern über ihre anderen Sinne wahrnehmen können als das Spüren: Nach einigen Wochen oder Monaten reicht möglicherweise das Hören.

Es ist oft gar nicht notwendig, auf Zehenspitzen um das Baby herumzuschleichen. Babys nehmen über die entspannte, muntere Unterhaltung vertrauter Stimmen, Geschirrklappern, Schritte in der Wohnung eine »sichere Grundatmosphäre« wahr, die sie beruhigt (weiter-)schlafen lässt. Irgendwann gibt es diesen Moment, in dem man das Baby in sein Bettchen legt und nur kurz noch mal aus dem Zimmer geht, um sich ein Glas Wasser zu holen oder den Geschirrspüler anzustellen, bevor man zur gewohnten Einschlafbegleitung wieder zurück ins Schlafzimmer kommen möchte – und stellt fest: »Ups, das Baby schläft ja schon.« Von ganz allein.

Schlafkrisen

Es wird Phasen geben, da wünschst du dir nichts sehnlicher als ausgedehntes »Co-Sleeping« ausschließlich mit deinem ungeteilten Kopfkissen in deinem Bett. Allein, ohne Kuscheltierknubbel im Nacken, Spieluhrabdrücke auf deiner Wange und eingeschlafene Arme, eingezwängt im Beistellbettchen, weil du dich nicht traust, dein Baby auch nur drei Millimeter zu bewegen, in düsterer Vorahnung, dass es dann wieder wach ist.

Es ist normal, verständlich und gesund, dass du in der Babyzeit an deine Grenzen stößt und hin und wieder total am Ende bist. Gleichzeitig ist das aber kein Zeichen dafür, dass du irgendwo falsch abgebogen wärst und grundlegende Fehler gemacht hättest. Babys sind so! Jungenaufzucht ist anstrengend!

Tipps bei Schlafkrisen

- **Folge deiner Intuition!** Versuche das zu kultivieren, denn oft ist die natürliche mütterliche Intuition verschüttet unter all dem scheinbaren Expertenwissen! Du wirst sie viele Jahre immer wieder und wieder brauchen.
- Das bedeutet z. B.: Ja, es ist richtig, dein Baby immer aufzunehmen und zu trösten, wenn es weint. Ja, es ist richtig, dass du es im Arm wiegst und es an deiner Brust trinken lässt, damit es sich beruhigt. **Nein, man kann ein Baby im ersten Lebensjahr nicht zu sehr verwöhnen.**
- Jedes Kind kann schlafen lernen? Manche Eltern »brauchen« in Situationen des Zweifels auch einen kurzen Ausflug in »Schlaflernprogramme«, um nach einer oder zwei bitterlich durchgeweinten Nächten (mit Tränen bei allen Beteiligten) zu realisieren, dass das ja wohl irgendwie nicht richtig sein kann.
- **Ja, das ist anstrengend.** Ja, das ist ungewohnt und vielleicht auch sehr anders, als du es erwartet hast. Es wird aber nicht besser, wenn du dir fünfmal am Tag denkst: »Es sollte aber anders sein!« Nimm es hin (ernsthaft) und denke daran: »Es ist eine Phase und es wird wieder leichter.«
- **Mache dir das Wachsein angenehm.** Ein E-Reader kann auch im Dunkeln ein paar gelesene Zeilen ermöglichen, Hörbücher mit Kopfhörern sind auch eine Idee. Stelle Tablet oder Smartphone dabei auf Nachtmodus mit herausgefiltertem Blauanteil, weil helles Licht messbar die Schlafqualität in den folgenden Stunden stört.
- **Entlastet euch gegenseitig.** Wechselt euch stundenweise ab, sodass jeder von euch im »Nicht-zuständig-Modus« ein paar Stunden ungestört Schlaf nachholen kann. Eine Matratze in einem anderen Zimmer ist dafür manchmal eine sehr praktische Idee.
- Mache dir bewusst – auch wenn es dir im Moment überhaupt nicht vorstellbar erscheint–, dass du schon etwas **später in deinem Leben wehmütig an diese innige Zeit zurückdenken** wirst, in der eine kleine, warme, schnaufige Schnute dir so nahe war und so süße Geräusche machte.

Plötzlicher Kindstod (SIDS)

Wenn es ein Gruselthema für junge Eltern gibt, dann ist es vermutlich das: der plötzliche Kindstod, nach der englischen Bezeichnung *Sudden Infant Death Syndrome* auch SIDS genannt. Nach dieser Definition versterben betroffene Kinder »plötzlich«, es ist also nicht die Folge einer akuten oder chronischen, bekannten oder unbekannten Erkrankung. Damit ist SIDS eine Ausschlussdiagnose, die dann gestellt wird, wenn nach einer Autopsie kein anderer Grund für den Tod zu finden ist. Seit einigen Jahren werden fast alle Babys, die plötzlich gestorben sind, obduziert. Und durch etliche Zufallsbefunde (die nicht SIDS sind) ist die Quote weiter in extrem niedrige Bereiche gesunken.

Die allerwichtigste Nachricht: SIDS ist sehr selten, die Häufigkeit sinkt seit Jahren. In Deutschland sind im Jahr 2019 von 778 000 geborenen Kindern nur 107 Kinder an SIDS gestorben, das ist eine Inzidenz von 0,14 Promille. Vor 20 Jahren waren es etwa 20-mal so viele! Man weiß heute mehr über dieses Phänomen. Und Wissen schützt fast immer im Leben.

Über 90 Prozent aller Fälle ereignen sich im ersten Lebensjahr, 80 Prozent unter einem halben Jahr. Der Häufigkeitsgipfel liegt zwischen dem zweiten und vierten Lebensmonat. So gut wie alle Kinder versterben im Schlaf, die meisten in der zweiten Nachthälfte, aber auch tagsüber – im Autositz, im Tragetuch – gibt es SIDS-Fälle.

Du wirst vermutlich wie alle Eltern, mit denen ich mich jemals über das Thema unterhalten habe, ab und zu Schockmomente erleben, in denen du in einem kurzen Anflug von echter Panik nachguckst, ob dein Baby noch atmet und lebt. SIDS macht Angst. Deshalb ist es gut zu wissen, dass du Dinge tun oder vermeiden kannst, die das Risiko, am SIDS zu sterben, noch kleiner machen.

99 Prozent aller gestorbenen Kinder wiesen mindestens einen dieser Risikofaktoren auf – das zeigte eine Studie in Alaska aus dem Jahr 2009 –, wobei natürlich Millionen von Kindern mindestens einen Risikofaktor aufweisen und nicht sterben. Ein Risikofaktor ist kein Todesurteil. Es ist gut, sich die Gesetze der Statistik immer dann vor Augen zu halten, wenn es sich gerade ganz anders anfühlt und man vor Sorge innerlich beinahe durchdreht.

Risikofaktoren für SIDS

Diese Faktoren erhöhen das statistische Risiko – in der vermutlichen Reihenfolge ihrer Wichtigkeit (von besonders wichtig bis wichtig):

- **Passivrauchen oder Rauchen** in der Schwangerschaft und in der Umgebung des Babys. Raucht die Mutter in der Schwangerschaft, ist bei etwa zehn Zigaretten täglich das SIDS-Risiko um das Sechsfache erhöht.
- **Schlafen in Bauchlage.** Hier geht es um eine Verquickung ganz unterschiedlicher Faktoren: Vermutet wird eine Minderversorgung der Hirngefäße bei dem in Bauchlage gedrehten Babyköpfchen. Außerdem schlafen Babys in Bauchlage besser und damit tiefer, sodass das unreife Atemzentrum das Atmen im Tiefschlaf möglicherweise »vergisst«. Auch die CO_2-Rückatmungsgefahr ist höher sowie möglicherweise der Dive-Reflex, der zum Luftanhalten führt, sobald Mund und Nase nicht an der Luft sind. Die Bauchlage erhöht das Risiko für SIDS gegenüber der Rückenlage um das Zwei- bis Sechsfache.
- **Nicht Stillen.** Ausschließliches Stillen in den ersten Lebensmonaten reduziert die SIDS-Häufigkeit um die Hälfte. Teilstillen hat in Bezug auf SIDS vermutlich leider keinen schützenden Effekt.
- **Überwärmung im Schlaf,** sodass das Baby im Schlaf schwitzt.
- **Mangelnde Luftzirkulation im Bettchen** durch zu viel »Kram« wie Kuscheltiere, voluminöse Kissen oder auch Stillkissen als Nestchen.
- **Alkoholkonsum und Drogenkonsum der Mutter.** Schon »ein Gläschen« verändert die Schlafphysiologie und vermindert die Schutzfunktion durch das leichtere Aufwachen bei stillenden Frauen.
- **Ein bereits an SIDS verstorbenes Geschwisterkind,** Frühgeburten und Mehrlingskinder.
- **Sehr junge Mütter** (unter 20 Jahren).
- **Schwierige psychosoziale Verhältnisse** wie relative Armut und alleinerziehende Mütter.

SIDS – Diese Schutzfaktoren sind wichtig

Diese Faktoren vermindern das Risiko für ein Baby – und du kannst sie beeinflussen:

- Achte auf **eine konsequent rauchfreie Umgebung für dein Baby,** dazu gehören auch verqualmte Klamotten der Menschen, die das Baby im Arm halten.
- **Lege dein Baby zum Schlafen auf den Rücken.** Vor allem Kinder, die »ausnahmsweise« oder zum allerersten Mal auf dem Bauch zum Schlafen gelegt werden, sind offenbar besonders gefährdet. Wahrscheinlich ist es daher eine gute Idee, Babys in Wachphasen die Bauchlage zumindest immer anzubieten, damit sie diese Position integrieren und ihre Reflexe und Muskeln in Bauchlage kennenlernen und trainieren (zur »Tummy-Time« s. a. den Abschnitt »Zwischen Zuwendung und Förderwahn« im Kapitel »Alltag mit dem Baby«.
- **Stille die empfohlenen ca. sechs Monate ausschließlich und danach begleitend zur Beikost, wenn es dir möglich ist.**
- Eine **Schlafzimmertemperatur** von 16 bis 18 Grad ist optimal. Achte auf atmungsaktive **Naturmaterialien** in der Kleidung und im Bett – das gilt auch für die Wattierung der Schlafsäcke – und auf eine feste, **luftdurchlässige Matratze** mit einem Spannbettlaken. Setze deinem Baby nach den ersten beiden Lebenswochen **kein Mützchen im Schlaf** auf.
- **Drapiere nicht zu viele Kissen und Kuscheltiere um dein Baby.** Ein »Nestchen«, welches harte Kanten des Bettchens abpolstert und aus atmungsaktivem Material besteht, dürfte ebenso wenig ausmachen wie das eine kleine Lieblingskuscheltierchen.
- **Lasse dein Baby mindestens bis zum ersten Geburtstag in eurem Schlafzimmer schlafen.**
- **Achte besonders auf diese Faktoren, wenn dein Baby krank ist.** Möglicherweise gibt es ein höheres Risiko durch virale Infektionen. Auch ist bei Fieber die Überwärmungsgefahr größer als sonst (mehr dazu unter »Sinnvolle Maßnahmen bei Fieber« im Kapitel »Gesund und munter«).

Neben all diesen Faktoren ist es wichtig, zu verstehen, dass es nie um einen einzelnen Aspekt geht und dass im Einzelfall SIDS tatsächlich ein unfassbar tragisches und schicksalhaftes Ereignis ist. Es gibt Babys, die schlafen nur in Bauchlage, es gibt Frühgeborene oder es gibt Babys, die trotz aller Bemühungen nicht voll gestillt werden können. Achte dann umso mehr auf die anderen Dinge, eine perfekte Sicherheit ist weder möglich noch das Ziel. Das Leben ist voller kurzer Momente, in denen sich das Schicksal von einer Sekunde auf die andere wenden und das weitere Leben einen ganz anderen Lauf nehmen kann, und im Leben mit Kindern können wir nur demütig darauf schauen. Es ist unmöglich, nicht hin und wieder mit dieser Angst konfrontiert zu werden.

SIDS und Co-Sleeping – die Faktenlage

Auch im Zusammenhang mit Co-Sleeping wurde die SIDS-Gefahr immer wieder untersucht und heiß diskutiert. Wenn man sich die Studien im Detail ansieht, wird man finden, dass Co-Sleeping allein keinen Risikofaktor darstellt, wenn die anderen hinlänglich bekannten Risikofaktoren ausgeschlossen sind.

Viele Arbeiten, die das dennoch behaupten, benutzen teilweise jahrzehntealte Erhebungen aus den 1980er- oder 1990er-Jahren, in denen man noch nichts über wichtige Risikofaktoren des SIDS wusste und darüber, was beim sicheren Co-Sleeping zu beachten ist (dazu findest du auf den nächsten Seiten eine Liste: »Der sichere Schlafplatz fürs Co-Sleeping«).

Co-Sleeping allein stellt also nicht nur keinen Risikofaktor dar – im Gegenteil: Es hat vermutlich sogar schützende Auswirkungen auf SIDS durch seine positiven Auswirkungen auf die Schlafbiologie.

Wie wir bereits wissen, bedeutet »Sicherheit im Schlaf« für ein Baby zweierlei. Erstens: sicher im evolutionsbiologischen Sinne. Schlaf ist Hinübergleiten in die Bewusstlosigkeit. Nähe, also die Anwesenheit einer Bindungsperson, schafft die Sicherheit, damit das gelingen kann. Ohne diese unterbewusst empfundene Sicherheit können die meisten Babys gar nicht einschlafen.

Zweitens scheint das häufige nächtliche Aufwachen wirklich so etwas wie eine Lebensversicherung zu sein. Co-Sleeping-Babys schlafen anders. Im Körperkontakt nehmen sie in ihrem Unterbewusstsein bestimmte Stimuli

(»sensorische Regulationsstimuli«) wie Atemgeräusche und -rhythmen der Eltern, Bewegung und Wärme wahr, und sie entwickeln (im EEG nachweisbar) andere Schlafmuster als allein schlafende Kinder. Diese Außenstimuli fördern die leichtere Aufwachtendenz der Kinder. Was sich erst mal nach einem Angriff auf die ungestörte elterliche Nachtruhe anhört, ist in Wirklichkeit ein wichtiger Schutzmechanismus für die Babys. Und auch eine Mutter schläft anders, wenn das Baby neben ihr liegt. Ihre Tiefschlafphasen sind verändert und synchronisieren sich gewissermaßen mit denen des Babys. So kann sie selbst im Schlaf ihr Baby beschützen.

Bei allein schlafenden Babys stabilisiert sich zwischen dem dritten und sechsten Lebensmonat das Schlafmuster. Ausgerechnet in diesem Zeitfenster ereignen sich statistisch die meisten SIDS-Fälle – möglicherweise ist dieses sich stabilisierende Schlafmuster, also das weniger häufige Aufwachen, genau der Risikofaktor beim Alleinschlafen.

Die Sorge vor dem »Überrollen« des wehrlosen Babys durch schwere Elternkörper ist unbegründet, zumindest, wenn das Baby auf der Seite der oxytocin-getränkten Mutter liegt. Oxytocin lässt bestimmte Areale auch im Schlaf wach sein, um das Baby gut zu beschützen.

Die Zahlen zeigen zudem, dass co-sleepende Frauen länger stillen. Stillen ist ein immens protektiver Faktor für SIDS. In der *German Study of Sudden Infant Death (GeSID)* von 2009 fand man, dass ausschließliches Stillen im Alter von einem Monat die SIDS-Quote halbiert.

Ein weiterer Faktor ist auch interessant: Unter den im Elternbett verstorbenen Kindern waren auffallend viele, die nur »ausnahmsweise« bei ihren Eltern schliefen, etwa weil sie krank waren – Infekte scheinen sowieso ein eigener Risikofaktor zu sein. Oder es geschah in Besuchssituationen auf ungeeigneten Bettlagern (wie z. B. Gästesofas oder Ähnlichem). Auch bei der Bauchlage ist das »Ausnahmsweise« ein bekanntes Phänomen. Auffällig häufig berichteten Eltern weiterhin, es sei die erste Nacht gewesen, in der das Baby nicht im Zimmer der Eltern geschlafen habe. Diese »Ausnahmsweise-Situationen« scheinen tatsächlich eine wichtige Bedeutung zu haben. Sogar die Häufung dieser Ereignisse an Wochenenden, die einige Untersuchungen identifiziert haben, scheint (möglicherweise auch zusammen mit dem Faktor Alkoholkonsum) davon zu zeugen.

Der sichere Schlafplatz fürs Co-Sleeping

In den meisten Familien findet Co-Sleeping statt, ob als Teil eines gewünschten Konzeptes – etwa im Sinne von Attachment Parenting – oder einfach als ungeplante Kapitulation vor den realistischen Allüren gesunden Babyschlafes. Und weil Mama und Baby einfach während des Stillens miteinander einschlafen. Wenn man Co-Sleeping also als gegebene Tatsache betrachtet, ist es sicher eine gute Idee, genau zu wissen, wie es gut und sicher für den Babyschlaf funktioniert, damit möglichst wenige potenziell gefährliche Schlafsituationen entstehen. Die manchmal anzutreffende grundsätzliche alarmistische Warnung vor Co-Sleeping-Konzepten birgt die Gefahr, dass Eltern sich nicht trauen, ihr Baby ins Bett zu nehmen, dann aber erschöpft auf dem Stillsessel einschlafen und ihr Baby damit viel mehr gefährden.

- **Ihr schlaft in einem ausreichend großen Bett** (mindestens 1,60 m breit, besser größer) mit einer festen Matratze. Wasserbetten und weiche Schlafsofas sind nicht geeignet.
- Sichere Schlafpartner sind die Eltern des Babys. **Geschwisterkinder sollten nicht neben dem Baby schlafen,** Babysitter oder Großeltern gelten ebenfalls nicht als sichere Schlafpartner für einen Säugling.
- **Das Baby schläft am sichersten auf der Seite der Mutter (nicht zwischen den Eltern).** Es soll geschützt liegen, damit es nicht herausfallen kann (Bett an der Wand oder angebautes Beistellbettchen). Alle Ritzen und Übergänge müssen abgedichtet sein, damit das Baby nicht hineinrutschen kann.
- **Dein Baby liegt ohne Kopfkissen in seinem Schlafsack neben dir.** Du kannst es auch auf ein größeres Spucktuch legen und es nach dem Stillen darauf ein Stückchen nach oben Richtung Kopfende (oder ins Beistellbettchen) ziehen. Umbetten funktioniert meistens nicht ohne Wachwerden.
- **Achtet gut auf die Gefahr des Überdeckens durch euer Bettzeug.** Babys schlafen in einem Schlafsack sicherer als unter einer Decke. Ersticken und SIDS sind zwei unterschiedliche Phänomene, laufen in aller Tragik des Geschehens aber aufs Gleiche hinaus. Es gibt zwar unterschiedliche Statistiken zu den beiden Diagnosen, sie dürften im Einzelfall aber sehr schwierig zu unterscheiden sein, auch bei einer Obduktion.
- **Es liegen keine bauschigen Kissen oder Kuscheltiere in der Nähe des Babys.**
- Das Baby schläft **nicht neben einem rauchenden Elternteil.**

- Wenn ihr **Alkohol** getrunken (auch in kleinen Mengen), **Drogen** konsumiert oder **Schlafmittel** genommen habt, darf das Baby nicht in eurem Bett schlafen.

Breast-Sleeping

Ein relativ neuer Begriff, der Co-Sleeping und Bed-Sharing eine weitere Bedeutungsnuance hinzufügt, ist das sogenannte Breast-Sleeping, das von James McKenna und Lee Gettler, zwei Anthropologen aus den USA, eingeführt wurde. Es hebt den wesentlichen Punkt heraus, dass vor allem Stillen und Co-Sleeping eng miteinander verbunden sind. Ein wesentlicher Grund für die Sicherheit des gemeinsamen Schlafens ist das aktivierte Oxytocinsystem von Mutter und Kind, das eine wichtige Schutzfunktion hat. Dieses System wirkt immer auch schlafsynchronisierend in beide Richtungen: Die Gehirnwellen nähern sich einander an, manchmal weckt das Kind nicht die Mutter, sondern beide »stecken« sich gegenseitig mit Aufwachen »an«.

Praktisch an dieser Synchronisierung ist auch, dass stillende Mütter meist nicht aus dem Tiefschlaf geweckt werden, das macht das Aufwachen, aber auch das Wieder-Einschlafen leichter. Oft merkt man nicht einmal, wann und wie oft man gestillt hat und fragt sich am frühen Morgen, ob das Baby schon wieder oder immer noch trinkt oder wie es bloß auf die andere Seite gekommen sein mag.

> ♥ **MOMHACK**
>
> Emanzipiere dich so weit wie möglich von der Uhrzeit. Es ist relativ egal, ob es 2:13 oder 3:47 ist. Gewöhne dir an, nicht auf die Uhr gucken. Wenn du mit geschlossenen Augen stillst, »denkt« dein Körper in Teilen, er würde weiterschlafen. Oder benutze einen Projektionswecker, den du so platzierst, dass ein Blinzeln in diese Richtung ausreicht und du nicht anfängst, mitten in der Nacht nach deinem Handy zu grabbeln.

Schlaf im zweiten Lebenshalbjahr

Irgendwann um den Halbjahresgeburtstag herum beginnen sich stabilere Schlaf-Inselchen im 24-Stunden-Meer zu bilden, die anfangs noch ein wenig schwanken.

Babys, die etwa ein halbes Jahr alt sind, schlafen meist drei Mal am Tag: Am frühen Vormittag, mittags und später machen sie noch ein kleines Nickerchen am späteren Nachmittag. Mit einem Dreivierteljahr sind es etwa zwei Schläfchen, nach dem Laufenlernen reicht irgendwann ein Mittagsschlaf, was den Biorhythmus dann meistens auch erst Kita-tauglich werden lässt.

Müde und nicht in den Schlaf finden

Schlafen bei Babys funktioniert nicht auf Knopfdruck. Gerade dann, wenn Babys übermüde sind, ist es oft schwieriger, sie ins Traumland hinübergleiten zu lassen. Es scheint, als sei dann das neurologische System so sehr in Aufruhr, dass ein Abschalten nur schwer gelingt, während viele von uns Erwachsenen bei großer Müdigkeit einfach einschlafen können, bevor der Kopf das Kopfkissen erreicht.

Noch Dreijährige werden eher immer dünnhäutiger, wenn sie müder werden. Meist können sie sich selbst in diesem Alter noch immer nicht so weit selbst regulieren, dass sie ihren inneren Zustand benennen können und sich einfach ins Bettchen legen, wenn sie Schlaf brauchen.

Es sind also wir Eltern, die irgendwann feine Antennen dafür entwickeln, wenn die Stimmung zu kippen droht. Es hilft Kindern sehr, wenn sie unser elterliches Gefühl gespiegelt bekommen: »Oh, ich glaube, du bist müde« benennt etwas, für das ein Baby noch keine Worte hat, hilft aber einerseits, dass es sich wahrgenommen fühlt, und auch, diese wilde Gefühlspalette benennen zu lernen.

Gleichzeitig gewöhnt ihr euch daran, gedanklich immer schon einen kleinen Schritt weiter voraus zu sein: Das Treffen mit Freunden rechtzeitig zu beenden – weil man irgendwie noch den Heimweg bewältigen muss. Und dann wartet die nächste Klippe: Bitte bloß nicht 100 Meter vor der Haustür im Autositz einschlafen oder auf dem Fahrradsitz. Dann ist der erholsame Schlaf nach dem kleinen Alltagsabenteuer nämlich gelaufen und damit manchmal auch der gesamte Rest des Tages.

Schlaffenster

Für ein Verständnis von Rhythmen in Sachen Wachen und Schlaf hilft die Erkenntnis, dass es bei uns Menschen eben – je nach Jahrhundert, in dem wir leben, Kulturkreis und Lebensalter – nicht nur eine Schlaf- und eine Wachphase, verteilt auf 24 Stunden, gibt.

Kleinkinder wechseln etwa alle 45 bis 50 Minuten von einer aktiven in eine ruhigere Phase. Wenn sie dann müde sind und die Umgebungsfaktoren einen geborgenen Schlaf ermöglichen, wird dein Baby in diesem Zeitfenster gut in den Schlaf finden. Diese Zeitspanne wird auch als Schlaffenster bezeichnet.

Wenn sich das Schlaffenster wieder schließt, ohne dass dein Baby eingeschlafen ist, wird es wieder munterer und wartet darauf, bis sich das nächste öffnet. In der frühen Säuglingszeit nutzt ein Baby fast jedes dieser Schlaffenster, um in den Schlaf abzutauchen, später zieht es sich dann nur noch kurz zurück, kuschelt sich an oder ruht sich einen Moment am Busen aus und erst beim nächsten Schlaffenster ist die Müdigkeit dann ausreichend groß, um auch einzuschlafen.

Werden diese Fenster verpasst, ist es aber oft schwierig: Die Babys werden zappelig, unzufrieden, überdreht. Deshalb ist es wichtig, die Müdigkeitszeichen deines Babys wahrzunehmen und darauf zu reagieren, damit es gut und erholsam einschlafen kann. So erklärt sich auch, warum die Babys, die zur Sorte der »Powernapper« gehören, oft nach dieser Dreiviertelstunde wieder aufwachen. Wenn sie über diese kurze Halbschlafphase schuckelnd hinübergetragen werden oder noch mal schnell einen Busen hingehalten bekommen, schaffen sie vielleicht noch einen zweiten Slot. Aber meistens nur dann. Auch diese Schlafeigenheit ist angeboren, es gibt tatsächlich die Kinder, die »immer« zweieinhalb Stunden Mittagschlaf machen, und die, die das »nie« tun.

Wach halten?

Du kannst also das Wissen um dieses Schlafgrundgerüst nutzen, um möglichst günstige Momente für den Babyschlaf abzupassen und in den Alltag einzubauen. Allerdings lassen sich die Schlaf- oder Wachzeiten nicht beliebig so hinbiegen, wie es gerade für uns am besten passt. Aus diesem Grund ist es keine besonders hilfreiche Strategie, dein Baby tagsüber zu wecken, damit es nachts besser schläft.

Schlaf- und Wachphasen sind nicht beliebig ausdehnbar und manchmal geht diese Idee sehr nach hinten los, indem man versucht, die zarten Anfänge von Babys eigenem Rhythmus nach dem künstlichen Konzept einer Uhr zu gestalten.

Klar schaut man aber in Einzelfällen, dass z. B. in der auf den vorherigen Seiten beschriebenen Situation das Baby vielleicht nicht 100 m vor der Wohnungstür im Autositz einschläft oder dass ein einjähriges Kind um 17 Uhr sanft aus dem verspäteten Mittagsschlaf geweckt wird. Wie so oft ist hier der gesunde Menschenverstand ein guter Ratgeber. Gerade in Zeiten des Wechsels, wenn sich also ein Baby langsam von drei auf zwei Tagesnickerchen umstellt, sind solche sanften Unterstützungen hilfreich.

Was bedeutet Durchschlafen?

Fast 90 Prozent aller Babys wachen im ersten Lebenshalbjahr nachts regelmäßig auf, 30 Prozent dreimal oder mehr. Es ist also die Regel, normal und gar nicht anders erwartbar, dass Babys und Kleinkinder nachts wach werden und ihre Eltern brauchen. Im zweiten Lebensjahr sind es immer noch 50 bis 70 Prozent aller Kinder, die regelmäßig aufwachen und dann meistens zu ihren Eltern ins Bett krabbeln. Wenn wir also von der elterlichen Perspektive »Durchschlafen« sprechen, reden wir eher von Jahren als von Monaten oder gar Wochen.

Das sind jetzt erst mal Fakten, die dich schlucken lassen, wenn dein Baby noch nicht geboren oder noch ganz klein ist. Vielleicht hast du mit mehr »Machbarkeit« gerechnet, oder schlauen Tipps, das alles zu unterstützen.

Ein Baby schläft ganz sicher nicht deshalb besser, weil die Eltern etwas richtiger machen als andere, sondern weil jedes Baby sein eigenes Temperament, Wesen, individuelle Bedürfnisse und Schlafverhalten mitbringt.

Es ist nicht unser elterlicher Verdienst, wenn etwas besonders gut läuft, wenn also um 19:30 Uhr die Lichter ausgehen, das Brokkoliröschen genussvoll weggemampft und auf dem Spielplatz Eimerchen und Schaufel selbstlos mit anderen Kindern geteilt werden, genauso wenig, wie es nicht unser Versagen ist, wenn dem nicht so ist.

In den ersten beiden Lebensjahren schlafen die meisten Babys noch nicht durch. Ganz einfach, weil sie Babys sind. Gestaltet eure Schlafszenarien so drum herum, dass alle Familienmitglieder damit gut klarkommen – viele davon haben wir schon genannt. Ein ausreichend großes Bett und eine gute Ausweichmatratze in einem anderen Raum für Phasen anstrengender Erwerbsarbeit oder bei einem kranken Baby – oder auch einfach mal so – sind Gold wert.

Beikost und Schlaf

Wenn dein Baby ungefähr ein halbes Jahr alt ist, tritt das Thema »Essen« auf den Plan. Hartnäckig hält sich das Gerücht, dass es hier endlich eine Chance gibt, dass das Babs dann endlich durchschläft. Sollte es also deine stille Hoffnung gewesen sein, dass mit ordentlich Futter dein Baby länger satt sein und wie der böse Wolf nach dem Verspeisen eines Rotkäppchens narkosegleich ab jetzt durchschlafen wird: Nein, vermutlich wird es das nicht.

Der Grund ist relativ einfach: Babys wachen nicht – zumindest nicht ausschließlich – deshalb in der Nacht auf, weil sie hungrig sind. Und: Sie können sich noch nicht »auf Vorrat« so weit vollessen, dass sie bis zum Frühstück zufrieden sind.

Oft ist es auch so, dass ein Baby mit sechs Monaten – in dieser typischen Beikost-Startphase – wieder unruhiger schläft und häufiger wach wird, als das z. B. mit vier Monaten der Fall war. Und dann entsteht bei den Eltern der Eindruck, es würde nun plötzlich »nicht mehr satt« und bräuchte so langsam mal »was Richtiges« zu essen. Der unruhige Schlaf ist aber nicht dem Hunger geschuldet. Nein, gerade in Zeiten von Entwicklungsschüben, wo so vieles geschieht wie z. B. um den Halbjahresgeburtstag herum, brauchen Babys in der Nacht umso mehr Rückversicherung, dass Mama und Papa auch wirklich immer noch ganz sicher da sind. Es ist also mal wieder eine dieser sagenumwobenen Phasen (s. a. den Abschnitt »Wann starten?« im Kapitel »Nahrung für Körper und Seele«).

Schlaftraining

Glücklicherweise ist in Deutschland die große Ära der »Schlaftrainings«, nach denen angeblich jedes Kind schlafen lernen kann, zumindest in der fortschrittlicheren Literatur und den neuen Fachempfehlungen, vorbei. Hebammen und Kinderärztinnen, Pädagogen und andere frühkindliche Expertinnen sind sich darin einig. Eigentlich könnten wir also dieses kurze Kapitel nun beenden. Gleichzeitig gibt es aber weiterhin eine große Nachfrage danach und noch immer ein wenig ungläubige Blicke, wenn wir Hebammen das so formulieren: »Nein, diese klassischen Schlaftrainings im ersten Lebensjahr sind grundsätzlich keine gute Idee.«

Schlaftrainings gehen in mehrfach abgewandelter Form zurück auf den amerikanischen Kinderarzt Prof. Richard Ferber, der in den 1970er-Jahren ein Trainingsprogramm entwickelte, damit Babys selbstständig schlafen lernen.

Diese vielfach modifizierte Methode, das »Ferbern«, arbeitet mit dem Konzept des »kontrollierten Schreienlassens«. In Deutschland wurde die Methode über das 1995 erstmals erschienene Buch *Jedes Kind kann schlafen lernen* sehr populär. Babys sollten nun also lernen, sich selbst zu trösten, um dann nach absolviertem Trainingsprogramm wieder selig – und allein! – weiterschlafen zu können. Klingt gut, trifft vor allem die »Needs« junger Eltern mitten ins Mark und ist vor allem auch ein schmissiger Buchtitel, weil er eine Verheißung ist, Möglichkeiten suggeriert, oder die Machbarkeit irgendeiner Technik, eines Tricks, den man nur kennen muss. Alles das in einem gesellschaftlichen Umfeld, in dem noch immer das gemeinsame Schlafen mit Argwohn betrachtet wird und Kindern jenseits des ersten Lebensjahres, die nicht ohne Eltern schlafen können, eine »Schlafstörung« attestiert wird.

Die wesentlichen Punkte, warum wir uns gegen Schlaftrainings in dieser Form aussprechen – und das noch nicht mal aus einer Hebammen- oder Müttergefühligkeit, sondern auf wissenschaftlichen Erkenntnissen fußend – sind: Wenn ein Baby weint, wird sein Alarmsystem aktiviert, es gerät massiv unter Stress. Es weiß nicht, dass seine Eltern hinter der angelehnten Tür ausharren, mit Uhr in der Hand. Die Uhr spielt eine wichtige Rolle beim Ferbern, denn das mütterliche und väterliche System gilt es zu überlisten. Die Uhr soll den Eltern sagen: »Hört bloß nicht auf euer Bauchgefühl, das euch diese Situation kaum aushalten und Minuten zu Ewigkeiten werden lässt.«

Der eigentliche Haken an der Sache und die wirkliche Tragik ist aber, dass die Methode in ihrem primär gesetzten Ziel »funktioniert«. Natürlich schlafen Babys so auch irgendwann ein. Aber nicht deshalb, weil sie »gelernt haben«, einzuschlafen. Sondern aus Erschöpfung, körperlich und emotional. Allen Säugetieren, die in einer ausweglosen Situation gefangen sind, fliegt dann der Schutzschalter raus – und sie verfallen in Schockstarre und verstummen. Dabei lernt ein Baby fatalerweise etwas ganz anderes als »Selbstständigkeit«. Es erfährt Resignation und dass es nichts bringt, seine Bedürfnisse zu äußern, da es offenbar jemanden gibt, der über diese Bedürfnisse anders urteilt, als sie sich anfühlen – nämlich ausgerechnet Mama und Papa. Sich selbst zu trösten hat es dabei sicher nicht gelernt. Wo sollte dieser Trost auch herkommen? Dieser Cocktail aus schmerzhaften Erfahrungen und Cortisol ist ganz und gar kein Lernumfeld für ein Gehirn.

Und auch, wenn du das alles ahnst und weißt, ist es auch für »bedürfnisorientierte Eltern« wichtig, all diese Dinge immer wieder zu hören und präsent zu haben. Denn so oft werden aus unterschiedlichen Richtungen (darunter das eigene Über-Ich) Zweifel gesät, ob man nicht doch mit »zu viel Kuscheln« irgendwas bereits grundlegend vermasselt hat. Nein, habt ihr nicht. Es geht nicht ewig so weiter. Es gibt einen Silberstreif. *Time is on your side.*

Schlafcoaching

Mittlerweile gibt es in der westlichen Welt für alle Belange des Lebens einen Coach. Das Leben in den Griff kriegen – im Allgemeinen oder im Speziellen, in der Liebe, beim Aufräumen, der Bikinifigur oder eben auch beim Babyschlaf: Kann man alles buchen. Der gesamte Elternbereich wird seit einigen Jahren zunehmend geflutet von diversen externen Hilfsangeboten.

Vor dem Hintergrund, dass Schlaftrainings – wie oben erläutert – in den entsprechenden Bubbles zu Recht keinen besonders guten Ruf mehr haben, bekommen seit einigen Jahren mehr und mehr Trainingsprogramme die Attribute »sanft« oder »bedürfnisorientiert« angeklebt. Über einzelne dieser mit 5 Sternen bewerteten Programme wollen wir gar nicht urteilen, nur vielleicht den Blick ein wenig weiter werden lassen: Welche Fragen könnte ein gutes Schlafcoaching stellen? Wo kann es euch bestärken, einen guten Weg für euch als Familie zu finden, jenseits davon, den Babyschlaf nur als eine schlechte Gewohnheit zu betrachten, die es abzustellen gilt?

Manche Kinder brauchen in der ein oder anderen Hinsicht mehr Geduld und mehr Spucke als andere. Manchmal kann da ein Schlafcoach gut helfen, aus dem diffusen Gefühl von »So geht das nicht weiter« herauszufinden, zu erkennen, was sonst so los ist, und miteinander ein Ziel zu definieren. Gutes Schlafcoaching analysiert mit euch gemeinsam die Situation, durchaus auch bei euch zu Hause. Es gibt Fragebögen, und bei vielen Dingen des Lebens lichtet sich der Nebel, wenn man erst mal anfängt, etwas aufzuschreiben.

Dazu gehört auch, ein Gespräch zwischen den Elternteilen in Gang zu bringen: Fühlen sich alle Familienmitglieder in ihren Bedürfnissen gesehen? In ihren Schlafeigenheiten? Wie kann der gemeinsame Weg als Familie aussehen? Auch am Thema Mental Load kommt man da meist nicht vorbei – es ist gleichermaßen banal und entlastend, wenn eine Mutter, gerädert nach zwei Einschlafstillstunden, *nicht* eine Küche betreten muss, wo der abgegessene Abendbrottisch noch so aussieht wie zuvor und die gewaschene Wäsche vom Vortag noch immer in der Maschine müffelt.

Wichtige Fragen können sein: Was genau stört mich? Was möchte ich ändern? Muss ich das wirklich? Welche Idee, welches Bild, welcher Glaubenssatz steht dahinter? Stimmt er wirklich? Und vieles weitere mehr.

In einem guten Schlafcoaching könnt ihr Hilfen bekommen, die Zeichen des Babys zu lesen. Und euch noch einmal versichern lassen, dass ein Ausweichschlaflager außerhalb des Schlafzimmers nicht der Beweis für die innere Bankrotterklärung einer Liebesbeziehung ist.

Alltag mit dem Baby

Im Geburtsvorbereitungskurs hast du vermutlich noch vermeintlich-wissend gelächelt, als es hieß, dass ein Baby den bisherigen Alltag wesentlich mehr auf den Kopf stellt, als uns das in unseren Vorstellungen und in den Darstellungen in der Werbung oder in den sozialen Medien vermittelt wird. Vielleicht hast du angenommen, du könntest die Elternzeit nutzen, um endlich zu promovieren oder ein kleines schnuckeliges Start-up zu gründen. Unsere langjährige Erfahrung als Hebammen, aber auch als Mütter sagt allerdings eher, dass es Tage geben wird, an denen du es gerade mal schaffen wirst, dir die Zähne zu putzen und dich deshalb wie eine Heldin fühlst. Und das ist absolut okay so.

Willkommen in der Realität

Ein Baby versorgt man nicht mal eben nebenbei. Vielmehr wird es gerade im ersten Jahr so sein, dass du alles andere rund herum nebenbei machen wirst. Wir schreiben das in aller Deutlichkeit, weil die gesellschaftliche Wahrnehmung dessen, was Mütter und Väter leisten, an vielen Stellen nicht mit der Realität übereinstimmt. Ein langsamer Wandel ist in Sicht, aber noch fehlt es an vielen Stellen an einer realistischen Anerkennung auf allen Wegen, ob in ideeller oder finanzieller Hinsicht.

In den meisten Familien ist das Thema Work-Life-Balance heutzutage schon ohne Kinder einigermaßen herausfordernd, es wird nun mit Kindern eine ordentliche Herausforderung werden. Zumindest dann, wenn man den Anspruch an sich hat, es auf allen Ebenen perfekt hinzubekommen.

Die wichtigste Strategie ist, immer wieder zu überlegen, wo die Prioritäten liegen. Und zu prüfen, welche zusätzlichen Belastungen abgesagt, verschoben oder auch an andere delegiert werden können. Dabei geht es nicht nur um die Nettoversorgungszeit eures Kindes, sondern auch darum, neue Strukturen für diesen neuen Familienalltag zu finden. Und diese fortwährend neu an die jeweilige Situation anzupassen.

Care-Arbeit ist auch Arbeit

Ein typischer Tag mit Baby beginnt oft zu früh für die müden Eltern, der erste Gedanke ist hin und wieder der, wie man diesen Tag bloß überleben soll. Das liegt daran, dass nun ein anderes Wesen der Taktgeber für alle eigenen Grundbedürfnisse ist, und ihr zudem damit zurechtkommen müsst, dass euer Schlaf immer wieder unterbrochen wird – und Schlaf auf Kommando (wenn es denn mal ginge) nur selten gelingt. Vielleicht kennst du das noch aus der Schwangerschaft, wenn trotz größter Müdigkeit das (Wieder-)Einschlafen nicht möglich ist. Konnte man sich in der Schwangerschaft dann tagsüber noch mal hinlegen, hängt nun dein Schlaf davon ab, wann das Baby seine nächste Schlafphase haben wird (s. a. im Kapitel »Ankommen« den Abschnitt »Schlafen, wenn das Baby schläft …«).

Die Zeit dazwischen wirst du mit dem Erfüllen der Babybedürfnisse verbringen: wickeln, waschen, abhalten, stillen, spielen, füttern, tragen, trösten und das Ganze wieder von vorn.

Dein Bedürfnis nach einem ruhigen Moment, ein wenig Alleinsein, einer Tasse Kaffee wird dabei an manchen Tagen untergehen. Natürlich liegt das nicht daran, dass du etwas falsch machst oder nicht gut organisiert bist, sondern daran, dass dein Baby dich gerade besonders intensiv braucht. Genauso wird es Tage geben, an denen dein Baby eine kleine gefühlte Ewigkeit mit sich und der Welt zufrieden auf der Krabbeldecke liegt und auf einem Holzring herumkaut. Der heimliche Gedanke daran, in dieser Zeit schnell die Wäsche zu machen, die Küche zu putzen oder der Steuerberaterin zu antworten, ist verführerisch. Und eine Herausforderung zu lernen, dass es wahrscheinlich eh wenig Sinn macht, und kein schlechtes Gewissen zu bekommen, auch wenn die innere To-do-Liste kein bisschen kürzer wird.

Kein Mensch würde wahrscheinlich während der Erwerbsarbeitszeit die Wäsche machen oder die Unterlagen für die Steuerberaterin sortieren. Dass Care-Arbeit eben mindestens genauso wichtig, aufwendig und zeitraubend ist, wird gesellschaftlich oft nur nicht angemessen gewertschätzt.

Ein untröstlich weinendes Baby zu begleiten, kann sich wesentlich herausfordernder anfühlen als manche anstrengenden Situationen im Job. Dazu kommt, dass der Elternjob 24/7 stattfindet und gerade am Anfang weder Pausen noch Urlaub davon vorgesehen sind.

Erlaube dir also den Gedanken »Ich brauche eine Pause« unbedingt in deiner neuen Rolle als Elternteil. Man liebt seine Kinder auch dann, wenn man ehrlich sagen kann, dass es gerade zu viel ist. Überlastungssituationen zu erkennen und eine Lösung zu suchen, ist eine Voraussetzung dafür, dass ihr weiterhin feinfühlig auf euer Kind eingehen könnt.

Die Motzmutter ins uns kommt vor allem in Situationen zum Vorschein, wenn das Stresslevel und die externen Belastungen zu hoch sind. Wir geraten an unsere Grenzen, wir sind dann außerstande, empathisch zu reagieren: Stress killt Empathie. Es hat meistens überhaupt nichts mit dem Verhalten des Kindes selbst zu tun. Es geht also oft weniger darum, *WAS* für herausfordernde Situationen im Leben mit Kindern wir als Eltern begleiten müssen, sondern *WIE* wir für diese Herausforderung aufgestellt sind und welche Ressourcen uns unser Alltag lässt.

Mehr zu dem typischen Multitasking-Hamsterrad findest du auch im Abschnitt »Mental Load« im Kapitel »Ankommen«.

Wie bei Hempels unterm Sofa …

Zu den ungeahnten Erkenntnissen gehört auch, dass es sich an manchen Tagen stressiger anfühlen wird, das Haus nur für den Rückbildungskurs oder die Babygruppe zu verlassen, als sich für eine Weltreise zu rüsten. Die Rede ist hier nicht nur vom »Gepäck«, denn mit Baby wird man gerade beim ersten Kind wahrscheinlich viel zu viel mitschleppen. Auch das eigene Fertigmachen und das des Babys für diesen Mini-Ausflug kann zur Mammutaufgabe werden, wenn das Kind z. B. gerade einen dieser »Leg-mich-bloß-nicht-ab«-Tage hat. Und garantiert wirst du genau dann noch mal die Windel wechseln müssen, wenn du dein Baby gerade mühsam in den Wollwalkanzug reingebastelt hast. Zu spät bist du sowieso schon dran.

Erstaunlicherweise hat man meistens mehr Optionen als gedacht, die deinen Handlungsspielraum erweitern. Du könntest dein Baby ungerührt einfach mit voller Windel ins Tragetuch stopfen. Die volle Windel könnte aber auch ein Signal dafür sein, vielleicht einfach diese Woche den Kurs ausfallen zu lassen. Aber die kleine »Gute-Mutter-Stimme« in dir sagt, dass dein Baby doch dort immer so schöne Spielanregungen bekommt und das alles bestimmt pädagogisch besonders wertvoll ist. Zu Hause hast du es vielleicht immer noch nicht geschafft, die DIY-Rassel aus dem Kurs nachzubauen. Drittens also könntest du die Windel wechseln, die Tram nicht ganz erwischen und einfach zehn Minuten später kommen. Vermutlich bist du noch nicht mal die Letzte.

Wenn nur »pädagogischer Druck« der Grund ist, dorthin zu gehen, lass den Wollwalkanzug nach dem Wickeln aus, koch dir einen Kaffee, setz dich zu deinem Kind auf die Wickeldecke und lass es spielen. Wenn du diese Kurse besuchst, um der Babyeinsamkeit zu entfliehen, mach dich ganz in Ruhe fertig und komme ohne Stress einfach zu spät. Wenn nicht, rufe eine Freundin an und frage, ob sie dich besuchen kommt und Kuchen mitbringt.

Was würde jetzt sofort etwas Erleichterung bringen? Überlege gerade in stressigen Situationen, was dir in diesem Moment wirklich guttun würde. Wenn der Gedanke »Wenn ich das jetzt einfach ausfallen lasse …« ein wohliges Gefühl hinterlässt, dann lass es ausfallen. In Bezug auf das eigene Kind entwickelt man ein Bauchgefühl, das einem zuverlässig sagen wird, was an dieser oder jener Stelle individuell für das eigene Kind passend ist. Das Bauchgefühl und die innere Stimme für die eigenen Bedürfnisse scheinen dagegen mit der Mutterschaft immer leiser zu werden.

Elternsein heißt, immer wieder Pläne anzupassen oder manchmal ganz über Bord zu werfen. Je weniger schwer uns das fällt, desto leichter wird das ganze Familienleben.

Für das »entspannte Weglassen« gibt es keine Patentrezepte. Mit der Geburt des eigenen Kindes werden nicht plötzlich die zuvor individuell lebenden Menschen zu einer homogenen Elternmasse. Darum ist der Pauschaltipp »lass den Haushalt großzügig liegen« nicht die Universalempfehlung für das erste Elternjahr. Der tägliche Haushaltsstruggle aus nicht ausgeräumten Geschirrspülmaschinen, anklagend piepsenden Waschmaschinen, einem leeren Kühlschrank und allgegenwärtigen Spucktüchern eint sicherlich die meisten neugeborenen Familien.

Wie sehr jedes Elternteil darunter leidet, ist individuell recht verschieden. Zwischen »ist halt bisschen chaotisch hier« und »ich halte den Saustall nicht mehr aus« liegt eine große Bandbreite. Das damit verbundene Konfliktpotenzial ist entsprechend unterschiedlich hoch. Und das bestimmt unmittelbar dein persönliches Wohlbefinden. Finde also heraus, wo du am besten Abstriche an deinen Ansprüchen machen oder welche Aufgaben du abgeben oder anders organisieren kannst.

Minimalismus für einen leichteren Alltag

Ein Schritt hin zur halbwegs entspannten Elternschaft bedeutet an vielen Stellen eine Reduktion der Komplexität. Genau das ist die Idee des Minimalismus. Es geht nicht darum, dass wir zukünftig nur noch mit hundert Gegenständen leben, sondern darum, uns Gedanken darüber zu machen, was wir wirklich brauchen.

Die meisten Eltern erleben mit Staunen, wie sich spätestens nach der Geburt die Wohnung mit Babystuff und Spielzeug füllt. Manches davon ist wirklich sinnvoll, manches einfach nur schön und vieles komplett überflüssig. All diese vielen Dinge müssen irgendwie gepflegt oder verstaut werden, das kostet Platz und Zeit – genau das, was uns als Eltern so oft fehlt. Geld kostet es obendrein. Kaum einer wird ohne Fehlkäufe durch das Elternleben kommen, aber sich immer wieder bewusst vorher die richtigen Fragen zu stellen, reduziert das Fail-Potenzial deutlich.

Auch bei dem kunterbunten Babybedarf, den man oft schon vor der Geburt von Familie und Freunden angeboten bekommt, können wir aus unserer

Hebammenerfahrung sagen, dass vieles davon später einfach nur in Kisten verschwinden und nie zum Einsatz kommen wird.

Es gibt zwei essenzielle Minimalismusfragen, die sich Eltern vor jeglichen Neuanschaffungen, aber auch vor der Annahme gut gemeinter Geschenke stellen sollten: »Brauche ich das wirklich? Verbessert oder bereichert es mein Leben?«

Und wenn wir dann nur noch sinnvolle oder Dinge mit persönlichem Mehrwert in unserem Zuhause haben, ist es der nächste Schritt, all diesen Dingen einen sinnvollen Platz zuzuweisen. Denn was das Ordnung-Halten schwer macht, ist vor allem das Zeug, das keinen festen Ort und oftmals auch keine Funktion hat. All diese Tipps sind nur kleine Denkanstöße, wenn das babyzeitbedingte Chaos an deinen Nerven zehrt. Niemand muss in der Schwangerschaft oder gar nach der Geburt zu einer Marie Kondo werden.

Der abendliche Wahnsinn

Die Abende mit Baby fordern viele Eltern im ersten Babyjahr besonders heraus. Während das elterliche Energielevel zum Tagesende sinkt, fordern Babys phasenweise am frühen Abend oder sogar schon am späten Nachmittag besonders viel Aufmerksamkeit. Die Erlebnisse des Tages wollen verarbeitet werden, wenn es ein Zuviel an Input und Reizen gab, äußert sich das in den Abendstunden deutlich.

Aber auch Gebärmutterheimweh kann in dieser Zeit akut auftreten, denn das Ankommen in der Welt ist über die ersten Tage hinaus eine Herausforderung für ein Baby. Vielleicht lässt es sich nur mit Tragen oder Dauerstillen beruhigen, entsprechend der Rundumversorgung, die es aus Bauchzeiten kennt. Vielleicht hilft aber nicht einmal das und das Baby ist weiterhin extrem unruhig oder weint untröstlich.

Ein Baby durch den Abendwahnsinn und in den Schlaf zu begleiten ist ein sehr herausfordernder Teil der elterlichen Care-Arbeit. Es gibt leider keinen Geheimtipp dafür, wie auf babyfreundliche Art das Verhalten des Kindes an die Bedürfnisse der Eltern angepasst werden könnte. Dein Baby kann noch nicht flexibel sein, es gibt also eher keine Tipps, was man gegen diese abendlichen Unruhephasen tun kann oder wie man dem Baby Pflegeleichtigkeit »beibringt«, sondern nur, wie man als Eltern gut durch diese Phasen hindurchkommt.

Würden wir jetzt noch in einem Großfamilienverbund leben, würde vielleicht die Oma das Kind in dieser Zeit schaukeln, nicht zufällig nennt man diese

Zeit des Tages auch »Großmutterstunden«. Aber meist leben Eltern in Kleinstfamilien, und die Arbeit rund um das Kind wird auf maximal vier, bei Alleinerziehenden sogar nur auf zwei Schultern verteilt. Wenn ihr zu zweit seid, ist das das Baby begleitende Elternteil optimalerweise von allen anderen Aufgaben freigestellt. Der Stresspegel steigt natürlich, wenn zeitgleich noch Abendessen gekocht oder ein Kleinkind betreut werden muss.

Wenn du allein bist, ist meistens Tragen die Rettung. Es hilft dir und deinem Baby. Auch wenn dein Baby weiterweint, lässt du es so *nicht* mit seinem Kummer allein und begleitest es *so gut, wie es die Situation zulässt.* Du hast die Hände frei, kannst dich durch die Wohnung bewegen, etwas herumpuzzeln oder auch draußen spazieren gehen und dich mit etwas anderem ablenken – und gleichzeitig dein Baby schuckeln. Und ja, auch Kopfhörer können hin und wieder eine Option sein, wenn du durch das untröstliche Weinen selbst immer aufgeregter wirst.

Das abendliche Dauerstillen – auch Clusterfeeding genannt – dient übrigens nicht nur der Entspannung des Babys, sondern wirkt sich auch auf die Milchbildung positiv aus. Das Stillhormon Prolaktin wird dabei reichlich ausgeschüttet und wirkt sich zeitverzögert sozusagen auf die nächsten Stillmahlzeiten aus. In den ersten Stillwochen und auch in Wachstumsphasen des Ba-

bys wird so der erhöhte Muttermilchbedarf »angemeldet«. Typischerweise kommt nach dem abendlichen Dauerstillen eine längere Schlafphase, die erste der Nacht, die auch meistens die stabilste ist. Wenn du müde bist, gehe mit deinem Baby schlafen, auch wenn die Versuchung groß ist, Dinge zu erledigen oder etwas Zeit für sich zu haben. Du wirst wahrscheinlich ohnehin vor Netflix einschlafen.

Eine weitere Bezeichnung für das Clusterfeeding ist Lagerfeuerstillen. Unsere Steinzeit-Vorfahrinnen haben wahrscheinlich genau am Lagerfeuer diese Phase mit dem Baby verbracht. Mach es dir nett dabei, stell dir etwas zu trinken und ein paar Snacks hin. Podcasts und E-Reader retten uns modernen Müttern in den oft stundenlagen Marathonstillphasen durchaus hin und wieder den Popo.

Auch wenn sich solche Abende wie eine Ewigkeit anfühlen: *So* wird es nicht bleiben. Das erste Babyjahr und das Elternsein verlaufen in Phasen. Und manche davon bringen uns ganz schön heftig an unsere Grenzen.

Mantren für die Abendunruhe

- Mein Baby verhält sich so, weil es seine Gefühle noch nicht anders regulieren *kann*. Es braucht meine Hilfe und Begleitung dabei. Die gebe ich ihm, so gut ich es gerade kann.
- Ich bin da für mein Kind, auch wenn ich sein Weinen oder Unbehagen gerade nicht auflösen kann.
- Ich bin eine gute Mutter, auch wenn mein Baby weint.
- Elternsein darf sich anstrengend und überfordernd anfühlen, egal wie sehr wir unsere Kinder lieben.
- Etliche Eltern erleben gerade das Gleiche wie ich. We are in this together.
- Ich muss das nicht allein schaffen. Ich hole mir Hilfe. (Konkrete Absprachen in stressfreien Zeiten treffen.)
- Es ist nur eine Phase. Wirklich.

Emotionen und Bedürfnisse des Babys

Babys haben viele elementare Bedürfnisse, für die sie die ganz unmittelbare Unterstützung ihrer Eltern brauchen. Da sie eben nicht klar sagen können, was ihnen gerade fehlt, gehört Weinen zu ihrem natürlichen Ausdrucksverhalten. Daneben gibt es einige subtilere Zeichen, die dem Weinen vorausgehen. Diese zu erkennen, ist für Eltern eine Aufgabe für sich. Du wirst dein Kind jeden Tag individueller lesen lernen.

Das Baby lesen

- **Bereit für Interaktion und Spiel:** aufmerksam, wach, sucht und hält Blickkontakt, lächelt, offen, guter Muskeltonus, regelmäßige Atmung, rosige Haut.
- **Stress und Überforderung:** erregt, disharmonische Bewegungen, Wegdrücken und Überstrecken, weit aufgerissene Augen, Abwenden, Quengeln, Schreien, unregelmäßige Atmung, Haut gerötet oder blass, nicht erreichbar oder in sich zurückgezogen.
- **Hunger:** beginnende Unruhe, Räkeln, aktiver Wachzustand, Suchbewegungen nach rechts und links mit dem Köpfchen, Schmatzen, an den Händchen oder anderen Dingen in Mundnähe Saugen. Schreien ist ein sehr spätes Hungerzeichen.
- **Müdigkeit:** Gähnen, Abwenden, Blick ins Leere, Blinzeln, abnehmende Körperspannung, Anschmiegen, die Äuglein reiben, Übererregtheit und Quengeln oder Schreien.

Wie viel Energie Babys dabei einsetzen, ist sehr unterschiedlich. Aber auch, was sie als Stress empfinden, ist von Kind zu Kind extrem verschieden. Jedes Baby bringt ein eigenes Temperament und ein eigenes emotionales Tempo mit. Gerade bei Babys, deren Gemütszustand schnell kippt, haben es Eltern schwerer, rechtzeitig und adäquat zu reagieren. Es gibt sie wirklich: die »difficult« und die »easy« Babys – aber sie sind kein Resultat der elterlichen Fähigkeiten. Gerade Eltern, die nach einem »pflegeleichten« Baby ein weiteres Kind mit sehr hohen Bedürfnissen erleben, machen in der Regel »nichts anders«. Aber das, was für das erste Kind passte, ist für das nächste Kind zu wenig oder unpassend.

Wir setzen die Zuschreibungen hier bewusst in Anführungszeichen, denn das Labeln von Babys macht in der Regel die Situation nicht besser. Den Eltern von sogenannten »Anfängerbabys« unterstellt man damit, dass sie vor lauter Langeweile Fotoalben erstellen. Den Eltern von »Schreibabys« hingegen, dass sie den Babyalltag nur als stressvoll und nahezu glücklos empfinden. Und nichts davon stimmt.

Untröstlich weinende Babys

Es ist deshalb ein wenig müßig, darüber zu diskutieren, ob und wann ein Baby ein »Schreikind« oder ein »Highneed-Baby« ist. Auch die zuweilen immer noch eingesetzte Dreierregel nach Morris Wessel ist kein wirklicher Anhaltspunkt. Diese besagt, dass ein »Schreibaby« mehr als drei Stunden über drei Tage in der Woche und über drei Wochen hinweg schreit. Als überforderte Eltern müsst ihr natürlich nicht drei Wochen auf Unterstützung – z. B. in einer Schreiambulanz – warten, nur um zunächst irgendwelche Definitionen zu erfüllen.

Entscheidend ist vor allem, wie es euch Eltern aktuell mit der herausfordernden Situation geht – aber auch, wie realistisch ihr das Babyweinen eingeschätzt habt. Denn nicht jedes Weinen (das uns oft unerklärlich ist) ist therapiebedürftig oder verlangt nur nach dem richtigen »Life-Hack«. An dieser Stelle bringt jede Familie individuelle Ressourcen und sie prägende Erfahrungen mit. Wie gut wir ein Kind in seinen Emotionen und Bedürfnissen begleiten können, hängt maßgeblich davon ab, wie gut wir selbst aufgestellt sind.

Übermüdung, Schmerzen oder seelischer Kummer wirken sich auf die Feinfühligkeit gegenüber unseren Kindern aus.

Checkliste, wenn dein Baby akut und untröstlich weint

- **Ist dein Baby müde oder überreizt?** Versuche, eine reizärmere Umgebung zu schaffen und es ggf. in den Schlaf zu begleiten.
- **Hat dein Baby Hunger?** Auch wenn Stillen und Füttern nach Bedarf den meisten Eltern bekannt ist, denkt man manchmal nicht daran, wenn ein Baby nach 20 Minuten erneut stillen möchte. Doch Muttermilch hat nur eine kurze Verweildauer im Magen.
- **Muss dein Baby ausscheiden?** Unruhe oder Weinen beim Stillen können ein Ausscheidungsbedürfnis anzeigen. Halte dein Baby dann ab (siehe den Abschnitt »Windelfrei und Abhalten« im Kapitel »Pflege und Zuwendung«).

- **Stört oder drückt etwas?** Neben der vollen Windel können auch Knöpfe oder Etiketten an der Kleidung stören oder eine Position unangenehm sein.
- **Braucht dein Baby mehr Halt?** Zu viel Weite kann gerade kleine Babys überfordern. Geborgene Enge (z. B. durch sanftes Pucken, s. den Kasten dazu im Abschnitt »Was dein Baby braucht« im Kapitel »Vorfreude und Vorbereitungen«) und Begrenzung (z. B. Handtuchrolle an den Füßen) können helfen.
- **Ist dein Baby überfordert?** Das kann es durchaus durch die eigene schnelle Entwicklung sein, aber auch durch zu viel Spielzeug bzw. optische und akustische Eindrücke.
- **Ist dein Baby frustriert?** Auch das gehört zu Entwicklungsphasen dazu. Üben und Ausprobieren können sehr anstrengend und durchaus frustrierend sein.
- **Kann eine körperliche Ursache ausgeschlossen werden?** Manchmal bahnt sich ein Infekt an oder dein Kind hat Beschwerden beim Zahnen oder vielleicht auch nach einer Impfung. Wenn das Schreien schrill oder anders auffällig oder von weiteren Symptomen begleitet ist, sollten Kinderarzt oder Hebamme (bei Stillproblemen) natürlich abklären, ob ein körperliches Problem oder eine Gedeihstörung vorliegt.
- **Will dein Baby erzählen?** Manchmal ist das untröstliche Weinen auch einfach das Erzählen des Kindes, so wie wir uns über einen harten Arbeitstag bei unserem Partner ausheulen. Vielleicht war eure gemeinsame Geburtsreise anstrengend oder auch nur der heutige Tag? Gib deinem Kind körperlichen Halt und Raum zum »Erzählen«.

Mythos Dreimonatskoliken

Oft wird bei Babys wahlweise das Zahnen oder das Bauchweh für alles verantwortlich gemacht. Und natürlich können besonders unruhige Phasen damit in Verbindung gebracht werden, aber allein die Diagnose »Dreimonatskoliken« wird dem Geschehen oftmals nicht gerecht.

Unter die *Trimenonkoliken* genannten Beschwerden fällt alles: von Blähungen bis zu einem von Bauchweh geplagten laut schreienden Baby. Bereits 1954 beschrieb der englische Kinderarzt Ronald Illingworth diese rhythmisch auftretenden und unstillbaren Schreiphasen bei Säuglingen ohne direkt erkennbaren Grund in den ersten drei Monaten. Es liegen dabei keine Unverträglichkeiten oder organischen Probleme vor.

Als Ursache werden die anfänglichen Umstellungsprozesse bei der Verdauung im Magen-Darm-Trakt vermutet. Wirklich belegt ist das nicht. Typische Symptome sind ein gespannter Bauch, das Anziehen der Beinchen und eben das untröstliche Weinen des Babys.

Der vor der Geburt recht unbelastete Magen-Darm-Trakt des Babys muss sich tatsächlich zunächst an seine neuen Aufgaben gewöhnen. Diese Nachreifung des Organsystems beginnt unmittelbar nach der Geburt. Bakterien besiedeln den Darm, was die physiologischen Prozesse der Darmperistaltik anregt. Die Produktion der Verdauungssekrete setzt zeitgleich ein. Dies bewirkt, dass ein Baby bereits am ersten Lebenstag Stuhl ausscheidet. Durch die danach täglich steigenden Nahrungsmengen wird der Magen-Darm-Trakt weiter herausgefordert.

Während manche Kinder entspannt herumpupsen, sieht man anderen die »Qualen der Verdauung« regelrecht an. Oder sie schreien und weinen eben vermehrt. Es gibt diverse Tipps, die den Umgang mit den »Dreimonatskoliken« erleichtern können. Manchmal hilft dabei aber auch eigentlich nur das gute Gefühl, als Eltern etwas tun zu können. Probiert also aus, was für euer Baby passen könnte.

Probleme bei der Nahrungsaufnahme, der Ausscheidung, bei der Gewichtsentwicklung sowie erhöhte Körpertemperatur, Erbrechen, Appetitlosigkeit, auffallende Blässe, Schlappheit oder Blut im Stuhl sollten immer ärztlich abgeklärt werden. Lang anhaltendes oder schrilles Schreien kann typischerweise bei sehr seltenen Einstülpungen des Darms (Invaginationen, selten beobachtet etwa nach Schluckimpfungen gegen das Rotavirus) oder Hernien (Eingeweidebruch, meist an der Leiste) auftreten. Das sind dann Fälle für den Kinderarzt mit dringendem Handlungsbedarf.

Das hilft bei »Dreimonatskoliken«

- **Wohldosierte Wärme** (Vorsicht: Zu heiße Kirschkernkissen können zu Verbrennungen führen!) entpannt den Bauch.
- Wenn Berührung angenehm ist, kann sanft **im Uhrzeigersinn um den Nabel herum massiert** werden. Fenchel, Kümmel und Majoran sind die klassischen unterstützenden ätherischen Öle in den »Bäuchleinöl«-Rezepturen.

- **Weder Stilldiäten noch zeitliche Einschränkungen sind bei Bauchweh hilfreich.** Ganz im Gegenteil: Man würde dem Baby eine gute Regulationsmöglichkeit vorenthalten, weil das Stillen entspannt. Das »Frische-Milch-auf-alte-Milch-Märchen« hat keinerlei Evidenz. Ebenso wie der prophylaktische **Verzicht der Stillenden auf bestimmte Lebensmittel.** Einzig für Kuhmilch wurde nachgewiesen, dass bis zu 15 Prozent der »Kolik-Kinder« eine Unverträglichkeit auf das in die Muttermilch aus Kuhmilch übergegangene Fremdeiweiß haben. Du kannst es einfach testen, ob das Weglassen von Kuhmilchprodukten eine Besserung bringt.

- **Fliegergriff** (das Baby liegt bäuchlings auf deinem Unterarm), Tragen, Wippen auf dem Gymnastikball … probiere es aus. Aber auch hier gilt, dass weniger oft mehr ist. Das hektische Ausprobieren diverser möglicherweise lindernder Maßnahmen führt eventuell zu noch mehr Unruhe durch eine Reizüberflutung. Wähle am besten eine Beruhigungsstrategie, die dir selbst auch hilft, in deiner Mitte zu bleiben.
- Auch bei **Arzneien** wie Tropfen, Zäpfchen und anderen diversen Mittelchen gibt es nicht *das* eine Wundermittel, das verlässlich immer hilft. Gehe also auch hier mit Bedacht vor und lass dich von medizinischem Fachpersonal bei Auswahl und Dosierung beraten.

Krisen: Wenn alles zu viel wird

Kinder durchs Leben zu begleiten ist die wohl schönste und gleichzeitig auch die herausforderndste Aufgabe. Sie ist nicht nur mit sehr hoher Verantwortung verbunden, sondern oft emotional völlig überfordernd. Ein solches Wechselbad der Gefühle erlebt man sonst wohl in kaum einem Job. Wir versuchen es alle, so gut wie möglich zu machen, und kommen doch immer wieder an unsere eigenen Grenzen. Und genau die sollten Eltern gut im Blick behalten. Die elterliche Kraft und die persönlichen Belastungsgrenzen sind nicht verhandelbar.

Wenn dich der Schlafmangel gerade umhaut, nützt es überhaupt nichts, wenn die andere Mutter in der Stillgruppe dir erzählt, dass sie quasi ohne Schlaf existieren und dabei noch lächeln kann. Schau auf dich, denn dein Baby braucht *dich.*

Und es vertraut dir und darauf, dass du gut für dich sorgst. Eltern, die frühzeitig über ihre Not sprechen und um Hilfe bitten, sind großartig. Für sie selbst dagegen fühlt es sich nicht selten wie ein Versagen an, weil sie es allein nicht »hinbekommen«.

Doch das Kinder-beim-Großwerden-Begleiten ist nicht als solitäre Aufgabe von ein oder zwei Menschen gedacht. Der inzwischen leicht abgenudelt klingende Spruch »Es braucht ein Dorf, um ein Kind großzuziehen« ist inhaltlich immer noch so richtig wie wahr. Idealerweise hätten wir dieses Dorf schon, bevor wir in die Überforderung kommen. Aber die Realität ist nun mal eine andere. Und nicht mal in Krisenmomenten haben alle Eltern die Familienmitglieder oder Freunde, die dann *wirklich* hilfreich sind.

Es ist also sehr verantwortungsvoll, zu schauen und zu fragen, welche Unterstützungsangebote es zusätzlich gibt. Deine Hebamme ist eine passende Ansprechpartnerin, der Kinderarzt und oft auch die Babykursleiterin. Diese Menschen aus deinem Kiez haben meist regionale Kontakte und Netzwerke. Darüber hinaus gibt es überregionale Angebote, und auch online geht oft mehr, als man so denkt. Denn der erste Schritt ist, dass einem jemand zuhört und anerkennt, was man gerade erlebt und leistet. In einem zweiten Schritt wird dann zusammen mit den Eltern eine passende Lösung oder unmittelbare Unterstützung vor Ort gesucht.

Das bundesweite »Babylotsen-Projekt« in Geburtskliniken und Arztpraxen ist ein solches Präventionsprogramm, das sich um Kinderschutz und frühe Gesundheitsförderung von Kindern kümmert. Die Babylotsen vermitteln passende Hilfsangebote. Weitere Informationen unter www.seeyou-hamburg.de/.

Sogenannte »Schreibaby-Ambulanzen« unterstützen Eltern von Babys und Kleinkindern (meist bis 3 Jahre) mit Regulationsstörungen.

Die Hebammenhilfe im Wochenbett kann über zwölf Wochen hinaus mittels einer ärztlichen Anordnung verlängert werden. Familienhebammen betreuen sogar bis zum Ende des zwölften Lebensmonats des Kindes (Näheres dazu im Kapitel »Ankommen« im Unterkapitel »Hilfen bei Grenzen und Krisen«).

Nicht zu unterschätzen ist auch der Austausch mit anderen Eltern in ähnlichen Situationen. In allen Formaten und auf allen Kanälen gibt es solche Selbsthilfegruppen – analog und digital. In der Regel werden sie von einer Fachkraft geleitet oder moderiert. Das stellt sicher, dass Informationen von anderen dich nicht noch mehr verunsichern, sondern fachlich eingeordnet werden können.

Wenn die Wut kommt

Manchmal erwischt Eltern die Überforderung so unmittelbar, dass sie selbst dem gewünschtesten Wunschkind gegenüber Aggressionen verspüren. Dieses Gefühl darf da sein.

Ein Baby nicht beruhigen zu können, kann ein Wutgefühl auslösen. Wichtig ist nur, dass dieses so kanalisiert wird, dass kein Kind dabei zu Schaden kommt. Wie schon erwähnt, setzt Stress (Schlafmangel, fehlende Erholungspausen, Nichterfüllen der grundlegendsten Bedürfnisse …) die Feinfühligkeit dem Kind gegenüber massiv herab. Dabei können Emotionen entstehen, die wir Eltern uns nie zuvor hätten ausmalen können. Und für die es oft eine große Scham gibt, weshalb wenig darüber gesprochen wird. Doch es ist wichtig, als Eltern darüber Bescheid zu wissen und sich *vorher* Notfallstrategien zu überlegen.

Den absolut tragischen Fällen, in denen Babys durch ein Schütteltrauma zu Schaden oder sogar ums Leben gekommen sind, geht in den meisten Fällen eine massive Überforderung der Eltern voraus. Durch die noch nicht stabile Muskulatur kann es selbst beim Schütteln ohne großen Kraftaufwand schnell zu schweren irreversiblen Schäden kommen, wenn Blutgefäße, die das Gehirn versorgen, verletzt werden.

Wenn Eltern das Gefühl von körperlicher Aggression gegenüber ihrem Kind verspüren, sollten sie es umgehend sicher ablegen und aus der Situation herausgehen – auch wenn das Baby weiter weint. Das Alleinlassen ist in dem Moment das deutlich kleinere Übel.

Das Boxen gegen ein Polster oder Kissen kann den ersten Druck rausnehmen. Wasser über den Puls oder den Kopf laufen lassen hilft ebenfalls. Ein großes Glas kaltes Wasser schluckweise zu trinken, kann dafür sorgen, den Parasympathikus wieder herunterzufahren und aus der Übererregung herauszukommen.

Versuche, so schnell wie möglich Hilfe zu holen – klingle bei der Nachbarin oder ruf jemanden an. Jemand, der sich ohne große Fragen und Worte um dein Kind kümmert, bis du dich wieder stabilisiert hast.

Genau wie wir als Eltern die Feinzeichen unseres Babys lesen lernen müssen, sollten wir auch gut auf *unsere* Zeichen achten. Einem solchen wie hier beschriebenen Extremzustand der Überforderung geht meist eine Reihe von Überlastungen voraus. Die totale Erschöpfung kommt in der Regel nicht von heute auf morgen. Nehmt also jeden Tag ebenso aufmerksam, wie ihr auf euer Kind achtet, wahr, wie es euch gerade als Eltern bzw. generell geht.

Gut getragen

Als Hebammen, die schon lange im Beruf sind, kennen wir immer noch die »Kinderwagen-oder-Tragetuch«-Diskussion aus Geburtsvorbereitungskursen. Heute muss man kein leidenschaftliches Plädoyer mehr für Tragehilfen halten, auch wenn die werdenden Eltern bereits 1000 Euro in den neuesten Kinderwagen gesteckt haben. Tragen hat sich etabliert und spätestens zur Halbzeit der Schwangerschaft haben die meisten Eltern irgendwo gehört oder gelesen, dass Babys Traglinge sind.

Tragen – geborgen und gesund

Tragen ist praktisch und ermöglicht einen Elternalltag mit freien Händen. An manchen Tagen ist es die Rettung und sorgt dafür, dass man es immerhin schafft, sich zwischendurch was zu essen zu machen oder einkaufen zu gehen. Glaubt einem kein Mensch, aber ja, man kann auch mit Kind im Tuch auf die Toilette gehen. Vergiss nur dann nicht, längere Tuchenden am Rücken hochzustecken.

Wer schon mal ein Baby auf dem Arm jongliert hat, während man mit der anderen Hand den Kinderwagen schiebt, wird wissen, wie wertvoll freie Hände im Babyalltag sind. Mit Kind in der Trage kommst du an Orte, die der Kinderwagen nicht schafft. Das kann der zu schmale Weg in den Gängen eines Geschäftes, die Treppe beim Arzt oder einfach der öffentliche Nahverkehr sein, der leider oftmals nicht besonders kinderwagen- und elternfreundlich ist.

Tragen gibt deinem Baby Nähe und Geborgenheit. Es ist neben dem Stillen das Beruhigungsmittel schlechthin. Gerade für Babys mit viel Gebärmutterheimweh kann das Tragen die Bauchzeit noch etwas verlängern. Das Gute am Tragen ist, dass es anders als das Stillen nicht an eine Person gebunden ist. Wenn im Wochenbett die Mütter noch Liegezeit haben, ist meist das Tragen das »Stillen der Väter«. Ohnehin haben Mütter mit praller Brust während der Phase der Milchbildung und mit sehr schonungsbedürftigem Beckenboden noch nicht das Bedürfnis, sich Tuch oder Trage umzubinden.

Tragen fördert die Entwicklung auf vielen Ebenen: Es werden dabei alle Sinne sowie das Gleichgewichtsgefühl deines Babys angeregt, welches auf deinen Gang und dein Hin- und Herwenden mit kleinen Ausgleichsbewegungen reagiert. Schon in der Schwangerschaft ist das der Fall und beim Tragen wird es natürlicherweise fortgesetzt. Dies fördert den Aufbau der Muskulatur, mit der dein Baby nach und nach in die Aufrichtung und Fortbewegung kommen wird. Du wirst im Laufe der Babyzeit merken, wie dein Kind immer mehr »mithilft«, wenn ihr euch tragend durch den Tag bewegt.

Gesundheitlich wirkt sich das Tragen prophylaktisch gegen den sogenannten Schiefkopf oder auch die lagerungsbedingte Abflachung des Hinterkopfes (Plagiozephalie, s. nachfolgenden Kasten) aus. Beim Tragen ist die Schwerkraftbelastung auf den Schädel deutlich geringer. Oder wie der Kinderarzt und Wissenschaftler Dr. Herbert Renz-Polster so passend dazu schreibt: »Die Plagiozephalie ist in manchen Kulturen und Subkulturen, die ihre Babys ebenfalls auf dem Rücken zum Schlafen legen, praktisch unbekannt. Man muss auf einem La-Leche-Liga-Kongress lange suchen, bis man ein Baby mit plattem Kopf entdeckt, dasselbe gilt für viele traditionelle afrikanische Kulturen.«

Natürlich entwickeln nicht im Umkehrschluss alle »Schiebekinder« eine lagerungsbedingte und behandlungsbedürftige Plagiozephalie. Du wirst jedoch nicht so viel über regelmäßige Lagewechsel zur Prävention nachdenken müssen, wenn du durch das Tragen dein Baby ohnehin ständig von der Horizontalen in die Vertikale bringst.

Durch die Anhock-Spreizhaltung beim Tragen wird außerdem die gesunde Ausreifung der Hüfte gefördert. Wie das miteinander zusammenhängt, kannst du im Kapitel »Gesund und munter« unter dem Stichwort »Hüftdysplasie« nachlesen.

Als Eltern werdet ihr euer Kind tragend noch besser kennenlernen, weil ihr seine Signale frühzeitig wahrnehmt. Tragend spürt und seht ihr unmittelbar, wenn das Kind wach wird, Hunger anzeigt oder andere Bedürfnisse äußert. Die Kommunikation findet sozusagen auf Augenhöhe statt. Es macht wirklich Spaß, mit seinem Tragekind die Welt aus einer gemeinsamen Perspektive zu entdecken.

Nach dieser Lobhudelei auf das Tragen müssten doch jetzt mal die nicht so positiven Fakten kommen. Doch da gibt es wenig: Dass du dein Baby nicht durch zu viel Nähe und Geborgenheit zum Tyrannen machst, kannst du an vielen Stellen in diesem Buch begründet nachlesen. Es gibt keine Überdosis Liebe und keine Überdosis Tragen, wenn du gut auf die Bedürfnisse deines Babys achtest.

Die immer mal wieder aufkommende Furcht, dass das Tragekind möglicherweise nicht genug Luft bekomme, ist sogar durch eine Studie widerlegt.

Und was ist mit Rückenschmerzen bei den Eltern, gerade wenn das Kind immer größer und schwerer wird? Ein Neugeborenes hat ein sehr überschaubares Gewicht, das man gut gebunden kaum spürt. Natürlich wird es nach und nach schwerer. Aber genauso wird sich Tragetag für Tragetag deine Muskulatur entsprechend aufbauen. Ein wirklicher Vorteil ist, dass du mit gut sitzender Trage oder Tuch automatisch in eine aufrechte Haltung kommst – laufend, stehend und auch sitzend. Darüber freuen sich Rücken und Beckenboden gleichermaßen.

Alle Eltern nehmen ihre Babys und kleinen Kinder immer wieder und wieder auf den Arm. Oftmals werden dabei nicht besonders rückenfreundliche Posen eingenommen und das Gewicht des Kindes sehr ungleichmäßig verteilt. Tragen ist also ein Thema, das alle Eltern angeht. Tragehilfen machen das Tragen einfach nur ein bisschen leichter.

Plagiozephalie

Babys kommen mit weichen Schädelknochen auf die Welt, die noch nicht fest miteinander verwachsen sind. Sie sind mit flexiblen Schädelnähten und Fontanellen miteinander verbunden. So kann das Gehirn reifen und wachsen. Einige Babys haben ein sehr asymmetrisches Köpfchen, wenn sie auf die Welt kommen. Oft ist die Lage in der Gebärmutter dafür verantwortlich, so gut wie nie die Geburt selbst (auch nicht, wenn eine Saugglocke beteiligt war). Viele dieser Asymmetrien mildern sich im Laufe der ersten Wochen und verschwinden völlig.

Manchmal manifestiert sich ein schiefes Köpfchen aber auch im Laufe der Zeit oder die Symptomatik verstärkt sich. Oft gehen damit Asymmetrien des restlichen Körpers, etwa der Halswirbelsäule und des Muskeltonus des Körpers, einher. Sollte euch also eine ausgeprägte Asymmetrie auffallen, solltet ihr das gut von eurer Kinderärztin anschauen lassen. Oft sieht man sie sehr deutlich, wenn man von oben auf das Köpfchen heruntersieht. Achte auf den Stand der Öhrchen und der Wölbung der Stirn. Eine ausgeprägte Asymmetrie sollte man immer physiotherapeutisch behandeln, da sie sich verstärken und im Laufe der Kindheit Probleme bereiten kann. Früh genug behandelt, reicht eine Kombination von guter Physio zusammen mit bestimmten Lagerungen meistens aus. Nur selten muss ein spezieller Helm angepasst werden. Osteopathie ist ebenfalls sehr hilfreich, reicht bei ausgeprägtem schiefem Köpfchen aber nicht aus.
Manchmal entsteht eine Plagiozephalie durch die Lage nach der Geburt, vorwiegend bei Kindern, die nur auf dem Rücken liegen und wenig oder gar nicht getragen werden. Manchmal ist dann (aber auch nur dann!) ein spezielles Lagerungskissen hilfreich, z.B. das *BabyDorm* (s. den Kasten »Tummy-Time« im folgenden Kapitel »Zwischen Zuwendung und Förderwahn«).

Aber wenn mein Baby das Tragen nicht mag?

Dass ein Baby das Tragen ablehnt, kommt eher bei schon älteren Babys vor, die zuvor kaum oder gar nicht getragen worden sind. Ist das Kind schon ein paar Monate alt und motorisch recht aktiv, kann die nun erlebte Enge der Tragehilfe irritierend wirken und lautstark abgelehnt werden. Kurz nach der Geburt hingegen erinnert sich dein Baby noch an den Kontakt der Gebärmutterwände. Trau dich ruhig, es einige weitere Male achtsam zu probieren. Achte darauf, einen entspannten Moment des Tages dafür zu wählen, und prüfe, ob die gewählte Trage- oder Bindeweise für eure Situation passt. Manche Kinder finden nur das Ins-Tuch-Packen blöd und beruhigen sich, sobald du dich in Bewegung setzt. Vielleicht passt ein Ring Sling besser für dein Baby, dessen Anlegen ist stressfreier, weil es schneller geht. Laufe oder tanze mit deinem Baby im Tuch und bleib in der Kommunikation mit ihm, sodass in dieser für das Kind neuen Situation der Fokus nicht nur auf der Trage selbst liegt. Übergehe aber dabei nicht das vom Baby geäußerte Unbehagen.

Wenn sich dein Baby überhaupt nicht vom Tragen überzeugen lässt, ist das auch okay. Denn nicht das Abhaken einzelner »Bonding-Punkte« auf der Baby-To-do-Liste macht uns zu guten Eltern, sondern dass wir aufmerksam und feinfühlig auf das Kind eingehen.

Wenn dein Baby schon in der Neugeborenzeit das Tragen ablehnt, überprüfe zunächst, ob die Trage drückt, Kleidung zwickt oder vielleicht die Beinchen überspreizt sind. Kannst du diese Gründe ausschließen, könnte ein körperliches Problem dahinterstecken, das dem Baby Unbehagen oder Schmerzen bereitet. Kommen vielleicht noch Stillprobleme und eine Seitenasymmetrie dazu, kann ein Besuch beim Osteopathen oder in einer kinderärztlichen bzw. physiotherapeutischen Praxis sinnvoll sein. Vielleicht machen Verspannungen oder Blockaden das Tragen unangenehm. Auch Kinder mit einer Neigung zum Überstrecken sind manchmal nicht glücklich damit, wenn das Tuch an Rücken und Kopf zu viel Widerstand bietet.

Bedenke natürlich auch die Klassikergründe für Babyweinen wie Hunger, volle Windel oder: Vielleicht ist es ihm einfach zu warm? Beim Tragen wird viel Körperwärme ausgetauscht. Das macht es gerade bei Minusgraden zur bevorzugten Babytransportmethode. Aber umgekehrt kann es manchmal auch einfach zu warm sein.

Wenn das längere Tragen dein Baby nicht von Anfang an begeistert, kannst du ihm kleine Tragehäppchen über den Tag verteilt anbieten. Genau wie beim Stillen jedes Baby seine Individualität mitbringt, gilt das ebenso fürs Tragen. Gemeinsam findet ihr am besten raus, welches Setting das passende ist. Lass dich bei Schwierigkeiten oder Fragen von deiner Hebamme oder einer Trageberaterin unterstützen.

Ein schon älteres Baby, das bisher das Tragen liebte, kann anfangen, es vor allem in Wachzeiten abzulehnen, wenn es mobiler wird. Vielleicht möchte es dann nur noch in Schlafsituationen getragen werden. Das ist ein bisschen so wie beim Abstillen. Auch beim »Abtragen« wird die Tragezeit nach und nach seltener und kürzer werden.

Tragen – wie und womit?

Es ist wirklich eine Herausforderung, in dem mittlerweile riesigen Tragedschungel die passende Tragehilfe zu finden. Eine Trageberatung ist eine super Sache, die wir sehr empfehlen. Aber nicht in allen Ecken des Landes gibt es kleine, feine Tragefachgeschäfte mit kompetenter Beratung oder die Option, dass eine Trageberaterin mit zehn verschiedenen Tragen im Gepäck zum Hausbesuch kommt. Außerdem ist eine solche Beratung auch eine Budgetfrage – oder ein schönes Geschenk zur Geburt.

Egal ob Tragetuch oder Traghilfe: Es gibt ein paar Trageregeln, die für alle gleichermaßen gilt. Wenn du auf diese achtest, kannst du auch ohne Tragberatung schon recht gut einschätzen, ob eine Tragehilfe geeignet ist oder eher nicht. Denn es gibt keinen Tragehilfen-TÜV, der darauf achtet, wie das Kind darin sitzt. Geprüft werden Materialien und die Festigkeit von Schnallen sowie Warnhinweise für den Nutzer. Aber ob das Baby darin hängt wie ein Schluck Wasser in der Kurve, wird dabei leider nicht beachtet. Also gibt es Tragen auf dem Markt, die nicht nur den Eltern Rückenschmerzen bereiten können, sondern auch dem Baby nicht wirklich guttun.

Praxisanwendung: Trage-Rules

- Babys sind von Geburt an Traglinge. Sie erwarten anders als kurz nach der Geburt bereits laufende Säugetierkinder, dass sie von ihren Eltern tragend mitgenommen werden. Wenn man sie hochnimmt, gehen die Beinchen in die sogenannte **Anhock-Spreizhaltung.** Die Haltung mit angezogenen Beinchen wird von einer guten Bindetechnik oder Tragehilfe unterstützt – egal, ob du dein Baby vor deinem Bauch, auf dem Rücken oder der Hüfte trägst. Der Tuch- oder Tragesackteil zwischen den Beinen muss von Kniekehle zu Kniekehle gehen. Der Po deines Babys muss gut »eingebeutelt« sein. In dieser auch *M-Position* genannten Haltung sind die Beinchen deines Babys circa auf Nabelhöhe angehockt und leicht nach außen hin gespreizt. Während sich beim Tuch immer die Breite zwischen den Beinen justieren lässt, sind manche Fertigtragen hier recht unflexibel. Wähle also lieber ein Modell mit verstellbarer Stegbreite.

- Die Tragehilfe oder das Tuch muss den **Kopf des Babys gut stützen,** solange ein kleineres Baby seinen Kopf noch nicht selbst halten kann. Das gilt auch, wenn ein älteres Kind beim Schlafen keine Kopfkontrolle hat. Die richtige Höhe hat dein Baby, wenn du es bequem auf den Kopf küssen kannst, weshalb in der Tragszene auch von der sogenannten *Kopfkusshöhe* gesprochen wird. Wenn dein Baby zu tief gebunden ist, ist das weder für den Tragling noch für den Tragenden angenehm.

- Babys sollten **nicht mit Blick nach vorne** getragen werden, sondern dem Tragenden zugewandt. Ja, ja, wir wissen, dass man das immer wieder in Zeitschriften und auch auf den Straßen sieht, empfehlen es aber aus mehreren Gründen nicht. Die dabei entstehende Haltung ist eher **unphysiologisch für die Hüfte und den Rücken des Babys.** Außerdem kann sie Druck auf den Genitalbereich des Babys ausüben. Doch auch für den Tragenden ist diese Haltung nicht günstig, weil das Kind eben nicht körpernah entsprechend der physiologischen Rundung des Babyrückens getragen wird. Dazu kommt, dass das Baby einer **permanenten Reizüberflutung** ausgesetzt ist, der es sich nicht entziehen kann. Im Moment des Tragens wirken viele Kinder scheinbar beruhigt, sprich, sie weinen nicht. Aber entspannt sind sie eben nicht. Besonders in der vollen Einkaufsstraße oder auf dem Wochenmarkt ist der Input für das Baby viel zu hoch. Die »Quittung« kommt dann gern am Abend, wenn die vielen Reize verarbeitet werden müssen. Auch wenn mittlerweile einige Anbieter der »Alle Blickrichtungen-Tragen« dazuschreiben, dass die Tragezeit für die Blick-nach-vorne-Variante zeitlich begrenzt werden sollte und das Baby ein bestimmtes Alter haben sollte – wir empfehlen es nicht.

- Ein Baby, das »mehr sehen« möchte, kann **prima seitlich auf der Hüfte oder auf dem Rücken getragen** werden. Hier hat es einen größeren Überblick, kann sich aber jederzeit rückversichernd bei dir ankuscheln.

Fertigtrage oder Hybridlösung?

Der Vorteil einer guten Komfortrage ist, dass sie sich durch die Voreinstellung von Trägerlänge und Gurtweite noch schneller an- und ablegen lässt als ein gebundenes Tragetuch. Die Tragen können genau wie ein Tuch je nach Größe des Kindes mehrere Jahre genutzt werden bzw. es gibt sie in Baby- und Kleinkindgrößen (Toddler Size). Denn man kann sicher sein, dass auch ein selbstständig laufendes Kind noch genug Zeit auf dem Arm oder wahlweise den (irgendwann schmerzenden) Schultern verbringen wird.

Bei den Fertigtragen gibt es verschiedene Modelle, sie unterscheiden sich von Hersteller zu Hersteller. Die besten Erfahrungen haben wir mit Hybridlösungen (Halfbuckle) gemacht, also mit Modellen, die Elemente der Komforttrage (Beckengurt zum Zuklicken) und des Tragetuchs (über den Schultern wie ein Tuch gebunden) in sich vereinen. Diese sind gut auf Baby und Tragenden anzupassen und trotzdem einfach und schnell umgebunden.

Halfbuckle, Fullbuckle, Mei Tei, Wrap Conversion, Onbuhimo oder eben Fertigtrage sind Bezeichnungen für Tragemodelle, die mehr oder weniger Bindekompetenz benötigen – Schlagworte, nach denen du gerne googeln kannst, wenn du Interesse und Zeit hast. Oder du fragst eine Trageberaterin. Die im Anhang aufgeführten Hersteller bieten neben Tüchern auch entsprechende Tragen an.

Tragetuch – der Klassiker

Mit einem (ausreichend langen) Tragetuch habt ihr die meisten Trageoptionen und die besten Voraussetzungen, eltern- und babykörperfreundlich zu tragen. Es ist wirklich viel weniger kompliziert, als es möglicherweise zu Beginn aussieht. Vielleicht kann euch eure Hebamme die möglichen Trageoptionen und das korrekte Binden zeigen oder ihr nutzt die mittlerweile zahlreichen guten Videos auf YouTube, vielleicht engagiert ihr eine Trageberaterin. Suchbegriffe hierfür sind z. B.: »Wickelkreuztrage«, »Kängurutrage«, »Hüftsitz« oder »Rucksacktrage«. Es gibt Trageweisen, die von Geburt an gebunden werden können. Manche auch erst in der späteren Tragezeit, wenn das Baby schon eine gewisse eigene Stabilität hat. Ein All-Time-Favourite ist für viele Eltern die Wickelkreuztrage, aber auch hier gilt: Ausprobieren!

Praxisanwendung: ein paar Basics zum Tragetuch

- Es gibt dünne und dicke Tragetücher. Für Trageneulinge ist ein mitteldickes **Tuch (entspricht etwa einem Flächengewicht von ca. 200–250 g/m²)** gut geeignet. Es lässt sich von Anfängern und erfahrenen Trageeltern gleichermaßen gut binden.

- **Elastische Tragetücher aus Jersey-Stoff,** die besonders weich und in alle Richtungen nachgiebig sind, eignen sich für Früh- und Neugeborene, also für die erste Zeit und auch für den Sommer, weil sie recht dünn sind. Sie sind einfacher zu binden als gewebte Tücher und müssen nicht jedes Mal neu gebunden werden. Wenn das Tuch aber nicht ganz optimal gebunden ist, hängt es recht schnell durch und sollte dann unbedingt neu gebunden werden. Elastische Tragetücher sind nur bis zu einem Gewicht des Babys von circa 7 bis 9 Kilogramm verwendbar.

- **Gewebte Tragetücher** sind ebenfalls bereits für Neugeborene und Frühchen geeignet. Sie passen sich immer dem Alter an und können auch noch im Kleinkindalter verwendet werden. Sie müssen jedes Mal neu gebunden werden.

- Die meisten Tragetücher haben einen **markierten Mittelpunkt und spitzer zulaufende Enden.** Dadurch lassen sie sich einfacher binden und zuknoten.

- Besonders bei Tragetüchern ist es wichtig, dass die **Baumwolle aus kontrolliert biologischem Anbau kommt und schadstofffrei gefärbt** wurde, denn dein Baby ist mit ihr in engem Kontakt. Es wird es lieben, auf dem Tuch- oder Tragenrand herumzukauen.

- Ein Tragetuch ist **vielseitig verwendbar:** Während oder auch jenseits der Babyzeit ist es immer gut als schnelle Wickelunterlage, als Picknickdecke oder zum Einkuscheln, wenn es mal unerwartet kühler wird. Später bauen Kinder gerne Höhlen oder Hängematten damit. Da ein gut verarbeitetes Tragetuch **bei guter Pflege quasi unkaputtbar** ist, kannst du damit auch noch Kind zwei, drei, vier oder auch irgendwann die Enkelkinder tragen.

- Beachte bei der **Pflege des Tragetuchs** unbedingt die Empfehlung des Herstellers: Die meisten Tragetücher sind aus Baumwolle oder Materialien wie Hanf hergestellt und können sogar bei 60 °C in der Maschine in einem schonenden Waschgang gewaschen werden. Etwas aufwendiger in der Pflege sind Tücher mit einem Seiden- oder Wollanteil. Diese vertragen meist nur das Wollwaschprogramm oder Handwäsche.

- Ein Tragetuch muss **eher selten und nur bei Bedarf gewaschen** werden, z. B. nach einem Windelunfall.

- Im Anhang findest du unsere **kleine, persönliche Liste mit Bezugsquellen für Tragetücher und Tragehilfen.**

Trage to go – der Ring Sling

Auch wenn dir mit der Zeit das Tragetuch-Binden wirklich fix von der Hand gehen wird, ist der Ring Sling eine schnelle Alternative ohne Binden, gerade dann, wenn du deinen kleinen Tragling öfter rein- und raussetzen musst. Das ist später bei schon etwas größeren Babys der Fall, bei denen sich das Tragebedürfnis und das Bedürfnis, die Umgebung selbst zu erkunden, schnell abwechseln können.

Der Sling ist ein kurzes, ca. 1,80 m langes Tragetuch, das an einem Ende zwei Ringe eingenäht hat, um die sich der Tuchstoff fächert. So kann das andere schräg zulaufende Ende wie bei einem Gürtel einfach entsprechend durch die Ringe geführt und festgezogen werden.

Das Tuch wird wie eine Schlinge sozusagen schräg über die Schulter getragen. Da anders als beim regulären Tuch das Gewicht des Kindes einseitiger verteilt wird und die Körperhaltung des Tragenden sich dadurch verändert, ist es eben eher die schnelle »to-go«-Variante. Für längere Spaziergänge sind andere Tragevarianten generell besser geeignet. Durch die geringere Größe lässt sich der Sling leicht im Kinderwagen oder in der Wickeltasche verstauen.

Im Sling kannst du dein Kind vom Neugeborenenalter bis weit in die Kleinkindzeit hinein tragen. Möglich ist das seitlich auf der Hüfte, vor dem Bauch oder auf dem Rücken. Die meisten Eltern bevorzugen die Hüftversion. Und auch neugierige Kinder mögen den Rundumblick in dieser Tragevariante.

Da das Gewicht im Sling nur auf einer Schulter lastet, ist es wichtig, darauf zu achten, dass die Stoffbahn gut verteilt auf der Schulter liegt und nicht als zusammengekruschelter Stoffstrang einschneidet. Auch die Hüfte des Tragenden wird meist unbewusst seitlich etwas herausgeschoben, was die Symmetrieachse verändert. Wechsle daher regelmäßig die Seiten, um zu verhindern, dass du eine nicht so rückenfreundliche Ausgleichshaltung einnimmst, die zu Verspannungen führen kann. Achte darauf, dass dein Baby gut und fest im Sling sitzt. Das entlastet deinen Körper und sorgt dafür, dass dein Kind nicht nach unten »durchrutscht.«

Stillen und Tragen – oder gleichzeitig

Wenn dein Baby unterwegs hungrig wird und ihr keine Gelegenheit habt, es euch irgendwo dafür bequem zu machen, kannst du dein Baby direkt in der Trage stillen. Lockere dafür zunächst die Schulterträger. Dann lockerst du den Hüftgurt etwas und lässt die Trage mit deinem Baby darin auf der Hüfte so weit nach unten rutschen, bis der Babymund ungefähr auf Brustwarzenhöhe ist. So kann dein Baby andocken und stillen, während du die gelockerte Trage um dein Kind herum festhältst.

Nach dem Stillen hebst du den Babypo etwas nach oben und bringst den Hüftgurt wieder auf die richtige Höhe. Hüftgurt und Schulterträger anpassen und festziehen. Fertig.

Tragekinder-Kleiderfragen

Durch den Austausch von Körperwärme hat es dein Baby wärmer als im Kinderwagen. Deshalb braucht es grob eine Schicht weniger.

Im Winter ist dein Tragebaby unter deiner Jacke am besten aufgehoben. Am Anfang passt eine weite Jacke oder die deines Partners. Wenn ihr Tragefans werdet, bewährt sich eine Jacke mit Trageeinsatz. Diese sind zwar meist so umbaubar, dass sie auch jenseits der Tragezeit nutzbar sind, aber eine recht teure Investition. Praktischer und günstiger ist da ein Jackeneinsatz, der sich mit diversen Reißverschlussoptionen an schon vorhandene Jacken andocken lässt.

Wollwalkanzüge mit langen Beinen und am besten Umschlagbündchen sind eine gute Option, wenn der Tragling nicht unter deine Jacke kann. Außerdem gibt es Tragecover aus wärmenden Materialien, die – an der Trage befestigt – dein Baby umhüllen.

Achte darauf, dass Hosen oder Leggins deines Traglings lang genug sind, damit die Beinchen nicht nackig werden, wenn sich durch die Haltung in der Trage die Hose nach oben hochzieht. In der kalten Jahreszeit sind Strumpfhosen zum Tragen super, achte aber darauf, dass das Füßchen nicht durch eine (zu kleine) Strumpfhose schienbeinwärts hochgezogen wird, sondern entspannt »hängen« kann. Hosen mit langen Umschlagbündchen z. B. von *Petit Cochon* sind praktisch in der Tragezeit und wachsen lange mit. Alternativ sind einfache Babystulpen eine gute Lösung. Achte bei Socken und Überschuhen darauf, dass diese nicht nur warm genug sind, sondern vor allem am Babyfuß bleiben. Kniestrümpfe und Überschuhe mit langem Bündchen sind ein Muss. Und natürlich ein wärmendes Mützchen.

Im Sommer darf dein Baby gern barfuß sein und Kleidung aus dünner Baumwolle, Musselinstoff oder einem temperaturausgleichenden Woll-Seide-Gemisch tragen, damit du und dein Baby nicht aneinander festklebt. Und natürlich den Sonnenhut nicht vergessen.

Gut geschoben

»Auch Schieben ist Lieben« heißt es so schön als Replik auf den in den sozialen Netzwerken häufig verwendeten Hashtag #tragenistliebe. Denn auch wenn Tragen schön und praktisch ist, sagt die Art und Weise, wie du dich mit deinem Baby fortbewegst, nichts über deine elterlichen Kompetenzen aus. Entscheidend ist, wie die Bedürfnisse deines Babys dabei beachtet werden. Für manche Babys ist der Kinderwagen – zumindest phasenweise – zu weit weg von Mama oder Papa. Für andere Babys oder andere Phasen ist es wiederum ein guter Platz, um wach oder schlafend geborgen durch die Welt geschoben zu werden. Neben den Kriterien, die ihr schon bei der Kinderwagenauswahl beachten solltet (siehe dazu das Kapitel »Vorfreude und Vorbereitungen«), sind beim Schieben einige wenige Dinge zu beachten.

Sehen gibt Sicherheit

Um entspannt die Welt entdecken zu können, braucht ein Baby vor allem das Gefühl von Sicherheit. Eltern sind der sichere Hafen. Sie sehen und erfüllen die Bedürfnisse des Babys, für die es allein noch nicht sorgen kann: Nähe, Pflege, Nahrung, Wärme und Geborgenheit. Auch wenn das Baby mehr und mehr den Raum und die Welt eigenständig erkundet, braucht es immer wieder die Rückversicherung, dass die Eltern da sind. Das gilt auch für Kleinkinder. Werden Kinder in einem Wagen so geschoben, dass sie ihre Bezugspersonen nicht sehen, ist es für die Kinder bis zu einem gewissen Alter so, als ob ihre Eltern in diesem Moment nicht existierten. Das Baby oder Kleinkind weiß nicht, dass Mama hinter dem Kinderwagen läuft und eigentlich ganz nah ist. Darum ist das Schieben in Blickrichtung der Eltern sinnvoll.

Erst wenn das Kind im »Zeigealter« ist, kann das Schieben mit Blick in die Welt passend sein. Das Kind kann sprachlich auf sich aufmerksam machen und die Eltern können darüber die Verbindung halten, selbst wenn sie nicht im Sichtfeld des Kindes sind.

Dazu kommt, dass durch das Schieben mit Blick nach vorn alle neuen Eindrücke ungefiltert auf das Kind einströmen. Was selbst uns manchmal beim Gang durch die volle Innenstadt zu viel ist, ist für das Kind unerträglich. Kinder sind zwar scheinbar »ruhiger« in der Blick-nach-vorne-Position. Die Kinder schalten sogar richtig ab, wenn die Überreizung zu groß wird. Sie sind dann aber nicht »ruhig«, weil sie so entspannt sind, sondern eher in einer Art Schutzmodus, in den Kinder gehen, wenn sie in zu großen Stress geraten. Das gilt auch, wenn auf das Weinen nicht reagiert wird. Wenn also ein zuvor schreiendes Kind im Kinderwagen einschläft, kann man das als ein Abschalten zum Selbstschutz verstehen. Dieses Überlebensprogramm ist evolutionsbiologisch noch immer sinnvoll. Das Baby weiß ja nicht, dass es warm und sicher in einem TÜV-geprüften Kinderwagen liegt und Mama oder Papa keine zwei Meter entfernt sind. In der Welt des Babys kann es sich anfühlen, als ob es »allein in der Höhle liegt und nicht weiß, wann der böse Bär um die Ecke kommt«.

Die emotionale Begleitung ist also auch beim Schieben wichtig für das Kind: Blickkontakt, Lächeln oder beruhigende Worte geben Sicherheit.

Idealerweise lässt sich also der Kinderwagen in der Buggyfunktion so einstellen, dass der Sitz in beide Richtungen montierbar ist, damit der Blickkontakt zum schiebenden Elternteil gegeben ist. Natürlich macht immer die Dosis die Überreizung. Wenn auf Reisen der Leihbuggy eben nur in eine Richtung funktioniert, ist das sicherlich weniger problematisch, als wenn der Wagen im Alltag jeden Tag zum Einsatz kommt.

Das Gleiche gilt für andere Baby-Fortbewegungsmittel wie Fahrradanhänger oder Lastenräder mit Babysitz: Je kleiner das Kind ist, desto mehr braucht es die sicht- und spürbare Nähe zu seiner vertrauten Bindungsperson.

Liegen oder sitzen?

Eltern fragen sich nicht nur beim Kinderwagen, sondern auch bei Hochstühlen und Autositzen, ab wann sie ihr Kind da hinein*setzen* dürfen. Die Antwort ist eigentlich ganz einfach: ab dem Zeitpunkt, an dem das Baby selbstständig sitzen kann. Die Realität ist aber oftmals eine andere, weil Autositze bestimmte Positionen vorgeben oder die Liegewanne längst zu klein für das sieben Monate alte Baby geworden ist.

Wenn also die erste einfache Regel nicht funktioniert, gilt es, sinnvolle Kompromisse zu finden – für Eltern und Kind.

Idealerweise lässt sich der Kinderwagen auch in der Buggyfuktion ganz flach zu einer Liegefläche umbauen. Oder man versucht, die Aufenthaltszeiten in der noch nicht ganz so idealen, halb sitzenden Position möglichst kurz zu halten.

Die »Noch-nicht-sitzen-können«-Phase kann natürlich auch tragend überbrückt werden. Zu frühes Hingesetzt-Werden tut der Haltung eines Babys nicht gut. Denn erst, wenn es sich aus dem Krabbeln heraus selbstständig hinsetzen kann, ist die für das Sitzen erforderliche motorische Entwicklung ausreichend abgeschlossen. Zusätzlich blockiert das zu frühe Hinsetzen den natürlichen Bewegungsdrang des Kindes. Es hat die Sitzposition nicht selbst eingenommen, weil es mit einer neuen Blickperspektive seine Neugierde befriedigen wollte, sondern wurde passiv ins Sitzen gebracht. Ein zu früh hingesetztes Kind kann sich zudem nicht selbstständig wieder aus dieser Position herausbringen, was ebenfalls dem natürlichen Bewegungsbedürfnis widerspricht.

Babyautositze, die sich in eine komplett liegende Position bringen lassen, gibt es leider nur sehr wenige. Natürlich ist es überhaupt keine Option, auf einen Autositz komplett zu verzichten, um Babys Rücken zu schonen. Aber es ist sinnvoll, es dann auch bei kurzen Fahrten zu belassen und die Babyschale nicht noch außerhalb des Autos als Transportmittel zu verwenden. Auf längeren Fahrten sollten genügend Pausen eingeplant werden – nicht nur für das Stillen, Füttern und/oder Wickeln, sondern auch zum Strampeln in der babyfreundlicheren Bauch- oder Rückenlage auf der Krabbeldecke.

Reisen mit Baby

Reisen gehört für die meisten von uns zu einem erfüllten Leben dazu und das soll sich auch mit Baby nicht ändern. Mit Reisen ist hier gar nicht unbedingt die monatelange Weltreise gemeint, sondern auch die Fahrt zu den eigenen Eltern oder zu Freunden übers Wochenende. Wir sind eine mobile Gesellschaft und wohnen nicht unbedingt mit den liebsten Menschen immer an einem Ort. Viele von uns erkunden zudem gerne die Welt oder stillen einfach ihr »Meerweh« mit der Fahrt an die Ostsee, wenn sie selbst dort nicht leben können.

Was mit Baby möglich ist, könnt ihr selbst festlegen. Während die eine Familie entspannt mit dem Kind um die Welt fliegen kann, ist für andere schon der Wochenendausflug zur Oma eine Herausforderung. Versuche herauszufinden, wo auf dieser Skala ihr euch befindet. Generell ist vieles mit Baby möglich. Wie gut ihr euch damit fühlt, ist aber verschieden.

Generell sind Babys kleine Gewohnheitstiere, die vertraute Strukturen mögen. Aber auch weltreisende Eltern geben dem Kind diese Vertrautheit: Das kuschelige Stillen, In-der-Trage-Einschlafen, die immer gleichen Abläufe beim Wickeln – all das gibt unterwegs genauso Beständigkeit. Die elterliche Nähe als Hauptfaktor für Geborgenheit funktioniert ortsunabhängig.

Herausfordernder kann der Weg zum Ziel sein. Verkehrsmittel wie Züge oder Fähren, die Bewegung zulassen, sind meist unkomplizierter – gerade bei Babys, die nicht gerne angeschnallt im Autositz sind. Im Pkw lässt sich wiederum Gepäck einfacher mitnehmen. Es besteht auch die Möglichkeit, Koffer vorab an den Urlaubsort zu schicken, denn man braucht definitiv freie Hände, wenn man mit kleinen Kindern reist. Nicht überall passt ein regulärer Kinderwagen hinein. Trage und/oder Reisebuggy sind hier oftmals die bessere Wahl.

Autositz – worauf geachtet werden muss

- **Babys und Kinder bis 12 Jahre (oder 150 cm)** müssen im Auto mit einem entsprechenden Sitz gesichert werden – auf jeder Fahrt.
- Kinder bis zu einem Gewicht von 13 kg und auf jeden Fall bis zu einem Alter von 15 Monaten sollen in einem **rückwärts gerichteten Sitz** transportiert werden. Darüber hinaus sind sogenannte Reboarder zumindest für die Kleinkindzeit empfohlen.
- Für Kindersitze gelten **strenge Zulassungskriterien,** die sich immer wieder ändern. Achtet auf die aktuellen Empfehlungen. Die Benutzung von gebrauchten Sitzen ist nur sicher, wenn der Sitz den aktuellen Standards (Prüfplakette) entspricht und ihr wisst, dass er eine unfallfreie Vorgeschichte hat, z. B. von Verwandten stammt.
- Manche neuere Babytransportschalen fürs Auto lassen sich in eine fast **flache Liegeposition** bringen, z. B. der *Cloud Z®* von *Cybex,* was für Babys vor dem Sitzalter sehr empfehlenswert ist. So wird der Rücken entlastet und bei Neugeborenen treten keine Atemprobleme auf.
- Eine **Babyschale** ist **auf der Rückbank** am besten aufgehoben. Die Beifahrerplatzoption sollte (bei ausgeschaltetem Airbag) nur als Notlösung genutzt werden. Ist dein Baby während der Fahrt sehr unruhig, ist es auch gefährlich, wenn du gleichzeitig fährst und es tröstest oder ablenkst.
- Wenn ihr zu dritt unterwegs seid, ist der **entspanntere Platz auf der Rückbank neben dem Baby.** So kann schneller auf Bedürfnisse eingegangen werden und die Anwesenheit gibt eurem Baby Sicherheit.
- Die in Babyautoschalen und Kindersitzen generell **verwendeten Materialien** lassen Babys schnell schwitzen. Hier lohnt sich eine passende Einlage,

die du auch aus einem Frotteehandtuch mit entsprechenden Einlassungen für die Gurte selbst nähen kannst.

In öffentlichen Verkehrsmitteln können blöde Blicke oder dumme Kommentare von nicht so netten Mitmenschen zur Herausforderung werden. Je nach Tagesform kann man besser oder schlechter damit umgehen. Denkt bei euren Reiseplänen alles auch aus Babysicht, denn so ein Strandurlaub mit Kindern ist eine ganz andere Hausnummer als die Urlaube als Paar oder auch allein. Euer Baby wird im Urlaub genau die gleichen Bedürfnisse haben wie daheim. Zusätzliche Belastungen wie große Hitze müsst ihr als Eltern mitbedenken. Für die Umwelt, aber eben auch für unsere Kinder ist weniger da oft mehr: Mit Kindern kann man Natur und Abenteuer auch gut vor der eigenen Haustür oder vielleicht nur ein bisschen entfernt davon entdecken.

Eine Checkliste für eure Baby-Reiseapotheke findet ihr im Kapitel »Gesund und munter«.

Großeltern, Tagesmutter oder Kita?

Vielleicht wird das Thema Kita, Krippe oder Tagespflege schon jetzt für euch aktuell, vielleicht hast du ganz andere Pläne. Es ist nicht nur regional, sondern auch von Familie zu Familie sehr unterschiedlich, was der passende Weg ist, Familie und Berufsleben zu vereinbaren.

Die Bindungsforschung gibt grünes Licht für eine Erweiterung der Bezugspersonen. Die Betreuung eines Kindes ist weder im Baby- noch im Kleinkindalter nur an die Mutter oder nur an beide Eltern gekoppelt.

Auch wenn es eine Hauptbindungsperson gibt, lassen sich Kinder auf weitere Menschen ein. Vorausgesetzt, man lässt ihnen genug Zeit, diese Bindung in ihrem Tempo aufzubauen. Jede sich um das Kind kümmernde Bezugsperson braucht das Vertrauen des Kindes. Das ist die Grundlage dafür, dass es sich in schwierigen Momenten trösten lässt. Nur aus dieser Basis heraus wird das Kind die neue Welt entdecken wollen.

Eine Gewöhnung an eine neue Betreuungsperson und eine Eingewöhnung in der Kita braucht Zeit – manchmal viele Wochen. Stillen währenddessen ist kein Hindernis – ganz im Gegenteil: Das Immunsystem profitiert von den Inhaltsstoffen der Muttermilch, wenn es in der Kita plötzlich mit ganz neuen Erregern in Kontakt kommt. Auch die Betreuung durch die Großeltern oder andere innerfamiliäre Babysitter braucht Zeit und Vorbereitung. »Mal eben schnell« geht mit Babys eher nichts – dazu ist das ganze Bindungssystem für sie von viel zu großer Bedeutung für ihr Wohlbefinden.

Ähnlich wie schon bei den Babykursen sind auch im Kitakontext weniger das Konzept als die Menschen dahinter das Entscheidende. Die gelebte Haltung zum Kind, Offenheit euch als Familie gegenüber, genügend Zeit zum Kennenlernen und Ankommen, Aufmerksamkeit für Besonderheiten – all das ist noch viel entscheidender als Waldorf oder Montessori, zumal sich Eltern das oftmals ohnehin nicht aussuchen können. Eine gelungene Kita- oder Tagespflegesituation fühlt sich eben *nicht* nach Fremdbetreuung, sondern vielmehr nach einer Erweiterung der Familie für dein Kind an.

Attachment Parenting, Artgerecht oder Bindungsorientiert?

Schon bevor das Baby geboren ist, überlegen Eltern, wie oder ob sie ihr Kind erziehen sollen. Zwischen Attachment Parenting, Unerzogen, Artgerecht und Bindungsorientiert kann man da schon mal die Orientierung verlieren.

Wenn man zu jedem dieser Stichpunkte ein einzelnes Buch lesen würde, würde man dennoch eine Parallele erkennen – nämlich, dass es immer um eine Haltung zum Kind geht. Die Tyrannenthese aus früheren Elternratgebern (siehe dazu den Abschnitt »Kleiner historischer Rückblick: Härte als wichtige Tugend der Mutterliebe« im Kapitel »Ankommen«) wird durch einen ganzheitlichen Blick auf das Kind und seine Bedürfnisse ersetzt. So wird Eltern klar, warum sich ihr Kind verhält, wie es sich verhält. Schon allein dieses Verstehen hilft im nicht immer einfachen Familienalltag. Wenn ein Kind z. B. nicht allein (ein)schläft, dann nicht, weil es den Eltern den Abend vermiesen will, sondern weil es ohne ihre Nähe einfach noch nicht sicher und geborgen *in den Schlaf finden* kann.

In den letzten Jahren machte sich primär unter Müttern ein gewisser Wettbewerb darum breit, wer am bedürfnisorientiertesten wäre, wer am besten den Babybedürfnissen entgegenkäme. Vor lauter Tragen, Langzeitstillen und Windelfrei gerieten da schnell mal *die Bedürfnisse der Mütter* in den Hintergrund.

Dabei hat schon der »Attachment Parenting-Erfinder« William Sears in seinen Baby-Bs (zwischen Breastfeeding und Babywearing) auch auf die Balance von mütterlichen und kindlichen Bedürfnissen hingewiesen.

Allerdings hat der achtfache Vater und Kinderarzt auch so vehement die anderen Punkte vertreten, dass die *Times-Magazine*-Journalistin Kate Pickert den Begriff *Posttraumatic Sears Disorder* für die schwerwiegenden Insuffizienzgefühle bei Eltern prägte, die Sears' Ratschlägen um der seelischen Gesundheit ihres Kindes willen zwar folgen *wollen*, aber nicht *können*, z. B. weil sie gezwungen sind, berufstätig zu sein. Die daraus resultierenden Gefühle können ähnlich wie bei der *posttraumatischen Belastungsstörung* starke Erschöpfung oder sogar Depressionen nach sich ziehen.

Die neuzeitlicheren Elternratgeber-Autor*innen Nora Imlau, Susanne Mierau, Nicola Schmidt und auch Herbert Renz-Polster haben den Blick auf das Verhalten von Babys und Kindern maßgeblich verändert. Ihre in den letzten Jahren erschienenen, thematisch passenden Bücher haben bei all den Babybedürfnissen auch immer das Wohl der Eltern mit im Blick. Denn die Verknüpfung von Feinfühligkeit und Stress bei den Eltern ist maßgeblicher als die Stoffqualität des Tragetuchs oder die Trefferquote beim Abhalten.

Raum für Entwicklung

Im Vergleich zu anderen Säugetieren kommt so ein Menschenjunges ziemlich unreif zur Welt. Viele Entwicklungsschritte auf motorischer Ebene, aber auch generell die Gehirnentwicklung, vollzieht es also *erst* nach der Geburt.

Dabei lernt es sowohl instinktiv als auch durch die Erfahrungen, die es mit seiner Umwelt und den Menschen darin macht. Das Baby passt sich dabei den jeweiligen Bedingungen an, denn seine Versorgung, sein Schutz und sein Wohlbefinden sind daran geknüpft. Dafür ist das schon oft hier angesprochene Bindungssystem (s. das Kapitel »Ankommen«) die wichtigste Voraussetzung. Das Baby kommuniziert von Anfang an, um für sich zu sorgen. Es kann nicht einfach seinen Eltern zum Kühlschrank hinterherlaufen, wenn es Hunger hat.

Mit allen Sinnen

Entwicklung bezieht sich nicht nur auf die motorischen oder sprachlichen Fähigkeiten, die sich in einem fein aufeinander abgestimmten Entwicklungsprogramm stetig weiter ausbauen und verfeinern. Auch die Sinne spielen eine große Rolle dabei. Das Baby lernt über das Sehen, Riechen, Fühlen, Schmecken und andere Sinnesreize, seine Umwelt einzuordnen. Es braucht mehr Zeit, den Reiz aufzunehmen und zu verarbeiten als Erwachsene. Gerade für kleine Babys ist diese Reizverarbeitung schnell ermüdend und sollte wohldosiert stattfinden. Dein Gesicht und deine Mimik zu beobachten, ist für dein Baby anfangs genug Input. Die in Babys Nahbereich hektisch geschüttelte laute bunte Rassel wird es eher überfordern.

Zu den Sinnen gehört auch der Oberflächensinn, mit dem dein Baby über die Haut – dem größten Sinnesorgan – ganz vielfältige Impulse wahrnimmt (siehe dazu auch »Nähe und Berührung als Sprache« im Kapitel »Pflege und Zuwendung«). Jede Berührung, Wasser oder Kleidung auf der Haut wird *gespürt* und verarbeitet. Auch beim Stillen, Füttern und später bei der Beikost sind alle Sinne des Babys dabei. Es wird die Milch oder das Essen riechen und schmecken, aber auch mit allen anderen Sinnen erfahren. Deswegen müssen kleine Kinder »mit dem Essen spielen«, um es auf allen Ebenen zu erfahren und sich ein umfassendes Bild zu machen. Als Erwachsene handeln wir übrigens noch genauso, wenn man uns etwas Unbekanntes auf den Teller legt. Über das Riechen oder Erfühlen der Konsistenz tasten wir uns zunächst vorsichtig heran.

Der Lagesinn gibt dem Körper Orientierung. Je nachdem, wo und wie wir uns im Raum befinden, passen sich Muskeln und Gelenke an. Die Lage-Information geht ans Gehirn und von da direkt an den Körper, der sich entsprechend dazu verhält. Für das Körpergefühl und die Orientierung ist gerade am Anfang wichtig, dass dein Baby *sich spüren* kann. Durch Halten, Tragen und Berühren kann sich dein Baby orientieren. Lass dabei die Berührung nicht zu leicht ausfallen, da ein gewisser Druck für das Körpergefühl des Babys bedeutsam ist.

Für die Raum- und Bewegungsorientierung ist der Gleichgewichtssinn von Bedeutung, der für einen Stabilisation des Körpers in jeglicher Lage sorgt. Er entwickelt sich bereits ab der siebten Schwangerschaftswoche und erhält durch die vielen verschiedenen Lagewechsel der Schwangeren vielfältige Stimulation. Aber auch hier geht die Entwicklung des im Innenohr sitzenden Gleichgewichtsorgans nach der Geburt noch weiter. Viele unterschiedliche Bewegungsanreize stimulieren die Entwicklung. Daher ist z. B. das Tragen ideal, da die Bewegungen des Tragenden so viele unterschiedliche Bewegungsreize setzen.

Das Gras wächst nicht schneller ...

Natürlich geben Entwicklungstabellen eine gewisse Orientierung, um evtl. therapiebedürftige Verzögerungen zu erkennen. Bei den U-Untersuchungen wird die Kinderärztin aber nicht nur auf einen Parameter schauen, sondern die gesamte Entwicklung des Kindes betrachten. Dabei ist nicht allein die Momentaufnahme in der Praxis relevant, sondern auch das, was die Eltern aus dem Alltag berichten (siehe dazu auch das Kapitel »Gesund und munter«).

Bücher, Tabellen oder Apps bezüglich der Entwicklung eines Kindes vom Eisprung bis zur Einschulung sind einfach verfügbar; deshalb nutzen Eltern diese auch. Im Idealfall mit der Erkenntnis, dass alles »normal« oder das eigene Kind sogar besonders »schnell« in seiner Entwicklung ist. Der Stress beginnt jedoch, wenn etwas aus dem vermeintlichen Rahmen fällt. So ist in vielen Köpfen verankert, dass ein Kind ungefähr rund um den ersten Geburtstag läuft. Statistisch gesehen machen die meisten Babys zu diesem Zeitpunkt die ersten Schritte. Aber mit zehn Monaten laufen zu können ist genauso okay wie mit 20 Monaten.

Jedes Baby bringt ein individuelles Entwicklungstempo mit. Elternaufgabe ist es, dem Kind Raum für diese Entwicklung zu geben und es zu begleiten. Und genauso wie das Gras nicht schneller wächst, wenn man daran zieht, wird das Baby nicht früher laufen, wenn ich versuche, von außen seine Beine entsprechend zu bewegen. Das machen Eltern in der Regel nicht, aber von der einen oder anderen Intervention – Lernhilfen oder Trainingsprogramme verkaufen sich gut! – in diese Richtung können sich die meisten Eltern nicht frei machen. Es fühlt sich irgendwie seltsam an, wenn ein gleichaltriges Kind schon erste Schritte macht, während das eigene noch mit Robben als Fortbewegung zufrieden ist. Müsste man da nicht doch ...?

Nein, muss man nicht, denn es ist kein elterlicher Verdienst, wenn ein Kind eine bestimmte motorische oder sprachliche Kompetenz früher oder später erreicht, und auch kein Zeichen für eine sich früh manifestierende Hoch- oder Minderbegabung. Es ist einfach das für *dieses* Kind passende Entwicklungstempo. Hab keine Sorge, dass du es vor lauter Entspanntheit verpassen könntest, wenn doch an der einen oder anderen Stelle mehr Unterstützung nötig wäre. Gerade im ersten Lebensjahr sind die U-Untersuchungen recht engmaschig gesetzt, um entsprechend rechtzeitig reagieren zu können.

Gerade beim ersten Kind verfolgen wir schon vor der Geburt akribisch den Schwangerschaftsverlauf und es ist wohl einfach normal, das nach der Geburt beizubehalten. Es ist spannend, in welcher Rekordzeit da aus einem so hilflos erscheinenden Neugeborenen ein laufendes Kleinkind wird. Die anfänglich so große Abhängigkeit lässt das Baby täglich mehr und mehr hinter sich. Nie wieder danach verläuft die Entwicklung so rasant wie im ersten Lebensjahr. Begleite dein Baby und schaue staunend (und manchmal etwas wehmütig) zu, was alles passiert.

Eltern geben Impulse, aber die Entwicklungsschritte bewältigt das Kind selbstständig. Du musst deinem Kind nicht beibringen, sich motorisch zu entwickeln. Die Voraussetzungen und das dafür erforderliche »Übungsprogramm« bringt es mit. Du musst ihm die Möglichkeiten geben, seine Erfahrungen zu machen. Das kann bisweilen eine Herausforderung sein, weil es immer mit Loslassen und Zutrauen verknüpft ist. Es ist ein Balanceakt zwischen Zu-früh-und-zu-spät Eingreifen, z. B. wenn dein Kind irgendwo hochklettern möchte. Einen guten Mittelweg zwischen »Overprotection« und realer Unfallgefahr zu finden, ist die *Entwicklungsaufgabe* von uns Eltern.

Die motorische und sprachliche Entwicklung begleiten

Das Familienleben bietet zahlreiche Entwicklungsimpulse. Es braucht kein Babytraining, aber Aufmerksamkeit im Alltag. Das heißt nicht, dass auch Dinge mal »schnell, schnell« erledigt werden können. Aber sich das Geschehen immer wieder aus Sicht des Babys vorzustellen hilft, den Entwicklungsraum babygerecht zu gestalten.

Mit Raum sind hier weniger die Kinderzimmergestaltung, sondern *alle* Entwicklungsimpulse im Alltag gemeint. Du solltest dein Baby weder über- noch unterfordern.

Die Ärztin und Reformpädagogin Maria Montessori fasst es in ihrer »Bitte eines Kindes« so passend zusammen: »Hilf mir, es selbst zu tun. Zeig mir, wie es geht. Tu es nicht für mich. Ich kann und will es allein tun. Hab Geduld, meine Wege zu begreifen. Sie sind vielleicht länger, vielleicht brauche ich mehr

Zeit, weil ich mehrere Versuche machen will. Mute mir Fehler zu, denn aus ihnen kann ich lernen.«

Die ersten Wochen

- Die mit der Nahrungsaufnahme und Körperpflege verbundenen Reize sind genug Anregung. Es braucht **kein extra Spiel.**
- **Rede von Anfang an mit deinem Kind:** Kündige an, was gerade oder als Nächstes passiert. Deine Stimme ist ihm bereits aus der Schwangerschaft vertraut.
- Die automatisch höhere Stimmlage mit vielen Lautmalereien finden Babys attraktiv (diese »Dutzi-Dutzi-Sprache« wird in der Entwicklungspsychologie und Sprachentwicklungsforschung auch **Ammensprache** – oder baby talk, infant-directed speech, Motherese (Mutterisch), Parentese (Elterisch) – genannt).
- Bei dem oft intuitiv eingenommen **Abstand von gut 20 cm** kann ein Baby Gesichter besonders gut erkennen und findet diese auch vorrangig interessant.
- Schon früh können Babys **Gesichtsausdrücke** erkennen und imitieren. Bei Stillproblemen lässt sich so z. B. das weite Öffnen des Mundes durch Imitation üben.
- **Halt und Begrenzung** ersetzen das Hüllegefühl, das das Baby aus dem Bauch kennt. Gib deinem Kind **aber auch Raum zum Strampeln** und die Möglichkeit, den Kopf in beide Richtungen bewegen zu können.
- In einem **Strampelsäckchen (Pucksäckchen)** spürt dein Baby deutlicher als in einer Hose, wie sich seine Beine berühren. Im Kapitel »Vorfreude und Vorbereitungen« findest du noch mehr dazu. Generell sollte Kleidung die Bewegungen nicht einengen oder gar verhindern.
- Vollziehe **Bewegungen langsam und nachvollziehbar,** z. B. indem du dein Baby immer über die Seite rollend hochnimmst.
- An einem Band aufgehängte **Seidentücher,** die sich leicht bewegen, sind ein Mobile, das weder optisch noch akustisch überfordernd ist.

Mit ca. drei bis sechs Monaten

- Die **Hände werden als Spielzeug interessanter** und können immer koordinierter eingesetzt werden. Lass sie erst mal ausgiebig erkunden, bevor Greiflinge und Co zum Einsatz kommen. Die Hand-Mund-Koordination bereitet das gezielte Greifen vor. Denn Greifen ist mehr als nur reflexartig einen in die Hand gedrückten Gegenstand festzuhalten. Nach vier oder fünf Monaten wird das Greifen deutlich gezielter und damit alles Greifbare interessant.

- Die **Krabbeldecke** ist weiterhin der beste Trainingsplatz, um das Strampeln zu üben und die Lage zu verändern. Achte darauf, dass die Decke nicht zu weich und dick ist. Krabbelmatten aus schadstofffreien Materialien sind auch eine Option. Das Baby verändert mit der Lage – z. B. Zur-Seite-Kippen – sein Blickfeld. Geleitet wird es dabei von Neugierde.
- **Babymassage oder Wahrnehmungsspiele für Hände und Füße** fördern das Bewusstsein für den eigenen Körper. Ein an einer Schnur gehaltener Wasserball über dem Baby lädt zum Treten mit den Füßchen ein.
- **Lächeln, Lallen und das Bilden von Lauten** ist der nächste Schritt in Sachen Kommunikation. Bestärke dein Baby in seinem Tun. Und keine Sorge, du wirst dich weiterhin normal unterhalten können, wenn du die Freudenlaute deines Babys nachquietscht.
- Ab dem fünften bis zum siebten Monat werden andere Menschen und Gleichaltrige für dein Baby immer interessanter. **Babykurse** sind in dem Alter sinnvoll, müssen aber natürlich durch Eltern liebevoll begleitet werden.

Mit ca. sechs bis neun Monaten

- **Zunehmende Mobilität** bestimmt nun den Babyalltag: Rollen, Robben, Kriechen, Krabbeln. Spätestens wenn dein Baby das erste Mal von der Krabbeldecke weggerollt ist, solltest du die Wohnung einmal selbst robbend oder krabbelnd auf mögliche Unfallgefahren unter die Lupe nehmen. Nicht nur ungesicherte Steckdosen können gefährlich sein.
- Mit Kissen, Polstern und schiefen Ebenen lässt sich auch zu Hause ein **Krabbelparcours** bauen.
- **Die Eltern sind der sichere Hafen,** von dem aus die Welt erkundet wird. Schnelle Erreichbarkeit, Schutz, Geborgenheit und Trost sind in dieser aufregenden Phase für dein Baby weiterhin essenziell wichtig.
- **Sehschärfe und Tiefenwahrnehmung nehmen zu.** Das Baby erkennt weiter entfernte Gegenstände: Die Blätter am Baum und vieles mehr wird interessant.

- **Die eigenen Beine und vor allem Füße** werden interessiert mit den Händen und dem Mund erkundet: Lass die Söckchen weg. Babystulpen halten warm.
- **Das Greifen wird verfeinert:** von beidhändig zu einhändig, vom palmaren Greifen mit der ganzen Handfläche über den Zangengriff zum feinen Pinzettengriff. Passe die Greifangebote entsprechend an. Die Beikost bietet hier viel Übungsraum, wenn dein Baby z. B. einzelne Brotkrümelchen aufliest.
- **Das Sitzen kommt aus der Krabbelposition heraus** und kann erst nach dem Erlernen dieses Bewegungsablaufs vom Baby selbstständig ausgeführt werden. Erst wenn sich ein Kind selbst in und aus einer Position heraus bewegen kann, hat es alles dafür Erforderliche trainiert und gelernt. Auch wenn es schwerfällt: Lass ihm diese Zeit (siehe Abschnitt »Liegen oder sitzen?« in diesem Kapitel).

Warum Krabbeln so wichtig ist

Beim Krabbeln entsteht die Vorwärtsbewegung deines Babys aus dem Vierfüßlerstand heraus. Es bewegt dabei den einen Arm und das diagonal gegenüberliegende Bein gleichzeitig und kommt so voran. Das ist nach dem Robben eine hohe Anforderung an die Koordination, die Stabilität und das Gleichgewicht.

Vor allem entsteht durch die diagonalen Bewegungen das uns Menschen eigene heterolaterale Bewegungsmuster. Später rotiert im Gehen der Schultergürtel und das Becken gegenläufig. Dieses Bewegungsmuster ist ganz anders als der Passgang (rechter Arm – rechtes Bein), in dem sich z. B. Giraffen, Elefanten oder Bären bewegen.

Diese Überkreuzbewegungen sind enorm wichtig für die Ausprägung der neuronalen Plastizität im Gehirn. Das Überkreuzen der Mittellinie ist eine wichtige Stimulation für die verschiedenen Vernetzungen beider Gehirnhälften. Viele kinesiologische Übungen, die mit diesen Überkreuzbewegungen arbeiten, basieren auf diesem Prinzip.

Deshalb: Für diese komplexe kreuzkoordinierte Bewegungsabfolge ist es gut, wenn dein Baby das Krabbeln nicht überspringt (oder zumindest heterolateral gerobbt ist).

Mit ca. neun bis zwölf Monaten

- **Die Mobilität entwickelt sich weiter:** Das Kind läuft, wenn es so weit ist. Lass es bis dahin robben, krabbeln, klettern und sich hochziehen – gerne so viel wie möglich barfuß.
- **Das Zeigefingeralter beginnt:** Benenne die Dinge, auf die dein Baby zeigt, mit dem *dafür vorgesehenen* Wort.
- **Das Interesse an kausalen Zusammenhängen steigt:** Darum möchte dein Baby den Lichtschalter 100-mal hintereinander betätigen und Löffel vom Hochstühlchen werfen.
- **Kinder lernen am Vorbild:** Das enorme Interesse deines Babys an deinem **Smartphone** hängt also vor allem damit zusammen, dass es dich damit häufig erlebt. Mit dem zunehmenden Aktionsradius deines Babys steigt die

Unfallgefahr durch abgelenkte Eltern. Und tatsächlich ist es in Bezug auf die Interaktion mit deinem Kind ein Unterschied, ob du am Handy hängend oder mit anderen Eltern quatschend im Sandkasten sitzt. Anders als im Gespräch mit anderen fehlt die Lebendigkeit der Mimik beim Smartphone-Gebrauch. Außerdem erfolgt die Reaktion auf die Interaktion des Kindes verspätet, wenn der Blick und Fokus auf dem Handy liegt.

- **Schau dir mit dem Baby zusammen Bilderbücher an.** Studien belegen, dass das (auch kurze) Vorlesen schon bei Kleinkindern zu einem deutlich höheren Wortschatz führt. Außerdem ist es ein schönes Ritual.
- **Bezieh dein Baby auf dem Weg zum Kleinkind in alles mit ein.** Beim Waschen, Zähneputzen, Anziehen und den täglichen Verrichtungen im Haushalt. Natürlich dauert das länger, aber Nachahmung und Teilhabe am Familienalltag sind wichtige Entwicklungselemente. Und oftmals pädagogisch wertvoller als so manches Spielzeug.

Porutschen

Einige Babys entwickeln ausgesprochen originelle Muster, um vorwärtszukommen. Eines der unorthodoxen Muster ist das Poporutschen. Auch wenn es drollig aussieht, ist es keine Variante des Krabbelns und kein Teil der physiologischen Entwicklung.

Poporutschende Babys bewegen sich aus dem Sitz, sie stützen sich mit einem Arm ab und schieben sich auf dem Po vorwärts. Dabei entsteht eine seitliche Beugung der Wirbelsäule und eine einseitige muskuläre Belastung von oben bis unten: Der Kopf ist geneigt, das Becken steht schief und ist gedreht, Knie, Füße und Arme sind asymmetrisch belastet, zumal Porutscher fast immer eine Lieblingsseite ausbilden.

Wenn dein Baby dieses Bewegungsmuster ausprägt, würden wir dir in jedem Fall Physiotherapie für dein Baby empfehlen, um der (manchmal vorbestehenden) Asymmetrie auf den Grund zu gehen und entsprechende Anregungen für die überkreuzenden Bewegungen zu geben.

Entwicklung besonders unterstützen

Manche Kinder benötigen etwas mehr Unterstützung bei der Entfaltung ihres Entwicklungspotenzials. Vielleicht sind sie zu früh geboren, erkrankt oder eine Behandlung (z. B. Tragen einer Spreizschiene bei einer Hüftdysplasie) behindert die Entwicklungsmöglichkeiten. Manchmal gibt es auch keinen eindeutig erkennbaren Grund, warum die Entwicklung an einer Stelle auffallend langsam vorangeht oder nicht stattfindet. Eltern dürfen sich immer mit ihren Bedenken an Fachleute wenden. In vielen Fällen reichen entlastende Worte und Geduld. Manchmal ist aber auch die Unterstützung durch therapeutische Angebote (z. B. Physio- oder Ergotherapie, Logopädie) oder eine medizinische Behandlung erforderlich.

Gebt eurem Kind und euch die Zeit, die es braucht. Das ist manchmal gar nicht so leicht, wenn ein von Außenstehenden so dahingesagtes »Läuft es denn immer noch nicht?« auf elterliche Verunsicherung stößt. Schaut bitte immer auf euer Kind und darauf, wie es seine persönlichen Meilensteine in *seinem* Tempo erreicht.

Freut euch mit eurem Kind über seine neuen Fähigkeiten und nicht über den Zeitpunkt. Und generell gilt, dass auch die kleinen Zwischenschritte mehr gewürdigt werden dürfen. Es ist auch eine kindliche Leistung, sich auf die Seite drehen zu können. Doch nur der vollständige Lagewechsel vom Rücken auf den Bauch wird auf hübschen Meilensteinkarten notiert. Dabei gibt es auf diesem Weg noch so viel Wichtiges dazwischen.

Zwischen Zuwendung und Förderwahn

So manches Spielzeuggeschäft betreten wir Eltern nicht ohne den Gedanken, dass unser Kind in all seinem Tun permanent von uns *gefördert* werden muss. Spielzeuge sind mit einem »pädagogisch wertvoll« gelabelt, und zahlreiche Kurse versprechen uns die optimale Entfaltung des Entwicklungspotenzials unseres Kindes. Zwischen PEKiP, Musikgarten und Frühchinesisch können wir da ganz schön ins Schwitzen kommen. Besonders, wenn wir feststellen, dass unser Kind so gar kein Interesse an der Babyzeichensprache hat, die doch so vielversprechend klang. Und das schon viel mobilere andere Baby im Pikler-Kurs macht dich nun doch nervös, weil deines noch immer »träge« auf der Krabbelmatte liegt. Da hilft es auch nichts, wenn die Kursleiterin dir versichert, dass es nur darum gehe, das Kind in *seinem* Tun zu beobachten.

Kurse für Babys und Eltern

PEKiP – Prager Eltern-Kind-Programm, der Klassiker. Bei warmer Raumtemperatur erkunden die Babys ca. ab der sechsten Lebenswoche unbekleidet ihre Umgebung und ihre Fähigkeiten, während die Eltern sie beobachten und sich austauschen. Es gibt ritualhafte Lieder mit Klatschen und anderen lustigen Gesten. Eltern lieben diesen Teil. Und schwitzen.

Pikler – Spiel- und Bewegungsmaterialien werden altersentsprechend angeboten. Eltern beobachten nur und animieren oder »helfen« nicht. Ein sehr entspanntes Kurskonzept, basierend auf dem die Eltern bestärkenden Ansatz der Kinderärztin Emmi Pikler.

DELFI® (»**D**enken, **E**ntwickeln, **L**ieben, **F**ühlen, **I**ndividuell«) – und genau darum geht es: das Baby dabei ab der sechsten Lebenswoche bis zum ersten Geburtstag im wöchentlich stattfindenden Kurs zu begleiten.

Ähnliche Kurskonzepte finden sich auch unter den Namen **FABEL®** (Familienzentriertes Baby-Eltern-Konzept), **ElBa** (Eltern und Babys im ersten Lebensjahr®), **FenKid®** (Frühe Entwicklung von Kindern begleiten) u. a.

In Kursen wie **babySignal®, Zwergensprache** etc. kann die Kommunikation mit dem Baby durch das Lernen der Babyzeichensprache mittels bestimmter Gebärden ergänzt werden. Auch hier geht es um den Spaß und nicht um Frühförderwahn.

Weitere Angebote wie **Babymassage, Musikgarten, Babyschwimmen,** aber auch **Krabbel- und Stillgruppen** sind eine nette Gelegenheit für etwas Exklusivzeit im Babyalltag und vor allem für den Austausch mit anderen Eltern. Wichtiger als das Konzept ist deshalb, dass du dich in dem Kurs wohlfühlst. Vieles steht und fällt wie immer mit der Person der Kursleiterin und der Stimmung unter den anderen Müttern.

Welche Kurse? Welches Spielzeug?

Du kannst ganz sicher sein, dass sich dein Baby auch ohne all diese Angebote gut entwickeln wird, weil es im Alltag genügend Anregung bekommt. Versteh uns nicht falsch: Wir mögen diese Kurse als Hebammen *und* auch als Mütter. Wir haben in zusammen sechs Babyzeiten mit unseren Kindern meist gerne auf der Kursraummatte gesessen. Aber wir möchten dir den Rat geben, gut darauf zu achten, was gut für *dich* und deinen Alltag passt. So ist der Faktor örtliche Nähe oftmals wichtiger als das Entwicklungsförderungsversprechen. Und wenn die Freundin schon beim FABEL-Kurs angemeldet ist, dann streiche deine PEKiP-Pläne und geh mit ihr zusammen hin. Ein guter Kurs zeichnet sich vor allem durch eine kompetente Kursleiterin aus und nicht unbedingt durch das Konzept. Wenn die Leiterin Eltern einfühlsam und entlastend durch die Kurszeit begleitet und du im besten Fall noch ein paar andere nette Eltern kennenlernst, war der Kurs schon sein Geld wert.

Auch später in der Schule wird oftmals eher die jeweilige Lehrkraft den Unterschied machen und nicht unbedingt das Konzept. Und je größer die Kinder werden, desto mehr werden sie es dir danken, wenn du nicht immer das *pädagogisch wertvollste,* sondern das *gewünschteste* Spielzeug schenkst. Natürlich dürfen Eltern dabei ihre persönlichen No-Gos in Bezug auf Ästhetik oder Geräuschpegel haben.

Spielzeug – all time favourites

- **Null bis drei Monate**
  - Für kleine Babys sind **die eigenen Hände,** der Körper und später die Füße das »beste erste Spielzeug« zum Erkunden. Sobald der Greifreflex sich zu entwickeln beginnt, sind auch lange Haare, Elternnasen und alles, was erreichbar ist, interessant. Der Alltag mit Stillen oder Füttern, Wickeln, Tragen und gemeinsamer Zeit mit viel Ansprache bietet genug Entwicklungsraum.
  - Bunte, kleinteilige und laute **Mobiles sind in der Regel viel zu viel Input.** Auch die beliebten Trapeze, Babytrainer, Activity-Center oder Spielbögen sind oftmals überladen. Die vielen Reize können das Baby schnell überfordern, auch wenn es scheinbar ruhig darunter liegt. Solange dein Kind nicht danach greifen kann, solltest du eher nichts über seinem Gesicht baumeln lassen. Außerdem können Babys unter einem Trapez bestimmte wichtige Bewegungen nicht ausführen.

- **Drei bis sechs Monate**
  - Nun wird alles Spielzeug zum Greifen und zum Mit-dem-Mund-Erkunden interessant. Anfangs sind **leichte Holzgreiflinge**, ein **Seidenpüppchen** oder ein **Stoffgreiftuch** ideal, weil sich das Baby versehentlich selbst damit haut. Schwerere Greiflinge können schmerzhaft im Babygesicht landen, wenn die Kraft nachlässt. **Piklerball, Oball oder Skwish** sind für kleine Babyhände gut greifbar und durch verschiedene Elemente, die rasseln oder sich bewegen, auch längere Zeit interessant.
  - **Kugelgreiflinge** (z. B. von *Grimms)* sind gute Langzeitunterhalter.
  - **Rasseleier** machen interessante Geräusche.
  - **Knistertücher** (kann man auch selbst nähen) oder **Baby-Pixie-Bücher** (wasser- und speichelfest, unkaputtbar und schadstoffgeprüft).
  - Gerade in der Zahnungsphase sind Spielzeuge beliebt, auf denen es sich besonders gut herumkauen lässt z. B. aus Naturkautschuk wie **Beißringe** von *Hevea* oder *Grünspecht® Naturprodukte.*
- **Sechs bis neun Monate**
  - **Leichte Softbälle** laden das Baby zur Fortbewegung ein, die jetzt im Vordergrund steht. Aber sie können auch Frust hervorrufen, wenn der Ball weiterrollt.
  - Im Sitzen können Spielzeuge anders erkundet werden. **Bausteine** werden gegeneinander geklopft oder schon etwas gestapelt.
  - Dein Baby wird sich für *alles* interessieren. Gib ihm lieber gut vertretbare **Dinge aus dem Haushalt** als zu viel Spielzeug. Backpapier lässt sich super zerknüllen oder du füllst ein kleines sicheres Gefäß mit getrockneten Erbsen als Rassel.
  - **Fingerspiele, kleine gesungene Liedchen** und sich wiederholende Verse und Bewegungen sind jetzt besonders interessant für dein Baby.
  - Wenn dein Baby sitzen kann, wird auch **in der Badewanne** das Spielen mit kleinen Gefäßen interessant.

Babyspielzeug aus dem Alltag

Erfahrungsgemäß wird dein Baby oftmals Dinge aus dem Alltag viel spannender finden als das liebevoll im Fachgeschäft ausgesuchte Spielzeug. Das Ablecken des Autoschlüssels trainiert sicher gleichzeitig das Immunsystem, aber natürlich gibt es ein paar geeignetere Alltagsspielzeuge.

- Da Babys alles mit dem Mund erkunden, dürfen die **Teile nicht zu klein** sein. Geschwisterkinder kommen automatisch früh mit kleinteiligem Spielzeug in Kontakt und finden genau das hochspannend. Statt es sofort wegzunehmen: Lass dein Baby nicht aus dem Blick mit nicht Baby-TÜV-getestetem Spielzeug. Der Pinzettengriff lässt sich super mit winzigen Legosteinen üben, aber bitte nicht in den Mund kommen lassen.
- Sobald dein Baby mobiler ist, richte in der Küche (und gerne auch im Bad) einen Schrank oder eine der unteren Schubladen mit Haushaltsdingen ein, die dein Kind immer wieder ein- und ausräumen kann: **Tupperdosen, kleine Töpfe, Backutensilien, Sieb, ungefährliches Besteck ...**

- **Neun bis zwölf Monate**
  - **Sortierboxen und Stapeltürme.**
  - Erste (stabile) **Bücher.**
  - Elemente, die zu einem **Krabbelparcours** einladen, z. B. Polster oder kleine Holzpodeste.
  - Erste **Musikinstrumente** wie geflochtene Rasseln (Caxisi), Regenmacher oder einfache Trommeln. Schau, wie viel Lautstärke zu euch passt.
  - Sandspielzeug.
- **Geliebte Geburtstagsgeschenke**
  - Kugelbahn oder Klangbaum – die Babyvariante der Murmelbahn.
  - Holztiere (auch gut auf viele schenkende Verwandte verteilbar, da z. B. die sehr schönen Holztiere von *Ostheimer* schon einiges kosten).
  - Erste Holzsteckpuzzles.
  - Kletterdreieck – auch unter Pikler-Dreieck zu finden.

- Regenbogen (z. B. von *Grimms*) zum Stapeln und Bauen oder als Puppenwiege über Jahre vielseitig einsetzbar.
- Puppenwagen aus Holz (allerdings nicht zum Laufenlernen).
- Nachziehtier.

Krabbeldecke oder Hängewiege oder Wipper?

Sogenannte »Babyberuhiger« wie Wiegen, Wipper oder Spielcenter können an der einen oder anderen Stelle den Babyalltag – vor allem für die Eltern – erleichtern. Aber nur dann, wenn sich ein Baby darauf einlassen kann. Und genau das sieht von Kind zu Kind und von Tag zu Tag sehr unterschiedlich aus. Selbst wenn andere Eltern auf eine bestimmte elektrische Wippe schwören, heißt das noch lange nicht, dass diese auch dein Baby in unruhigen Zeiten glücklich machen wird. Ebenso wird es vielleicht Momente geben, wo dein Kind einfach entspannt auf der Krabbeldecke am Boden – ganz ohne Geschaukel und künstliche Geräuschkulisse einschlafen wird.

Eine Vielzahl der nicht gerade preisgünstigen, vermeintlich tollen Babyprodukte wirst du nicht brauchen. Einige davon sind sogar absolut nicht empfehlenswert, wie z. B. Wippen, die ein Baby in eine sitzende Position bringen, obwohl es diese Haltung noch gar nicht selbstständig einnehmen kann. Die dafür benötigte Muskulatur ist noch gar nicht entwickelt. Manche Produkte bedeuten auch eine große visuelle und akustische Überreizung für das Baby.

Die elektrische Variante der Federwiege kann zudem für dein Baby eine Überforderung darstellen, weil der dauerhafte Wippreiz sein Gleichgewichtsorgan durcheinanderbringen kann. Wenn du also über eine Federwiege nachdenkst, dann besser die Version zum Anschubsen.

Die »Babyberuhiger« können also teilweise entwicklungshemmend wirken, weshalb es sinnvoll ist, sich jeweils genau zu informieren – bei Hebammen, Physiotherapeutinnen, Ärztinnen – und eben nicht nur beim Hersteller. Denn der möchte euch ja logischerweise sein Produkt verkaufen.

Generell macht natürlich die Dosis das Entwicklungshindernis. So kann die sogenannte Wippe als Sitz-Liege-Angebot zum Einsatz kommen, wenn es vielleicht die einzige Option ist, ohne Baby auf dem Arm unter die Dusche steigen zu können. Allerdings besteht die Gefahr, dass das Teil dann doch öfter als die zehn Minuten zum Duschen zum Einsatz kommt.

Manchmal lassen sich nicht so ideale »Babyaufbewahrungsoptionen« noch etwas modifizieren. In vielen Wippern hängen die Füße des Babys nach unten ins Leere. Hier kann ein kleines Kissen unten an den Beinen und Füßen eine für die Bewegung und Entwicklung etwas günstigere Position bewirken.

Also, es ist nicht alles Teufelszeug, was es so auf dem Babymarkt gibt. Nur um Türhopser und Lauflerngestelle, in die das Kind hineingesetzt wird, kannst du von Anfang an einen großen Bogen machen.

Womit Eltern wenig falsch machen können, ist die gute alte Krabbeldecke. Okay, fairerweise kann auch die »schlimmerweise« aus nicht komplett schadstofffreiem Material oder zu dick gepolstert sein. Aber generell ist es sinnvoll, wenn man im Babyalltag viel Zeit auf dem Boden verbringt. Das Risiko, irgendwo raus- oder runterzufallen, fällt weg, und das Kind hat genug Platz, um in seinem eigenen Entwicklungstempo zu strampeln, sich zu drehen, zu kullern. Und dann irgendwann selbstständig robbend oder krabbelnd die Babydecke als Spiel- und Lernort zu verlassen und den Erkundungsradius zu erweitern.

Mach es euch also auch hier eher leicht, indem ihr nicht zu viele »vermeintliche Babyalltagserleichterer« in der Wohnung stapelt. Wenn in jedem viel genutzten Raum ein festes Plätzchen am Boden für das Baby reserviert ist, könnt ihr euch noch unkomplizierter zwischen Küche, Badezimmer und den Wohnräumen hin und her bewegen.

Und es wird Babytage geben, an denen weder die schönste Krabbeldecke noch die biologisch-dynamische Federwiege dein Kind glücklich machen können. Die Tage, wenn auch ein halber Meter Entfernung von dir zu weit weg ist: Tragetage eben.

Praxisanwendung: Tummy-Time

Die sogenannte Tummy-Time, das systematische Hinlegen des Babys auf den Bauch, spaltet ein wenig die Babyszene und die verschiedenen Fachdisziplinen. Es gibt unterschiedliche Aspekte.

Bis etwa 1990 lagen die meisten Babys häufig auf dem Bauch, weil man damals annahm, dass dies die sicherste Schlaflage sei. Heute – nach den neuen Erkenntnissen zum Thema plötzlicher Kindstod (SIDS) – stellt sich das genau umgekehrt dar (siehe dazu auch den entsprechenden Abschnitt im Kapitel »Schlafen wie ein Baby«).

Nach 1990 wurde also nur noch die Rückenlage als Schlaflage empfohlen und Eltern von vielen Seiten vermittelt, dass die Bauchlage quasi lebensgefährlich für das Baby sei. Deshalb lagen Babys seither plötzlich gar nicht mehr auf dem Bauch, weder nachts noch am Tag.

Um dieser Einseitigkeit entgegenzuwirken, entstand die Idee, dass Babys nun quasi zu Trainingszwecken regelmäßig in Wachzeiten auf den Bauch gelegt werden sollten, um die zu kurz gekommene Rücken- und Armmuskulatur zu kräftigen, um also damit die folgenden Entwicklungsschritte (das Köpfchen heben und in den Armstütz gehen) aktiv zu fördern.

Tatsächlich übt aber ein Baby Körperwahrnehmung und die passenden Bewegungen vor allem dann, wenn es nach und nach lernt, *selbst* von der Rücken- in die Seitenlage und *erst dann* in die Bauchlage zu kommen. Es erarbeitet sich die Bauchlage also selbst. Genauso, wie es keinen Sinn macht, anderen Entwicklungsschritten vorzugreifen und sie zu trainieren (ein Baby z. B. an beiden Händen festhaltend laufen zu lassen), braucht ein Baby auch kein Bauchlagen-Bootcamp oder gar irgendeine spezielle »Tummy-Time-Matte«.

Einige Babys brauchen aufgrund von Auffälligkeiten (z. B. bei der Entwicklung der Schädelform oder bei Asymmetrien; siehe auch den Kasten zu Plagiozephalie im Kapitel »Gut getragen«) ein paar Bauchlage-Einheiten. Dann wird dir die Physiotherapeutin erklären, wie du die Situation angenehmer für dein Baby gestalten kannst.

Ideen für die Baby-Bauchlage

- **Schau danach, was dein Baby mag.** Manche Babys mögen es überhaupt nicht, einfach stumpf auf eine Krabbeldecke gelegt zu werden. Weil sie mit dieser Körperposition noch nichts anfangen können und weil es sie anstrengt, verzweifeln sie schnell und sind frustriert – wenig gute Lernbedingungen, wie wir wissen.

- **Bauchlage soll schön sein und sich organisch ergeben:** Miteinander Bauch-auf-Bauch zu liegen oder das Baby bäuchlings auf deinen Beinen zu balancieren, macht allen Beteiligten viel mehr Spaß.

- Für kleine Babys ist auch der **Fliegergriff** eine Form der umgedrehten Orientierung im Raum. Wenn dein Baby das mag, kannst du es gern immer mal bäuchlings auf deinem Unterarm herumtragen.

- Auch auf einem **Gymnastikball** kann das Baby auf dem Bauch sanft-spielerisch vor- und zurückgerollt werden, wenn ihr einen habt.

- **Auf dem Wickeltisch,** wenn dein Baby nackt ist, kannst du die Bauchlage ins Pflegeritual einbauen: Beim Waschen, Massieren und Anziehen mögen viele Babys gern eine kurze Zeit auf dem Bauch liegen.

Gesund und munter

Schon in der Schwangerschaft kümmerst du dich fürsorglich um die Gesundheit deines Babys. Du nimmst vielleicht deine Schwangerschaftsvitamine, verzichtest auf Alkohol, Sushi und Kopfschmerztabletten und wartest mit klopfendem Herzen auf die nächste Ultraschalluntersuchung. Der Zustand »guter Hoffnung« ist immer auch eine Verheißung, etwas vage und fragil. Selbst die zuversichtlichsten Eltern begegnen in manchen Momenten echter Sorge, oft erwischt sie uns unvermittelt und hin und wieder so kalt, dass wir vor »Was-wäre-wenn-Gedanken« nicht einschlafen können.

Solltest du gehofft haben, dass diese Sorgen der Schwangerschaft in dem Moment aufhören, in dem dein kleines Baby auf deinem Bauch liegt – vergiss diese verheißungsvolle Illusion. Die Sorge im Mama- und Papa-Herz bleibt, solange du lebst, es gehört zu unserem Elternleben ab jetzt und für immer dazu. Und manchmal ist das ganz schön heavy. Letztlich zeigt es uns, wie groß dieses Geschenk ist und wie sehr wir unsere Kinder lieben.

Beim Umgang mit den Sorgen um dein Kind gilt das, was für Ängste irgendwie immer gilt: Es gibt keine andere Strategie, außer ihnen zu begegnen, sie anzusehen und einen Umgang mit ihnen zu finden. Dazu gehört zuallererst, dass du anerkennst, dass es deine Angst ist, die sich da meldet. Sie ist verständlich, Zeichen der Liebe – und fast immer irrational. Und sehr oft wahrscheinlich nicht die Realität.

Manchmal neigen wir dazu – die Segnungen der modernen Medizin vor der Nase –, Ängsten durch »Noch-mehr-Untersuchen« zu begegnen. Das fühlt sich nach Ausweg an oder hilft bei dem manchmal schmerzlich vermissten Gefühl, Kontrolle zurückzuerlangen.

Manchmal kann das aber auch eine Spirale sein, die uns wegführt, weg vom eigenen Gespür und der eigenen Intuition. Im Laufe unserer Elternschaft üben wir, das Gefühl nicht zu sehr nach außen zu delegieren und bei uns zu bleiben.

Die kinderärztliche Begleitung

Umso wichtiger in all dem Dschungel an Ungewissheit ist die Begleitung eures Kinderarztes oder eurer Kinderärztin. Im besten Fall wird er oder sie euch die nächsten Jahre begleiten und euch in den fragilen Momenten der Elternschaft zur Seite stehen. Umso wichtiger ist ein vertrauensvolles, gutes Verhältnis, dass »die Chemie stimmt« und dass die medizinische Grundrichtung im weiten Spektrum von Schulmedizin und Naturheilkunde zu euch passt. Heutzutage ist die Lage in fast allen Bereichen des Gesundheitssystems einigermaßen angespannt und geprägt durch lange Wartezeiten, Aufnahmestopps und zunehmende Ansprüche von uns informierten Eltern.

Einen »tollen Tipp« für das Finden eines guten Kinderarztes haben auch wir da tatsächlich nicht parat, außer Geduld, Spucke, Glück und Vertrauen. Manchmal lohnt es sich, etwas weitere Wege in Kauf zu nehmen, wenn die tollste Kinderärztin der Welt eben etwas weiter entfernt ihre Praxis hat. Das gilt auch für manchmal notwendige Therapieangebote der unterschiedlichsten Art. Es ist nicht in jedem Fall komplett verspleent, 300 km zu einem Physiotherapeuten zu fahren, der ein Ass ist auf seinem Gebiet (oder für die spezielle Diagnose deines Kindes). Nicht, dass das im Alltag notwendig wäre. Aber manchmal erweitert das einfach die Handlungsoptionen, wenn man sich von Konstrukten wie »Einzugsgebiet« und »Krankenkassenkarte« lösen kann.

Die Vorsorgeuntersuchungen

Die Vorsorgeuntersuchungen für dein Kind sind in Deutschland auf eine systematische Weise angelegt. Alle Untersuchungen, von der U1 im Kreißsaal, kurz nach der Geburt, bis ins frühe Jugendalter deines Kindes, werden im gelben Untersuchungsheft dokumentiert.

Gerade die allererste Untersuchung, die die Bedingungen der Geburt und damit den Start in das Leben dokumentiert, ist für spätere Jahre von Bedeutung.

Auch weit jenseits der Babyzeit, bei der Einschulungsuntersuchung, noch später beim Kieferorthopäden und bei anderen Anlässen vorher: Im Rahmen einer guten Anamnese werdet ihr immer nach Details zu Schwangerschaft, Geburt und dem Start ins Leben befragt werden.

In das gelbe Heft werden diese wichtigen Begleitumstände allerdings oft gar nicht gesondert eingetragen. Bei den dokumentierten Untersuchungen geht es scheinbar mehr um nackte, messbare Zahlen wie etwa das Geburtsgewicht und den *Apgarwert.* Es ist hilfreich, wenn ihr euch Besonderheiten einfach daneben notiert, auch dazu ist Platz im U-Heft und natürlich »dürft« ihr das. Eure Kinderärztin wird immer Beobachtungen aus eurem Alltag erfragen, auch weil bestimmte Kompetenzen und Entwicklungsschritte eures Babys nicht unbedingt auf Knopfdruck während der Zeit im Sprechzimmer vorgeführt werden können.

Die Vorsorgeuntersuchungen sind in erster Linie dazu da, dein Baby im »Gesamtbild seiner Persönlichkeit« zu erfassen. Dazu sind viele Entwicklungsschritte aus den unterschiedlichen Gebieten (Wahrnehmung, Interaktion, Selbstregulation, Motorik, später dann Sprachentwicklung und soziales Verhalten) wichtig. Auf diese gehen wir ausführlicher im Kapitel »Alltag mit dem Baby« ein.

Babygesundheit in den ersten drei Monaten

Die U1

Die U1 findet direkt nach der Geburt statt – bei einer Klinikgeburt noch im Kreißsaal innerhalb der ersten beiden Stunden nach der Geburt. Meist macht diese Untersuchung die diensthabende Kreißsaalärztin, bei einer außerklinischen Geburt im Geburtshaus oder zu Hause die Hebamme.

Die U1 ist relativ schlicht, man schaut nur unwesentlich mehr danach, ob »alles dran ist«, man sieht sich also euer Baby, seine Arme, Beine, Händchen, Füße, Ohren genau von vorn und hinten einmal an, zählt die Finger (weil ein sechster tatsächlich gelegentlich vorkommt), achtet auf Asymmetrien, Fleckchen auf der Haut, schaut einmal in den Mund, checkt das Popoloch und die Genitalien auf ihre Vollzähligkeit. Außerdem werden Herz und Lunge abgehorcht, da die beiden Organe sich unmittelbar nach der Geburt relativ komplex in ihrer Funktion umstellen. Man schaut nach verschiedenen Reifezeichen, Reflexen und misst und wiegt es abschließend, damit Oma und Opa ein paar Fakten mitgeteilt bekommen können. Eine U1 dauert bei einer erfahrenen Untersucherin nur ein paar Minuten. In manchen Situationen kann die U1 auch bei euch im Körperkontakt durchgeführt werden, um das Ankommen nicht ungebührlich zu stören. Manchmal ist für diesen Moment helles Licht und ein Abhorchen in Rückenlage sinnvoll, um wichtige medizinische Details gut beurteilen zu können.

Der Apgar-Test

Virginia Apgar, eine amerikanische Kinderärztin, entwickelte 1952 den später nach ihr benannten Apgar-Test. Damit wollte sie einen einfachen Score zur Verfügung stellen, der den Zustand eines ganz frisch geborenen Babys systematisch beschreiben sollte. Dazu werden insgesamt fünf vitale Parameter dreimal hintereinander erfasst: eine Minute nach der Geburt und noch mal fünf und zehn Minuten später. Die Vitalparameter sind die Hautfarbe, der Muskeltonus, die Herzfrequenz, Atmung und die Reflexreaktion auf Reize. Für jedes dieser Kriterien werden jeweils 0 (nicht so gut) bis 2 (super) Punkte vergeben, sodass ein Baby also bei fünf Kriterien maximal 10 Punkte erhalten kann. Allerdings muss man sich die Vergabe dieser Punktzahl unspektakulärer vorstellen, als es klingt: Weder wird eine Uhr gestellt, noch wird nach exakt diesen Zeiträumen das Baby dreimal hintereinander mit einem Stethoskop abgehört und von Kopf bis Fuß begutachtet. Wenn ein Baby halbwegs rosig ist, etwas zappelt und sich über die Fruchtwasserreste im Rachen beschwert oder niest, bekommt es von der Hebamme eher nebenbei eine Punktzahl zwischen 8 und 10 verliehen (weil es nur so fidel aussieht, wenn die restlichen Parameter auch vollkommen okay sind) und liegt währenddessen bei euch im Arm und wird völlig in Ruhe gelassen. Die Herzfrequenz lässt sich in den ersten Minuten noch ganz einfach überprüfen, indem man sie an der noch pulsierenden Nabelschnur erfühlt.

Dass ein Baby keineswegs marzipanschweinchenrosa geboren wird, sondern insgesamt schon ein wenig mitgenommen aussieht, habt ihr hoffentlich im Geburtsvorbereitungskurs schon mal gehört, sodass ihr euch nicht allzu sehr erschreckt, wenn euer Baby möglicherweise zunächst blau und etwas schlapp aussieht – und viele Babys schreien auch gar nicht sofort. Kaum ein Baby erreicht also schon nach einer Minute die volle Apgar-Punktzahl mit einer glatten 10. Ein typischer, vollkommen wunderbarer Apgar-Score ist z. B. 7/9/10 oder 8/9/9. Im Wesentlichen geht es darum, vor allem bei sehr beeinträchtigten Kindern, die mehr medizinische Starthilfe benötigen, eine standardisierte Beschreibung zu liefern, sodass die Kinderärzte ihr Management und die folgende Behandlung in einer solchen Situation gut abstimmen können.

Ebenfalls direkt nach der Geburt, noch vor dem Abnabeln, wird etwas Blut aus der Nabelarterie entnommen und damit die Sauerstoffversorgung des Babys in Form des Blut-pH-Wertes, manchmal auch des Laktatwertes, gemessen.

Empfohlene Screenings

Es gibt einige Untersuchungen zur Erkennung spezifischer Erkrankungen, die in Deutschland standardisiert allen Eltern von neugeborenen Babys empfohlen und im Rahmen der Vorsorgeuntersuchungen durchgeführt werden. Längst nicht alle denkbaren, seltenen Auffälligkeiten kann man von außen sehen, aber einige lassen sich durch einfache Untersuchungen herausfinden.

Die Krankheiten, nach denen gefahndet wird, sind allesamt selten oder sehr selten. Aber sie können, früh erkannt, eben therapiert werden, man sollte sie nur herausfinden. Natürlich sucht man dabei nicht nach allen erdenklichen oder überhaupt nur theoretisch möglichen Auffälligkeiten, das ist weder sinnvoll noch möglich, auch wenn uns Eltern das natürlich lieb wäre. In der Medizin gibt es ab einer bestimmten Inzidenz das Bestreben, relativ einfach zu findende Erkrankungen zu screenen, also routinehaft bei allen Babys unterschiedslos zu untersuchen.

Einige von ihnen werden bereits in den ersten wenigen Lebenstagen in ganz eng umgrenzten Zeitfenstern durchgeführt. Wenn ihr in der Klinik geboren habt, geschieht das rund um die U2, die zweite Untersuchung nach der Geburt, bereits im Krankenhaus, andernfalls genauso kompetent bei eurem niedergelassenen Kinderarzt.

Angeborene Herzfehler: Sauerstoff-Sättigung

Durch die Ultraschalluntersuchungen in der Schwangerschaft ist es sehr viel seltener geworden, dass Babys mit unerkannten Herzfehlern auf die Welt kommen. Um den noch viel kleineren Teil der akut-kritischen angeborenen Herzfehler aber ganz früh herauszufischen, wird am zweiten Lebenstag (24 bis 48 Stunden nach der Geburt) die Sauerstoffsättigung im Blut aller Babys per *Pulsoxymetrie* gemessen. Dazu wird deinem Baby eine kleine rot leuchtende Sonde, die mit dem Prinzip einer Lichtschranke arbeitet, für wenige Minuten mit einem Klettstreifen am Füßchen befestigt. Die Untersuchung ist unspektakulär und stört dein Baby nicht, es kann dabei sogar weiterschlafen. Die gemessene Sauerstoffsättigung sollte über 96 Prozent betragen, Werte unter 90 Prozent sollten zügig bei einem Kinderkardiologen kontrolliert werden, Werte zwischen 90 und 96 Prozent sollten innerhalb von zwei Stunden noch mal gecheckt und gegebenenfalls ebenfalls abgeklärt werden. Einige Babys brauchen schlicht ein wenig länger, um sich in ihrem Herz-Kreislauf-System an das Leben hier draußen anzupassen, oder haben ganz einfach etwas kalte Füße (und damit eine weniger gute kapilläre Durchblutung).

Wenn dein Baby im Krankenhaus geboren wurde, wird die Untersuchung dort durchgeführt. Bei einer ambulanten oder außerklinischen Geburt sollte die Messung frühestens nach vier Stunden erfolgen (das macht die Hebamme), spätestens aber bei der U2 bis zum zehnten Lebenstag.

Seltene Stoffwechselerkrankungen: ein Bluttest

Ebenfalls in einem exakt definierten Zeitfenster, 36 bis 72 Stunden nach der Geburt, wird ein Stoffwechseltest – früher: Guthrie-Test – auf sehr seltene und sehr komplizierte zwölf Stoffwechsel- und zwei Hormonstörungen empfohlen. Dazu werden deinem Baby einige Tropfen Blut abgenommen, entweder aus der Ferse oder aus der Vene, entweder an der Hand oder aus einer Vene am Köpfchen. Venöse Blutentnahmen sehen für die Eltern oft ein wenig unheimlich aus, es lässt sich aber oft einfacher eine entsprechende Blutmenge gewinnen.

Nur ca. eines von 1 200 Neugeborenen ist von einer dieser Krankheiten betroffen, das sind in Deutschland ungefähr 500 Kinder im Jahr. Diese Krankheiten haben komplizierte Namen wie etwa Medium-Chain-Acyl-CoA-Dehydrogenase (MCAD)-Mangel oder Carnitin-Acylcarnitin-Translokase (CACT)-Mangel, und da du diese Worte vermutlich nie wieder in deinem Leben hören wirst, belassen wir es hier dabei. Wichtig ist nur, dass dieses Untersuchungs-Zeitfenster eingehalten wird, damit es so früh wie möglich eine Diagnose gibt und keine (durch einen zu frühen Abnahmezeitpunkt) falsch-negativen Ergebnisse ermittelt werden.

Da es sich bei einigen dieser Krankheiten um genetische Erkrankungen handelt, unterliegt die Diagnostik dem Gendiagnostikgesetz. Es ist zwingend notwendig, dass ihr vor dieser Blutentnahme ärztlich dazu aufgeklärt werdet und dass diese Aufklärung schriftlich dokumentiert wird. Dies ist auch die Voraussetzung dafür, dass deine Wochenbetthebamme diesen Test abnehmen kann, etwa dann, wenn du nach der Geburt ambulant nach Hause gehen möchtest. Wenn du nach der Geburt in der Klinik bleibst, wird dieser Test dort am dritten Lebenstag zusammen mit der U2 durchgeführt.

Die Organisation des ambulanten Stoffwechseltests im Voraus ist wichtig, da es nicht immer »spontan« möglich ist, den »irgendwo« abnehmen zu lassen. Auch in deine Geburtsklinik kannst du aus unterschiedlichen Gründen nicht noch einmal für diesen Test zurückkommen.

Angeborene Innenohrschwerhörigkeit: ein Hörtest

Tests der Sinneswahrnehmungen, bei denen dein Baby »mitarbeiten« muss, kommen in der Säuglingszeit noch nicht infrage: Ein Baby kann bei einem Seh- oder Hörtest ja noch nicht differenziert mitteilen, was es sieht oder hört. Bei dem ersten klassischen Hörtest geht es also lediglich um die »mechanische Funktionsfähigkeit« des Innenohrs, das die ankommenden Schallwellen in Nervenimpulse für das Gehirn umwandelt, und die kann man einfach messen. Bleibende Hörstörungen treten bei etwa 2 von 1 000 Neugeborenen auf, sind also selten. Früher, ohne diese technische Möglichkeit, hat man eine solche Störung meist erst sehr viel später diagnostiziert, sodass es dann manchmal schon zu Beeinträchtigungen der Sprach- und Kommunikationsentwicklung gekommen und die emotionale, geistige und soziale Entwicklung betroffen war, denn alles das ist wesentlich (auch) vom Hören abhängig. Hier ist es also wichtig, eine Störung so früh wie möglich zu erkennen und zu behandeln, um diese Folgen zu vermeiden.

Für diesen Test misst man die sogenannten *otoakustischen Emissionen (OAE)* mit einer kleinen Sonde, die in den äußeren Gehörgang eingeführt wird. Diese Sonde gibt leise »Klick«-Geräusche ab, die über das Innenohr zur Hörschnecke mit ihren Sinneszellen weitergeleitet werden. Ein gesundes Innenohr kann nicht nur Schall empfangen, sondern auch aussenden: Die Sinneszellen antworten also und werfen Schwingungen wie ein Echo als Schallwellen zurück ins äußere Ohr. Dort nimmt die Sonde dieses Echo auf und misst, wie stark es ist. Bleibt das Signal aus oder ist es sehr schwach, kann dies auf eine gestörte Schallaufnahme im Innenohr hinweisen. Mit der Betonung auf *kann*, denn die Falsch-positiv-Quote ist erheblich: Nur ungefähr ein Kind von 30 bis 40 auffälligen Kindern hat tatsächlich eine Hörstörung. Das liegt vor allem daran, dass der Hörtest sehr bald nach der Geburt durchgeführt wird, um ihn noch vor einer Klinikentlassung »mitzumachen«, damit man möglichst viele Kinder erwischt.

Die häufige und sehr banale Ursache für ein falsches Ergebnis ist noch etwas Fruchtwasser oder etwas klebrige Vernix im Ohr. Also: Erst mal kein Alarm, die Untersuchung sollte dann nach ein bis zwei Wochen wiederholt werden. Dies kann je nach regionalen Gegebenheiten entspannt der niedergelassene Kinderarzt machen oder eine HNO-Ärztin. Manchmal wird auch (gegebenenfalls ergänzend) eine sogenannte *Hirnstammaudiometrie* durchgeführt, hierbei wird noch eine Etage weiter, an Teilen der sogenannten Hörbahn (Hörnerv und Teil des Gehirns, der auditive Eindrücke verarbeitet) die Übertragung der Schallwellen ans Gehirn gemessen. Diese Sonderform eines EEG ist etwas aufwendiger, dem Baby werden dabei kleine Elektroden aufs Köpfchen geklebt und ebenfalls per Sonde kleine Klick-Töne ins Ohr gesendet.

Angeborene Hörstörungen sind in den meisten Fällen nicht heil-, aber gut behandelbar: entweder mithilfe von Hörgeräten oder der Versorgung mit einer elektronischen Innenohrprothese, einem sogenannten Cochlea-Implantat. All diese Behandlungen sind umso wirksamer, je früher sie erfolgen, sodass sich die Kinder vollkommen normal entwickeln können. Meist beginnt man daher innerhalb des ersten Lebensjahres mit diesen Behandlungen. Auch eine Frühförderung des Hörens und gegebenenfalls das (frühe, intuitive) Erlernen der Gebärdensprache sind Teil eines solchen Behandlungsplans.

Empfohlene Prophylaxen: Vitamin K und Vitamin D

Vitamin K

Vitamin K ist unter anderem ein für die Blutgerinnung essenzielles Vitamin. Es wird beim Erwachsenen sowohl mit der Nahrung aufgenommen als auch von der gesunden Darmflora gebildet. Babys haben noch keine ausgebildete Darmflora, und die Muttermilch ist beim Menschen auffällig arm an Vitamin K. Ob und welche evolutionsbiologische Absicht das haben könnte, ist unklar, jedenfalls gilt: Babys bekommen sehr wenig Vitamin K auf allen denkbaren natürlichen Wegen. Dieser Mangel kann in sehr seltenen Fällen (etwa 1:10 000 bis 30 000) zu einer lebensbedrohlichen inneren Vitamin-K-Mangelblutung führen, gefürchtet ist vor allem eine Hirnblutung. Vor allem Kinder mit einer angeborenen, aber sehr seltenen (und zu diesem frühen Zeitpunkt kaum diagnostizierbaren) Störung des Leber-Gallen-Systems, Frühgeborene und Babys nach einer schweren Geburt sind durch eine solche Vitamin-K-Mangelblutung gefährdet. Die offizielle Empfehlung in Deutschland und in vielen anderen europäischen Ländern lautet daher, allen Babys bereits bei der U1 direkt nach der Geburt und wenige Tage und Wochen später, bei der U2 und U3, jeweils 2 mg Vitamin K1 zu verabreichen.

Etwas abweichend von dieser offiziellen Empfehlung und genauso möglich ist die unter dem Namen *Holländisches Schema* bekannte Gabe von Vitamin K1. Nach diesen Empfehlungen bekommen die Kinder keine dreimaligen (recht hohen) Depotdosen, sondern eine tägliche verdünnte Gabe, um sich näher an physiologischen, eher kontinuierlichen Mengen zu orientieren. Dies sind initial nach der Geburt einmalig 1 mg, dann ab dem Ende der ersten Lebenswoche zwölf Wochen lang 50 µg täglich als verdünnte Tropfen. Zusammengerechnet kommt man mit beiden Methoden auf etwa die gleiche Vitamin-K-Menge, nur eben anders verteilt. Man muss allerdings auch wirklich zwölf Wochen lang täglich daran denken. Für Eltern, für die das naheliegender oder irgendwie »natürlicher« klingt, kann das eine Alternative sein, die du mit deinem Kinderarzt besprechen kannst.

Achtung: Die Empfehlung für die Vitamin-K-Prophylaxe betrifft ausdrücklich Vitamin K1 (Phyllochinon) und *nicht* Vitamin K2 (Menachinon), das verschiedentlich in Kombi-Präparaten mit Vitamin D für Erwachsene Verwendung findet. Diese Kombination ist für Babys und Kleinkinder unter zwei Jahren ausdrücklich nicht empfohlen.

Vitamin D

Alle Menschen, auch Babys, benötigen Vitamin D für eine ganze Anzahl wichtiger Stoffwechselfunktionen.

Vor allem für das Knochenwachstum im Baby- und Kindesalter und für das Immunsystem spielt es eine wichtige Rolle. Vitamin D ist in den letzten Jahren intensiv erforscht worden. Zunehmend lässt sich ein Trend zur weitergehenden

Prophylaxe auch bei größeren Kindern (und Erwachsenen), zumindest in den lichtarmen Wintermonaten, erkennen.

Vitamin D ist das einzige Vitamin, bei dessen Aufnahme die Nahrung eine nur untergeordnete Rolle spielt. Es kann in unseren Breitengraden von April bis Oktober durch Umwandlungsprozesse des UV-Lichts über die Haut gebildet werden.

Kleine Babys sind sowohl im Sommer als auch im Winter sehr eingeschränkt der Sonne ausgesetzt: Im Winter guckt nur das Näschen aus dem kleinen Schneeanzug, im Sommer bleiben sie wegen ihrer zarten Haut im Schatten. Deshalb sind Babys grundsätzlich Vitamin-D-Mangelkandidaten. Früher bekamen sie deshalb Lebertran, so mancher Großvater wird sich noch daran erinnern. Heutzutage wird empfohlen, Babys ab dem zehnten Lebenstag eine Standarddosis von 500 IE Vitamin D zu geben, das Ganze über die ersten beiden Lebenswinter hinweg. Ab dem zweiten Sommer kann dein Baby vorsichtig Sonnenstrahlen genießen, dann benötigt es im Sommer keine Vitamin-D-Prophylaxe mehr.

Es gibt Vitamin D als Tablette oder flüssig in öliger Lösung. Die Tablette wird in der ersten Babyzeit mit etwas Wasser aufgelöst und mit einem kleinen Löffel verabreicht, Tropfen können direkt in den Mund getropft oder auch einfach vom Elternfinger gelutscht werden.

Vitamin D wird gelegentlich auch mit Fluorid kombiniert. Details zum Für und Wider findest du im Abschnitt »Die ersten Zähnchen« im Kapitel »Pflege und Zuwendung«.

Neugeborenengelbsucht

Diese spezielle Form einer Gelbsucht ist relativ häufig, ungefähr 60 Prozent aller Babys entwickeln eine solche in den ersten beiden Lebenswochen und sehen dann aus wie eine kleine Quitte. Der Farbstoff, der die Haut orange-gelb färbt, heißt Bilirubin. Bilirubin ist ein Abbauprodukt, das anfällt, wenn in unserem Blut rote Blutkörperchen zerfallen, ein normaler permanenter Prozess. Babys haben intrauterin anders strukturierte Blutkörperchen mit einer höheren Sauerstoffbindungsfähigkeit. Nach der Geburt fallen also besonders viele rote Blutkörperchen an, die in der Leber im Rahmen der sogenannten *Blutmauser* abgebaut werden. Die Leber eines neugeborenen Babys ist noch ziemlich untrainiert, daher kommt sie dem gestiegenen Arbeitsanfall in den ersten Tagen oft nicht so richtig hinterher. Faktoren, die eine Neugeborenengelbsucht begünstigen, sind Frühgeburten, manche Blutgruppenkonstellationen, eine lang andauernde oder sehr anstrengende Geburt, beispielsweise durch eine Saugglocke.

Der Höhepunkt des Bili-Anstieges ist etwa am fünften Lebenstag, danach fällt der Wert langsam wieder ab. Wenn dein Baby schon in der Klinik recht gelb erscheint (durch die Blickdiagnose der erfahrenen Kinderschwester), wird der Biliwert bestimmt, entweder mit einem »Blitzgerät« transkutan über die Haut oder per Blutuntersuchung, oft wird das zusammen mit den Stoffwechsel- / Blutuntersuchungen gemacht. Sollte der Wert sehr hoch sein (je nach Lebensstunde gibt es definierte Höchstwerte), wird – bei reif Geborenen relativ selten – eine sogenannte Phototherapie eingeleitet. Dazu liegt das Baby nackt in einem speziellen Plexiglas-Wärmebettchen und wird mit blauem Licht (kein UV-Licht!) bestrahlt. Dabei muss es eine kleine Sonnenbrille tragen und darf nur zum Stillen bei dir sein. Üblicherweise dauert diese Therapie 24 bis 48 Stunden.

Praxisanwendung: Unterstützung der Bilirubinausscheidung

Das Abbauprodukt Bilirubin wird über den Darm ausgeschieden, es hat eine fettlösliche Substanz. Deshalb ist alles gut, was die Ausscheidung über diesen Weg unterstützt: In erster Linie bedeutet das: anlegen, anlegen, anlegen, damit dein Baby eben viel in die Windeln macht und das Bilirubin loswird. Bilirubin wird über den Leberstoffwechsel über die Galle in den Darm abgegeben. Wenn es dort zu lange verweilt, wird es wieder zurück in die Blutbahn aufgenommen und muss dann erneut den Weg über die Leber zurücklegen.

Bilirubin macht Babys oft müde. Ein gelbes Baby sollte also – als Ausnahme von der Regel »Babys sagen Bescheid, wenn sie Hunger haben« – einige Tage lang konsequent nach etwa drei Stunden zum Trinken geweckt werden. Besprich das genaue Prozedere mit deiner Hebamme; sie hat die Entwicklung genau im Blick und kann diese Notwendigkeiten einordnen, du wahrscheinlich noch nicht. Manche Eltern freuen sich einfach nur über die »gesunde« Gesichtsfarbe und das besonders friedliche, viel schlafende Baby – in dem Fall ist das etwas trügerisch.

Maßnahmen

- Häufiges Anlegen ist das Wichtigste.
- Für die Funktion aller Organe ist gute Durchblutung und Körperwärme wichtig. Halte dein Baby schön warm, nah bei dir am Körper, setze ihm ein Wolle-Seide-Häubchen auf, zieh ihm Wolle-Seide-Unterwäsche und Wollsocken an, und, falls dann die Händchen noch immer kalt sind, leg ihm eine warme Wärmflasche an die Füße.
- Ein feucht-warmer Leberwickel kann die Leberfunktion unterstützen.
- Tageslicht – vor allem am Morgen – hat einen natürlichen Blaulichtanteil, der bei der Fototherapie für den Abbau über die Haut sorgt. Vermutlich hat das keinen wirklich physikalisch messbaren Effekt, aber es schadet jedenfalls nicht: Lege dein Baby nackt (und schön warm, etwa mit einer Wärmelampe oder -matte) ans Tageslicht oder stelle zumindest den Stubenwagen ans helle Fenster.

Tränenkanalstenose (Schmieräuglein)

Manchmal sind in den ersten Tagen und Wochen nach der Geburt die Augen deines Babys tränig und hin und wieder etwas gelblich verklebt. Oft liegt das daran, dass der kleine Tränengang zwischen Auge und Nase noch nicht gut durchgängig ist – eine kleine Membran versperrt den Tränenweg. Dadurch laufen die Augen gewissermaßen über und tränen, oft wird das Sekret in den nächsten Tagen gelblich, sammelt sich im inneren Augenwinkel oder verklebt das gesamte Auge. Das kann schnell recht wüst aussehen. Der Übergang zu einer leichten Bindehautreizung ist dann fließend, so gut wie nie allerdings muss man sie antibiotisch behandeln.

Oft treten verengte Tränenkanälchen nur einseitig auf oder sie sind einseitig schlimmer. Manchmal sieht man dann beim genauen Hinsehen, dass das Näschen noch etwas schief ist, oft bedingt durch die Lage in der Gebärmutter oder während der Geburt. Fast immer gibt sich das im Laufe der nächsten Tage von ganz allein.

Das hilft bei verklebten Augen

- Du kannst die Äuglein mit einem frischen Abschminkpad und frischer Muttermilch von außen nach innen auswischen. Diesen mit Muttermilch getränkten Abschminkpad erhältst du am einfachsten, wenn du beim Stillen an der Brustwarze, an der du gerade nicht stillst, einen Abschminkpad platzierst.
- *Euphrasia* (heißt nicht umsonst Augentrost) ist das pflanzliche Heilmittel. Einzeldosis-Augentropfen (die sind ohne Konservierungsmittel) gibt es in der Apotheke. Deine Hebamme zeigt dir, wie du deinem Baby am besten Augentropfen verabreichst.
- Deine Hebamme kann dir auch eine kleine Massage rund ums Auge zeigen, die das Öffnen des Tränenganges erleichtert.
- Wenn es darunter schlimmer wird oder das Auge rot, dick oder schmerzend wird, lass deinen Kinderarzt draufschauen.
- Tränenkanalstenosen sind oft hartnäckig, mal ist es ein paar Tage gut, dann kommt es wieder. Es gibt Kinder, die einige Wochen brauchen, bis es ganz weg ist. Es ist ein lästiges, aber ziemlich harmloses Phänomen.

Physiologische Kochsalzlösung selbst herstellen

Physiologische Kochsalzlösung ist das optimale Zeug, wenn es darum geht, sensible Stellen des Körpers zu spülen, abzuwischen oder zu befeuchten. Du kannst damit den Bauchnabel reinigen oder andere kleine Wunde spülen, die Augen auswischen oder eine Nasenspülung machen. Sie orientiert sich am Salzgehalt unserer Körperflüssigkeiten, und der beträgt 0,9 Prozent.

Man kann sie fertig abgefüllt in kleinen Plastikampullen in der Apotheke kaufen (praktisch für die Hausapotheke, um sie immer griffbereit zu haben, oder auf Reisen), für die Anwendung zu Hause kann man sie aber auch ganz leicht selbst machen: Frisch mit kochendem Wasser zubereitet ist sie (nahezu) keimfrei, also steril.

- Nimm dazu eine kleine saubere Saft- oder Smoothieflasche aus Glas oder ein Marmeladenglas.
- Löse darin knapp 1 TL Salz (ganz normales Kochsalz aus der Küche) in 250 ml kochendem Wasser auf.
- Verschlossen im Kühlschrank bleibt die Lösung ein paar Tage haltbar.
- Wenn sie Lösung schmeckt wie deine Tränen, ist das Wasser-Salz-Verhältnis perfekt.

Kephalhämatom: eine dicke Beule

Relativ selten kann sich durch die physiologischen, aber letztlich doch auch enormen physikalischen Druckverhältnisse während der Geburt zwischen Knochen und Knochenhaut ein kleiner Bluterguss am Köpfchen des Kindes bilden. Anders als die sogenannte Geburtsgeschwulst, ein weich-ödematöses »Hörnchen« auf dem Hinterkopf, das direkt nach der Geburt sichtbar ist und binnen weniger Stunden schon verschwunden ist, bildet sich ein Kephalhämatom oft erst Stunden, manchmal auch erst wenige Tage nach der Geburt. Es ist immer durch die Knochengrenzen der Schädelnähte begrenzt, fast immer ist das Scheitelbein betroffen, dein Baby entwickelt diese Beule also meistens auf dem seitlichen Hinterkopf. Auch das sieht schlimmer aus, als es ist – allerdings ist es recht langwierig. Es dauert oft einige Wochen, bis es verschwunden ist. Manchmal scheint es den Babys an der Stelle wehzutun, manchmal aber auch gar nicht. Sei einfach achtsam mit Berührungen an dieser Stelle.

- Arnika-Tüchlein (aus der Apotheke, z. B. von *Wala)* können beim Stillen auf das Hämatom gelegt werden. Fixiert mit einem Mützchen können sie gut einige Zeit dort liegen bleiben.
- Auflagen mit *Traumeel*®-Salbe: Auch diese Auflagen können lindern und die Resorption unterstützen. Streiche etwas Salbe auf eine Kompresse und lege sie auf das Hörnchen.

Die U2

Diese zweite Vorsorgeuntersuchung findet zwischen dem dritten und zehnten Lebenstag statt. Wenn ihr nicht außerklinisch geboren habt oder ambulant nach einer Klinikgeburt nach Hause gegangen seid, geschieht das also noch im Krankenhaus. Meist ist das die »letzte Amtshandlung« der Klinik, bevor ihr dann nach Hause entlassen werdet. Das Timing der U2 ist der wesentliche Grund für die typische dreitägige Aufenthaltszeit nach einer Geburt im Krankenhaus: Der dritte Lebenstag ist der frühestmögliche Zeitpunkt für die U2. Bleibt man also in der Klinik, hat man damit schon ein paar der empfohlenen Vorsorgeuntersuchungen abgefrühstückt (Sauerstoffmessung, Stoffwechseltest, U2, Hörtest), die man sonst irgendwie selbst organisieren müsste – was im Rahmen einer gut vorbereiteten ambulanten Geburt aber natürlich möglich ist.

Wichtig: Nur der Stoffwechseltest hat von allen Untersuchungen dieses enge Zeitfenster, und den kann – mit vorheriger ärztlicher Aufklärung für die Humangenetik – auch deine Hebamme entspannt bei euch zu Hause abnehmen. Ansonsten hat die U2 Zeit bis zum zehnten Tag nach der Geburt. Niemand muss am dritten Lebenstag des Babys mit wackeligen Knien und Wochenbettblues im Herzen durch die halbe Stadt fahren und lange Zeit im Wartezimmer verbringen! Kinderärzte timen die U2 so, dass ihr weder mit fremden windpockenkranken Kindern im Wartezimmer sitzt, noch lange warten müsst.

Es ist in den heutigen Zeiten, die von einer gewissen angespannten Lage im Gesundheitswesen geprägt sind, wichtig, sich rechtzeitig nach einem Kinderarzt umzusehen, zumal die U2 ja nur einen kurzen Planungsvorlauf hat. Es ist also sinnvoll, dass ihr euch um die Organisation der U2 schon am Ende der Schwangerschaft kümmert, wenn ihr mit dem Gedanken spielt, ambulant nach Hause zu gehen. Mehr dazu findest du im Kapitel »Ankommen« unter »Ambulante Geburt«.

Die U2 ist die erste richtig ausführliche Untersuchung durch einen Kinderarzt. Sie läuft ähnlich ab wie die U1, man schaut sich das Baby also in allen Einzelheiten noch mal von Kopf bis Fuß an. Organe, Geschlechtsteile, Haut und Gelenke des Säuglings werden unter die Lupe genommen. Wie hat sich das Baby »entfaltet«, wie bewegt es sich, wie ist sein Muskeltonus, seine Hautfarbe, ist es schreckhaft, wie hört sich sein kleines Stimmchen an?

Die Kinderärztin erkundigt sich, wie die ersten Tage und Nächte mit dem Baby so verlaufen sind, ob das Stillen gut klappt und was ihr so in der Windel vorfindet (Form, Farbe, Menge, Konsistenz, – sie will alles genau wissen).

Auch das Hüftgelenk, das größte Gelenk im menschlichen Körper, wird bei der Gelegenheit einmal angeschaut. Eine genaue Untersuchung per Ultraschall bekommt das Baby dann bei der U3.

Die Kinderärztin kontrolliert außerdem einige typische Reflexe. Sie achtet zudem auf den Verlauf einer möglichen Neugeborenengelbsucht, und das Baby bekommt noch einmal seine Vitamin-K-Prophylaxe.

Was ist eine Perzentile?

Perzentilenkurven begegnen dir an verschiedenen Stellen im Kinderuntersuchungsheft. Hier beziehen sie sich auf die Körpermaße: Körperlänge und -gewicht, in den ersten Lebensjahren auch der Kopfumfang. Der Begriff Perzentile ist ein Ausdruck aus der medizinischen Statistik, lateinisch: Hundertstelwert. Eine Perzentile ist quasi ein Vergleichsmaß, das anzeigt, wie sich dein Kind in Größe und Gewicht im Vergleich zu gleichaltrigen Babys entwickelt. Ist es eher groß oder klein? Schwer oder leicht?
Die 50er Perzentile stellt dabei den Durchschnittswert dar. Als »normal« wird dabei der Bereich zwischen der 3er- (eher klein/leicht) und der 97er- (eher groß/schwer) betrachtet.
Wenn also 100 zufällig ausgesuchte Kinder wie kleine Orgelpfeifen in einer Reihe stehen, sind die größten drei oberhalb, die kleinsten drei unterhalb dieser Normkurve, die anderen 94 im großen Feld dazwischen, das man in dieser Definition als »normal groß« beschreibt. Die regelmäßige Kontrolle ist vor allem in den ersten beiden Lebensjahren wichtig, um das Gedeihen und die körperliche Entwicklung deines Babys beurteilen zu können. Es gibt dabei enorme Unterschiede bei kleinen Kindern, die zu einem großen Teil genetischer Natur sind. Lass dich nicht von Begriffen wie »zu klein« oder »zu schwer« beunruhigen. Neben diesen absoluten Werten ist der Verlauf wichtig, den man am besten grafisch dargestellt auf den Kurven sehen kann. Ein Baby sollte im Verlauf möglichst nicht sehr weit von »seiner« Kurve nach oben oder unten abrutschen, größere Sprünge guckt man sich dann genauer an.

Komische Sachen: Zucken, Röcheln & Co …

In den ersten Lebenswochen macht ein Baby komische Sachen, die ihr als unerfahrene Eltern noch nicht kennt. Ein bisschen ist es so, als hätte man ein neues Haustier bekommen, das man nun Tag und Nacht die ganze Zeit verliebt anguckt und bestaunt. Und natürlich fallen einem da allerlei merkwürdige Dinge auf, die regelmäßig vorkommen und die Anlass für kleine Videos oder Tonspuren sind, die ihr nachts um drei besorgt per WhatsApp an eure Hebamme verschickt.

Babys atmen oft noch unregelmäßig: Einen Moment lang atmen sie ganz schnell, fast hechelnd, dann wieder machen sie eine lange Pause. Oder sie atmen im Schlaf so zart und kaum merklich, dass man sie fast anstupsen, oder das Ohr ganz nah an Mund und Nase heranhalten möchte, um sicherzugehen, dass sie überhaupt noch atmen. Oder sie machen komische Geräusche: Manchmal quietschen Babys beim Atmen oder sie grunzen. Manchmal röcheln sie auch: Dann ist meist eine kleine Pfütze Milch oder etwas Speichel in der Nähe des Gaumensegels, das dann beim Atmen hin- und hervibriert und eindrucksvolle Geräusche macht. Alles das ist nicht schlimm, und du wirst dich daran gewöhnen.

Auch die Zustände von Schlafen und Wachen sind bei Babys noch nicht so ganz scharf voneinander zu trennen. Sie gleiten hinüber, dösen, und auch, wenn wir nichts darüber wissen, was Babys träumen, können wir sicher sein, dass sie es tun. Denn das sieht man oft: Hin und wieder schlafen Babys mit halb geöffneten Augen, beim Abtauchen in die Traumwelt rollen sie mit den Augen. Bisweilen sieht man hinter den halb geschlossenen Lidern nur das Weiße hin- und herflackern, dabei lächeln Babys manchmal oder zucken mit den Händchen. Das sieht manchmal ein bisschen unheimlich aus, aber auch das ist: völlig normal.

Die U3

In der vierten bis sechsten Lebenswoche findet die U3 statt. Wahrscheinlich ist bei euch schon etwas Babyroutine eingekehrt. Oft ist die U3 dann der erste, aufgeregt erwartete Termin, an dem man pünktlich um 9 Uhr morgens irgendwo sein muss und natürlich einen möglichst guten Eindruck machen möchte: Ein frisch gebadetes Baby vorführen und sich als Eltern schon mal sehr souverän ins Bild rücken. Vermutlich wird dies fragile Konstrukt schon auf dem Weg dorthin im unerwartet sperrigen Baby-Autositz von einer frisch explodierten Windel zerstört – mach dir überhaupt nichts draus, dein Kinderarzt kennt das Szenario genau so und nicht anders.

Bei der U3 lernen viele Eltern zum ersten Mal die Kinderärztin kennen, die sie nun im besten Fall viele Jahre gemeinsam begleitet. Auch ein bisschen aufregendes Date in dieser Hinsicht also. Mit allem, was es zu besprechen, zu erfragen, berichten und untersuchen gibt, dauert die U3 ungefähr eine Stunde lang. Natürlich ist es total üblich, dass euer Baby zwischendurch weint, ungeduldig ist und am Busen trinken will. Auch da also: Easy. Kriegst du hin, erstaunlicherweise zum ersten Mal auch ohne einen Turm aus Stillkissen. Ihr unterhaltet euch über eure gemeinsam verlebte Zeit: Wie hat sich euer Baby in den vergangenen Wochen entwickelt? Wie sind die Tage und die Nächte? Seht ihr Schwierigkeiten beim Trinken, Verdauen oder Schlafen? Könnt ihr euer Baby gut beruhigen? Über viele dieser Themen habt ihr euch ausführlich schon mit der Hebamme besprochen – die Wochenbettbetreuung neigt sich nun dem Ende zu.

Zum Abschluss wird dann – wie bei jeder der »U-Untersuchungen« – routinemäßig die Größe, das Gewicht und der Kopfumfang des Babys gemessen und ordnungsgemäß in die Tabellen eingetragen. Der Kinderarzt dreht und wendet

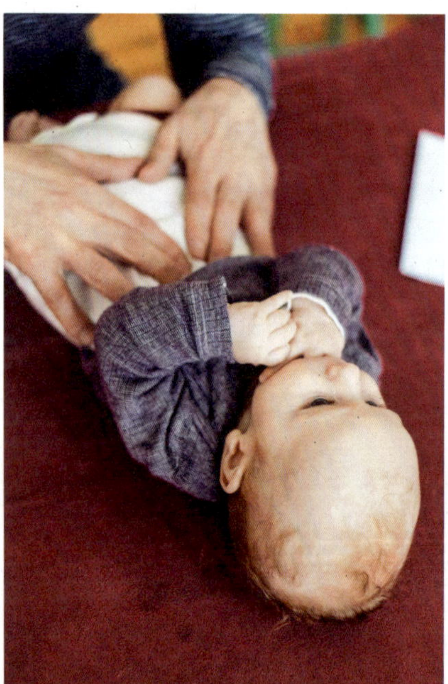

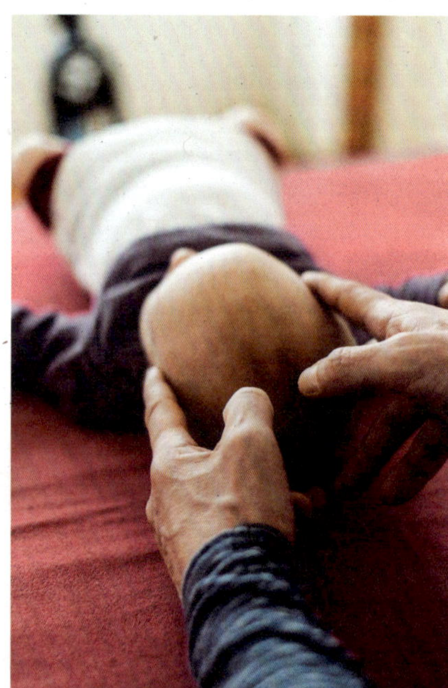

das Baby und checkt nebenbei gleich ein paar typische Stellreflexe wie etwa den *Moro-Reflex* oder Sachen mit fancy Namen wie der *asymmetrisch-tonische Nackenreflex (ASTNR).* Er schaut auf bestimmte Haltungs- und Bewegungsmuster, er achtet etwa darauf, ob das Baby seinen Kopf in Bauchlage bereits halten kann und ob es die Händchen von selbst öffnet.

Bei der U3 kann euer Baby schon einem Gegenstand mit den Blicken folgen und zeigt Reaktionen auf Geräusche, und – eines der zauberhaftesten Entwicklungsschritte im frühen Babyalter: Es lächelt freundlich zugewandte Menschen an!

Möglicherweise verliert der Kinderarzt schon ein paar Worte zum Thema Impfen, auch diese Entscheidungen stehen demnächst an. Einen Plan zu den vorgesehenen Impfungen im Babyalter laut *STIKO (Ständige Impfkommission)* findest du im Anhang.

Hüftdysplasie: ein Ultraschall

Weil das Hüftgelenk eben das größte Gelenk des Körpers ist und als Kugelgelenk ganz komplexe Funktionalitäten aufweist, ist es auch das Gelenk, das häufig noch etwas unreif auf die Welt kommt: Nicht immer hat sich zum Zeitpunkt der Geburt die Hüftpfanne bereits schön rund und gleichmäßig um den Kopf des Oberschenkelknochens herum ausgebildet. Diese Unreife des Hüftgelenks nennt man *Hüftdysplasie.*

Ungefähr eines von 200 Kindern ist davon betroffen, in knapp 80 Prozent der Fälle sind das Mädchen (Frauen und Mädchen haben ein etwas anders geformtes Becken – remember: mit dem können sie Kinder kriegen). Oft fällt diese Unreife von außen zunächst überhaupt nicht auf, früher wurde sie also oft übersehen. Mit der Folge, dass nicht wenige dieser Menschen ein paar Jahrzehnte später Verschleißerscheinungen (durch diese angeborene »Unwucht« im Hüftgelenk) wie eine Hüftarthrose entwickelten und früher oder später eine künstliche Hüfte benötigten.

Deshalb hat man vor einiger Zeit das sogenannte Hüftscreening per Ultraschall eingeführt. Damit kann man schon im ganz frühen Babyalter angeborene Hüftdysplasien entdecken und sie relativ einfach konservativ behandeln: Die Hüfte kann besonders schön nachreifen, wenn die Beinchen angehockt in einer gewissermaßen »Fröschchenposition« im Becken lagern. Je nach Ausmaß (im Ultraschall werden bestimmte Winkel gemessen und in einem *Graf'schen Sche-*

ma eingeteilt) gelingt dies mit dem sogenannten »Breit-Wickeln« (am einfachsten mit dicken Frottee-Stoffwindeln), dem Tragen im Tragetuch oder – wenn die Hüftdysplasie ausgeprägter ist – mit einem kleinen Gestell, der sogenannten Spreizhose (»Tübinger Schiene«). Damit sieht das Baby aus wie ein kleiner Fallschirmspringer. Je früher die Diagnose gestellt wird, umso kürzer ist die Therapie mit diesen Hilfsmitteln. Nur ganz selten ist heutzutage bei ausgeprägten Befunden eine OP nötig (0,2 pro 1000 Babys). Daher wird zu dieser Ultraschalluntersuchung bei allen Kindern rund um die U2 geraten: Manche Kinderärzte führen diese selbst durch, andernfalls bekommt ihr eine Überweisung zu einem Orthopäden. Nur dann, wenn dein Baby in Beckenendlage gelegen hat oder in der Familie Hüftgelenksdysplasien bekannt sind, wird diese Untersuchung bereits innerhalb der ersten Lebenswoche empfohlen. Oft macht man sie dann schon in der Klinik im Rahmen der U2 und wiederholt sie noch einmal rund um die U3.

Babygesundheit im 2. Vierteljahr

Meistens ist die Gesundheit im zweiten Lebensvierteljahr ziemlich stabil. Dein Baby ist gut auf dieser Welt angekommen, alle turbulenten Umstellungsvorgänge haben sich an das Leben hier draußen gewöhnt. Der ganze komplexe Magen-Darm-Trakt hat sich mittlerweile gut auf die Nahrungsaufnahme eingestellt und die Darmflora stabilisiert sich, sodass eventuell aufgetretenes Bauchweh und Pupsereien nun langsam vorüber sind. Durch den *Nestschutz* sind Babys in dieser Zeit oft vor Infekten noch ganz gut geschützt. An den Grenzflächen – also an Haut und Schleimhaut – gibt es in dieser Zeit manchmal noch ein paar Turbulenzen.

Windeldermatitis

Ein »normaler« wunder Po und eine »richtige« Windeldermatitis, also eine Entzündung der Haut, liegen nah beieinander und gehen manchmal fließend ineinander über. Es gibt Babys, die sehr schnell zum Wundwerden neigen, andere haben einen widerstandsfähigeren Po. Im Kapitel »Pflege und Zuwendung« findest du erste Maßnahmen zu einem wunden Po – wenn diese nicht ausreichen, dann versuche Folgendes:

- **Luft und Licht an den Po,** lasse dein Baby oft windelfrei herumstrampeln. Eine Wärmelampe mit Ständer lässt sich auch mobil auf den Krabbelplatz im Wohnzimmer schwenken.
- **Adstringierende und mild desinfizierende pflanzliche Extrakte** sind hilfreich, etwa in Form von alkoholfreien Hydrolaten, wie im Recover Spray *(into life ®)*. Oder 1:10 verdünnte Tinkturen, etwa Calendula-Essenz, auf einen Abschminkpad geben und den Po damit abtupfen (Achtung: Diese nur auf heiler Haut anwenden, sonst brennt es wegen des Alkoholgehalts).
- Nach dem Säubern, Trocknenlassen und Luftbad ist **Lavendelöl** toll. Es pflegt, hat eine desinfizierende Wirkung und ist dabei ganz mild: Nimm 20 Tropfen davon auf 20 ml Wasser und betupfe den Po damit.
- Eine **Salbe** pflegt den Po und bringt heilende Substanzen auf die Haut: Der all-time-Klassiker *Mirfulan®* enthält neben Zink zusätzlich noch Lebertran, Vitamin A und D, die die Haut beruhigen und in ihrer Neubildung unterstützen. Allerdings ist Paraffin, ein Rohstoff auf Erdölbasis, nicht unumstritten. Die auch zinkoxidhaltige *Weleda*-Wundschutzcreme enthält natürliche Inhaltsstoffe wie Mandelöl und Calendula-Auszüge.

Soor

Einer der verbreitetsten Halunken, der sich in die noch wenig widerstandsfähige Haut- und Mundflora einschleicht, ist der Candida-Hefepilz. Babys sammeln sich den gern auf der Haut oder auch im Mund und Darm ein, weil die Schutzflora eben noch nicht so gut aufpassen kann und Hefepilze überall in unserem Umfeld vorhanden sind. Eine Infektion mit dem Candidapilz nennt man beim Baby *Soor*. Manche Babys infizieren sich schon bei der Geburt, weil Candida auch in der Scheide recht verbreitet ist, andere im Krankenhaus oder zu Hause. Babys, die einen Schnuller haben, sind häufiger betroffen.

Soor am Po

Eine Soorinfektion zeigt sich im Windelbereich an einem typisch geröteten Po mit pünktchenförmigem, pusteligem Ausschlag, oft gut erkennbar an den sogenannten Satellitenpusteln: versprengte, einzelne rote Pusteln. An den Rändern erscheint die Haut oft etwas trocken oder rau. Im Frühstadium reichen oft verdünnte ätherische Öle, die eine hohe antifungizide Potenz haben, dabei aber sehr mild und hautpflegend sind und so gut wie keine Resistenzen fördern.

Manchmal ist es komplizierter und die Pilzinfektion setzt sich auf eine bestehende Windeldermatitis. Lass deine Hebamme schauen, worum es sich wirklich handelt. Neben den Tipps bei einer Windeldermatitis hilft bei einem Pilz:

- Wenn du **Feuchttücher** benutzt, lasse sie spätestens jetzt **unbedingt weg.** Die darin enthaltenen Konservierungsmittel stören die Entwicklung der schützenden Hautflora, sodass sich Candidasporen im feuchtwarmen Milieu dankbar vermehren können.
- Verwende zum Reinigen vorübergehend **Einmalwaschlappen oder Wattepads** – oder Stoffwaschlappen, die du nach jedem Gebrauch wechselst (Waschen bei 60 °C reicht).
- **Mische 20 Tropfen ätherisches Lavendelöl mit 20 ml Babyöl** und betupfe den Po damit.
- **Rose-Teebaum-Hydrolat und Rose-Teebaum-Salbe** (beides *Ingeborg Stadelmann)*
- Wenn das nicht reicht, nach zwei bis drei Tagen keine Besserung zu sehen ist oder der Pilz immer wiederkommt, hilft **Schulmedizin** in Absprache mit deiner Hebamme oder dem Kinderarzt: Eine Salbe mit Nystatin (etwa *Multilind®)* oder Miconazol (etwa **Infectosoor®).**

Soor im Mund

Nicht nur der Po, sondern auch der Mund kann von einer Soorinfektion betroffen sein. In diesem Fall siehst du erst auf der Zunge, später auch auf der Innenseite der Wangen und Lippen typische weiße, stecknadelkopfgroße Stippchen, die sich mit einem Zipfel des Spucktuches nicht wegwischen lassen.

Auf der Zunge ist Soor nicht immer so ganz eindeutig als solcher zu erkennen. Manchmal sind es nur geronnene Milchreste (die lassen sich aber wegwischen) oder es ist einfach etwas »Zungenbelag«. Wenn die Zunge nicht übermäßig pelzig weiß ist, sondern nur in der Mitte etwas belegt, und sich keine Ausbreitung auf den Rest des Mundinneren zeigt, kannst du unter sorgfältiger Beobachtung auch noch abwarten. Wenn allerdings der Po immer wieder Pilzinfektionen zeigt, ist es sinnvoll, den gesamten Verdauungstrakt »von oben bis unten« zu behandeln.

- Wenn der Soorbefall nur leicht ist und du zunächst unbedingt mit »etwas Natürlichem« starten möchtest: Ätherisches Rosenöl desinfiziert und ist so mild, dass es innerlich an der Mundschleimhaut angewandt werden kann, z. B. Rosenöl 1 Prozent *(Ingeborg Stadelmann).*

- Die **schulmedizinische Variante: ein Mundgel,** auch wieder mit den beiden Antipilz-Wirkstoffen Nystatin (z. B. *Nystaderm® Mundgel)* oder Miconazol *(Infektosoor® Mundgel).*

Bindehautentzündung

Anders als die Tränenkanalstenose, die in der allerersten Babyzeit häufig auftritt und die keine Infektion darstellt, gibt es auch die durch Bakterien oder Viren ausgelösten, infektiösen Bindehautentzündungen. Bei diesen Bindehautentzündungen bildet sich dickes, gelbes Sekret, das vor allem morgens oder nach dem Tagesschläfchen zu dick verklebten Augen, manchmal mit richtigen gelben Krusten führt. Später kommt dann eine mehr oder weniger ausgeprägte Rötung des Auges hinzu oder das äußere Auge schwillt an.

Äußerlich lassen sich virale oder bakterielle Bindehautentzündungen schwer voneinander unterscheiden. Später, im Kindergartenalter, ist die ansteckende epidemische Bindehautentzündung häufig, die auch die Hornhaut befällt und ziemlich unangenehm sein kann. Fremdkörper wie Fusseln oder Sandkörner können ebenfalls eine gereizte Bindehaut auslösen, später dann auch Allergien, vor allem gegen Pollen (die meist mit Niesen und einer laufenden Nase einhergehen). Sprich: Es gibt viele unterschiedliche Gründe, die laienhaft nicht gut abzugrenzen sind. Wenn sich also mit den üblichen Hausmitteln (vorsichtiges Auswischen der Augen und den im Kapitel »Tränenkanalstenose« genannten Maßnahmen) nach ein bis zwei Tagen keine Besserung abzeichnet, lass deinen Kinderarzt darauf schauen.

Die U4

Zwischen dem dritten und vierten Lebensmonat findet die U4 statt. Etliche Elemente kennst du bereits, sie bleiben weiterhin wichtiger Bestandteil der Vorsorgeuntersuchungen: Dein Baby wird gemessen, gewogen und von Kopf bis Fuß angeguckt und abgetastet. Bei der U4 kommen die Sinneswahrnehmung und die Interaktion in den Fokus. Dein Baby wird mehr und mehr zum spürbar sozialen Wesen, es hält den Blickkontakt (oder wendet sich ab), es lächelt freundlich zugewandte Menschen an. Das Hör- und Sehvermögen wird überprüft, das

Baby folgt Gegenständen mit dem Blick, hört ein Glöckchen und reagiert darauf.

Es hat aktiv seine Händchen entdeckt und führt sie zusammen oder greift bereits und übt sich im Hand-Mund-Kontakt.

Die Fontanellen werden abgetastet, langsam schließt sich die große Fontanelle am Vorderhaupt. In der Bauchlage kann dein Baby nun den Kopf selbst anheben und es beginnt, sich mit den Unterarmen aufzustützen. Es kann seinen Kopf selbst halten, wenn man es an den Armen hochzieht.

Viele Kinderärzte legen auch den ersten Impftermin auf die U4. Eine Adresse zur Übersicht der empfohlenen Impfungen findest du im Anhang.

Babygesundheit im 2. Lebenshalbjahr

Die U5

Im sechsten bis siebten Lebensmonat steht die nächste Untersuchung beim Kinderarzt an: die U5.

Ein halbes Jahr ist vorbei, und aus deinem winzigen Neugeborenen ist ein richtig speckiges Baby geworden, das lustige Geräusche macht und mit ersten Babylauten und Lautketten (»da-da-da«) bisweilen munter plappert.

Manchmal braucht dein Baby bei der Kinderärztin ein wenig, um in der Sprechzimmersituation warm zu werden, und reagiert das erste Mal befremdet – manche Babys beginnen in diesem Lebensalter zu fremdeln.

Nach den üblichen Routinemessungen wie Gewicht und Größe schaut sich deine Kinderärztin die Beweglichkeit und Körperbeherrschung des Kleinen genau an. Kann es sein Köpfchen halten, wenn man es zum Sitzen hochzieht? In der Bauchlage sollte es sich nun schon mit den gestreckten Armen aufstützen können und damit seinen Oberkörper anheben. Zudem kann das Kind Gegenstände greifen und von einer Hand in die andere geben. Manche Kinder rollen sich bereits vom Rücken auf die Seite und auf den Bauch.

Wie immer gilt: Die Spannbreite des Normalen ist sehr groß. Kinder entwickeln sich in sehr unterschiedlichem Tempo, die eine oder andere Verzögerung ist noch lange kein Grund zur Besorgnis. Dein Kinderarzt interessiert sich nicht für Höchstleistungen, sondern fragt euch nach eurem Alltag. Auch die Funktion von Augen und Ohren checkt der Kinderarzt noch mal und testet z. B., ob das Kind seinen Kopf einer Geräuschquelle zuwendet. Beikost ist möglicherweise ein Thema in der ärztlichen Beratung, vielleicht hast du auch noch mal einen Termin mit deiner Hebamme dazu verabredet.

Wenn dein Baby das erste Mal krank ist …

Die erste Erkrankung, den ersten Infekt, den du mit deinem Baby erlebst, fühlt sich immer schlimm an. Die meisten Eltern sind dann maximal verunsichert und beunruhigt. Eben noch hättest du Stein und Bein schwören können, dass du ja zu den *coolen Eltern* gehörst, nun möchtest du am liebsten nachts um drei in die Notaufnahme fahren. Schon harmlose Virusinfekte lassen die Kinder sehr verändert erscheinen, und ihr fragt euch, ob euer Baby nur ein bisschen krank ist oder ob etwas Ernstes dahintersteckt. Je kleiner ein Kind ist, umso schwieriger ist es, diese Krankheitszeichen zu deuten, und davon, dass euer Kind euch sagen kann, was los ist, seid ihr noch meilenweit entfernt. Gleichzeitig gehören Infekte und damit eben auch »Krankheiten« zum Gesundsein bedingungslos dazu.

Nestschutz

Wenn ein Baby auf die Welt kommt, ist es immunologisch betrachtet erst mal buchstäblich »nackt«. Die Mutter »leiht« dem Baby aber praktischerweise ihre Immunkompetenz über die Plazenta und bei gestillten Babys auch weiterhin über die Muttermilch. Ein gestilltes Baby genießt also ein Viertel- bis halbes Jahr lang noch diesen sogenannten Nestschutz. In dieser Zeit wird es sich eigene Abwehrkräfte erwerben, es »lernt« täglich durch den Kontakt mit Keimen im Umfeld, wo eine Immunantwort notwendig ist und wo nicht.

Irgendwann, vielleicht mit sechs Monaten, vielleicht mit acht – je nach Jahreszeit und Vorhandensein kleiner »Keimschleudern« in Gestalt von Geschwisterkindern –, bekommt dein Baby seinen ersten Infekt, wird es das erste Mal krank.

Typische frühe Infektzeichen

- **Dein Baby ist auffallend anders als sonst,** zunächst vielleicht einfach weinerlicher, empfindsamer, anhänglicher. Es will immerzu auf den Arm, an die Brust, wenn du noch stillst, Alleinsein verträgt es gar nicht – und du wunderst dich erst mal, was denn auf einmal los ist …

- Vielleicht ist es auch **müder als sonst,** nickt öfter auf dem Arm ein, schläft tagsüber länger als sonst. Andere Babys sind zwar müder, aber schlafen gar nicht gut, sind unruhiger, wachen immer wieder weinend auf.
- Früher oder später merkst du dann: **Dein Baby fühlt sich heiß an, die Äuglein sind glasig, die Nase läuft.** Oder auch: Es sieht blass aus und hat dicke Ringe unter den Augen, mit ganz müdem Blick.

Es braucht etwas Zeit und einige Krankheitsepisoden, dann kannst du diese Signale immer besser einordnen. Ab dem zweiten Lebenshalbjahr häufen sich die Infekte. Bis ins Grundschulalter bleibt das so, und mal wieder in sehr unterschiedlicher Ausprägung: Einige Kinder haben zehn bis zwölf fieberhafte Infekte pro Jahr, kaum sind sie gesund, werden sie gleich schon wieder krank, andere sind robuster. Auch innerhalb einer Geschwistergruppe gibt es – trotz gleichen Genpools, gleicher Umgebung, gleicher Muttermilch – große Unterschiede. Die einen haben es immer an den Ohren, die anderen husten. Einige Babys werden ganz still, ruhebedürftig und kuschelig, schlafen viel, andere werden im Kranksein sehr unruhig und schrecken im Schlaf immer wieder auf. Das Immunsystem arbeitet in den ersten Jahren auf Hochtouren.

Natürlich fordert dich das sehr! Die Zeiten mit kranken Kindern sind wirklich anstrengend, weil im Zweifel jeder Infekt einigermaßen »unpassend« dazwischengrätscht. Die Nächte sind unruhig, auch du schläfst kaum, steckst dich möglicherweise sogar an, und tagsüber liegt dein kleines krankes Bündelchen nonstop in deinem Arm oder im Tragetuch und bewohnt deinen Körper. Gerade in der Stilllzeit – aber natürlich gibt es Ausnahmen – wird von den ganz Kleinen oft mehr »Mama« eingefordert als »Papa«. Entlastung tut gut: Vielleicht gibt es eine anreisende Oma, Hilfe im Haushalt oder zumindest beim Einkauf – weil man im Zweifel mit fieberndem Kind nicht vor die Tür gehen kann. Care-Arbeit will in diesen Zeiten immer besonders gut auch zwischen euch als Paar besprochen und geteilt werden. Es ist also sicher keine besonders gute Strategie, wenn der erwerbsarbeitende Elternteil ganztags im Büro verschwindet.

Mit der Zeit merkst du genau, wenn dein Baby krank wird und was es dann braucht. Das ist ein wichtiger Kompetenzgewinn für euch als Eltern, Krisen sozusagen gemeinsam zu meistern, eine neue Facette eures Kindes kennenzulernen und damit wieder ein Stückchen näher zusammenzuwachsen, im wahrsten Sinne des Wortes: Nähe und Kuscheln sind natürlich immer die beste Medizin.

Bestimmt hast du selbst intensive eigene Erinnerungen an das Kranksein als Kind. Umsorgt zu werden ist in dieser Zeit enorm wichtig.

Ein krankes Kind begleiten – was deinem Baby hilft

- **Kuscheln, Kuscheln, Kuscheln:** Kranke Babys braucht ganz viel körperliche Nähe und fordern sie einigermaßen unmissverständlich ein.
- Rechne damit, dass dein größeres Baby deutlich mehr wieder kleineres Baby wird. Es wird also anhänglicher sein, wieder mehr an den Busen wollen, auch dann, wenn es schon Beikost bekommt. Lasse das zu, soweit es dir möglich ist. Erstens gibt es **nichts Beruhigenderes als Mamas Brust,** wenn diese noch zur Verfügung steht, zweitens gewährleistest du so eine **kontinuierliche Flüssigkeitszufuhr,** das ist wichtig bei Fieber! Sei sicher: Mit dem Gesundwerden geht oft ein großer Entwicklungsschritt einher. Dein Baby wird wieder »groß«, wenn es gesund ist!
- **Kranksein ist anstrengend.** Es ist wohltuend und gesundheitsförderlich, drum herum eine ruhige Atmosphäre zu schaffen, damit dein Baby ausruhen kann. Also am besten ohne Ton- oder Bildbeschallung in Dauerschleife, in Form von Hörspielen oder Fernsehen (das gilt übrigens auch später im Kindergarten- und Schulalter). All das ist Blitzlichtgewitter für das kleine Gehirn und bringt nur zusätzlichen Stress.
- Besser geeignet – wenn auch fordernder – ist vorlesen, summen, singen, Geschichten ausdenken. Wenn du ein **Krankenlager** im Wohnzimmer aufschlägst, reicht es eurem Baby oft zumindest phasenweise, wenn es dabei ist und deine Anwesenheit spürt. Dann kannst du ein bisschen herumpuzzeln, kochen, Wäsche aufhängen. All das möglicherweise auch mit Baby im Tragetuch. Und Stunden um Stunden gemeinsam auf dem Bett oder Sofa liegen und ein bisschen dösen, lesen, kuscheln.
- Ein **kleiner Spaziergang** im Kinderwagen durch Wald oder Park an der klaren Luft kann durchaus eine gute Idee sein. Danach »noch mal schnell zur Post und durch den Supermarkt« eher nicht – denke auch daran, dass ihr andere Kinder anstecken könnt.
- Bei Fieber verliert dein Baby Flüssigkeit, auch den Schleimhäuten tut bei einem Infekt eine Befeuchtung gut. Biete deinem Baby **immer wieder etwas zu trinken** an, ausnahmsweise dürfen Tee oder Wasser leicht gesüßt sein, gegen den Elektrolytverlust und um sie ihnen schmackhaft zu machen (ein paar Krümel Haushaltszucker im Tee, ganz dünne Traubensaft-

schorle, kein Honig). Manche Babys mögen auch gern etwas mild gesalzene Hühner- oder Gemüsebrühe.

- Auch wenn dein Baby schon ein Beikostbaby ist – **kranke Kinder essen oft nicht oder nur ganz wenig.** Ein paar Löffelchen kühles Obstpüree oder Joghurt (für ältere Kinder natürlich auch der obligatorische Vanillepudding), ein paar Apfelschnitze oder klassische Dinkelcracker können angeboten werden. Es ist aber okay, wenn dein Kind erst mal eine Fastenpause macht und gar nichts essen mag.
- **Frische Luft im Zimmer:** Wenn ein Kind fiebert, sollte es leicht bekleidet sein und nicht zu warm zugedeckt werden. Das Zimmer sollte regelmäßig stoßgelüftet werden.
- **Bei Magen-Darm-Infekten:** Rechne mit häufigem und ziemlich plötzlichem Erbrechen. Lege einen Stapel Handtücher zum Unterlegen und Wechseln parat, dazu ein paar Waschlappen, Lätzchen, Spucktücher – vielleicht kannst du damit das ein oder andere Wechseln der kompletten Bettwäsche verhindern. Biete deinem Baby trotzdem oft zu trinken an (Busen geht immer, weil gleichzeitig so schön »Mama«), damit – auch wenn es die Milch gleich wieder ausspuckt – zumindest ein bisschen Flüssigkeit durchsickert. Viele dieser Infekte sind nach 24 Stunden wieder vorbei oder zumindest deutlich besser.
- **Genesungstage:** Auch wenn das Baby wieder fieberfrei ist, braucht es noch mindestens ein bis zwei weitere Tage an Reizabschirmung ohne Remmidemmi, gemütlich zu Hause, mit Schlaf nach Bedarf, um ganz wieder gesund zu werden. Unterschätze das nicht, gerade für Kinder, die schon außer Haus betreut werden, ist das wichtig.
- **Gold wert: Ein separates Krankenlager,** etwa eine wirklich bequeme Matratze in einem anderen Zimmer. So kann ein Elternteil zusammen mit dem Baby die unruhige Nacht verbringen und der andere Elternteil ein paar Stunden schlafen. Wechselt euch ab! Oft ist bei stillenden Müttern Mama mit ihrem Busen in diesen Situationen mehr gefragt als Papa, deshalb ist es gut, wenn ein Elternteil ausgeruht morgens Frühstück und Tee für alle machen kann und den Rest des Ladens schmeißt.

Kranktage mit dem Baby

Wenn dein Baby krank ist und du angestellt bist, übernimmt der Arbeitgeber fünf Tage lang vollständig die Lohnfortzahlung für den zu Hause bleibenden Elternteil (§ 616 S. 1 BGB »Vorübergehende Verhinderung«), außer, es ist im Kleingedruckten deines Arbeitsvertrages ausgeschlossen. Dann darfst du fernbleiben, wirst aber auch nicht bezahlt.

Darüber hinaus gibt es für gesetzlich Versicherte das sogenannte Kinderkrankengeld. Dieses Krankengeld wird pro Elternteil maximal 10 Tage, bei mehreren Kindern bis zu 25 Tage pro Jahr gezahlt – bei Alleinerziehenden sind es 20 bzw. 50 Tage. Dafür kommt nicht der Arbeitgeber, sondern die gesetzliche Krankenkasse des jeweiligen Elternteils in Höhe von 70 Prozent des Bruttolohns auf, allerdings nur dann, wenn kein anderer Erwachsener im Haushalt die Pflege des Kindes übernehmen kann. Auch gesetzlich versicherte Selbstständige mit Krankentagegeldanspruch haben einen Anspruch, privat versicherte Eltern bekommen nichts.

Für das Kinderkrankengeld benötigt ihr immer und ab dem ersten Tag eine Krankschreibung vom Kinderarzt. Natürlich sind auch die Eltern mit kranken Kindern gesundheitlich oft angeschlagen – und können sich dann natürlich ebenfalls krankschreiben lassen.

Die Effizienz von Homeoffice wird übrigens weitreichend überschätzt und ist natürlich nicht in allen Berufen möglich, kann dem Arbeitgeber allerdings angeboten werden, um ein wenig flexibler zu sein. Kranke Kinder sind in unseren Lebensrealitäten irgendwie nie so richtig vorgesehen, das hat spätestens die Corona-Pandemie gezeigt. Aber auch in den ganz normalen ersten zwei, drei Infektwintern ohne Pandemie gibt es Wochen, in denen am Stück immer irgendwer krank ist.

Das ist letztlich nur zu schaffen, wenn beide Elternteile ihren Teil zur Care-Arbeit beitragen, und sei es, dass eben auch die zu Hause bleibende kranke Mutter gepflegt und bekocht werden muss. Familiäre Hilfe ist Gold wert, manchmal braucht es auch eingekaufte Dienstleistungen (weitere Infos unter www.notmuetterdienst.de oder www.notfallmamas.de).

Wann zum Kinderarzt?

Die Einschätzung, ob dein Baby mehr hat als »nur einen Infekt«, bei dem außer das »Kranksein begleiten« keine besonderen medizinischen Maßnahmen nötig sind, oder ob es »richtig krank« ist, ist manchmal gar nicht so einfach, zumal du dein krankes Baby ja von dieser neuen Seite erst einmal kennenlernen musst. Jedes Kind ist eben auf seine ganz eigene Weise »typisch krank«. Ganz grob kann man sagen: Wenn ein Kind trinkt, pinkelt und zwischendurch mal lächelt, ist es vermutlich nichts »Schlimmes«, sondern das, was die Kinderärztin mit einem typischen Banalinfekt beschreibt. Obgleich es sich für euch bei den ersten Infekten keinesfalls banal anfühlt: Die meisten jungen Eltern sind einigermaßen überrascht davon, dass sie das alles – besonders die Sorgen in der Nacht – ganz schön hart trifft. Ein manchmal tröstlicher Gedanke: Während du zu Hause mit deiner kleinen Fieberbacke in den Seilen hängst, tun das unzählige andere Eltern gerade auch.

Grundsätzlich gehen auch Eltern mit Infekten natürlich sehr unterschiedlich um: Einige trauen sich zu, Fieber allein zu Hause durchaus einige Tage auszuhalten, andere sitzen bei jedem Hüsteln sofort im Wartezimmer. Von diesen grundsätzlichen Unterschieden einmal abgesehen gibt es Anlässe, bei denen du in jedem Fall zum Kinderarzt gehen solltest:

- **Grundsätzlich gilt: Je kleiner dein Baby ist, umso eher sollte der Kinderarzt das Baby anschauen.** Fieber (über 38 °C, im Po und nach einer Stunde nachgemessen) im ersten halben Lebensjahr sollte ärztlich abgeklärt werden, vor allem dann, wenn klassische Infektzeichen (Schnupfen, Husten, Heiserkeit, geröteter Rachen, Magen-Darm-Symptome wie Spucken und Durchfall) fehlen. Einfacher ist es immer, wenn die Herkunft des Fiebers auf diese Weise erklärbar ist, die Nase läuft und der Rachen gerötet ist. Mütter und Väter kennen ihre Babys am besten. Wenn es dir »irgendwie komisch« vorkommt, nimm dein Gefühl ernst.
- **Nicht-sichtbare Infektorte** sind beispielsweise die Ohren (da kann der Arzt mit seinem Ohrenspiegel hineingucken) oder die Harnwege, also

Blase und Niere. Zum Ausschließen eines Harnwegsinfekts wird der Urin untersucht.

- **Wenn dein Baby nicht mehr trinkt,** eine Trinkpause von mehreren Stunden (tagsüber) macht und auch beim Anlegeversuch an die geliebte Brust keine Anstalten macht, nuckeln zu wollen, ist das immer ein Zeichen für ein »richtig krankes Kind«. Lasse das immer zügig abklären, am Wochenende über den ärztlichen Notdienst oder in der Klinik.
- **Wenn dein Baby zunehmend teilnahmslos wirkt** und nicht zumindest zwischendurch Interesse am Lieblingsspielzeug zeigt, überhaupt nicht mehr (tapfer) lächelt, wenn ihr euch ihm zuwendet, komplett desinteressiert an seiner Umgebung ist. Nachts um drei ist das oft schlecht zu beurteilen, weil Kinder natürlich richtig platt sind vom Fieber. Die Frage »nur müde« oder »schon apathisch« ist deshalb manchmal gar nicht so einfach zu beantworten.
- Wenn dein Baby **komische, stöhnende Geräusche beim Ausatmen oder ungewöhnlich viel schaumige Spuckeblasen** macht. Auch das sogenannte Nasenflügeln (die Nasenflügel bewegen sich sichtbar beim Atmen) ist ein Zeichen für eine angestrengte Atmung und muss dringend (und zügig!) abgeklärt werden. Eine Pneumonie oder RS-Viren könnten dahinterstecken. In diesen Fällen solltest du nicht das Morgengrauen abwarten, sondern ins Krankenhaus fahren.
- **Wenn das Gesamtbild am Ende des dritten Fiebertags nicht langsam besser wird.** Die Höhe des Fiebers ist nicht unbedingt entscheidend, es gibt viele Kinder, die bei jedem (harmlosen) Infekt bis 40 °C oder knapp darüber fiebern. Hohes Fieber werdet ihr wohl oder übel in den nächsten Jahren aushalten lernen, das ist fast nie schlimm!
- **Magen-Darm-Infekte** mit permanentem Erbrechen und/oder explosionsartigem, wässrigem Durchfall, wenn gefühlt also »gar nichts« drinbleibt und das nach 24 Stunden nicht deutlich besser wird. Babys sind sehr gefährdet, zu dehydrieren, da sie noch so wenig Körpervolumen haben, und brauchen dann ggf. Infusionen im Krankenhaus.

Eine Hausapotheke für dein Baby

Wenn man sich anschaut, welches die in einer Kinderarztpraxis am häufigsten verordneten Medikamente sind, stellt man fest: Es sind zu einem absoluten Löwenanteil Medikamente gegen Banalinfekte: Fiebermittel, Nasentropfen, Schleimlöser. Und noch irritierender dürfte die Nachricht sein, dass keines dieser Medikamente einen nachgewiesenen Effekt auf die Dauer oder Schwere eines Infektes hat. Diese Tatsachen und auch die Erfahrung als Hebammen und Mütter hat uns mit den Jahren immer minimalistischer werden lassen in der Ausstattung einer Hausapotheke: Wirkliche Medizin benötigen Kinder nur im Ausnahmefall.

Anders als bei einer Reiseapotheke – unterwegs in fremden Ländern bekommt man vertraute und bewährte, vor allem naturheilkundliche Mittel, vielleicht nicht so gut und schon gar nicht an jeder Ecke und nimmt sie deshalb schlauerweise mit – brauchst du zu Hause nicht primär für alle denkbaren Erkrankungen mit diversen Medikamenten gerüstet sein. Medikamente verfallen rasch und sind letztlich bei Bedarf immer auch schnell zu besorgen. Außerdem sei der Reflexgriff zu Medizin jeglicher Art kritisch hinterfragt! Ein »banaler« viraler Infekt braucht vor allem eines: Zuwendung, Ruhe und liebevolle Begleitung. Auch »rein pflanzlich« oder »ganz homöopathisch« ist Medizin und braucht eine echte Indikation. Eine Rotznase braucht nicht zwangsläufig irgendwelche Nasentropfen, jeder Husten sofort einen Saft oder gar jedes Fieber ein Zäpfchen. In dem Stadtteil, in dem wir wohnen, scheinen einige eifrige Spielplatzmütter nicht ohne »Arnika« aus dem Haus zu gehen, das bei Bedarf aus der Handtasche gezaubert wird – kleine Tücken des Alltags brauchen nicht sofort ein Medikament.

Eine einfache Hausapotheke für Babys

- **Basics**
  - **Kochsalzlösung 0,9 Prozent** in kleinen 10 ml-Plastik-Knickampullen zum Ausspülen von Augen, Nase oder Wunden.
  - Ein **digitales Fieberthermometer** mit flexibler Spitze (z. B. von *Boso).*
  - **Pflaster in verschiedenen Größen:** Für Schürfungen oder Verbrühungen sind Hydrogelpflaster gut oder auch die *Multi-Mam*®-Kompressen (die du vielleicht von wunden Brustwarzen kennst), die nicht kleben, sondern nur aufliegen.
  - Ein **kleines Gel-Kühlakku** zum Kühlen nach Stürzen oder Prellungen – im Eisfach aufbewahrt (im Notfall eignen sich auch gefrorene Himbeeren oder Erbsen), immer in ein Tuch einwickeln, bevor es auf die Haut kommt.

- Ein paar einzeln verpackte, **sterile Kompressen.**
- Nicht-brennendes **Hautdesinfektionsspray** (z. B. *Octenisept®).*
- Eine gut schließende **Pinzette** für Splitter, gerne eine neue und nur für diesen Anlass.
- Ab dem Krabbelalter: eine **Zeckenkarte** mit verschiedenen »Größen«.

Diese Minimalausstattung kannst du gut in einem kleinen Zipperbeutel aufbewahren und, gegebenenfalls ergänzt um ein paar individuelle Kleinigkeiten von unten stehender Liste, bei Bedarf auf den Wochenendausflug mitnehmen. So musst du nicht im Ernstfall bei deiner Schwiegermutter hektisch irgendeine Schublade nach Pflastern durchkramen.

- **Erkältung**
  - **Engelwurz-Balsam** aus der *Bahnhof-Apotheke / Ingeborg Stadelmann,* Thymian- oder Majoranbutter / Thymian-Myrte-Balsam.
  - **Achtung: »Schärfere« Einreibemittel**, wie Campher, Eukalyptus oder Minze sind nichts für Babys und Kinder unter zwei Jahren! Sie können die Enge in den Bronchien sogar noch verstärken und gefährliche Kehlkopfspasmen auslösen!
  - **Abschwellende Baby-Nasentropfen** sollte man grundsätzlich bei Babys und Kindern nur zurückhaltend benutzen. Bei Ohrenschmerzen (nach Rücksprache mit eurem Kinderarzt) und häufig wiederkehrenden Mittelohrentzündungen kann das eine Idee sein (die Studienlage dazu ist allerdings eher enttäuschend). Der Wirkstoff Xylometazolin (z. B. *Otriven®)* ist seit 2020 nicht mehr für Babys unter einem Jahr zugelassen, da er bei versehentlichen Überdosierungen in sehr seltenen Fällen schwere Nebenwirkungen auf das Herz-Kreislauf-System haben kann. Oxymetazolin (z. B. *Nasivin®)* ist mit strengen Dosierungsangaben eine Option, wenn abschwellende Nasentropfen nach ärztlichem Rat indiziert sind.
  - *Otovowen®* **Ohrentropfen**, wenn euer Baby zu Mittelohrentzündungen neigt.
- **Fieber**
  - Manchen Eltern hilft das Gefühl, »für den Notfall« ein **Fiebermedikament** als Zäpfchen oder Saft zu Hause zu haben. Lies dazu mehr im Kapitel »Fieber senken mit Fieberzäpfchen« auf den folgenden Seiten.

- **Augen**
  - *Euphrasia-Einzeldosis-***Tropfen** (z. B. von *Wala®)* bei »Schmieraugen« und leichter Bindehautentzündung. Schwillt das Auge deutlich an oder bessert sich das Symptombild nicht innerhalb von zwei Tagen: Lass deine Kinderärztin draufschauen.
- **Verletzungen, Stöße**
  - *Traumeel®*-**Salbe** *(Heel)* und/oder Arnika-Salbe bei ersten »Krabbel- oder Laufunfällen« (wie Beulen und dicken blauen Flecken nach einem heftigen Stoß gegen die Heizung oder die Tischkante), bei stumpfen Verletzungen.
  - Nicht-brennendes **Hautdesinfektionsspray** *(Octenisept®)* bei offenen, ggf. verunreinigten Wunden (auf dem Spielplatz oder im Wald).
- **Insektenstiche, Verbrennungen**
  - Ein **kühlend-linderndes Gel** ist z. B. das *Combudoron-Gel® (Weleda).*
  - Hochreines **ätherisches Lavendelöl.** Kaufe ätherische Öle niemals auf dem Wühltisch im Discounter, sondern setze hier auf kontrollierte Markenware (z. B. von *Primavera®).*
  - Verbrennungen und Verbrühungen müssen unbedingt lange (!) mit **kühlem, nicht eiskaltem, Wasser** gekühlt werden. Danach lindert ein Tropfen pures Lavendelöl auf der Haut den Schmerz. Bei großflächigeren Verbrühungsunfällen (Übergießen mit Tee, Suppe, Spaghettiwasser) während des Kühlens sofort den Krankenwagen anrufen!

Reiseapotheke für Babys und Kleinkinder

Dies ist ein Vorschlag für eine kleine Minimalausstattung für das Reisen mit einem Baby oder Kleinkind als Ergänzung der obigen Basics. Je nach Urlaubsziel, Erreichbarkeit von Arzt oder Klinik am Urlaubsort und anderen Einzelfallsituationen gibt es individuelle Ergänzungen, die du mit deiner Kinderärztin besprechen solltest.

Irgendwann im Laufe der Kleinkindzeit kennst du auch das typische »Krankwerden« deines Kindes besser und weißt, welche »Muster« dein Kind typischerweise entwickelt.

Weitere Tipps, auch natürlich für weitere Reisen, gibt es auf den sehr informativen Seiten des Tropeninstitutes Hamburg und München: www.gesundes-reisen.de; www.fit-for-travel.de

- **Fieber**
  - *Ibuprofen* ® in Babydosierung als **Saft oder Zäpfchen**
- **Erkältung**
  - **Kochsalz-Lösung** als Nasentropfen, *Euphorbium-Nasenspray*
  - Abschwellende **Baby-Nasentropfen**
- **Augen**
  - *Euphrasia-Einzeldosis-***Tropfen** *(Wala)*
- **Wunden / Verletzungen**
  - **Panthenol-Salbe**
  - *Traumeel*®-**Salbe** *(Heel)* und / oder Arnika-Salbe
- **Durchfall**
  - **Elektrolyt-Lösung** in Einzelsachets, z. B. *Oral-Pädon*®
  - **Kohlepräparat**
  - **Probiotikum** für Kinder, z. B. *omni-biotic panda*® in Einzelsachets
- **Insektenstiche**
  - Bei allergischen oder sehr, sehr leidenden Kindern eventuell *Fenistil*®-**Tropfen** (in Absprache mit deinem Kinderarzt)

Schnupfen

Die obersten Atemwege, die mit Erkältungsviren in Kontakt kommen, sind die Nasenschleimhäute. Wenn dein Baby sich erkältet, entwickelt es hier also die ersten Symptome. Die Nase kribbelt, piekt und läuft. In den ersten Wochen stecken sich zumindest erstgeborene Kinder recht selten an. Durch den häuslichen Nestschutz, also eine relativ übersichtliche Anzahl an Kontaktpersonen, kommt ein sehr kleines Baby noch nicht mit so vielen Viren in Kontakt, ganz anders ist die Situation, wenn bereits ein Geschwisterkind in der Familie ist.

Meistens sind keine besonderen Maßnahmen nötig, wenn dein Baby sich erkältet hat. Es wird anhänglicher sein als sonst. Nimm also ein bisschen das Tempo im Alltag heraus, weil die Laune schneller kippt als sonst, und macht es euch gemütlich. Feuchte Schleimhäute helfen bei der lokalen Immunabwehr, deshalb können Kochsalznasentropfen helfen oder im Winter die Befeuchtung der Luft. Dazu kannst du feuchte Handtücher über die Heizung hängen oder ein geeignetes Vernebelungsgerät benutzen. Vielleicht wird die Haut rund um die Nase etwas wund, dagegen hilft eine fette Creme, etwa ein Wind- und Wetterbalsam oder eine Wundcreme (am besten eine wasserfreie, da Emulgatoren oft auf der Haut brennen).

Saugen oder spülen?

Weil Babys noch nicht schnäuzen können, um ihre kleine Rotznase zu befreien, haben sie mit einer verstopften Nase vor allem beim Trinken Probleme: Normalerweise können Babys auf den Trick zurückgreifen, gleichzeitig zu trinken und dabei durch die Nase zu atmen zu können. Mit einer verstopften Nase funktioniert das nicht – dein Baby japst also bereits nach wenigen Schlucken nach Luft und lässt die Brustwarze los. Dabei sprudelt die Milch meistens weiter, dein Baby verschluckt sich obendrein und reagiert verständlicherweise frustriert. Trinken geht nicht gut mit einer dichten Nase!

Um ihm dabei zu helfen, den klebrigen Schnodder loszuwerden, gibt es zwei Herangehensweisen:

Nasenspülung

Die Nasenhöhlen sind erstaunlich weitreichende Gebiete, überall darin kann sich Schnodder sammeln. Spülungen mit Kochsalzlösungen helfen, das Sekret nach draußen zu befördern. Dazu kannst du einen kleinen Gummiballon (gibt es in der Apotheke, dort ist er unter der Bezeichnung *Ohrenspritze* zu bekommen) benutzen. Befülle ihn mit etwa 10 bis 20 ml Kochsalzlösung (wie du sie selbst herstellen kannst, findest du im Kapitel »Tränenkanalstenose«). Am besten (und mit am wenigsten Protest) geht das, wenn du während des Stillens spülst: Während dein Baby auf der Seite liegend an der Brust trinkt, lässt du die Kochsalzlösung zügig durch das obere Nasenloch in die Nase hineinlaufen. Ein Teil wird durch das andere Nasenloch herauslaufen, ein wenig wird auch im Mund landen und heruntergeschluckt werden. Lege am besten ein Spucktuch unter dein Baby, um das herauslaufende Wasser aufzufangen. Manchmal quengeln Babys ein wenig dabei, manchmal niesen sie auch und werden dadurch praktischerweise ebenfalls ordentlich Nasensekret los. Wiederhole das Ganze auf der anderen Seite. Das kannst du beliebig häufig tun, wahrscheinlich merkst du sofort, wie deinem Baby das hilft.

Nasensauger

Die zweite Variante ist ein Nasensauger. Es gibt sie in verschiedenen Ausführungen in der Apotheke oder Drogerie zu kaufen. Es erfordert ein wenig Übung, funktioniert dann aber ganz gut. Wichtig ist, dass der Sauger nicht an der Naseninnenwand anliegt, denn so kann die Nasenschleimhaut verletzt werden. Eine dieser Methoden klingt besonders spektakulär: ein Nasensauger, der mit einem handelsüblichen Staubsauger kombiniert wird. Kein Witz. Sagen wir mal so – einige Mütter schwören darauf und wollen nie wieder ohne, andere haben Sorge, sie würden versehentlich das Gehirn ihres Babys mit heraussaugen (was natürlich nicht geschieht). Wie dem auch sei, es ist, wie so vieles, Geschmackssache.

Husten

Manche Viren gelangen in tiefere Luftwege und lösen dort eine Bronchiolitis aus, eine Entzündung der allerfeinsten Bronchien, die in den Lungenbläschen münden. Das Immunsystem eines Babys ist noch so unerfahren, dass Viren die verschiedenen Etagen und Schleimhautbarrieren viel einfacher überwinden können als in den späteren Lebensjahren, wenn die Schleimhautimmunität besser trainiert ist. Babys können zudem noch nicht besonders gut abhusten, da sie sich nicht selbstständig aufrichten können. Und solange sie sich noch nicht fortbewegen, erfährt die kleine Lunge darüber auch keine »Vibration«, die förderlich für eine Schleimlösung ist.

Ein kleines Kind mit Husten sollte immer gut in seinem Allgemeinbefinden beobachtet werden, damit man frühe Zeichen einer Lungenentzündung nicht verpasst. Auch das hochansteckende RS-Virus macht kleinen Kindern im ersten Lebensjahr oft ernsthafte Probleme, auch Keuchhusten ist nicht ohne im Babyalter.

Husten bei Babys unter einem halben Jahr solltest du deshalb lieber immer abhorchen lassen, wenn es dabei »krank« wirkt oder hoch fiebert. Alarmzeichen sind stöhnende Atemgeräusche, das sogenannte »Nasenflügeln« (die Nasenlöcher/Nasenflügel bewegen sich beim Atmen) oder Einziehungen beim Atmen zwischen den Rippen. Dann solltet ihr zügig zum Arzt gehen oder in ein Krankenhaus fahren, mehr dazu im Kapitel »Wann zum Kinderarzt?«.

Einreibungen im Babyalter sind bis auf ganz milde Einreibungsmittel nicht geeignet. Das Engelwurz-Balsam aus der Bahnhof-Apotheke oder Thymian-Myrte-Balsam sind z. B. gut. Sie sind ganz mild, du kannst eine Mini-Menge davon unters Näschen und/oder auf die obere Brust/den oberen Rücken reiben. »Schärfere« Einreibemittel mit Campher, Eukalyptus oder Minze sind nichts für Babys und Kinder unter zwei Jahren. Sie können die Schleimhäute anschwellen lassen und gefährliche Kehlkopfspasmen auslösen. Noch sanfter sind Brustwickel mit Thymiantee – wie das geht, liest du auf den folgenden Seiten.

Fieber

Fieber ist zunächst überhaupt nichts Schlimmes, sondern eine gesunde Reaktion des Körpers, die bei Kindern meistens durch Viren, in manchen Fällen auch durch Bakterien verursacht wird. Mit dem Fieber aktiviert der Körper seine Abwehr, um die fiesen Eindringlinge effektiv zu bekämpfen. Damit ist Fieber zunächst ein Zeichen für Vitalität und eine gesunde, sehr kompetente Reaktion auf die Konfrontation mit Krankheitserregern.

Auch die Fieberhöhe ist nicht unbedingt ein Indikator für die Schwere der Erkrankung. Es gibt Kinder, die auch bei banalen Infekten regelmäßig bis 40 °C (oder höher) fiebern. Viel wichtiger für die Einschätzung ist das Allgemeinbefinden eures Babys und die Ursache des Fiebers, weil daraus die Behandlung resultiert: Ein banaler Virusinfekt wird einfach gesundgepflegt, ein Harnwegsinfekt braucht möglicherweise ein Antibiotikum.

Wie geht Fiebermessen?

- Das beste Fieberthermometer für Babys ist ein ganz schlichtes Digitalthermometer mit weicher, flexibler Spitze zum Messen im Po. Wenn man schon Fieber misst, sollte es auch genau sein. Temperaturmessungen im Ohr sind bei kleinen Babys noch ziemlich fehleranfällig, Messungen auf der Haut (Stirnthermometer, Pflaster) oder verpackt in einen Schnuller muten zwar smart und störungsfrei an (»auch im erholsamen Schlaf möglich«), sind aber viel zu ungenau. Es ist im Infektfall üblicherweise nicht notwendig, eine stündlich aktualisierte Fieberkurve per App auf dein Telefon zu synchronisieren.
- Am einfachsten geht Fiebermessen, wenn dein Baby auf dem Rücken liegt, du seine Beinchen wie beim Wickeln sanft hältst. Gib etwas fette Creme auf die Spitze und führe das Thermometer vorsichtig ein, die gesamte Messspitze muss dabei im Popo verschwinden. Halte das Thermometer dabei wie einen Bleistift ganz vorsichtig fest.

Auch nach einer Impfung kann es sein, dass dein Baby etwas Fieber entwickelt. Das ist keine blöde »Nebenwirkung«, sondern eine Impfreaktion, ein Zeichen dafür, dass das Immunsystem aktiviert wird und das tut, was es nach einer Impfung tun soll: Antikörper und T-Zellen ankurbeln. Studien zeigen, dass ohne eine medikamentöse Fiebersenkung die Immunantwort tatsächlich besser funktioniert. Auch bei der echten Influenza gilt für Erwachsene, dass die Genesung schneller vonstattengeht, wenn keine medikamentöse Senkung des Fiebers erfolgt.

Eine medikamentöse Fiebersenkung bei banalen Infekten (wenn nicht dabei auch eine Schmerzlinderung sinnvoll ist, etwa bei einer Mittelohrentzündung) ist also zumindest teilweise eher eine Therapie der elterlichen Sorge als eine medizinisch notwendige Intervention. Es hilft sicher sehr, das Fieber als einen Freund zu betrachten, der dem Körper beim Gesundwerden hilft, anstatt »Fieberkosmetik« zu betreiben.

Sinnvolle Maßnahmen bei Fieber

Bei Fieber wird der Stoffwechsel ordentlich angeregt, der kleine Körper arbeitet auf Hochtouren. Dein Baby schwitzt, um über die Verdunstungskälte die Fieberhitze zu kühlen. Schwitzen ist wichtig, Trinken auch. Stillbabys sind am Busen relativ einfach glücklich zu machen, größere Kinder kann man oft mit fancy Strohhalmen oder anderen attraktiven Behältnissen fürs Trinken begeistern.

- **Gestillte Babys** bekommen mit Milch und Mama gleich alle Bedürfnisse auf einmal erfüllt, die ein fieberndes Kind hat. Vermutlich wohnt es also die nächsten drei Tage auf dir und schläft nur mit dem Nippel im Mund ein. Vielleicht ist Milch die einzige Nahrung, die dein Baby nun mag, das ist auch im Beikostalter total okay. Muttermilch ist zudem ein isotones Getränk, mit dem dein Baby sowohl den Bedarf an Flüssigkeit als auch an Elektrolyten wunderbar deckt. Unterstützt euch gegenseitig gut, ein krankes Baby pflegen ist ein Fulltime-Job.
- **Fieber macht die Sinneszellen reizbarer**. Babys und kleine Kinder träumen aktiver, schrecken im Schlaf auf, weinen mehr, deshalb ist Reizabschirmung wichtig.
- **Im Fieberanstieg**, wenn dein Kind zittert und eine mini-kleine Gänsehaut bekommt, decke es warm mit einer losen Wolldecke zu oder wärme es an deinem Körper.
- **In der Glutphase** ist luftige Kleidung wichtig. Ersetze die Plastikwindel gern durch ein Mulltuch oder eine Stoffwindel, bei Jungs sind die empfindlichen Hoden so besser belüftet. Oft reicht ein langärmliger Body aus Baumwolle oder Seide mit einer lockeren Leggings.
- **Ausreichend trinken**: warm im Fieberanstieg, zimmerwarm in der Fieberhitze. Im Beikostalter kann man etwas Tee ergänzen, dünne Schorlen sind geeignet, Kokoswasser ist bei vielen Kindern auch sehr beliebt.
- **Schonkost:** Lass dein Baby nach Appetit essen – oder eben auch fasten. Muttermilch, Joghurt, Obstpüree ist im ersten Lebensjahr geeignet.

Weitere Tipps findest du in dem vorhergehenden Kapitel »Ein krankes Kind begleiten – was deinem Baby hilft«.

Fieberkrampf

Manche Kinder – es sind schätzungsweise etwa 10 Prozent – neigen in der Kleinkindzeit zu Fieberkrämpfen. Fieberkrämpfe stellen die größtmögliche Wahrnehmungsschere in Sachen Dramatik dar: Sie sind fast ausnahmslos komplett harmlos, von außen sieht es – laienhaft betrachtet – allerdings exakt so aus, als würde das Baby sterben, und zwar genau jetzt. Die Eltern, die ja meist vollkommen unvorbereitet einen solchen Fieberkrampf erleben und so etwas das erste Mal sehen, sterben dabei sprichwörtlich tausend Tode. Deshalb, gleich vorweg: Ein klassischer Fieberkrampf ist nicht gefährlich und sogar vergleichsweise häufig.

Wie sieht ein Fieberkrampf aus?

Babys mit einem klassischen Fieberkrampf werden meist plötzlich ganz still und beginnen zu zucken, etwa wie beim Erschrecken. Manchmal geht dem eine merkwürdige Art von Schrei voraus, oder sie wachen weinend auf. Dann verdrehen Babys die Augen oder »starren« auf eine typische Weise. Sie beginnen rhythmisch und symmetrisch mit Armen und Beinen zu zucken oder sie werden ganz steif. Manchmal bildet sich tatsächlich sogar etwas Schaum vorm Mund, manche Babys schmatzen oder kauen dabei oder atmen kurzzeitig nicht richtig. Eventuell werden sie sogar ein wenig blau um den Mund.

Unter diesem Eindruck werden für die Eltern Sekunden zu Ewigkeiten, es sind wirklich schreckliche Momente. Nach einer oder zwei Minuten ist der Spuk meistens wieder vorbei. Danach sind Kinder oft eine ganze Weile benommen oder schlafen kurz darauf ein, was die Beurteilung des Zustands nicht immer leicht macht. Wenn dein Kind das allererste Mal krampft, ist eine kurzfristige kinderärztliche Abklärung auf jeden Fall eine gute Idee. Wenn der Fieberkrampf nach einer Minute nicht vorbeigeht, solltet ihr einen Krankenwagen anrufen.

Ein Fieberkrampf ist eine gewisse neurologische Überforderung im Moment eines Fieberanstieges, der die Sinneszellen bei einigen Kindern übersensibel macht. Wie ein kleines, vorübergehendes Gewitter im Gehirn. Ungefähr die Hälfte aller Kinder, die jemals einen Fieberkrampf hatten, bekommt auch (mindestens) einen weiteren bei einem der nächsten Infekte, bei der anderen Hälfte bleibt es bei diesem einmaligen, eindrucksvollen Ereignis. Die Krampfneigung verschwindet am Ende der Kleinkindzeit, spätestens mit der Einschulung fast immer vollständig.

Die Empfehlungen für Kinder mit einer fieberhaften Krampfneigung sind etwas uneinheitlich. Es wird verschiedentlich zur prophylaktischen Fiebersenkung geraten, sicher auch zur Schonung der elterlichen Nerven. So naheliegend die fiebersenkenden Maßnahmen auf den ersten Blick sind, so schwierig sind sie in der Praxis umzusetzen, da man den Moment des Fieberanstieges häufig gar nicht rechtzeitig erwischt. Zudem krampfen Kinder nicht bei jedem Infekt. Einige Viren sind da mehr als andere berüchtigt (z. B. die Sorte Herpesviren, die das *Drei-Tage-Fieber* auslöst). Auch die gemessene Fieberhöhe ist nicht unbedingt entscheidend. Man müsste schon sehr großzügig zu Beginn eines jeden Infekts über mehrere Tage das Kind mit Fiebersenkern »abdecken«, mit der Konsequenz, dass ein Kind möglicherweise über Jahre hinweg gar kein Fieber mehr bekommen »darf«.

Weil ein Fieberkrampf so dramatisch aussieht, macht er Angst. Aber noch mal: Ein Fieberkrampf ist nicht gefährlich. Wenn keine verkomplizierenden Begleiterscheinungen auftreten, macht dein Kinderarzt kein diagnostisches Fass in Form von speziellen neurologischen Untersuchungen auf und begegnet dem Ganzen eher gelassen.

Fiebersenken mit Wadenwickeln

Das klassische und effektive Hausmittel: Ein Wadenwickel kann Fieber um immerhin 0,5 bis 1 °C senken. Du darfst ihn nur im Fieberhoch anwenden, wenn dein Kind wirklich glüht und vor allem die Arme, Beine, Hände und Füße gut warm sind. Nie einen Wadenwickel machen im Fieberanstieg, wenn das Kind zittert oder Gänsehaut hat.

Für einen Wadenwickel taucht man ein *Innentuch* (z. B. ein Molton- oder Spucktuch) in zimmerwarmes (nicht eiskaltes) Wasser und wringt es gut aus. Dieses wickelt man dann eng anliegend (aber nicht einschnürend) um die Waden. Darum kommt ein trockenes *Außentuch*, z. B. ein Handtuch. Der Wickel bleibt 15 bis 20 Minuten liegen, man kann die Anwendung stündlich wiederholen.

Kleinen Babys unter einem halben Jahr macht man nur kleine Babywickel in Form von *Pulswickeln* um die Unterärmchen.

Bei Husten sind Brustwickel eine gute Idee: Tauche dazu das Tuch in lauwarmen Thymiantee und wickle als letzte Lage noch ein warmes Wolltuch oder einen Wollschal um die Brust.

Fiebersenken mit Fieberzäpfchen?

Vor allem dann, wenn nicht nur das Fieber im Vordergrund steht, sondern Schmerzen hinzukommen, ist manchmal ein Medikament notwendig. Es ist nicht als »Routine-Anwendung« zur generellen Fiebersenkung sinnvoll, kann aber mal eine Nacht überbrücken, wenn dein Baby sehr unruhig ist und du dir übermäßig Sorgen machst. Unter Fiebersenkung werden die Kinder meistens zusehends fitter und schlafen besser (nachts) bzw. sind wieder wacher, interessierter (tagsüber). Auch das ist dann immer ein gutes Zeichen dafür, das vermutlich nichts »richtig Ernstes« hinter dem Fieber steckt. Umgekehrt gilt: Wenn ein Fieberzäpfchen nach 45 Minuten nicht wirkt und keine wahrnehmbare Verbesserung eintritt, solltet ihr zum Arzt oder in ein Krankenhaus fahren.

Ibuprofen oder Paracetamol?

Beide Medikamente gehören zur Gruppe der NSAR (nichtsteroidale Antirheumatika) und vereinen fiebersenkende und schmerzlindernde Wirkungen. Sie sind ab einem Alter von sechs Monaten bei Kindern zugelassen.

In den letzten Jahren lässt sich bei der Empfehlung, welches der beiden Medikamente für Babys zu bevorzugen sei, ein Trend zugunsten von Ibuprofen erkennen.

Ibuprofen hat eine höhere therapeutische Breite, das ist gleichbedeutend mit: ein größeres therapeutisches Fenster. Das heißt, dass die Spanne zwischen der Minimaldosis für die erwünschte Wirkung und der toxischen Dosis bei Ibuprofen größer ist als bei Paracetamol, und so etwas ist immer gut.

Ganz praktisch bedeutet das, dass Ibuprofen beim Herausfinden der individuellen therapeutischen Minimaldosierung feiner skaliert werden kann: Es wirkt, niedrig dosiert, also eher zumindest »ein bisschen«, während diese Schwelle bei Paracetamol höher liegt.

Ibuprofen scheint darüber hinaus etwas schneller zu wirken, Paracetamol dafür etwas länger.

Das Nebenwirkungsprofil unterscheidet sich durch den unterschiedlichen Abbaumechanismus, Ibuprofen wird über die Niere, Paracetamol über die Leber abgebaut. In der Überdosierung ist Paracetamol lebertoxisch. In den USA, wo Paracetamol mit recht leichter Hand und großzügig gegeben wird, kommt es tatsächlich und gar nicht so selten zu tragischen und bisweilen tödlichen Vergiftungsunfällen.

In der neueren Literatur wird eine häufige Gabe von Paracetamol in der Schwangerschaft und frühen Kindheit mit einer höheren Inzidenz für allergisches Asthma, Heuschnupfen und für eine fragliche Auswirkung auf geringgradige Störungen in der sozialen Interaktion (Aufmerksamkeit, Empathie) in Verbindung gebracht, was abschließend aber noch nicht geklärt ist.

Dosierung

Weil Baby ja nicht gleich Baby ist und die Dosierung immer vom Körpergewicht abhängt, musst du ein bisschen rechnen.
Die maximale Tagesdosis beträgt bei Ibuprofen 20 bis 30 Milligramm pro Kilogramm Körpergewicht pro Tag, bei Paracetamol 60 Milligramm pro Kilogramm Körpergewicht pro Tag. Diese Summe durch vier geteilt ergibt die jeweiligen Einzeldosen.

Das bedeutet beispielhaft für ein 8 kg schweres Baby als Maximaldosis:

- Ibuprofen: 160 bis 240 mg pro Tag, maximal viermal täglich 40 bis 60 mg
- Paracetamol: 320 bis 400 mg pro Tag, maximal viermal täglich 80 bis 100 mg

Manchmal benötigen Kinder eine Maximaldosis, etwa dann, wenn heftige Schmerzen das Leitsymptom sind oder Kinder zu komplizierteren Fieberkrämpfen neigen. In solchen Fällen werden manchmal beide Medikamente, Ibuprofen und Paracetamol, abwechselnd gegeben, um das Nebenwirkungsprofil aufzuteilen und nicht so hart an der Kante der jeweiligen Tageshöchstdosis entlangzuschrammen. Für eine sporadische Fiebersenkung ist das aber absolut nicht nötig und sollte diesen Einzelfällen vorbehalten bleiben.

Zäpfchen oder Saft?

Versehentliche Überdosierungsunfälle (durch die Eltern oder Großeltern) geschehen so gut wie nie mit Zäpfchen, viel eher mit Saft. Sei also vorsichtig und rechne lieber noch einmal mehr nach.

Saft kann »stufenloser« und feiner dosiert werden. Zäpfchen wirken etwas schneller als Saft (Wirkeintritt 15 vs. 20 bis 30 Minuten).

Ibuprofen gibt es in der kleinsten Dosierung als 60 mg-Zäpfchen, Paracetamol als 75 mg.

Baby-Zäpfchen sind ganz zierlich und vollkommen problemlos anzuwenden. Benutze es nach dem Stuhlgang, weil es sonst eine prompt abführende Wirkung haben kann. Wärme es in der Hand kurz an und führe es vorsichtig und zügig tief genug hinter den Schließmuskel ein. Danach kannst du die Pobacken einen kurzen Moment »zuhalten«, damit es nicht gleich wieder herausflutscht.

Drei-Tage-Fieber

Das Drei-Tage-Fieber ist oft die erste und wegen der heutigen Impfquoten meist einzige »richtige« Kinderkrankheit, die dein Kind durchmacht. Drei-Tage-Fieber ist tatsächlich relativ harmlos (bedeutet: so gut wie keine Komplikationen, anders als etwa eine Masernerkrankung), wenn es auch oft recht eindrucksvoll verläuft. Das Drei-Tage-Fieber wird auch »die sechste Krankheit« genannt (nach Masern, Mumps, Röteln, Windpocken und Ringelröteln). Auslöser ist einer der zahlreichen Herpesviren, der Typ 6 oder Typ 7. Drei-Tage-Fieber hat einen ganz charakteristischen Verlauf: Es beginnt mit plötzlichem, recht hohem, drei Tage lang anhaltendem Fieber – teilweise über 40 °C, was manchmal Rätsel aufgibt, da andere Infektzeichen wie Schnupfen oder Husten typischerweise fehlen.

Nach drei Tagen folgt ein rasches Entfiebern, begleitet von einem zarten, kleinfleckigen Ausschlag, vor allem am Oberkörper, der sehr schnell wieder verschwinden kann, sodass er manchmal auch »verpasst« wird. Schau bei hohem Fieber deines Kindes also auch immer mal unter den Body. Auch andere Viren, nicht nur die der klassischen, heutzutage meist geimpften Kinderkrankheiten, machen im Kleinkindalter häufig solche Hautausschläge.

Bei den fieberkrampfanfälligen Kindern ist das Drei-Tage-Fieber häufig Auslöser für einen ersten Fieberkrampf. Gegen das Drei-Tage-Fieber gibt es keine Impfung.

Magen-Darm-Infekt

Die meisten Infekte des Magen-Darm-Traktes im Babyalter sind viraler Herkunft, speziell die ziemlich ansteckenden Noroviren legen zuverlässig ganze Familien flach. Proppere Kinder stecken diese Infekte meist gut weg, nach ein paar wenigen Tagen und sehr viel gewechselter Bettwäsche ist der Spuk schnell wieder vorbei (und mindestens an eins der beiden Elternteile weitergegeben – viel Spaß). Je kleiner ein Baby ist, umso größer ist die Gefahr, dass es bei Brechdurchfall zu viel Flüssigkeit verliert (über den Durchfall) und gleichzeitig zu wenig Flüssigkeit aufnimmt, weil sofort alles wieder herauskommt (Erbrechen).

Wenn die Mundschleimhaut und die Zunge deines Babys trocken werden und es kaum noch eine feuchte Windel hat oder nach zwei Tagen keine Besserung in Sicht ist, solltest du am selben Tag noch zum Kinderarzt gehen, damit er mit seinem Profiblick schaut, dass dein Baby nicht dehydriert.

Auch dann, wenn du merkst, dass dein Baby nach einer Milchmahlzeit sofort wieder spuckt, solltest du dein Stillbaby weiterhin anlegen: Ein paar Milliliter Milch sickern immer auch in den Magen-Darm-Trakt durch. Gestillte Babys bekommen mit der Muttermilch zudem gleich die allerbeste Heilnahrung: Die in ihr enthaltenen humanen Milch-Oligosacchharide (HMOs) sind perfekte Alleskönner für die Darmschleimhaut und für die unspezifischen Immunreaktionen. Sie behindern das Andocken von Viren und Bakterien an der Darmschleimhaut und unterstützen die lokale Abwehr der Immunzellen im Darm.

Bei nicht-gestillten Kindern kann nach einem Magen-Darm-Infekt probiotische Muttermilchersatznahrung oder die Gabe eines Probiotikums (Lacto- und Bifidusbakterien) Sinn machen, Gleiches gilt bei Durchfallerkrankungen, die durch die Gabe eines Antibiotikums ausgelöst wurden. Spezielle Heilnahrung gegen Durchfall ist auch bei Flaschenkindern so gut wie nie notwendig oder sinnvoll.

Hausmittel bei Durchfall für Beikostbabys

- **Omas geriebener Apfel**: Früher gab es in jedem Haushalt eine Glasreibe. Auf dieser wird ein roher Apfel ganz fein gerieben, gern mit Schale. Äpfel enthalten Pektin, einen Quellstoff, der Flüssigkeit aufsaugt und Giftstoffe im Darm bindet, löffelchenweise anbieten.
- **Dünner Karottenbrei (oder -suppe)**: Karotten mit Wasser bedecken und eine knappe Stunde lang köcheln, salzen, etwas zuckern, danach pürieren. Kein Fett dazugeben!
- **Getrocknete Heidelbeeren**, wenn dein Baby am Ende des ersten Lebensjahres schon kauen kann. Kleinere Babys können ein paar Löffelchen **Heidelbeertee** bekommen, dazu einen EL getrocknete Heidelbeeren (frische können auf der Heizung ganz einfach getrocknet werden) mit einem großen Becher Wasser einige Minuten kochen lassen, etwas süßen.
- Löffelchenweise **probiotischer Naturjoghurt**.
- **Elektrolytlösung**: Es gibt fertige Pulver in der Apotheke, die meistens aber, versetzt mit irgendwelchen künstlichen Himbeeraromen, ziemlich furchtbar schmecken. Traubenzucker 5 Prozent ist eine bewährte Energielösung, das sind etwa 1 TL auf 100 ml Wasser. Alternativ kann man eine Messerspitze Salz in verdünnten Apfelsaft geben, vielleicht noch ein paar Krümel einer Magnesium-Brausetablette dazu. Oder einfach abwechselnd etwas Gemüse- oder Hühnerbrühe und Traubenschorle anbieten, mit ein paar Stückchen Banane bekommt dein Baby ein paar Milligramm Kalium.

Harnwegsinfekt

Harnwegsinfekte im Babyalter sind nicht so besonders häufig und äußern sich relativ unspezifisch. Daher werden sie nicht immer gleich auf Anhieb erkannt. Speziell weiter fortgeschrittene Stadien eines Harnwegsinfekts verursachen hohes Fieber und die Kinder wirken sehr krank. Es kann ein kleiner angeborener Defekt der ableitenden Harnwege dahinterstecken, der zur Folge hat, dass der Urin nicht richtig von der Niere in die Blase abfließen kann und sich dann zurückstaut. Bakterien können sich dann in diesen stillen Gewässern besonders gut vermehren. Oft wächst sich diese kleine Harnleiterfehlbildung im Laufe der Kindheit aus.

Wenn dein Baby also fiebert, ohne dass es andere klassische Infektzeichen zeigt, sollte ein Harnwegsinfekt ausgeschlossen werden. Um dazu Urin zu gewinnen, wird ein kleiner Urinbeutel um die Genitalien geklebt, worin etwas Urin aufgefangen und untersucht werden kann. Diese Form des Harnwegsinfekts muss im Babyalter meistens antibiotisch behandelt werden, weil die Nieren sonst Schaden nehmen können oder sich die Infektion gar – selten – im Sinne einer Sepsis ausbreiten kann.

Mittelohrentzündung

Die allermeisten Kinder bekommen irgendwann in ihrer Kleinkindzeit mindestens eine Mittelohrentzündung. Meist wird diese von Viren verursacht. Sie ist oft die Folge eines Schnupfens, in dessen Verlauf die Viren über die Verbindung von Nase und Ohr, die Ohrtrompete, ins Mittelohr krabbeln können. Bei kleinen Kindern ist die Ohrtrompete noch ziemlich kurz und alle diese kleinen Gänge eben noch ganz zart und fein, sodass sie schnell zuschwellen. Anders als in der Nase kann ein Schnupfen im Ohr von dort aus nicht abfließen.

Am häufigsten betroffen sind kleine Kinder im Alter von einem halben bis anderthalb Jahren.

Nur bei etwa der Hälfte aller Mittelohrentzündungen treten Schmerzen auf, die Kinder weinen dann viel, fiebern meist und sind insgesamt verständlicherweise unleidlich, ohne dass sie im Babyalter sagen könnten, dass ihnen das Ohr wehtut. Manche Babys fassen sich oft ans Ohr oder haben ein gerötetes Bäckchen auf der betroffenen Seite. Du kannst vorsichtig probieren, ob dein Baby empfindlich reagiert, wenn du einmal ganz sanft auf den Tragus, den kleinen Hubbel vor dem Gehörgang, drückst. Sollte das der Fall sein, spricht das sehr für eine Mittelohrentzündung. Die Diagnose fällt die Kinderärztin durch einen Blick per Ohrenspiegel in das Babyohr. Meistens ist ein Ohr (stärker) betroffen.

Der Großteil der Mittelohrentzündungen klingt innerhalb von zwei bis drei Tagen ganz von allein und ohne großartige Maßnahmen ab, oft wird sie wegen der mild-unspezifischen Symptomatik gar nicht als solche diagnostiziert. Manchmal fällt auch nur ein gelblicher Fleck auf dem Kopfkissen auf oder eine kleine kristalline Spur am Ohr oder Hals: Dann ist das Sekret durch einen kleinen Riss im Trommelfell abgelaufen, der sich innerhalb weniger Tage wieder verschließt. Die Beschwerden sind dann schlagartig besser. Ihr solltet dennoch einmal beim Kinderarzt vorbeischauen.

Therapeutisch wird heutzutage meist abgewartet. Studien zeigen keinen schnelleren oder besseren Heilungsverlauf durch Antibiotika, deshalb sollte dies nur dann erwogen werden, wenn sich nach zwei bis drei Tagen keine Besserung abzeichnet oder Kinder sehr krank wirken und hoch fiebern.

Wenn dein Baby große Schmerzen zu haben scheint, kann in Absprache mit der Kinderärztin natürlich Ibuprofen als Zäpfchen oder Saft gegeben werden.

Nach einer Mittelohrentzündung solltet ihr Baden und Babyschwimmen mindestens eine Woche lang vermeiden und immer eine warme Mütze aufsetzen.

Hausmittel bei einer Mittelohrentzündung

Wärme tut vielen Kindern gut, eine Rotlichtlampe kann dazu benutzt werden (das Baby sollte nicht direkt hineinschauen) oder einfach ein erwärmtes kleines Kirschkernsäckchen oder ein Gelkissen.

Zwiebelsäckchen. Offenbar haben die ätherischen Öle einer Zwiebel eine entzündungshemmende und schmerzlindernde Wirkung. Für eine Ohrauflage einfach eine Zwiebel klein hacken und in ein kleines Mulltuch wickeln. Das so entstandene Päckchen anwärmen und (gern zusammen mit einem kleinen Kirschkernkissen) auf das Ohr legen, evtl. mit einer Mütze fixieren.

Mundfäule

Häufig in den ersten beiden Babyjahren: Dein Baby macht Bekanntschaft mit der großen Gruppe der Herpesviren. Die Infektionskrankheit mit dem schönen Namen Mundfäule *(Stomatitis aphtosa)* wird durch Herpesviren des Typs 1 ausgelöst und befällt das Innere des Mundes, der Lippen und die Zunge. Zunächst bilden sich keine Bläschen, die nach einigen Tagen aufplatzen und sehr schmerzhafte kleine Geschwüre hinterlassen. Oft mögen Kinder tagelang nichts essen, so weh tut es, gelegentlich wird sogar der Busen verschmäht (s. im Kapitel »Nahrung für Körper und Seele« den Abschnitt »Stillstreik«). Solltest du dich damit anstecken (was gar nicht so selten geschieht), wirst du genauso mitleiden und tagelang kein Obst oder Tomaten essen können, so sehr kann es schmerzen. Geht aber vorbei – natürlich. Biete deinem Baby weiche, kühle Speisen ohne Säure an, Eiswürfel (z.B. aus Muttermilch), Joghurt, zerdrückte Banane. Der Appetit kehrt spätestens nach einigen Tagen von allein zurück.

Die U6

Unglaublich – dein kleines Baby ist fast schon ein Jahr alt. Ein melancholischer Moment, auch irgendwie. Mittlerweile seid ihr mit eurer Kinderärztin vertraut und ihr habt euch gut kennengelernt. Sie erinnert sich an euch und irgendwie ist sie ein wichtiger Teil eures Babylebens geworden.

Und wieder zuerst: der Routineteil. Eure Kinderärztin misst Gewicht, Größe und Kopfumfang, testet die Reaktion auf Geräusche, das Sehvermögen und untersucht das Kind von Kopf bis Fuß. Vor allem Beweglichkeit und Koordination stehen im Mittelpunkt: Kann euer Baby schon frei sitzen und sich vom Bauch auf den Rücken drehen und umgekehrt? Es kann sich vermutlich schon in den Stand hochziehen und kurz stehen, während es sich festhält. Die Vorwärtsbewegungen sind hier auch ein Thema. Weil Robben und Krabbeln wichtige Meilensteine sind, wird die Kinderärztin sich diese Bewegungsmuster gern einmal anschauen.

Dein Baby macht sprachliche Fortschritte, brabbelt munter und sagt Doppelsilben wie »wa-wa« (und meint damit von *Hund* bis *Wasser* alles Mögliche). Je nach Gemüt und Laune ist euer Baby in der Untersuchungssituation aber schüchtern und läuft nicht zu voller Form auf – auch das ist mal wieder nicht nötig, denn eure Kinderärztin unterhält sich ja mit euch über all diese Dinge und ihr berichtet aus dem Alltag.

Auch die Motorik verfeinert sich zunehmend, die Umgebung wird von eurem Baby detailliert erforscht: Kleine Gegenstände kann es mit Daumen und Zeigefinger im sogenannten »Pinzettengriff« aufheben und übt das fleißig an Krümeln, die überall rumliegen. Reicht man ihm zwei Bauklötze, schnappt es sie sich und klopft sie aneinander. Mehr typische Entwicklungsschritte findest du im Kapitel »Alltag mit dem Baby«.

Die meisten Unfälle geschehen im Haushalt … oder unterwegs

Natürlich kommt ein Kind nicht ohne Schrammen und Beulen durch seine Kinderzeit. Es wird Laufen lernen, rennen, klettern, Fahrrad fahren. Es wird sehr oft hinfallen und wieder aufstehen. Es geht nicht darum, all das zu vermeiden, sondern darum, die wirklich gefährlichen Situationen zu erkennen und sie dann angemessen zu sichern.

In den ersten Jahren sind die eigene Wohnung und der eigene Garten der häufigste Ort, an dem kleinere oder größere Unfälle geschehen können.

Im ersten halben Jahr, solange das Kind noch nicht besonders mobil ist, ist eine der häufigsten Unfallsituationen das Herunterfallen. Kinder können vom Sofa kullern, aus der Wippe fallen oder sogar vom Wickeltisch stürzen. All das passiert weniger selten, als man denkt.

Bei jeglicher Form von Unfällen ist es für die Eltern, die ja immer irgendwie in der Nähe sind, ein schlimmes Erlebnis. Man macht sich schreckliche Vorwürfe, nicht gut genug aufgepasst zu haben. Immer sind es ja winzige Momente der Unaufmerksamkeit. Dieses eine Mal! Nie gehst du kurz ans Telefon, wenn dein Baby auf der Wickelkommode liegt. Nie parkst du es in der Sofaecke und gehst kurz die Tür öffnen. Nie stellst du einen heißen Tee in die Nähe der Tischkante. Nie lässt du dein Kind ohne Helm, den ihr in der Kita vergessen habt, mit dem Roller fahren. Ab nur dieses eine Mal, ausnahmsweise, unbedacht oder in Eile. Es sind Sekunden, Bruchteile manchmal nur. Wahrscheinlich stimmt es tatsächlich: Kinder müssen irgendwie einen Schutzengel haben. Denn meistens geht alles ziemlich glimpflich aus.

Kindersicher – Unfälle vermeiden

Stürze

Stürze sind in der ersten Babyzeit einer der häufigsten Unfälle, die dann in den Ambulanzen der Kliniken landen. Lasse dein Baby niemals, wirklich niemals allein irgendwo liegen, wo es herunterfallen kann, nicht auf dem Sofa und vor allem niemals auf dem Wickeltisch. Auch nicht, um aus der untersten Schublade ein Pullover hervorzukramen. Stelle eine Babywippe nicht auf den Tisch oder die Küchenarbeitsplatte, auch wenn das für Kinder eine attraktive »Zuguck-Höhe« ist. Lasse dein Baby immer angeschnallt im Autositz, wenn du es in den dritten Stock die Treppen nach oben trägst.

Wenn ein Baby irgendwo herunterfällt, kann es sich – anders als wir oder größere Kinder – nicht reflexartig abfangen oder abstützen. Es fällt dann womöglich auf den Kopf, weil er der schwerste Körperteil ist. Nach einem Sturz aus Tischhöhe gibt es erst mal einen Moment unheimlicher Schockstille bei allen Beteiligten. Vermutlich brüllt dein Baby dann wirklich lauthals. Meistens geht so ein Sturz glimpflich aus, du solltest zur Abklärung aber auf jeden Fall in ein

Krankenhaus fahren, um das Baby untersuchen zu lassen. Sollte der Sturz sehr schlimm gewesen oder das Baby gar bewusstlos sein: Rufe den Notruf an und kommuniziere klar, dass es sich um einen lebensbedrohlichen Zustand handeln könnte und ein kleines Kind betroffen ist, damit nicht »nur« der Krankenwagen kommt, sondern auch direkt ein (Kinder-)Notarzt.

Hitze

Babys verbrühen sich ausgesprochen schnell, weil die Babyhaut noch so enorm dünn und zart ist. Bereits eine Temperatur von über 55 °C schädigt die Haut. Eine Teetasse, versehentlich ins Tragetuch geschwappt, oder ein Suppenteller mit Baby auf dem Schoß wird so zu einer leicht unterschätzten Gefahr. Mit dem Baby in der Trage Spaghetti abgießen oder mit baumelnden Füßchen am Gasherd Gemüse brutzeln ist auch keine besonders gute Idee. Verbrennungen und Verbrühungen müssen sofort gekühlt werden, am besten mit kühlem (nicht eiskaltem!) Wasser, nie mit Eis. Zur Not erst mal wirklich das komplette Kind mit den Klamotten unter die Dusche halten. Wenn du eine großflächige Verbrühung oder Verbrennung fürchtest, rufe sofort den Krankenwagen an.

In-den-Mund-Stecken und Verschlucken

Zum Erkunden der Welt nutzen Babys neben ihren Händchen auch Lippen, Zunge und Mund als gleichwertige Tastorgane. Alles wird zum Erforschen von Form, Texturen, Oberflächenbeschaffenheit genutzt. Sobald kleine Babys ihre Feinmotorik entdecken und der Hand-Mund-Kontakt etwa ab dem vierten Lebensmonat koordinierter wird, dürfen keine unbeaufsichtigten Kleinteile herumliegen, die das Baby verletzen können, die verschluckt werden können oder die bedenkliche Stoffe enthalten.

- **Draht-Verschlussklips, Münzen, Knopfzellen** (Gefahr schwerer Verätzungen), Magneten, Stecknadeln können verschluckt werden und lebensbedrohliche Verletzungen auslösen.
- Verhältnismäßig ungefährliche **Kleinteile wie Bügelperlen,** kleine Playmobil- oder Lego-Teile tauchen vor allem im Leben mit Geschwisterkindern in der Babywelt auf. Auch wenn du darauf gut aufpassen solltest, wirst du möglicherweise hin und wieder einen dieser Bestandteile in der Windel finden.

- Auch nicht in den Mund stecken: **Druckerschwärze, Thermopapier (Kassenzettel!), Lippenstift.**
- **Messer, Schere, Gabel, Licht** (Feuerzeug und Streichhölzer – obwohl Letztere nicht mehr so giftig sind wie früher) gehören nicht in die Nähe von Babys – auch klar eigentlich.
- **Reinigungsmittel und Alkohol** müssen sicher und weit oben im Schrank aufbewahrt werden.

> ♥ MOMHACK
> Wenn du konkret nach etwas Bestimmtem suchst, was dein Baby am Tag zuvor verschluckt hat: Fülle den Windelinhalt in einen Gefrierbeutel und verschließe ihn. Dann kannst du – warm und weich – durch die Plastikfolie hindurch gut mit den Fingern herumfühlen und sehen, was möglicherweise wieder herausgekommen ist.

Schutzmaßnahmen – ein sicheres Umfeld für dein Baby

- **Schutz vor Verbrennen und Verbrühen**
  - Den Herd mit einem Herdschutzgitter sichern.
  - Pfannenstiele nicht über den Herd herausragen lassen.
  - Nie mit Kind in der Trage mit heißen Flüssigkeiten hantieren.
  - Heiße Getränke für Kinder unerreichbar abstellen.
- **Elektrizität**
  - Alle Steckdosen in Bodennähe mit einem Kinderschutz sichern.
  - Keine eingesteckten Haartrockner, Rasierer, Radios etc. in der Nähe der Badewanne herumliegen lassen.
- **Bei mobilen Babys, die robben, krabbeln, sich hochziehen, klettern**
  - Fenster und Balkontüren, die Baby erreichen kann, mit einer Kindersicherung versehen.
  - Alles, was an Kabeln hängt (Steh- und Tischlampen, Bügeleisen, Fernseher, Küchengeräte), an denen gezogen wird oder die herunterfallen oder umkippen können: sichern oder zeitweise wegräumen.
  - Regale, Schränke und Schubladenkommoden auf Kippgefahr prüfen und großzügig mit Wandhalterungen sichern.
  - Treppen in Haus und Wohnung mit einem Treppengitter sichern.

  - Tischdecken sind gefährliche Hochziehmöglichkeiten.
  - Pflanzen: Blumenerde ist sehr beliebt, Topfpflanzen auf dem Boden kann man gut in einen Kopfkissenbezug stellen und zubinden. Giftige oder stachelige Pflanzen verschenken.
  - Verbotene Schubladen und Schränke mit Sicherungen versehen. Gefährliches am besten nach ganz oben stellen, weil im Einzelfall die untere Tür »nur ganz kurz« aufgestanden hat.
- **Balkon und Garten**
  - Klettermöglichkeiten – etwa Stühle und Tische – auf Balkonen entfernen. Balkontür immer geschlossen halten.
  - Giftige Pflanzen entfernen.
  - Geräte, Rasenmäher, Gifte verschließen.
- **Ertrinken**
  - Ertrinken ist tückisch und leise. Wenn Wasser in der Nähe ist, muss immer ein Erwachsener aufpassen.
  - Niemals ein Kind in der Badewanne allein lassen, auch nicht mit Geschwisterkindern, auch nicht »nur kurz«, um die Spaghetti abzugießen.
  - Teich oder Pool mit einem Zaun sichern oder zuschütten.
  - Planschbecken niemals unbeaufsichtigt lassen.
- **Besondere Situationen**
  - Viele Unfälle geschehen in »Sondersituationen«, in besonderer Umgebung, auf Familienfeiern, Gartenpartys, Kindergeburtstagen, im Urlaub, wenn feste Regularien oder Zuständigkeiten unklar sind. Passt hier besonders gut auf.
  - Behaltet den Überblick, wer gerade mit welchen Kindern unterwegs ist und wer aufpasst, und kommuniziert das klar. »Ich dachte, du hast das im Blick, eben war er doch noch …« ist ein Klassiker.
  - Größere (Geschwister-)Kinder sind keine geeigneten Aufsichtspersonen, die diese große Verantwortung tragen können, Urgroßeltern manchmal auch nicht.

Viele Eltern erleben den Besuch eines speziell auf Säuglinge und Kinder ausgelegten Erste-Hilfe-Kurses als beruhigend und haben danach ein sicheres Gefühl.

Weiterführende Informationen

Wenn du noch mehr von uns und anderen lesen möchtest

Schwangerschaft

Dannhauer, Kareen, *Guter Hoffnung. Hebammenwissen für Mama & Baby. Naturheilkunde und ganzheitliche Begleitung,* Kösel, 5. Aufl. 2020.

Wochenbett

Gaca, Anja Constance/Stern, Loretta, *Das Wochenbett. Alles über diesen wunderschönen Ausnahmezustand,* Kösel, 5. Aufl. 2020.

Baby

Renz-Polster, Herbert, *Born to be wild: Wie die Evolution unsere Kinder prägt,* überarb. Neuauflage, Kösel 2019.

Lago, Remo, *Babyjahre,* Piper 2019.

Stillen und Babyernährung

Gresens, Regine, *Intuitives Stillen,* Kösel 2016.

Gaca, Anja Constance, *Babyernährung,* GU 2017.

Gaca, Anja C./Stern, Loretta, *Das breifrei-Kochbuch,* Kösel 2014.

Baby- und Kleinkindschlaf

Renz-Polster, Herbert/Imlau, Nora, *Schlaf gut, Baby! Der sanfte Weg zu ruhigen Nächten,* GU 2016.

Bindung und Erziehung

Becker-Stoll, Fabienne, *Bindung – eine sichere Basis fürs Leben,* Kösel 2018.

Mierau, Susanne, *Frei und unverbogen. Kinder ohne Druck begleiten und bedingungslos annehmen,* Beltz, 4. Aufl. 2021.

Geschwister

Graf, Danielle/Seide, Katja, *Das gewünschteste Wunschkind aller Zeiten treibt mich in den Wahnsinn. Das Geschwisterbuch,* Beltz 2020.

Graf, Danielle/Seide, Katja, *Das Baby ist da,* Beltz 2020 (Literaturtipp für kleine große Geschwisterkinder).

Schmidt, Nicola, *Geschwister als Team. Ideen für eine starke Familie,* Kösel 2018.

Mental Load

Emma, *The Mental Load,* Penguin Random House US 2018 – tolles und entlarvendes Comic.

Cammarata, Patricia, *Raus aus der Mental Load-Falle. Wie gerechte Arbeitsteilung in der Familie gelingt,* Beltz 2020.

Fröhlich, Laura, *Die Frau fürs Leben ist nicht das Mädchen für alles,* Kösel 2020.

Gesundheit und Entwicklung

Renz-Polster, Herbert/Nicole Menche, Nicole/Schäffler, Arne, *Gesundheit für Kinder. Kinderkrankheiten verhüten, erkennen, behandeln,* Kösel, überarb. und aktualis. Aufl. 2020 – wertvolles und sehr umfangreiches Buch für alles rund um Gesundheit und Krankheiten.

Ribbeck, Janko von, *Schnelle Hilfe für Kinder. Notfallmedizin für Eltern – Das von Kinderärzten empfohlene Standardwerk,* aktualis. Neuaufl., Kösel 2017.

Harman, Toni/Wakeford, Alex, *Der Mikrobiom-Effekt,* VAK 2019.

Besondere Situationen

Bürger, Susanne, *Wenn das Leben intensiv beginnt. Ein Begleitbuch für Eltern für die Zeit in der Kinderklinik,* BoD 2018.

Mierau, Susanne/Gaca, Anja Constance, *Mein Schreibaby verstehen und begleiten,* GU 2018.

Schönes, Unterhaltsames

Beall, Jade, *The Bodies of Mothers. A Beautiful Body Project,* Green Writers Press 2014.

Glimbovski, Milena/Mierau, Susanne, *Einfach Familie leben,* Knesebeck 2019.

Lewis, Jenny, *One Day Young,* Hoxton Mini Press 2017.

Sinnvoll nach Informationen googeln

Schwangerschaft, Geburt, Wochenbett, Stillzeit

www.gesundheitsinformation.de/schwangerschaft-und-geburt.html – Unabhängige Informationen über Vor- und Nachteile über Angebote der Gesundheitsversorgung.

www.babyfreundlich.org – Babyfreundliche Kliniken in Deutschland und Stillinfos Infos über Stillen und Bindung.

www.hebammenverband.de/familie/hebammensuche/ – Informationen und Links zur Hebammensuche.

www.familienplanung.de – Informationsportal der BzgA.

www.vonguteneltern.de – Anjas Hebammenwissen und Elterngedanken.

www.into-life.de – Kareens Blog und Shop.

www.kinder-verstehen.de – Blog des Kinderarztes Dr. Herbert Renz-Polster.

www.still-lexikon.de – Infoportal rund ums Stillen.

www.bdl-stillen.de – Stillberatungssuche IBCLC.

www.stillkinder.de – Blog zu vielen Stillthemen und Online-Beratungsangebot.

www.hebammenblog.de – Informationen und Tipps rund um die Geburt.

Still-Videos

https://globalhealthmedia.org – Videos des Global Health Media Project (Breastfeeding Series).

http://bit.ly/NipplePainVideo

http://bit.ly/BabyRichtigAnlegen

https://youtu.be/0iZohdhAA1M

Ernährung für die ganze Familie

www.kinderkommtessen.de – Rezepte und Wochenpläne für den Familientisch.

kraut-kopf.de – Wahrscheinlich die schönste Foodie-Seite aus Deutschland: Susann und Yannic kochen regional und elementar, Essen mit wirklicher Seele – und sind auch noch Fotografen.

www.togoodtogo.de – übrig gebliebenes Essen von Restaurants und Läden.

gesundundmutter.de oder mothersfinest.org – liefern Wochenbett-Kraftnahrung nach Hause.

Tragen, Windelfrei, Spielen und Kindergesundheit

www.fachforum-tragen.de – Wissenswertes zum Tragen.

www.artgerecht-projekt.de/babywissen/windelfrei –zur Theorie und Praxis von Windelfrei.

www.kindergesundheit-info.de/themen/sicher-aufwachsen/notfall-infos/pruefzeichen/ – Sicheres Kinderspielzeug.

www.kinderaerzte-im-netz.de/startseite/ – Infos des Berufsverbandes der Kinder- und Jugendärzte.

www.rki.de – Übersicht über alle empfohlenen Impfungen im Babyalter auf der Seite des Robert Koch-Instituts (Suchwort: Impfkalender)

https://kiddy.de – Hersteller von Autositzen, der diese auch nach Unfällen überprüft und wieder sicher macht.

Besondere Situationen

www.milchwiese.de – Deutschlandweiter Milchpumpenverleih und Stillhilfsmittel.

www.notmuetterdienst.de; www.notfallmamas.de.

https://schatten-und-licht.de – Initiative zu psychischen Erkrankungen vor und nach der Geburt; hier findet sich auch der Fragebogen zur PPD-Selbsteinschätzung (Edinburgh-Postnatal-Depression-Scale).

https://postpartale-depression.ch/de/ – Verein »Postpartale Depression« in der Schweiz.

www.fruehgeborene.de – Bundesverband »Das frühgeborene Kind e. V.«.

http://kaiserinnenreich.de – Blog über Inklusion, Familie und Politik.

www.vonmutterzumutter.de – Projekt für Eltern, die vor oder nach der Geburt die Diagnose Downsyndrom/Trisomie 21 bekommen haben.

www.rueckhalt.de – Krisenbegleitung/Schreibabyambulanz.

www.elternsein.info/beratung-anonym/anonym-kostenlos/ – Elterntelefon/Frühe Hilfen.

Familie

mama-arbeitet.de – Mama arbeitet, klaro – und Themen rund um allein/getrennt erziehen.

littleyears.de – Schönes Online-Magazin für Eltern aus Berlin.

smart-mama.de – Sandra Runge, Fachanwältin rund um Elternrechte (Kündigungsschutz, Elternzeit und -geld).

Empfehlenswerte Apps für Eltern

Embryotox
Pharmakovigilanz- und Beratungszentrum für Embryonaltoxikologie; Arzneimittel in Schwangerschaft und Stillzeit.

Wachstum+
zum einfachen Überprüfen des kindlichen Wachstums anhand der WHO-Wachstumskurven.

Breastfeeding Solutions
Informationsguide für englisch sprechende Mütter (von Nancy Mohrbacher, IBCLC).

Instagram-Inspirationen für mehr als hübsche Kinderzimmer

@kareendannhauer – Hebamme Kareen Dannhauer.
@vonguteneltern – Hebamme Anja Constance Gaca.
@milch.und.liebe – Fotos unserer Buchfotografin und Hebammenkollegin Ilka.
@zaubertgut – Hebammenkollegin Maren berichtet aus dem Alltag als Mutter von zwei Kleinkindern und als Hebamme.
@erdmutterberlin – Großartig geschriebene Geburtsberichte eines Berliner Hebammenteams.
@es_sind_2 Zwillingsportal von Schwangerschaft bis Schulzeit.
@julicia – Stoffwindeln.
@stofftuerlich Windeln.
@milchwiese Infos rund ums Stillen.
@geborgenwachsen – bedürfnisorientierte Elternschaft.
@mama_kocht_breifrei – Rezepte und Inspiration für gesundes Familienessen.
@fruehlingszwiebel_ – Gesunde schnelle Küche und Mealprep.
@heuteistmusiklaura – Die Autorin Laura Fröhlich schreibt zu Mental Load.
@kinderphysiotherapiemaike – Die Kinderphysiotherapeutin und Mutter zeigt spannende Aspekte rund um den Babyalltag aus physiotherapeutischer Sicht.
@annisbuntewelt – Die Biologin und Bioanalytikerin Anni liefert einen spannenden wissenschaftlichen Einblick auf viele Familienthemen wie Zusatzstoffe in Kinderkosmetik, Babynahrung, Mikroplastik und Co.
@fraeulein_tessa – Teresa Bücker wirft einen journalistisch-feministisch-gesellschaftlichen Blick aufs Muttersein, regelmäßig auch in ihrer SZ-Kolumne »Freie Radikale«.
@wasverdientdiefrau – DGB-Projekt zur finanziellen Unabhängigkeit von Frauen.
@anne_dittmann – Getrennt erziehende Mutter und Journalistin.
@solomuetter – Das digitale Zuhause für Single Moms.
@danielbroeckerhoff – Der Hamburger Journalist berichtet aus dem Alltag einer Patchworkfamilie mit neurodiversen Kindern.
@ourlifeinthealps – Esther schreibt vom naturnahen Leben in den Alpen mit wunderschönen Fotos – und von ihrem Leben mit drei kleinen Kindern, eines von ihnen mit Downsyndrom.

… und für hübsche Kinderzimmer

@mostlymosi
@sannehop
@jaellundtofta

Podcasts – zum Einschlafstillen, beim Spazierengehen oder beim Wäscheaufhängen

Hebammensalon – Kareen Dannhauer und Sissi Rasche.
Mama Lauda – Julia Knörnschild und Fanny Husten.
»Mit Kindern leben« – Patricia Cammarata und Caspar Mierau.
»Lauras Müttersprechstunde« – Laura Fröhlich.
Familie verstehen. Das ABC der gewaltfreien Kommunikation – Kathy Weber.

Schöner shoppen

Kleidung

Öko-Zertifizierungen: IVN Best Siegel, GOTS Siegel, Made in Green- Siegel, EU-Ecolabel, Oeko-Tex Standard 100 Siegel.
https://utopia.de/ratgeber/siegel-kleidung-textilien-ohne-gift-textilratgeber-greenpeace/
www.babyboxfamily.de
www.lilalaemmchen-shop.de
www.hans-natur.de
www.baby-natur.de
www.greenstories.de
www.maramea.com – Umstands- und Stillkleider, Windelclutches und Co.
www.vinted.de (früher Mamikreisel) – Secondhand-Kleidung.
www.raeubersachen.de – Leihservice für grüne Kindermode.

Pflege, Gesundheit und Haushalt

www.into-life.de – alle Produkte von Nahrungsergänzung bis Wochenbettpflege von Kareen.
www.waschbaer.de
www.ooia.de – Hochwertige Period-Panties aus Berlin.
www.bahnhof-apotheke.de – alle Produkte von Ingeborg Stadelmann.

Wickeln und Windelfrei

www.hug-and-grow.de/specials/live/live-stoffwindeln/ – Stoffwindeln, Stoffwindelberatung, Informationsvideos.
https://windelinge.de – Stoffwindeln, Bodyverlängerungen und Zubehör.
www.windelmanufaktur.com/de/ – qualitativ sehr hochwertige, ökologisch hergestellte Windeln.
https://stoffwindelshop.at – Stoffwindeln und Windelfreizubehör.

www.abhala.de – Splitpants, Asia-Töpfchen und alles, was man sonst noch braucht für den Windelfrei-Alltag.
www.windelei.de – Leihservice für Stoffwindeln.

Tragetücher und Tragen

www.dydimos.de – die Pioniere unter den Tragetuchherstellern seit 1972: Tücher und Tragen und Tragebekleidung in allen Variationen und Farben inklusive guter Kundenberatung.
www.mamanuka.com – wunderschöne, mit Pflanzen gefärbte Tücher aus Bio-Baumwolle.
www.hoppediz.de – seit 1999 im Tragetuchbusiness; Tragetücher sowie weitere Tragen.
www.fraeuleinhuebsch.de – in Trageberaterkreisen gelobte Herstellerin von Babytragen und Tüchern.
www.limasbaby.de – Tragen, Tücher und Slings in wunderschönen Farben und Designs.
www.girasol.de – seit 1983 Hersteller von Tragetüchern und wohl damals das erste Tragegeschäft in Berlin; fair in Mexiko und Guatemala hergestellte Tragehilfen.
www.mamalila.de – Tragejacken und -mäntel.
www.mamamotion.de – Tragehilfen, kumja-Jackenerweiterung und mehr.
www.finside.de – Jacken mit Erweiterung für Schwangerschaft und Tragezeit.

Kinderwagen

www.naturkind-kinderwagen.de
www.angelcab.de – Nachhaltig und fair hergestellte Kinderwagen.

Register

60 x Expertinnenrat im Kartenformat

Wirft sich Ihr Kind vor lauter Wut auf den Boden? Ist »Nein« sein neues Lieblingswort? Wenn das Kind die Autonomiephase durchlebt, liegen die Nerven der Eltern blank.

Dieses Kartenset unterstützt Sie dabei, Trotzreaktionen im Alltag gelassen und souverän zu begleiten. Es zeigt konkrete Situationen, die Eltern mit Kindern zwischen 1 und 5 Jahren täglich erleben, und gibt bedürfnis- und beziehungsorientierte Handlungsalternativen, schlagfertige Antworten und Verständnishilfen an die Hand. Ob beim Baden, Einschlafen oder im Supermarkt – die Karten zeigen, was im Kopf des Kindes vorgeht, und helfen, auch die eigenen Nerven zu beruhigen.

Danielle Graf und Katja Seide
Das gewünschteste Wunschkind aller Zeiten treibt mich in den Wahnsinn
Trotzsituationen entspannt begegnen.
60 Praxiskarten für Eltern
60 Karten, 12-seitiges Booklet
GTIN 4019172500047

www.beltz.de **BELTZ**

Das große Montessori-Buch für das 1. Lebensjahr

Vom ersten Tag an das Baby in seinem natürlichen Entwicklungsprozess achtsam begleiten, es mit Liebe, Schönheit und Geborgenheit umgeben, um all seine Sinne zu öffnen – darin unterstützt das ganzheitliche Montessori-Buch für die Babyzeit frischgebackene Eltern.

Seine Autorinnen sind international bekannte Montessori-Expertinnen. Sie übertragen die Montessori-Prinzipien Selbstwirksamkeit, Teilhabe und Neugierde auf die Geburt und die ersten zwölf Lebensmonate. Dauergeschrei, Stillprobleme, schlaflose Nächte und andere Herausforderungen – dieses wunderbar illustrierte und bebilderte Buch eröffnet eine positive Sicht auf das Baby und weist Eltern neue Wege, um entspannt in ihre neue Rolle und den neuen Lebensstil hineinzuwachsen.

»Gut durchdacht und schön gestaltet ist dieses Buch von unschätzbarem Wert für Eltern, die sich für den Montessori-Ansatz der kindlichen Entwicklung interessieren.« Publishers Weekly Starred Review

Simone Davies,
Junnifa Uzodike
Das Montessori Baby
Geborgen und mit offenen
Sinnen ins Leben starten
Klappenbroschur, 332 Seiten
ISBN 978-3-407-86715-5

www.beltz.de BELTZ